CORPORATE FINANCIAL DISTRESS,
RESTRUCTURING, AND BANKRUPTCY
(Fourth Edition)

拯救危困企业
（第4版）

[美] 爱德华·阿尔特曼（Edward I. Altman）
伊迪丝·霍奇基斯（Edith Hotchkiss）
[加] 王炜（Wei Wang）
—— 著 ——

王勇　段炼　李琳
—— 译 ——

陈忠阳
—— 审校 ——

中国人民大学出版社
·北京·

推荐语

陈忠阳
中国人民大学教授

中国持续的经济发展和巨大的改革开放红利让我们少有处理危困企业的系统性经验,也缺乏相应的理论框架指导。本书系统阐述了发达市场经济国家救助、处置和投资危困企业的前沿理论与实践,为我们在经济新常态下应对危困企业挑战提供了宝贵的经验。

姜纬(Wei Jiang)
哥伦比亚大学哥伦比亚商学院亚瑟·F. 伯恩斯自由竞争企业教授

本书适合任何对危困企业投资和重组研究和实践感兴趣的人,它为破产企业提供了建设性的处理方法。

戴维·马特林(David Matlin)
马特林帕特森全球顾问有限责任公司首席执行官兼联合创始人

作者对公司重组进行了全面探索,深入研究并勾画出在错综复杂的投资领域里航行的蓝图。对新手和投资者来说,这是一本不可或缺的工具书。

迈克尔·温斯托克(Michael Weinstock)
Monarch Alternative Capital LP. 首席执行官兼联合创始人

对于那些从事不良资产和企业重组以及私募股权工作的人来说,这是一本好书。它可以作为任何培训项目的必读书目。

译者序

本书是信用风险领域关于拯救危困企业的一部专著,主要讨论美国企业财务纾困措施、法律体系、不良资产处置过程、并购重组与破产流程。本书的第一作者爱德华·阿尔特曼教授早在半个世纪前就研发出著名的阿尔特曼模型。尽管在过去50年中,全球的债务市场发生了巨大变化,市场复杂性也极大增加,但是该模型在漫长岁月中显示出惊人的适应性,对众多企业的信用状况做出了精准预测。阿尔特曼教授颇具前瞻性的研究堪称金融界研究领域的经典。

阿尔特曼、霍奇基斯和王炜的这本著作对拯救危困企业进行了全新审视,讨论了2008年全球危机给市场带来的巨大变化以及危机带给从业者的经验和教训,有助于从业者聚焦核心问题,并从数据和模型的层面证明了提高投资人收益的机制。

翻译此书时恰逢新冠病毒肆虐全世界,在闭门配合疫情防治期间,我们每天关注疫情的发展,思考疫情对实体经济的影响,同时也领略着作者关于拯救濒临破产企业的精辟论述。本书全面阐述了美国盘活危困企业必须关注的问题,包括如何从债权人、股东、危困企业管理层、监管当局、另类投资人等不同角度出发,减少信息的不对称,展开充分的庭内外博弈与妥协,借助相关金融模型准确评估风险资产的价值,利用资本市场机制和市场工具提升风险资产的评级、定价。企业纾困既是时代赋予金融从业人员的社会责任,也是金融服务实体经济的手段。我们相信本书有关美国破产法、破产企业的论述能够给中国当前面临的企业纾困问题以及不良资产处置实践提供一些借鉴。有幸参与此书的翻译工作,在深刻领悟金融大师的理念和思想的同时能为解决中国金融领域亟待解决的问题做出自己的贡献,实感荣幸和自豪。

企业纾困这个话题涉及很多金融学知识,欢迎读者对翻译不妥之处提出宝贵意见和建议。在此特别感谢我们的家人,没有他们的照顾和体谅,我们根本无法完成此书的翻译。我们邀请到中国人民大学的陈忠阳教授对此书进行审校,陈教授在风险管理领域耕耘多年,知识渊博、经验丰富,陈教授能做此书的审校,这是我们的荣幸。此外,天风证券的黄红华先生和曾凡宸先生、德勤咨询的胡永红女士曾为此书的翻译提供帮助,对此我们深表感谢!

前　言

　　回顾本书前三版（1983，1993，2006），我们注意到，每一版出版之后，美国公司在破产数量和重要性两个方面都达到了前所未有的高度。专门从事美国公司破产这一领域工作的专业人员增加了很多，以至于可以称其为"破产行业"。2019年，我们可以毫无疑问地将这个领域命名为一个行业。在过去15年里，伴随着学术界研究危困企业的人员数量增加，该领域变得更为流行。的确，比数据更重要的一点是，这个领域能够吸引严谨的研究和思想。随着业界对这个领域理论和实证研究的兴趣增加，王炜也加入作者的行列，他与本书前三版的作者（阿尔特曼）和伊迪丝·霍奇基斯（从第3版开始）一起完成了这一版的写作。

　　到目前为止，有一点变得非常明显，即破产业务是一门大生意。虽然没有人对固定从事危困企业工作的人员进行过广泛统计，但我们可以大胆地猜测一下，在全球至少有45 000名这样的专业人员，这些人绝大多数在美国，在别的国家也越来越多。我们的数据包括重组管理人（主要是咨询顾问）、破产和重组律师、破产法官和其他法院人员、会计师、银行家和专门处理不良资产的财务顾问、不良资产投资者（有时这些人也被称为"秃鹫"），还包括所有研究人员。事实上，2018年，在著名的破产重组管理人组织（Turnaround Management Association，www.turnaround.org）注册的人数已经超过9 000人。

在财务危困的各个阶段都会有大量专业人员参与各个组织的工作，造成这一现象的原因是大型复杂破产案件的增加。自2010年开始，美国的信用市场环境相对温和，2012—2018年，共有130家总负债超过10亿美元的公司根据美国破产法第11章（Chapter 11）的规定申请了破产保护。在过去47年间（1971—2018年），总共有450起这样的超大型破产案。在本书第1版出版之前，美国境内最大的零售商西尔斯公司（Sears, Roebuck and Company）根据破产法第11章的规定申请了破产保护，债务规模超过110亿美元。由于近年来企业负债规模的增加，在下一个金融危机来临时，大型公司破产数量以及全市场破产数量都会显著增加。

本书第4版经过全面更新，包括主要统计数据的更新，以及对最新研究文献的回顾。第4版新增内容包括杠杆融资、庭外重组、国际破产法，以及对阿尔特曼Z-评分模型的回顾和应用，这样做是为了纪念Z-评分模型问世50周年。全书将覆盖杠杆融资、高收益债券市场、企业重组和信用风险模型中的最重要环节。

在第1章中，我们将定义企业危困，并且提供过去几十年中关于企业违约和破产的统计背景。这一章将讨论企业失败的普遍原因，展示主导实践过程的组织理论学。此外，这一章还将介绍危困重组和投资市场的主要参与者。

在过去20年中，杠杆融资市场经历了前所未有的繁荣，杠杆贷款和高收益债券的总量在2017年接近1万亿美元。随着规模的增长，市场上诞生了很有创意的产品（比如，第二留置权贷款、低门槛贷款）。因为高收益和高收费的特性，这些产品不但受到传统商业借贷人的关注，也受到另类投资人的青睐。第2章将对市场中两类产品进行概述，介绍这些产品的典型特点，并讨论贷款人保护、违约和补偿以及债务从属等特性。这些内容对于我们理解索偿申诉的优先次序以及危困重组中的谈判地位非常重要。

前言

在第 3 章，我们将对美国的破产体系进行阐述。首先，简要展示美国破产法自 1898 年建立股权接管以来的演变过程。我们将讲解美国破产法，展示在引入 2005 年《防止破产滥用及消费者保护法》（BAPCPA）之后美国破产法的主要条款。这些内容和对重要法律条款的重点介绍适用于在校学生和从业者，也适用于法律界人士。除了回顾大量相关研究外，我们将提供很多案例，目的是帮助读者对破产过程有一个深刻理解。在这一章的最后，我们将总结《2014 年美国破产协会报告》（ABI Commission Report of 2014），它建议对现有条款进行修正。

危困会给企业造成巨大成本，而破产过程会让企业付出巨大代价，这些成本不但包括额外的支付给律师和专业人士的费用，还包括其他更为广泛的非直接的机会成本。为了避免这些成本，企业一般有很强的动机采用私下谈判和庭外重组的处理方式。何时采用以及如何采用庭外重组方式？为什么有其他人参与庭外重组？这些问题我们将在第 4 章中回答。

在第 5 章，我们将探讨危困企业估值的解析方法和流程，对于估值模型，我们会进行较为详细的讨论。我们还将解释不同参与方在企业破产谈判过程中对重组企业的估值会产生较大分歧。我们将通过 Cumulus Media 在 2017 年 11 月根据破产法第 11 章申请破产的案例，深入描述在申请破产保护过程中估值方法的最佳实践。

当处于危困状态时，企业的所有治理过程都会发生转变，管理层的离职率会升高，董事会规模会变小，在重组过程中，董事会常常全盘变动，重大重组会改变企业的所有权。在第 6 章，我们将讨论危困企业面临的主要治理问题，包括经理人和董事的受托责任、提供薪酬的复杂性、债权人控制权价值。在这一章的结尾，我们将讨论管理者市场以及劳务问题。

在第 7 章，我们将探讨破产重组的成功案例，尤其是脱离第 11 章破产保护后的公司业绩表现。在许多实例中，那些脱离破产保护的公司因存留持续经营和财务问题，有时会提出二次破产申请，非正式地被称作第22章。的确，我们已经看到，1984—2017年（见第1章）至少有290家这样的二次破产申请企业，有18家三次破产申请企业（第33章），甚至有3家企业四次申请破产（第44章），还有一家五次申请破产（第55章）。尽管申请重复破产的企业数量很多，但也有一些从重组企业的股权投资人角度来看相当成功的故事。

第8章将简要介绍国际破产市场，包括法国、德国、日本、瑞典、英国、中国和印度市场。我们关注这些市场的原因是，这些国家的破产法律程序各不相同，重组市场显著增长，专注这些市场的研究越来越多。在对这些国家的简要讨论中，我们将关注相关国家法律体系的重要特点、相关问题和变革。

本书第2篇将对高收益债券市场、违约模型及其应用、不良资产投资等话题进行综合讨论，深入探讨美国债券发行人（第10章）和主权债务（第13章）的违约率，并讨论违约损失率和回收率（第16章）。第11章和第12章将展示这些模型在不同场景下的应用，包括信用风险管理、不良资产投资、重组管理和法律应用等。第14章和第15章将讨论不良和违约资产市场的规模和发展。

第9章将探讨美国高收益债券和银行贷款市场的风险/回报情况，特别关注高杠杆和危困企业。因为高收益债券或"垃圾债券"是未来危困情形的起因之一，所以有必要研究其性质，与投资者最为相关的统计数据莫过于违约率和回收率。2017年，美国高收益债券市场的规模高达1.6万亿美元，自本书上一版出版后，增长了近60%，全球高收益债券市场规模高达2.5万亿美元。

自阿尔特曼教授开发出有重大意义的第一类违约预测模型以来，已经过去了50年。随着金融研究的进步（例如，布莱克-舒尔茨-默顿模型），我们对违约预测和定价有了更深入的理解；阿尔特曼Z-评分模型仍然是该领域最为流行的方法，不仅因为其具备强大的预测能力，而且因为其简便。在第 10 章中，阿尔特曼教授对过去 50 年 Z-评分和其他信用风险模型的演变和应用进行回顾。第 11 章将关注那些与危困企业无关联的分析师是如何应用模型的，这些分析师使用模型是为了在面临危困企业及其不良资产时，加强自身地位或者利用盈利机会。第 12 章将进一步讨论使用危困预测模型帮助危困企业恢复财务健康的可能性。我们将以一个真实的例子来展开讨论，这是关于 GTI 公司濒临破产又转危为安的故事。最后，在第 13 章，我们将应用更新后的 Z-评分模型，对主权违约风险进行自下而上的分析。

在过去 20 年，不良和违约债券市场规模增长迅猛。截止到 2017 年，市场公开交易以及私募债券的面值和市值分别为 7 470 亿美元和 4 140 亿美元，在下一个金融危机来临之际，这个举足轻重的市场的规模还会增加。债券市场投资人，尤其是对冲基金投资人，已经认识到不良债券是一个十分重要且十分独特的资产类型。在第 14 章和第 15 章，我们将探讨相关市场规模、增长潜力、风险回报，以及投资不良资产的策略等。最后，在第 16 章，我们将介绍回收率建模和估计。

随着重组市场和高收益债券的进化，我们希望读者发现此书的价值，也希望读者通过此书来了解市场现状，并借此为下一次市场萧条做准备。我们希望本书所呈现的框架、方法论、研究成果和统计数据能给以下人士提供帮助：寻求业界深层次发展动因、寻求最佳理论指导的从业者；追求和创造知识，并以此来指明重组市场方向的研究人员；密切关注破产法和市场政策的监管者；正在学习并有志于在危困业务中发现令人激动的业务机会的学生。

爱德华·阿尔特曼
伊迪丝·霍奇基斯
王炜

致　谢

我们要感谢诸多在本书的创作和完善过程中给予我们帮助的从业者和研究人员。感谢纽约大学斯特恩商学院、波士顿学院以及女王大学所有帮助我们进行分析、对我们的学术观点进行评论的热心人士。

爱德华·阿尔特曼感谢以下从业人员，他们为此书的写作提供了很多帮助，他们是：Robert Benhenni，Allan Brown，Martin Fridson，Michael Gordy，Tony Kao，Stuart Kovensky 和 James Peck。本书合作者伊迪丝·霍奇基斯和王炜感谢 Brian Benvenisty，Michael Epstein，Elliot Ganz，Joseph Guzinski，David Keisman，Bridget Marsh，Abid Qureshi，Ted Osborn 和 Robert Stark，与这些研究人员长时间的对话和交谈帮助了我们。

我们还想感谢很多研究领域的合作者，他们的许多观点丰富了本书的内容。这些人包括：Yakov Amihud，Alessandro Danovi，Sanjiv Das，Jarred Elias，Malgorzata Iwanicz-Drozdowski，Erkki Laitinen，Frederik Lundtote，Herbert Rijken，以及 Arto Suvas。爱德华感谢纽约大学所罗门研究中心的工作人员，他们是 Brenda Kuehne，Mary Jaffier，Robyn Vanterpool，Lourdes Tanglao。

爱德华感谢家人的无尽关怀和支持，感谢夫人 Elaine 和儿子 Gregory，感谢伊迪丝·霍奇基斯和王炜，他们的合作精神和精诚努力使这一版的出版成为现实。伊迪丝·霍奇基斯感谢爱德华的引导以及多年的友谊。王炜感谢爱德华和伊迪丝关于此书合作的邀请，感谢史密斯商学院和沃顿商学院的学生，特别要感谢 Aneesh Chona 和 Xiaobing Ma，他们花了大量时间阅读此书的原稿，并且提供了很多宝贵的反馈。

目　录

第 1 篇　公司重组和破产

第 1 章　企业财务危困 ……………………………… 3
　　企业失败的原因 ……………………………… 11
　　破产重组理论 ………………………………… 12
　　不良资产重组 ………………………………… 14
　　破产申请 ……………………………………… 17
　　再次破产 ……………………………………… 21
　　不良资产投资 ………………………………… 23

第 2 章　杠杆融资 …………………………………… 25
　　杠杆贷款 ……………………………………… 26
　　贷款人保护性条款的设定 …………………… 32
　　高收益债券 …………………………………… 39
　　债务从属 ……………………………………… 40

第 3 章　美国破产程序 ……………………………… 48
　　美国破产程序的演进 ………………………… 48
　　美国破产法第 11 章* ………………………… 55

＊ 美国破产法第 11 章主要是有关公司破产重组的论述。

美国破产法第 11 章的其他重要方面 ……… 75
美国破产法第 11 章的改进 ……………… 82

第 4 章　庭外重组和财务危困的成本 ……… 86
财务危困的成本 …………………………… 86
庭外重组 …………………………………… 99

第 5 章　危困企业估值 ……………………… 109
估值方法 …………………………………… 114
破产估值的应用 …………………………… 128
估值模型的效果 …………………………… 131

第 6 章　危困企业的公司治理 ……………… 139
经理人、债权人和股东的利益 …………… 139
债权人的控制权 …………………………… 145
控制权的改变及索偿权交易的影响 ……… 147
CEO、董事会和劳动力市场 ……………… 151
集体谈判协议和员工福利 ………………… 156

第 7 章　破产的结果 ………………………… 162
第 11 章破产案的经济结果 ………………… 163
破产重生企业的业绩表现 ………………… 166
破产法第 11 章的意义 ……………………… 174

第 8 章　国际视角 …………………………… 175
中国 ………………………………………… 178
法国 ………………………………………… 180
德国 ………………………………………… 181
印度 ………………………………………… 182
日本 ………………………………………… 183
瑞典 ………………………………………… 185
英国 ………………………………………… 186
跨境破产 …………………………………… 188

目 录

第 2 篇 高收益债券、企业危困预测与不良资产投资

第 9 章 高收益债券市场：投资者和分析师的风险和收益 ········ 195
什么是违约 ········ 204
违约和回报 ········ 204
回收率 ········ 207
什么是信贷宽松周期 ········ 211
杠杆收购风险因素 ········ 214
高收益债券和股票收益 ········ 217
预测违约率和回收率 ········ 218
累积违约率 ········ 219

第 10 章 50 年信用风险模型回顾、阿尔特曼 Z-评分模型及其应用 ········ 225
企业信用评分体系的演变 ········ 225
用评分模型做违约预测 ········ 233
Z-评分模型应用领域 ········ 247

第 11 章 外部分析师对财务危困预测模型的应用 ········ 259
贷款人 ········ 259
债券投资者 ········ 261
普通股投资者 ········ 263
其他投资者 ········ 265
证券分析师 ········ 266
监管机构 ········ 266
审计师 ········ 267
破产律师 ········ 268
法律应用 ········ 269
债券评级机构 ········ 272

风险管理与战略咨询顾问 ············· 273
　　重组顾问：银行家、转型顾问和会计师事务所 ····· 273
　　咨询公司 ····················· 276
　　政府机构和其他采购商 ·············· 277
　　并购应用 ···················· 278

第 12 章　危困预测后的战略调整 ············ 280
　　主动与被动使用财务模型 ············· 281
　　复苏工具 ···················· 282
　　库存失控的影响 ················· 283
　　复苏策略 ···················· 285
　　遏制现金流失 ·················· 285
　　员工协助寻找流失的利润 ············· 286
　　出售产品线 ··················· 287
　　改善运营 ···················· 288
　　进入安全区 ··················· 289

第 13 章　主权违约风险的评估 ············· 291
　　近代主权危机史 ················· 294
　　主权债务违约 ·················· 295
　　Z-Metrics 方法 ················· 297
　　主权风险评估方法 ················ 299

第 14 章　不良资产市场 ··············· 315
　　不良和违约资产市场规模 ············· 316
　　不良资产投资人 ················· 318
　　资本结构套利 ·················· 325

第 15 章　不良资产投资 ··············· 329
　　不良资产投资代表性研究 ············· 329
　　违约债券和不良资产的衡量及投资 ········· 334
　　不良资产的投资机会 ··············· 348

目 录

第16章 违约回收率 ·· 350

 信用风险模型及应用 ·· 351

 违约率与回收率 ·· 358

参考文献 ··· 374

第 1 篇

公司重组和破产

第 1 章　企业财务危困

企业财务危困以及破产重组的法律程序（破产法第 11 章）和破产清算程序（破产法第 7 章）已成为许多美国公司熟知的经济现实。在 20 世纪 70 年代经济不景气的大环境下，特别是 1980—1982 年和 1989—1991 年的经济衰退时期，企业破产现象引起更广泛的社会关注；在 2001—2003 年互联网泡沫时期，违约狂潮和大公司破产的激增令破产成为社会焦点；在 2008—2009 年金融危机期间，破产更是引发了空前的关注。1989—1991 年，34 家负债超过 10 亿美元的企业根据破产法第 11 章申请破产保护；2001—2003 年，有 102 家这样的"10 亿美元宝贝"申请破产保护，负债总额高达 5 800 亿美元；2008—2009 年，有 74 家这样的大型企业申请破产，负债总额史无前例，规模超过 1.2 万亿美元。

在 2008—2009 年金融危机期间，大公司接踵破产，但是都无法企及负债规模和影响最为显著的雷曼兄弟（6 130 亿美元负债）、通用汽车（1 730 亿美元负债）、CIT 集团（650 亿美元负债）和克莱斯勒（550 亿美元负债）。事实上，这四个特大破产事件的负债总额几乎占了 2008—2009 年申请破产的所有 10 亿美元级企业负债总额的 75%。2001—2003 年有三个特大破产事件也名列史上十大破产案，其中包括 Conseco（566 亿美元负债）、世通（460 亿美元）和安然（312 亿美元，如果加上安然的巨额表外负债，这个数字几乎还要翻一番，使其成为美国史上第四大破产企业）。请注意，我们在讨论破产规模时，采用的是企业申请破产保护时所申报的债务规模,而不是其资产规模。例如,世通的资产账面价值约1 040亿美元,但这些资产在申报时的市值可能达不到账面价值的1/5。通用汽车拥有910亿美元的账面资产价值,但负债总额为1 730亿美元。对于行将破产的企业,最关键的是它的债权及其资产的持续经营价值,企业规模不再是考量企业健康经营和安全的指标。图1-1显示了1989—2017年,按年份统计的申请破产法第11章保护时,债务规模超过1亿美元的公司数目,即20世纪90年代以来年度特大破产案件数目。图1-2按负债总额列出了有史以来最大的40个破产申请。图1-3按经消费者物价指数(CPI)调整的负债总额(按2017年美元计算)列出了有史以来最大的40个破产申请。

不同的术语可用来描述危困企业所面临的情形和法律流程,及其涉及的经济问题。文献中常见的四个通用术语是:"失败"(failure)、"无力偿付"(insolvency)、"违约"(default)和"破产"(bankruptcy)。虽然这些术语有时互换使用,但事实上它们的含义和正规用法有显著的区别。

在经济意义上,"失败"意味着投资的真实资本回报率(考虑风险准备金等)大幅低于与该笔投资类似的项目的资本回报率。当然,关于投资失败,还有其他经济衡量标准,包括收入不足以覆盖成本,或平均投资回报持续低于公司资金成本等。这些关于"失败"的定义并没有表明企业是否停止运营。邓白氏公司(D&B)首先采用"失败"一词。D&B是一家老字号,曾长期公布商业统计数据,包括资金退出等数据。D&B将"失败"定义为"在转让或破产后停止经营的企业;在主动或被动地用抵押品偿付债权人后仍背负债务,进而结束经营的企业;自愿撤回、留下未偿兑的义务及债务,或被法院指派接管、破产重组或托管安置等的企业;自愿与债权人达成协议的企业"。

第1章 企业财务危困

年份	申请数量	破产债务（百万美元）	规模超过10亿美元申请数量	规模超过10亿美元申请数量占比（%）
1989	23	34 516	10	43
1990	35	41 115	10	29
1991	53	82 424	12	23
1992	38	64 677	14	37
1993	37	17 701	5	14
1994	24	8 396	1	4
1995	32	27 153	7	22
1996	33	11 949	1	3
1997	36	18 866	5	14
1998	55	31 913	6	11
1999	107	70 516	19	18
2000	137	99 091	23	17
2001	170	229 861	39	23
2002	136	338 176	41	30
2003	102	115 172	26	25
2004	45	40 100	11	24
2005	36	142 950	11	31
2006	34	22 775	4	12
2007	38	72 338	8	21
2008	146	724 222	24	16
2009	233	603 120	49	21
2010	114	56 835	14	12
2011	84	109 119	7	8
2012	69	71 613	14	20
2013	66	39 480	11	17
2014	59	91 992	14	24
2015	70	79 841	19	27
2016	98	125 305	37	38
2017	91	121 079	24	26
申请数量均值（1989—2017年）	76		16	21
申请数量中位数（1989—2017年）	59		12	21
申请数量中位数（1998—2017年）	88		17	
负债均值（1989—2017年）		120 424 美元		
负债中位数（1989—2017年）		71 613 美元		

图1-1 1989—2017年申请第11章破产公司数量

资料来源：Altman and Kuehne (2018b)，纽约大学斯特恩商学院所罗门研究中心.

5

公司名	负债	申请日期
Lehman Brothers Holdings, Inc.	613 000	9/15/2008
General Motors Corp.	172 810	6/1/2009
CIT Group, Inc.	64 901	11/1/2009
Conseco, Inc.	56 639	12/2/2002
Chrysler, LLC	55 200	4/30/2009
Energy Future Holdings Corp.	49 701	4/29/2014
WorldCom, Inc.	45 984	7/21/2002
MF Global Holdings Ltd.	39 684	10/31/2011
Refco, Inc.	33 300	10/5/2005
Enron Corp.	31 237	12/2/2001
AMR Corp.	29 552	11/29/2011
Delta Air Lines, Inc.	28 546	9/5/2005
General Growth Properties, Inc.	27 294	4/22/2009
Pacific Gas & Electric Co.	25 717	4/6/2001
Thornburg Mortgage, Inc.	24 700	5/1/2009
Charter Communications, Inc.	24 186	3/27/2009
Calpine Corp.	23 358	12/5/2005
New Century Financial Corp.	23 000	4/2/2007
UAL Corp.	22 164	12/2/2002
Texaco, Inc.	21 603	4/1/1987
Capmark Financial Group, Inc.	21 000	10/25/2009
Delphi Corp.	20 903	10/5/2005
Conseco Finance Corp.	20 279	12/2/2002
Caesars Entertainment Operating Co., Inc.	19 869	1/15/2015
Olympia & York Realty Corp.	19 800	5/15/1992
Lyondell Chemical Co.	19 337	1/6/2009
American Home Mortgage Investment Corp.	19 330	8/6/2007
Adelphia Communications Corp.	18 605	6/1/2002
Northwest Airlines Corp.	17 915	9/5/2005
Mirant Corp.	16 460	7/14/2003
SunEdison, Inc.	16 141	4/21/2016
Residential Capital, LLC	15 276	5/14/2012
Walter Investment Management Corp.	15 216	11/30/2017
Global Crossing, Ltd.	14 639	1/28/2002
Executive Life Insurance Co.	14 577	4/1/1991
NTL, Inc.	14 134	5/2/2002
Mutual Benefit Life Insurance Co.	13 500	7/1/1991
Tribune Co.	12 973	12/8/2008
Reliance Group Holdings, Inc.	12 877	6/12/2001
R. H. Donnelley Corp.	12 374	5/28/2009

图 1-2 有史以来最大的 40 个破产申请（按负债总额排序）

公司名	按2017年美元计算的负债	申请日期
Lehman Brothers Holdings, Inc.	697 846	9/15/2008
General Motors Corp.	197 426	6/1/2009
Conseco, Inc.	77 167	12/2/2002
CIT Group, Inc.	74 146	11/1/2009
Chrysler, LLC	63 063	4/30/2009
WorldCom, Inc.	62 650	7/21/2002
Energy Future Holdings Corp.	51 456	4/29/2014
Texaco, Inc. (incl. subsidiaries)	46 610	4/1/1987
MF Global Holdings Ltd.	43 241	10/31/2011
Enron Corp.	43 231	12/2/2001
Refco, Inc.	41 791	10/5/2005
Delta Air Lines, Inc.	35 825	9/5/2005
Pacific Gas & Electric Co.	35 591	4/6/2001
Olympia & York Realty Corp.	34 590	5/15/1992
AMR Corp.	32 201	11/29/2011
General Growth Properties, Inc.	31 182	4/22/2009
UAL Corp.	30 197	12/2/2002
Calpine Corp.	29 314	12/5/2005
Thornburg Mortgage, Inc.	28 218	5/1/2009
Charter Communications, Inc.	27 631	3/27/2009
Conseco Finance Corp.	27 628	12/2/2002
New Century Financial Corp.	27 189	4/2/2007
Delphi Corp.	26 233	10/5/2005
Executive Life Insurance Co.	26 232	4/1/1991
Adelphia Communications Corp.	25 348	6/1/2002
Mutual Benefit Life Insurance Co.	24 294	7/1/1991
Capmark Financial Group, Inc.	23 991	10/25/2009
American Home Mortgage Investment Corp.	22 851	8/6/2007
Northwest Airlines Corp.	22 483	9/5/2005
Baldwin United Corp.	22 148	9/1/1983
Lyondell Chemical Co.	22 091	1/6/2009
Mirant Corp.	21 926	7/14/2003
Penn Central Transportation	20 846	6/1/1970
Caesars Entertainment Operating Co., Inc.	20 546	1/15/2015
Global Crossing, Ltd.	19 945	1/28/2002
Southeast Banking Corp.	19 574	9/20/1991
NTL, Inc.	19 256	5/2/2002
Campeau Corp. (Allied & Federated)	18 653	1/1/1990
Reliance Group Holdings, Inc.	17 822	6/12/2001
First City Banc. of Texas	16 830	10/31/1992

图1-3 有史以来最大的40个破产申请（按经CPI调整的负债总额（按2017年美元计算）排序）

"无力偿付"是描述公司业绩不良的另一个术语，通常在专业技术背景下使用，是指一家公司无法偿还到期债务。但这可能是现金流或流动资金不足的表现，是暂时的情况，而非长期存在的不良经营状况。资产负债意义上的"无力偿付"则非常关键，是指负债总额超过总资产的公允价值，这时公司的实际净资产为负。这一情况对公司如何经营以及是否进行重组具有重要意义，需要对持续经营和清算价值进行全面分析。在一些国家（不包括美国），也许需要由法院启动正式破产程序来对无力偿付予以确认。

"违约"是指借款人违反了债权人与债务人之间签署的合同，技术违约（technical defaults）指企业违反除定期付款以外的某项条款，例如，违反所约定的保持最低流动比率或最高债务比率等条款。技术违约通常会导致重新谈判，往往不会立即要求偿还贷款，通常昭示公司业绩的恶化。一家公司如果不能按期偿还本金或利息，即为官方意义上的正式违约。如果在宽限期（通常为30天）内，公司不能解决问题，即偿付款项，则相关债务会被公布为"违约"。之后，债权人可依照合同约定主张救济，例如，公开宣布全部债务立刻到期。通常情况下，即将到期的待偿债务违约会引发债务重组或正式破产申请。

在最近的两个经济萧条期，即2001—2002年和2008—2009年，公开债务违约的量级达到历史巅峰。2001年和2002年，有超过1 600亿美元的公开债务违约。仅2009年一年，公开债务违约就令人难以置信地飙升至超过1 200亿美元。图1-4显示了1971—2017年美国公开债务违约的历史，包括违约债券面值和违约率。这些历史数据显示，在短短四年（1990年、2001年、2002年和2009年）中，违约率迅速攀升到10%以上。

"破产"是指企业的负债超过其资产的市价。一般来讲，在一家企业主动在联邦地区法院宣布破产，同时申请清算其资产（破产法第7章）或重组（破产法第11章）之前，公众很难辨别其是否破产。在这本书的

单位：美元

年份	存续债券面值[a]	违约债券面值	违约率（%）
2017	1 622 365	29 301	1.806%
2016	1 656 176	68 066	4.110%
2015	1 595 839	45 122	2.827%
2014	1 496 814	31 589	2.110%
2013	1 392 212	14 539	1.044%
2012	1 212 362	19 647	1.621%
2011	1 354 649	17 963	1.326%
2010	1 221 569	13 809	1.130%
2009	1 152 952	123 878	10.744%
2008	1 091 000	50 763	4.653%
2007	1 075 400	5 473	0.509%
2006	993 600	7 559	0.761%
2005	1 073 000	36 209	3.375%
2004	933 100	11 657	1.249%
2003	825 000	38 451	4.661%
2002	757 000	96 858	12.795%
2001	649 000	63 609	9.801%
2000	597 200	30 295	5.073%
1999	567 400	23 532	4.147%
1998	465 500	7 464	1.603%
1997	335 400	4 200	1.252%
1996	271 000	3 336	1.231%
1995	240 000	4 551	1.896%
1994	235 000	3 418	1.454%
1993	206 907	2 287	1.105%
1992	163 000	5 545	3.402%
1991	183 600	18 862	10.273%
1990	181 000	18 354	10.140%
1989	189 258	8 110	4.285%

年份	存续债券面值[a]	违约债券面值	违约率（%）
1988	148 187	3 944	2.662%
1987	129 557	7 486	5.778%
1986	90 243	3 156	3.497%
1985	58 088	992	1.708%
1984	40 939	344	0.840%
1983	27 492	301	1.095%
1982	18 109	577	3.186%
1981	17 115	27	0.158%
1980	14 935	224	1.500%
1979	10 356	20	0.193%
1978	8 946	119	1.330%
1977	8 157	381	4.671%
1976	7 735	30	0.388%
1975	7 471	204	2.731%
1974	10 894	123	1.129%
1973	7 824	49	0.626%
1972	6 928	193	2.786%
1971	6 602	82	1.242%
			标准差
违约率算数平均	1971—2017 年	3.104%	3.006%
	1978—2017 年	3.347%	3.191%
	1985—2017 年	3.759%	3.312%
违约率加权平均[b]	1971—2017 年	3.378%	
	1978—2017 年	3.381%	
	1985—2017 年	3.394%	
年度违约率中位数	1971—2017 年	1.906%	

（a）年中数据。
（b）以每年存续债券面值为加权权重。

图 1-4 历史违约数据——普通债券（在存续债券面值中剔除了违约债券），1971—2017 年（以百万美元计）

资料来源：纽约大学所罗门研究中心.

讨论中，当我们说一家公司破产时，是指该企业已经进入法院监督的破产流程。本书第3章对美国破产法的历程和演变进行了深入研究。

企业失败的原因

企业失败和申请破产是财务和/或经济困境造成的，陷入财务困境的公司一般伴有现金流短缺的情况，导致其偿还债务困难，但它的商业模式不一定存在根本性问题，其产品往往还有市场。与之相反，陷入经济困境的公司一般具有不可持续的商业模式，如果没有资产重组将难以生存。在实践中，许多陷入困境的公司同时面临上述两种情形，导致大量企业失败的因素是错综复杂、多元化的，下面列出一些最常见的原因：

1. 经营业绩差以及财务杠杆过高

公司经营业绩差可能是多种因素造成的。例如，并购案执行不力、国际竞争激烈（如钢铁、纺织品行业）、产能过剩、行业内新的竞争渠道（如零售业）、大宗商品价格冲击（如能源业）和周期性行业（如航空业），而财务杠杆过高会增加经营业绩不佳的企业失败的可能性。

2. 缺乏技术创新

技术创新会对创新不足的企业造成负面冲击，一项新技术的出现往往会威胁到拥有相关技术但竞争力较弱的公司的生存。例如，当数字录制技术最终在21世纪超越干胶片技术时，专注于旧技术的公司被挤出市场。

3. 流动性和资金冲击

2008—2009年金融危机后，一种被称为"展期风险"（rollover risk）的潜在融资风险受到学术界和从业者的高度关注。在资金紧缩时期，由于信贷市场缺乏流动性，一些公司无法将到期债务展期，这一风险在2008—2009年金融危机爆发后尤为严重。

4. 特定时期内相对较高的新企业创建率

创建新企业通常是基于对未来的乐观估计,但与经验丰富的成熟公司相比,新企业的破产率要高得多。预计在新企业数量激增之后的几年内,破产率也会相应上升。

5. 重点行业放松管制

政府取消了受管制行业(例如航空、金融服务、医疗保健、能源)的保护屏障,此举促使更多企业进入和退出这个领域。在宽松的监管环境下,竞争更加激烈。例如,20世纪70年代末,航空业放松管制后,航空公司的破产事件在80年代成倍增加,并且一直延续至今。

6. 预期外负债

公司可能会因为某项表外负债突然成为表内重大负债而破产。例如,一些美国公司由于与石棉、烟草和硅胶乳房假体有关的诉讼而破产。企业也可能因并购而被动继承一些非预期债务。能源公司和矿业公司可能由于购买的资产而被迫继承预期之外的环境责任。一些金融企业,例如,华盛顿互惠银行,在2008—2009年金融危机之后继承了与次级抵押贷款诉讼相关的债务。

以上因素在预测和避免财务困境和破产方面发挥了重要作用。阿尔特曼Z-评分模型在推出50年后,仍然是从业人员和学者在计量违约概率时最广泛使用的信用评分模型之一。本书第2篇将专门讨论违约和破产预测模型,包括阿尔特曼Z-评分模型及其应用。

破产重组理论

企业的新陈代谢是任何经济系统的自然组成部分。"创造性破坏"(creative destruction)一词指的是技术创新引发新型企业取代技术落后企业的持续过程,该词由约瑟夫·熊彼特(Joseph Schumpeter, 1942)创造,他将其描述为"资本主义制度的本质"。

第 1 章 企业财务危困

由于企业破产会给社会带来固有成本,所以法律和规则成为规范破产行为的必要手段,用以:(1)保护有关当事方的合同权利;(2)有序清算无效资产;(3)在认为适当的情况下,延缓偿还某些债务,使债务人有时间恢复正常生产运营,从而摆脱财务困境。清算和重组在世界上许多国家都是可行的,如果一个企业的内在或持续经营价值大于其目前的清算价值,应允许该公司进行重组和继续经营。但如果企业的资产"死了比活着值钱",也就是说,其清算价值超过持续经营的经济价值,那么清算是首选。最后,衡量任何一个破产制度的有效性,可以看该制度是否有能力适当地识别那些有能力生存下来的公司并为其提供重组机会。

然而,如何从经济层面尽可能完美地处理公司破产这个问题,还面临非常多的挑战。例如,面临清算还是继续经营的选择时,优先顺序不同的债权方会有不同的利益诉求和动机。一组索赔人希望加速其索赔的诉求很可能会损害公司的整体价值,即所谓的是否适宜采取"集体行动"(collective action)的经典问题;而过于分散的索赔人之间则会因无法达成一致协议而影响公司价值。整个过程中最大的挑战之一是如何客观准确地评估永续经营价值的现值和当下清算价值。这些挑战往往使成本较低的庭外解决方案难以实现,只好在法院的指导下履行重组或清算某公司的正式法律流程。在第 3 章和第 4 章,我们将探讨重组企业的各种执行方式,包括庭内重组和庭外重组。

以重组为基础的经济体系的主要好处是,可以让在经济意义上依然有生产效能的资产继续为社会提供物资和服务,做出其他方面的贡献,比如,保留工作岗位(维持就业率)、保护供应商收入不受影响、保障政府的税收等。然而,这些好处需要与破产对公司和社会造成的损失结合起来全面权衡。

不良资产重组

对不良资产进行重组是为了修复濒临破产的公司，总的目标分为两方面：一是重组资产负债表的左边，即资产重组；二是重组资产负债表的右边，即债务重组，也叫财务重组。资产重组的动机是改善运营，从而改善现金流，并将业绩不佳或未被利用的资产重新部署给盈利能力更好的经营者。实现这一目标的一个常见方法是，在资深重组专家或者咨询机构的指导下，给公司管理层大换血，引进新的管理人员，重点是最大限度地提升公司价值。债务重组的动机是降低公司的资本成本，拥有过于"昂贵"资本结构的公司需要进行财务重组，以便去杠杆，并将杠杆率降至长期可持续的合理水平。

对一家濒临破产的公司来说，有许多可供选择的重组方案。在庭外重组中，公司与债权人及其他利益方私下谈判，这种重组通常会导致优先债权被转换为新的债权（优先债权或次级债权），次级债权被转换为股本，而原股权则被大幅稀释。这种债转股交易的成功在很大程度上取决于债权人之间是否能够有效协调他们对濒临破产企业的诉求，以及庭外重组的结果是否好于庭内重组。庭内重组是指在破产法院的指导下进行重组。履行正式破产程序的主要好处是，破产法为债务人提供了许多重组债务和资产的宝贵选择权，并解决了与债权人讨价还价进行谈判的问题。其缺点是比庭外重组耗时更长，花费更多。第 4 章将探讨不良资产重组的结果和成本。

不良资产重组行业的参与者

提供企业不良资产重组和破产相关服务在美国是一个重要的行业，该领域的经营规模和覆盖范围可以证明这一点。当今破产"市场"吸引了大量的从业人员和研究人员，其中一个原因是，2008—2009 年金融危机期间和之后需要申请破产的企业数量和规模大幅增加，企业不良资产重组和破产"游戏"行业的主要参与者如下所示：

- 破产企业（债务人）
- 破产法律体系内人员（法官、受托人等）
- 债权人和债权人委员会
- 破产法专家
- 破产会计和税务专家
- 重组专家
- 财务重组顾问
- 不良资产证券化交易员和分析师
- 破产、重组出版物和数据提供者

《1978年破产改革法》规定，破产公司的管理层，即"拥有资产所有权和处置权的债务人"，虽然对破产处置这一过程不具有完全的控制力，但拥有重要的影响力。这反过来又赋予濒临破产公司最后拯救自己的能力，即公司通过破产前重新谈判的方式或许能提前与债权人达成和解方案，从而避免破产。

截至2016年，全美共有349个破产法官被授权指导债务人及债权人完成破产程序。[1] 这些联邦法官在50个州，包括华盛顿哥伦比亚特区、波多黎各、关岛和北马里亚纳群岛在内的94个司法区任职。破产法官由美国受托人机构（U. S. Trustees Program）协助，该机构是司法部的一个组成部分，在管理司法系统中大量案件的日常分流、正常处置方面发挥着重要作用。抛开其他责任不谈，美国受托人机构会任命一个委员会代表无担保债权人，并在必要的情况下指定其他委员会来代表某一特定案件里某个缺失的利益方。例如在破产法第7章的一个实例中，受托人监督清算和资产分配；在破产法第11章的一个例子里，受托人罕见地被任命去代替破产公司管理层，因为现有管理层明显存在管理不善或欺诈的情况。

美国破产律师作为破产程序中一个核心群体，以其庞大的数量和影响力成为相关司法过程中一个最重要的组成部分。这些律师/顾问代表破产程序中各利益相关方，包括债务人、债权人、股东、雇员等，甚至包括税务局。2017年，Martindale列出了超过11万名破产律师（见www.martindale.com），仅纽约地区就有3 000多名破产律师。在破产领域具有专长的一些大型律师事务所包括Kirkland & Ellis，Weil Gotshal & Manges；Akin Gump Strauss Hauer & Feld；Jones Day；Skadden，Arps，Slate，Meagher & Flom；Milbank，Tweed，Hadley & McCloy；Paul，Weiss，Rifkind，Wharton & Garrison以及Davis，Polk & Wardell等。[2]

破产行业有两类重组咨询公司。一类公司的重点是资产重组，即帮助危困企业改善经营，通常是为了避免破产申请，这些公司以为危困企业提供运营和重组专家而闻名。这一领域的知名公司包括AlixPartners，Alvarez & Marsal和FTI。另一类公司的重点是财务重组，即管理和策划一家公司的资本结构优化。这一领域的知名公司包括Lazard Freres，PJT Partners（原黑石集团），Miller Buckfire，N. M. Rothschild & Sons，Evercore和Greenhill，除了这些大公司外，还有很多成功的小型咨询公司。在债权人咨询方面，最大的咨询公司有Houlihan Lokey Howard & Zukin，Jefferies，FTI以及Giuliani Partners，后面这两家公司是由会计师事务所分割或者独立出来的。

当一家公司陷入危困时，正确识别哪些主体拥有对该公司的求偿权以及这些权利的性质，对再谈判过程具有重要影响，无论是庭内还是庭外。在许多重大破产案里，当企业的业绩明显恶化时，最初的银行放款人可能早已闻风而动，将他们的头寸出售给一些特殊投资者。同样，私募类投资者可能已经取代了公司债券或票据的原始购买者，甚至取得了因贸易而产生的应收款类债权的请求权。

最后，正如本书所指出的，对于战略分析家和研究人员来说，能够从多个渠道获得危困企业的数据非常重要。

破产申请

破产申请可分为两大类：企业破产申请（依据美国破产法第7章、第11章、第12章和第13章）和消费者破产申请（依据美国破产法第7章、第11章和第13章）。还有一类较为罕见的申请，那就是市政当局的破产申请，比如，密歇根州底特律市的破产案（第9章）。图1-5列出了1985—2017年实体企业和非实体企业的破产申请，图1-6列出了1985—2017年按破产法章节划分的破产申请。虽然近几年发生的绝大多数是消费者破产（高达97%）申请，但本书只关注大型企业以及上市公司破产事件（主要是破产法第11章）。图1-7描绘了1989—2017年负债至少超过1亿美元的公司所提交的破产申请数量和申请前债务规模。图1-5展示了一些值得讨论的现象。

第一，2005年之前和2008—2011年，非企业（消费者）破产数量的惊人增长是显而易见的，这反映出在此期间美国个人债务大幅增加。1985—2005年，个人破产数量增加了近5倍。随着2005年《防止破产滥用及消费者保护法》（BAPCPA）的推出，法律对申请破产的消费者条件要求更加苛刻，2005年以后非企业破产的数量急剧下降。有趣的是，2004—2005年，非企业破产申请的大幅增加以及随后一年的大幅下降，可能反映出消费者在2005年10月颁布新法案之前已经对自身的破产申请进行了战略性选择。

第二，在过去30年中，企业破产申请的绝对数量一直呈下降趋势。申请数量在2006年降至创纪录的低点，不到20 000。在2008—2009年金融危机期间，申请数量狂增了3倍，2014年又回到危机前的水平。

年份	实体企业	非实体企业	总数	实体企业占比（%）
1985	71 242	341 189	412 431	17.28
1986	80 879	449 129	530 008	15.26
1987	81 999	492 850	574 849	14.26
1988	63 775	549 831	613 606	10.39
1989	63 227	616 753	679 980	9.30
1990	64 853	718 107	782 960	8.28
1991	71 549	872 438	943 987	7.58
1992	70 643	900 874	971 517	7.27
1993	62 304	812 898	875 202	7.12
1994	52 374	780 455	832 829	6.29
1995	51 959	874 642	926 601	5.61
1996	53 549	1 125 006	1 178 555	4.54
1997	54 027	1 350 118	1 404 145	3.85
1998	44 367	1 398 182	1 442 549	3.08
1999	37 884	1 281 581	1 319 465	2.87
2000	35 472	1 217 972	1 253 444	2.83
2001	40 099	1 452 030	1 492 129	2.69
2002	38 540	1 539 111	1 577 651	2.44
2003	35 037	1 625 208	1 660 245	2.11
2004	34 317	1 563 145	1 597 462	2.15
2005	39 401	2 039 214	2 078 415	1.90
2006	19 695	597 965	617 660	3.19
2007	28 322	822 590	850 912	3.33
2008	43 546	1 074 225	1 117 771	3.90
2009	60 837	1 412 838	1 473 675	4.13
2010	56 282	1 536 799	1 593 081	3.53
2011	47 806	1 362 847	1 410 653	3.39
2012	40 075	1 181 016	1 221 091	3.28
2013	33 212	1 038 720	1 071 932	3.10
2014	26 983	909 812	936 795	2.88
2015	24 735	819 760	844 495	2.93
2016	24 114	770 846	794 960	3.03
2017	23 157	765 863	789 020	2.93
总数	1 576 261	34 294 014	35 081 055	4.49

图1-5 以破产者类型（实体企业与非实体企业）划分的
破产申请（1985—2017年）

资料来源：The Bankruptcy Yearbook & Almanac and United States Courts Form F-2 (http://www.uscourts.gov/).

第1章 企业财务危困

年份	第7章	第9章	第11章	第12章	第13章	第15章
1985	280 986	N/A	23 374	N/A	108 059	—
1986	374 452	N/A	24 740	601	130 200	—
1987	406 761	N/A	19 901	6 078	142 065	—
1988	437 882	5	17 690	2 034	155 969	—
1989	476 993	9	18 281	1 440	183 228	—
1990	543 334	13	20 783	1 346	217 468	—
1991	656 460	18	23 989	1 495	262 006	—
1992	681 663	14	22 634	1 608	265 577	—
1993	602 980	12	19 174	1 243	251 773	—
1994	567 240	16	14 773	900	249 877	—
1995	626 150	10	12 904	926	286 588	—
1996	810 400	8	11 911	1 083	355 123	—
1997	989 372	10	10 765	949	403 025	—
1998	1 035 696	3	8 386	807	397 619	—
1999	927 074	5	9 315	834	382 214	—
2000	859 220	11	9 884	407	383 894	—
2001	1 054 927	8	11 424	383	425 292	—
2002	1 109 923	7	11 270	485	455 877	—
2003	1 176 905	6	9 404	712	473 137	—
2004	1 137 958	6	10 132	108	449 129	—
2005	1 659 017	11	6 800	380	412 130	6
2006	360 890	5	5 163	348	251 179	75
2007	519 364	6	6 352	376	324 771	42
2008	744 424	4	10 160	345	362 762	76
2009	1 050 832	12	15 189	544	406 962	136
2010	1 139 601	7	13 713	723	438 913	124
2011	992 332	13	11 529	637	406 084	58
2012	843 545	20	10 361	512	366 532	121
2013	728 833	9	8 980	395	333 326	88
2014	619 069	12	7 234	361	310 061	58
2015	535 047	4	7 241	407	301 705	91
2016	490 365	8	7 292	461	296 655	179
2017	486 347	7	7 442	501	294 637	86
总数	24 926 042	279	428 190	29 429	10 483 837	1 140

图1-6 按破产法章节划分的破产申请（1985—2017年）

资料来源：The Bankruptcy Yearbook & Almanac and United States Courts Form F-2 (http://www.uscourts.gov/).

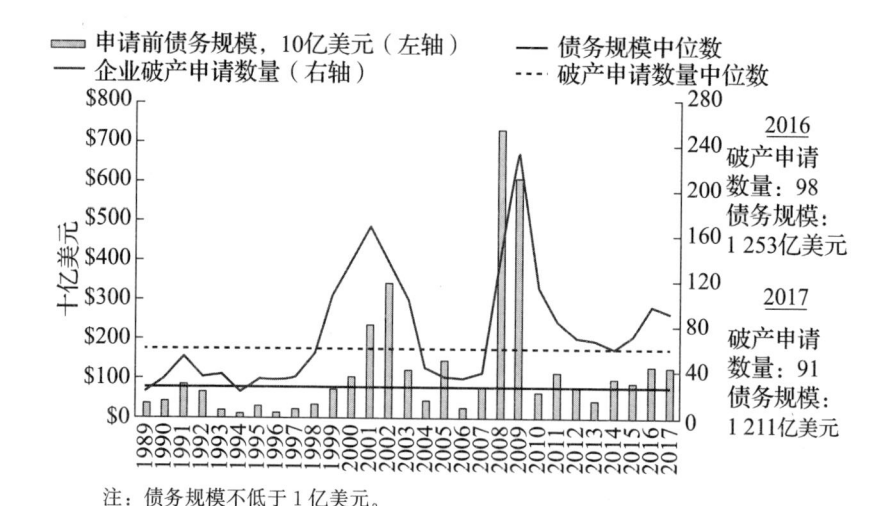

图 1-7　企业破产申请数量和申请前债务规模（1989—2017 年）
资料来源：纽约大学所罗门研究中心破产数据库．

第三，尽管自 20 世纪 90 年代初以来，企业破产申请数量逐渐减少，但规模较大的企业破产的总负债在 2008—2009 年剧增到创纪录的水平，这一趋势促使不良资产投资成为一个新兴投资品种，投资人对这种新型另类资产给予前所未有的关注（详情参见第 14 章和第 15 章中的讨论）。

2011—2017 年，公开和私人债务超过 1 亿美元的年均破产申请数量（77）与过往 38 年（1980—2017 年）的平均值（76）保持一致。但请注意，从 2010 年到 2015 年，申请数量呈下降趋势。2016 年的 98 和 2017 年的 91 都高于 1989—2017 年的历史平均值（76）和同期的中位数（59）。2015—2017 年，能源公司的违约和破产现象尤为突出。1970—2017 年，能源行业在 2015 年 1 月至 2017 年 6 月的 98 起违约和破产事件占该行业所有违约和破产事件的 47%。2017 年，负债超过 10 亿美元的超级破产数量（24）比过往 38 年（1980—2017 年）的历史平均水平（16）高出约 0.5 倍。

破产申请的趋势及其对整个企业破产制度的影响的复杂程度远远超

第1章 企业财务危机

过破产申请的数量和金额。例如，从提出申请到实际开展重组所花费的时间、庭外沟通的次数、第11章预包装重组申请材料、成功重组，以及债权人的作用，都是本书将要讨论的影响破产事件的动态因素。

再次破产

重组的主要目标是减轻债务人的负担，重组公司的资产和资本结构，以便在可预见的将来不再出现财务和经营问题。

遗憾的是，即使公司得到一个机会，暂时起死回生继续运作，重组过程也并不总是能取得成功。存活的公司有可能再次破产，第二次（甚至第三次）提交破产申请，从而得到破产法的保护。我们在本书的第2版中创造了"第22章破产人"这个术语，来命名那些提交过两次破产申请的企业，这些企业或者背负过多的债务，或者在首次起死回生后对业务前景过于乐观。重组不成功的案例中甚至包括第44章破产人，即提交过四次破产申请的企业。一个著名的例子是特朗普娱乐度假村（旧称特朗普酒店、赌场度假村和特朗普广场），它们分别于1991年、1992年、2004年和2009年申请破产；另一个是分别于2004年、2008年、2012年和2013年申请破产的全球航空控股公司（旧称ATA Holdings）。

在本书的第7章，我们将深入探讨破产事件的影响及后果（包括企业申请破产保护起死回生后的状况）。图1-8列出了自1984年以来，每年第22章破产人、第33章破产人、第44章破产人甚至第55章破产人提交破产申请的大致数量。在此期间，290家公司提交了两次破产申请（非正式地称为第22章破产人），18家公司提交了三次（非正式地称为第33章破产人），3家公司提交了四次（非正式地称为第44章破产人），特朗普赌场度假村提交了五次破产申请。2017年（图1-9）共有312起多次申请事件，几乎占同期破产申请总数的8%。重要的是，据估计，

21

拯救危困企业（第4版）

有20%申请破产后起死回生的企业又再次申请破产。我们可以看出，这些数量并非微不足道，这表明现行的破产重组机制存在诸多问题。

年份	第22章破产人	第33章破产人	第44章破产人	第55章破产人	破产申请总数	多次申请人占比（%）
1984—1989	18	0	0	0	788	2.28
1990	10	0	0	0	115	8.7
1991	9	0	0	0	123	7.32
1992	6	0	0	0	91	6.59
1993	8	0	0	0	86	9.3
1994	5	0	0	0	70	7.14
1995	9	0	0	0	85	10.59
1996	12	2	0	0	86	16.28
1997	5	0	0	0	83	6.02
1998	2	1	0	0	122	2.46
1999	10	0	0	0	145	6.9
2000	12	1	0	0	187	6.95
2001	17	2	0	0	265	7.17
2002	11	0	1	0	229	5.24
2003	17	1	0	0	176	10.23
2004	6	0	0	0	93	6.45
2005	9	1	0	0	86	11.63
2006	4	0	0	0	66	6.06
2007	8	1	0	0	78	11.54
2008	19	0	0	0	138	13.77
2009	18	1	1	0	211	9.48
2010	10	1	0	0	106	10.38
2011	5	2	0	0	86	8.14
2012	12	1	0	0	87	14.94
2013	11	2	1	0	71	19.72
2014	7	0	0	1	54	14.81
2015	8	0	0	0	79	10.13
2016	13	2	0	0	99	15.15
2017	9	0	0	0	71	12.68
总数	290	18	3	1	3 976	
每年平均						9.59
整体平均						7.85

图1-8 申请过2，3，4，5次破产的案例数量（1984—2017年）

资料来源：The Bankruptcy Almanac, annually (Boston: New Generation Research); and Altman and Hotchkiss, *Corporate Financial Distress and Bankruptcy*, 3rd ed. (Hoboken, NJ: John Wiley & Sons, 2006).

♯ 多次申请破产的案例总数（1984—2017年）	312
♯ 首次破产保护后起死回生的案例总数（1981—2014年）	1 525
％ 多次申请破产案例占首次破产保护后起死回生案例的比例	20.46%

图1-9　依据破产法第11章申请破产保护起死回生后再次申请破产的上市公司数量和占比（1984—2017年）

资料来源：The Bankruptcy Almanac, annually（Boston: New Generation Research）; and Altman and Hotchkiss, *Corporate Financial Distress and Bankruptcy*, 3rd ed. (Hoboken, NJ: John Wiley & Sons, 2006).

不良资产投资

随着杠杆融资市场的快速发展和日趋成熟，过去20年来申请破产的实体企业的数量和规模都大幅增长，不良资产成为投资界越来越流行的重要投资资产类别。

最近的行业报告显示，不良资产投资被认为是另类投资基金中利润率最高的策略之一，超过许多其他对冲基金策略。[3] 不良资产投资之所以能够提供有吸引力的风险调整回报率，有因可循。首先，不良资产往往可以以较大折扣从借款人或债务人手中购得。例如，银行可能出于对监管方面的担忧以及不愿参与重组过程而低价抛售不良资产。此外，当高收益共同基金遭遇资金流压力时，往往需要紧急低价出售资产（所谓的"清仓甩卖"(fire sale)），减少敞口。其次，由于重组过程需要相关经验、专业知识、交易费用、低流动性等，所以不良资产投资领域具有很高的行业壁垒。这些壁垒导致该行业从业者是为数不多的具备高度专业技能的不良资产投资人。

业界主要有两种不良资产投资者。第一类专注于具有控制权的股权投资。这些投资者通常是私募基金公司，实行"债转股"策略，通过识别并购买目标企业"拐点"债务，将其转化为目标企业的多数股权。这些投资者在重组后不会立即出售拥有的股权，通常会有3~5年的投资期。他们积极参与公司治理，如管理层和董事会成员的择选，以及公司重组和重组后的业务经营。

第二类投资者通常是在处理不良资产和管理破产程序方面具有专长的对冲基金，它们不以获得多数股权为目标，往往通过定价手段来确定获利空间，以低买高卖策略获取利润，当然它们有时也选择去主动影响重组过程。这类投资者中的部分投资者侧重于并购、交易各类债券投资，并通过协调较为分散的债权人获得利益。

虽然这两种类型的不良资产投资者被分类描述，但现实中，其投资行为并非泾渭分明。对冲基金有时会争夺控制权，私募股权基金有时旨在获取交易利润。在本书第2篇，我们将全面概述不良资产投资者所采用的策略，以及不良资产投资的风险状况。

注释

[1] 参见 http://www.uscourts.gov/statistics-reports/status-bankruptcy-judgeships-judicial-business-2016。

[2] 咨询公司 Vault 每年会给出破产重组领域最佳律师排名，最新名单参见 http://www.vault.com/company-rankings/law/。

[3] 瑞信（Credit Suisse）不仅编辑生成不同对冲基金交易策略的回报指数，还定期发布其业绩表现。

第2章　杠杆融资

杠杆贷款市场和高收益债券市场在帮助投机类借款人融资方面发挥着关键作用，这些债权合同所具有的各种特点使其在金融市场上独树一帜。它们往往是重组危困企业的关键，因为带杠杆结构的企业比无杠杆结构的企业更容易陷入困境。投资银行、对冲基金和私募股权（PEs）基金都密切关注金融市场这一特殊领域。

自2008—2009年金融危机结束以来，美国的杠杆贷款市场和高收益债券市场都实现了快速增长，这两个市场在2013年创纪录地新发行了超过6 000亿美元的杠杆贷款和总计3 300亿美元的高收益债券（根据标普LCD公司的数据和SIFMA的数据）。2013年之后，出于对过于宽松的债券承销标准的担忧，美联储、联邦存款保险公司（FDIC）和货币管理办公室（Office of the Comptroller of the Currency）联合发布了新的杠杆贷款准则，导致这两个市场的总发行量呈暂时下降趋势。[1]然而到了2017年，发行量重新恢复到早期的峰值水平（杠杆贷款发行规模6 510亿美元，高收益债券发行规模2 840亿美元）。

本章将简要介绍这两种主要的投机性融资工具，并提及一些信贷协议和债券契约的重要特征，这些契约体现了债权人和借款人的权利和责任。我们还将分析贷款人如何设计合同来保护他们的债权。最后，本章会介绍债务从属，这对于理解破产申请中的债权，以及进行重组和瀑布模型分析具有重要意义（第3章、第5章和第6章将详细探讨）。

杠杆贷款

杠杆贷款（leveraged loans）是银团贷款市场的一部分，专注服务低信用资质的借款人。它们在20世纪90年代中期作为一种新的资产类别出现，持续增长的投资者规模推动了这一类贷款市场的迅猛发展。市场需求的不断扩张和对统一市场操作规范和标准化交易文件的需求，促成了银团贷款和交易协会（LSTA）以及贷款定价公司（LPC）的成立。贷款文件的标准化有助于提高市场流动性和效率，进而有助于建立一个活跃的、高流动性的二级市场。

杠杆贷款有多种定义，许多从业者以收益率点差作为区分不同品种的依据。例如，利率超过LIBOR（伦敦银行同业拆借利率）上浮150个基点（basis points）的贷款称为杠杆贷款。从业人员也认为评级低于投资级的贷款是杠杆贷款，投资级以下特指穆迪评级（Moody's）Ba1或以下，或者标普、惠誉评级BB+或以下的贷款。与投资级贷款相比，杠杆贷款通常具有更高的利率、更高的费用、更严格的抵押品要求，以及更多、更严格的合同条款。杠杆贷款的目的一般是再融资、并购融资（包括杠杆收购（LBOs））和资本结构重组（例如，股息贷款），还有其他一般性的企业运营需求。

与其他银团贷款一样，杠杆贷款由商业银行和投资银行组织安排和管理，这些银行称为"承销行"和"代理行"，提供投资银行服务和管理服务，并以此收费。承销行作为牵头机构，设计贷款结构和信贷协议，并联合有意提供贷款的机构作为代理行，共同组建银团。承销行也称为"主承销商"，是银团中的"领队"。代理行会在联合放款后，承担贷款的服务和管理责任，在贷款过程中担任各种角色的相关参与方各有特指名称（例如，执行管理人、银团管理人、法律文件管理人等）。

第 2 章　杠杆融资

图 2-1 显示了年度杠杆贷款发行量，信用额度类贷款包括活期贷款和按揭贷款，这些贷款通常由银行发行并持有；而机构类贷款由非按揭贷款组成，这些贷款通常由机构投资者持有。数据显示，21 世纪初，循环贷款和定期贷款约占总发行量的一半，但近年来发行量渐减，目前仅占 1/3 左右，这表明非银行机构投资者越来越多地参与杠杆融资市场。这一细分市场的主要贷款人包括抵押贷款商（CLOs）、贷款共同基金、高收益基金和对冲基金，以及金融公司和保险公司。标普数据显示，截至 2017 年年底，抵押贷款占机构市场份额的 64%，对冲基金、高收益基金和贷款共同基金约占机构市场份额的 30%，保险公司和财务公司则占据其余部分。[2]

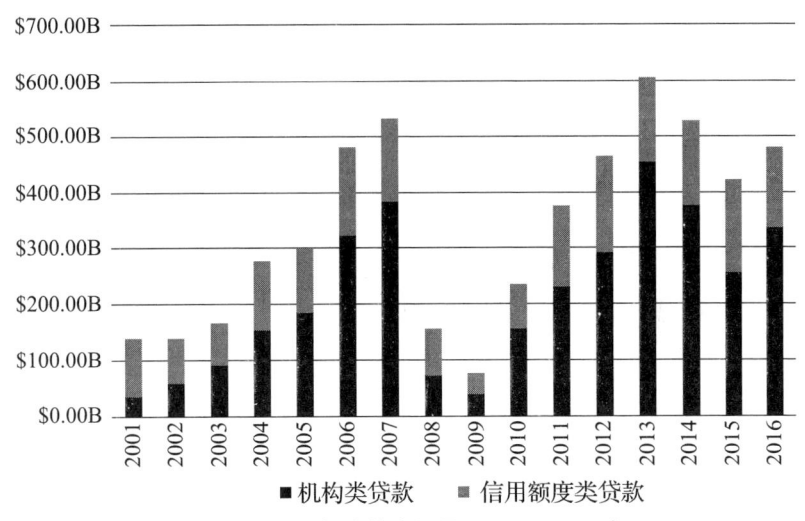

图 2-1　年度杠杆贷款发行量（2001—2016 年）

资料来源：基于 S&P Global 的数据.

贷款人由银行向非银行机构转变，不仅体现在贷款发行阶段，还体现在二级市场的交易中。在二级市场交易中，机构投资者通过债权转让或债权分享的方式参与银团杠杆贷款。债权转让是指投资人通过购买债权直接成为正式债权人并登记在册，直接从代理银行收取利息和本金。债权购买方有权享有与其他登记在册的债权人同等的表决权。相反，债权分享是指买方买入现有贷款人的一部分贷款，债权分享方一般没有充分的投票权，除非涉及贷款条款的重大变化，如利率、到期日和抵押品等。全额买入债权可能需要事先征得借款人的书面同意，部分买入则不必，除非买方在黑名单（DQ）上，该黑名单由借款人确定，包括那些不允许拥有其债权的实体。[3]

非银行贷款机构在初期介入杠杆贷款市场时，其确切身份并不是公开的，但一些学术研究表明，非银行贷款机构进入这一市场增加了资本供给，导致借贷公司的资金成本大幅降低。Ivashina and Sun（2011）指出，在银团放款较高效的时期，企业贷款利差往往会下降，而银团放款的速度则取决于大型机构投资者的资本流入速度。Nadauld and Weisbach（2012）关注证券化所起的作用，其研究表明能够吸引抵押贷款商的贷款一般利率较低，说明证券化与较低的借款成本有关。Benmelech 等（2012）的研究也表明，与贷款未证券化的借款人相比，贷款证券化的借款人遇到不良后果的可能性较小（鲜有遇见信贷质量下降的情况）。

图 2-2a 和图 2-2b 列出了标普提供的 1998—2017 年杠杆贷款违约率指数 12 个月移动平均值（分别以发行人数量和美元规模计量）数据，在 2013 年 3 月以来的大多数月份，发行人数量虽少，但是总金额巨大，这造成了以违约规模（美元）计量的贷款违约率超过了以发行人数量计量的贷款违约率。值得注意的是，杠杆贷款的平均违约率通常低于债券的平均违约率（见图 1-4）。

违约发生时，贷款持有人的身份会影响公司重新谈判规划债务结构的能力。长期以来，一个既有理论基础也经实证检验的认知是，较分散的债权持有方会导致意见难以统一，因此如果需要重新谈判，会非常难以达成一致性条款（Gilson, John, & Lang, 1990; Asquith, Gertner, and Scharfstein, 1994）。James and Demiroglu（2015）基于 2000—2012 年 344 个债务重组案例，再次证明了以上研究结果。例如，

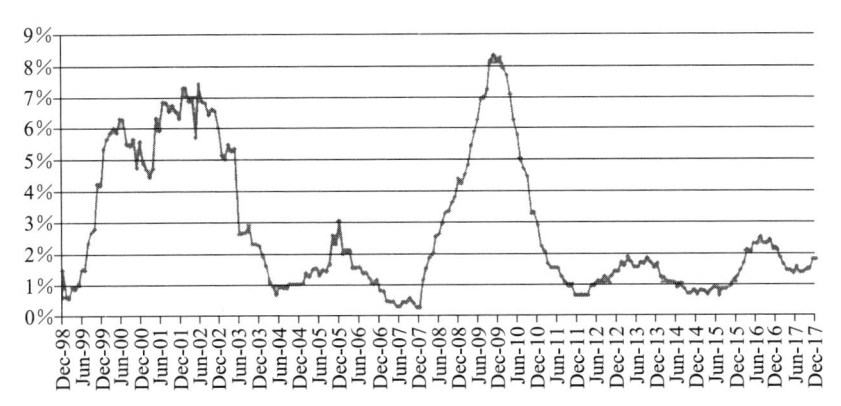

**图 2-2a 标普杠杆贷款违约率指数 12 个月移动平均值
（以发行人数量计）（1998—2017 年）**

资料来源：Altman and Kuehne（2018b）.

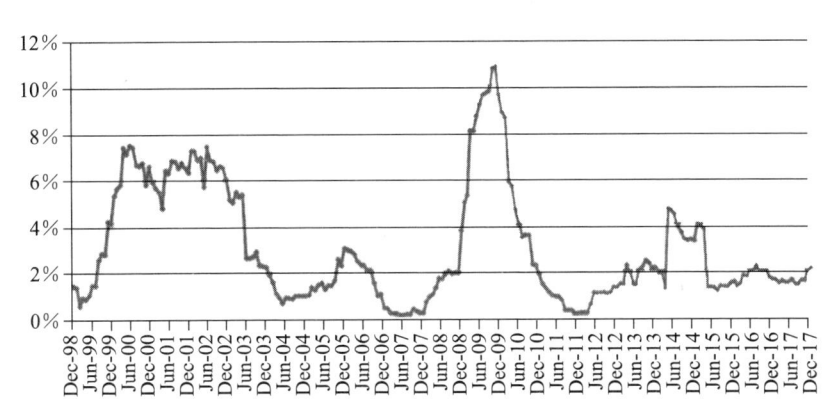

**图 2-2b 标普杠杆贷款违约率指数 12 个月移动平均值
（以美元规模计）（1998—2017 年）**

资料来源：Altman and Kuehne（2018b）.

当公司仅依赖一家银行时，最有可能庭外重组成功；依赖机构贷款的公司，特别是那些债权被证券化的公司，更有可能在破产过程中成功重组。另一个重要的发现是，依赖证券化贷款的公司更有可能使用标准化预包装破产。他们还发现，企业是否能够在申请破产保护后起死回生、重组成功，与贷款人的身份没有多大关系。

杠杆贷款有两种主要类型：循环贷款工具（revolving credit facilities（revolvers））和定期贷款（term loans）。

循环贷款工具

　　循环贷款工具有点像公司信用卡,允许借款人在贷款期限内以信贷额度为限提取、偿还并根据自身需要进行续借安排,使用条件是不能超出指定的额度。循环贷款工具主要用于满足临时周转资金需求。贷款人通常是商业银行,承诺在满足贷款条件的情况下提供资金。期限通常为 364 天,这是因为银行对向投机类借款人发放期限超过一年的贷款需要计提相应的监管资本,而银行普遍不想承担这样的资本压力。

　　循环贷款工具的利率通常表现为基准利率或伦敦银行间同业拆借利率(LIBOR)加上一个信用利差[4],比较通用的基准利率一般是央行基准利率和联邦基准利率。通常还会给 LIBOR 或基本利率设置一个阈值。例如,1%的 LIBOR 下限意味着,如果 LIBOR 低于该阈值,将使用 1%作为基准利率。信用利差通常为 150～400 个基点。放款人通常对循环贷款工具采用基于企业绩效水平的利息计价方式。例如,信用利差高低与特定的财务指标挂钩(例如利息覆盖率或杠杆比率)或与借款人的信用评级挂钩。

　　银行对循环贷款工具收取各种费用,通常包括在放款时支付的预付费用,其中最大份额给主承销方;承诺费按日均未提取余额收取;服务费按信用额度的全部金额收取;管理费每年支付给负责管理的代理人,用于提供服务以及支付其他费用。如果借款人违约,贷款人的条款通常会包括收取额外利息(通常比预定利率高出 2%)。[5] 这些费用有时加起来甚至会超过 500 个基点,这等同于强加给借款人除利率之外的一些额外费用。

　　对于投机级公司来说,使用循环贷款工具借款几乎都需要用抵押品进行担保,而抵押品往往是借款人的所有资产。借款人可获得的信贷额度根据其借款基数(borrowing base)来确定,即借款人特定资产的价值。由于大多数循环贷款工具是短期的，借款基数所包含的最常见的资产类型是流动资产，包括现金、证券、应收账款和库存商品；大宗商品和能源生产商通常以资源储备作为借款基数，借款时可获得的信贷额度通常按放款率（advance rate）（即贷款人愿意提供的借款基数的最大百分比）和作为借款基数的资产的价值的乘积计算。

图 2-3 是从汤森路透的 LPC Dealscan 数据库中提取的 1996—2016 年的数据，显示了使用应收账款和库存作为借款基数的循环贷款工具的百分比（包括投资级和高收益级）。该图显示，基于应收账款的放款率为 75%～85%，而基于库存的放款率为 50%～65%。这些结果符合直觉，也符合普遍认知，因为与库存相比，应收账款流动性更大，所以是更安全的短期资产，如果需要销售资产，并尽快筹集现金，库存类资产往往需要大幅打折。

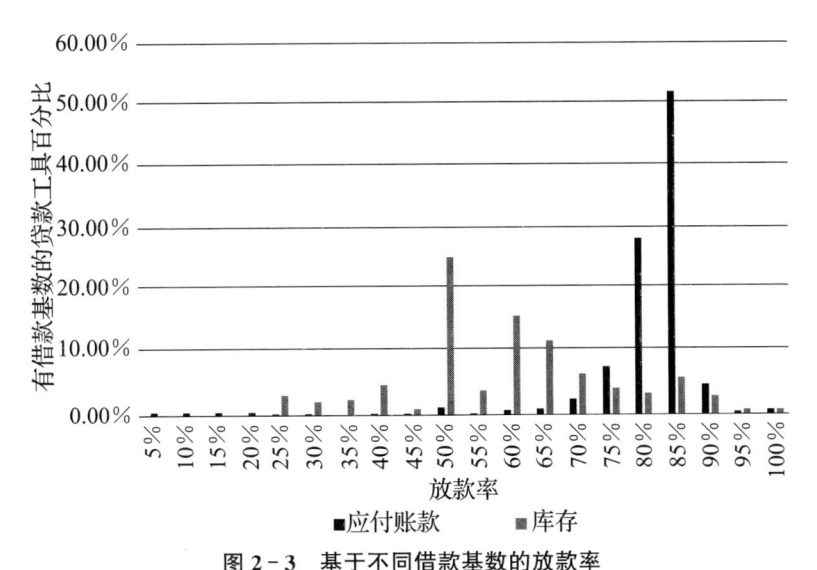

图 2-3 基于不同借款基数的放款率

资料来源：作者基于汤森路透 LPC Dealscan 数据编辑得出．

定期贷款

定期贷款是指贷款期限固定、借款人需要定期支付本金和利息的贷款，它们通常比循环贷款工具的贷款期限更长，最常见的定期贷款期限为5~8年。根据是否需要分期分批偿还贷款本金，可将定期贷款划分为两大类：一是分期摊销贷款（amortizing term loan）（也叫A类定期贷款或TLA），要求借款人在贷款到期前，按预先制定的还款时间表定期支付本金，该类贷款通常由银行发放，并与循环贷款工具一起使用。二是非摊销贷款（nonamortizing loan）（也叫B类定期贷款、C类定期贷款等），要求借款人在贷款到期时一次性支付全额本金，这类贷款通常由非银行机构发放。

贷款人保护性条款的设定

经典金融理论认为，债权人与股东之间存在着严重的利益冲突。这些利益冲突包括：（1）股东分红，即向股东支付大量股息；（2）债权稀释，即股东更倾向于发行与现有债券同等或更优先的新债券；（3）资产置换和过度投资，即股东倾向于投资高风险项目，即使该项目的净现值（NPV）为负；（4）投资不足，即股东放弃投资净现值为正的项目。因此，债权人为了保护自己的权益，会在信贷协议中增加各种保护性条款。在下文中，我们将概述信贷协议中一些比较典型的保护债权人利益的标准条款。

设定先决条件

先决条件（conditions precedent）是借款人获得资金必须满足的条件，包括在放款时必须满足的初始条件，其间每次借款时必须满足的持续条件（例如，使用循环贷款工具时）。如果贷款人认为借款人不满足某一条件，则有权拒绝提供贷款。例如，借款人法律顾问的法律意见被设置为先决条件；无重大负面情况变化，如业务、大环境、资产和运营等；还有环保尽职调查等。

第 2 章 杠杆融资

设定声明与保证

借款人提供法律声明和保证（representations and warranties），向银行保证自己提供了准确的事实和信息。声明与保证，特别是与司法条件相关的，通常由借款人法律合规部门负责审查批示。如果陈述不准确，则可能会被认为违约，贷款人有权停止贷款，甚至可以要求偿还贷款。

设定强制性提前还款的约定

这部分条款确保公司资金不会用于为其他方提供好处，从而损害贷款人利益。强制性提前还款通常与资产出售、债券发行（强制债券发行偿付（debt issuance sweep））、股票发行（强制股票发行偿付（equity issuance sweep））、超额现金流（强制超额现金流划转（excess cash flow sweep））和控制权变更有关。

与资产出售相关的提前还款条款，要求借款人用出售资产所得的部分或全部收入来偿还债务。同样，强制债券发行偿付和强制股票发行偿付条款，要求借款人分别使用债券发行或股票发行所得提前还款。强制超额现金流划转条款，要求借款人将部分超额现金流用于提前偿付贷款。超额现金流通常是指在约定的会计期间，EBITDA 超过以下总和：(1) 资本支出；(2) 累计偿债总额；(3) 纳税额；(4) 营运资金的任何减少额。然而，实际的定义在很大程度上取决于合同中具体约定的内容，而且可能很复杂。事实上，信贷协议中仅关于 EBITDA 的定义就可能占一整页。最后，信贷合约通常要求企业在变更控制权时应首先偿还债务，除非协议中的"债务转移"（debt portability）条款让相关要求变得不适用。越来越多的非银行机构定期贷款合同使用债务转移条款，这样，借款企业就可以避免因控制权改变而不得不对其债务进行再融资。

还有许多其他类型的提前还款条款，其中大多是针对循环贷款工具设定的。例如，"循环清空期"（revolving clean downs）条款，要求借款人在每个日历年内必须空出 30 天，在此期间不得有任何未偿款项。对以资产为基础的贷款（asset-based lending，ABLs）来说，当抵押品的价值受到负面冲击时，就需要提前还款。在能源行业，诸如勘探和矿产公司等大宗生产商通常会使用 ABLs，这些公司一般将其储量作为 ABLs 的借款基础，抵押品放款率取决于矿藏的性质和价值（已探明的储量优于不确定的储量）。当大宗商品价格出现大幅波动时，就会产生潜在问题。例如，当石油价格暴跌时，商品生产者不仅失去了收入来源，其抵押品价值也会缩水，导致贷款人要求加速偿还贷款，从而进一步加剧这些公司面临的财务问题。

合同的类型

贷款合同主要有三种：正向约定（affirmative covenants）、反向约定（negative covenants）和财务约定（financial covenants）。

正向约定规定了借款人承诺应做的事情。一般有三类：披露条款、标准条款和其他条款。披露条款注重信息的披露和传递，如借款人及时提交财务报表、合规证书、重大事件披露等。标准条款要求借款人妥善管理账簿、记录和财产，遵守法律，依法纳税等。其他正向约定还包括保险和检查监督权，以及发行证券所得资金的使用和同债同权等。

反向约定，也称为"被动回应条款"，规定了借款人在采取行动之前必须满足的要求，或者禁止性行为，以规避对借款人还款能力或抵押品价值产生不利影响的可能。例如，贷款人可能会限制借款人举借新债，无论其求偿等级如何，以避免债权被稀释。贷款人还经常禁止借款人将其资产用作其他贷款的抵押品。借款人也可能会被限制通过支付股息或回购股票等形式向股东分红。所有这些限制条款都是为了加强对借款人的约束和控制，降低贷款人无法收回贷款本金及利息的风险。

第 2 章　杠杆融资

财务约定（也称为运营条款）要求借款人在贷款的整个生命周期内达到某个预先设定的财务业绩水平。财务约定条款可以是基于特定日期，或基于业绩表现，或两者兼而有之。基于特定日期的条款一般要求在特定日期测试借款人的财务状况，典型条款包括对借款人有形资产净值、净资产负债率、流动比率、营运资金水平等的要求，主要基于公司在特定时间点的资产负债表信息。基于业绩表现的条款一般侧重持续业绩水平，例如覆盖率（利率覆盖率、偿债备付率、固定费用偿付比率）、资本支出和租赁付款，不仅依赖利润表，而且依赖现金流量表的信息。混合类型的条款也依赖资产负债表和利润表的信息，例如债务与 EBITDA 比率，并且可以是几个季度的滚动指标。[6]

图 2-4a 绘制了 1996—2016 年汤森路透数据库中所有公司的杠杆贷款的利息覆盖率，图 2-4b 则绘制了这些公司的债务与 EBITDA 比率。该图显示，按照贷款人的要求，利息覆盖率往往在 1.5~3 倍的范围内，债务与 EBITDA 比率通常为 3~5 倍。

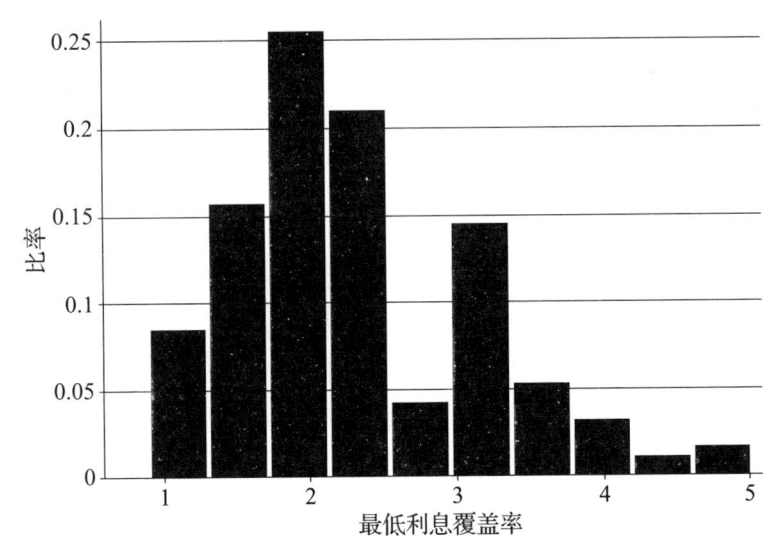

图 2-4a　利息覆盖率约定条款分布（美国杠杆贷款，1996—2016 年）
资料来源：作者基于汤森路透 LPC Dealscan 数据编辑得出。

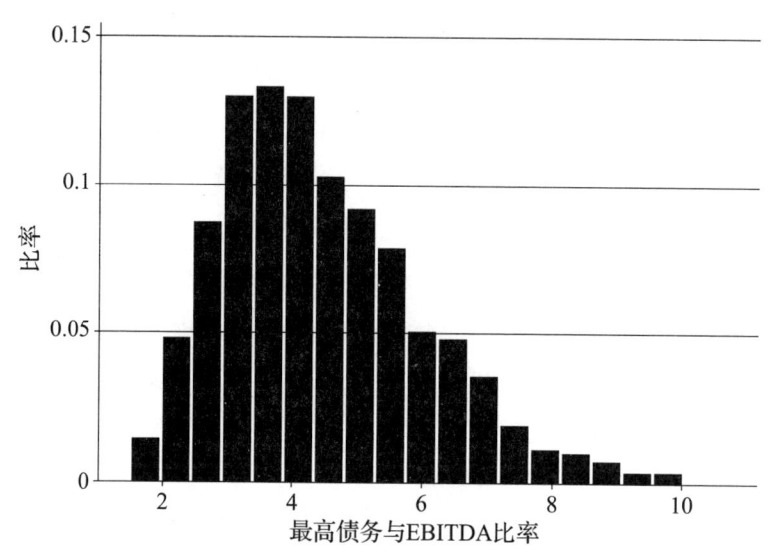

图 2-4b 债务与 EBITDA 比率约定条款分布（美国杠杆贷款，1996—2016 年）
资料来源：作者基于汤森路透 LPC Dealscan 数据编辑得出。

有些杠杆贷款只有正向和一次性约定条款，不包括传统的财务约定条款，这些贷款在信用宽松的时期频繁出现，如 2008—2009 年金融危机之前。这些低门槛贷款包含许多对借款人较友好的条件，例如，只要借款人通过了某些一次性的财务负担测试，就提供无限量贷款，或在达到某个杠杆率指标后，允许公司进行无限制分红。标普数据显示，这些贷款占 2017 年新增机构贷款的 75%，截至 2018 年 2 月，占美国机构杠杆贷款的 80% 左右。这与 2010 年相比有了大幅增加，当时低门槛贷款占新增机构贷款的比例不到 10%。截至 2017 年年中，低门槛贷款总额达到了创纪录的 6 000 亿美元规模。这一趋势引起了监管机构的关注，它们将其视为银行放贷标准下降的信号。

一些学者对低门槛贷款快速发展背后的经济逻辑进行了研究，Becker and Ivashina（2016）发现，当机构投资人放贷量增加，即愿意持有贷款时，低门槛贷款就迅猛增长。他们认为低门槛贷款降低了因违反契约引发的事后拉锯谈判的可能性，减少了贷款机构间讨价还价的摩擦。

此外，Berlin，Nini，and Yu（2016）发现，低门槛贷款不会单独使用，而是通常与循环贷款工具配套使用，但循环贷款工具的门槛可一点儿也不低，他们把这种将集中控制权赋予循环贷款工具的信贷结构称为"分割控制权贷款"。另一种对低门槛贷款的积极看法是，当道德风险问题不那么严重时，它们的应用会比较普遍。Billett，Elkamhi，Popov，and Pungaliya（2016）的研究显示，过去这些贷款更多地被规模较大、杠杆率较低、盈利能力更高和流动性更好的企业使用。尽管如此，低门槛贷款的一个主要弊端是，当借款企业未来业绩大幅下滑时，债权人以保护其权益为目的的及时干预和介入因无据可依而无法实现，从而极大地增加了债权人顺利收回贷款及收益的风险。

贷款合同再谈判

贷款合同是以状态依存（state-contingent）的方式设计的，通过触发事后再谈判给予贷款人强有力的控制权。这些合同条款往往在贷款合同有效期内可以重新谈判，合同的修订程度从修订单一条款到修订全部抵押品相关材料不等。

越来越多的学术研究（包括 Roberts and Sufi，2009a；Denis and Wang，2014；Roberts，2015）表明，贷款合同经常需要在初始设定的到期日之前重新商谈，再谈判的发生取决于借款企业情况的变化，例如，借款人的信用评级发生变化、出现新的重大投资机会、抵押品资产质量的变化以及宏观经济形势的变化等。除了对利率、金额和到期日等与定价相关的条款进行修改外，合同的保护性约束条款最常被修改。这很容易理解，因为有时企业发现它们的投资和融资策略受到现有合同条款的过多限制，这些企业或者选择偿还旧债发行新债，或者与现有贷款人重新谈判修改贷款合同，并申请豁免。

违约与补偿

违约（default）的确切定义通常在信贷合约的"违约事件"章节予以详述。违约事件通常包括未能按时支付本金或利息（付款违约）、虚假陈述（在信贷合约的"声明和担保"章节中予以定义）、其他债务违约（参见交叉违约或交叉加速条款）、倒闭或破产，以及其他事件（如抵押或担保失效、《雇员退休收入保障法案》（ERISA）管辖范围内的事件等）。

违约事件本身没有意义，除非它们与贷款人可以采取的补救措施或行动相关联。可采取的行动通常包括停止贷款、终止提供贷款便利承诺、"加速"回款、要求可覆盖信用证额度的现金抵押品（现金担保品）、取消抵押品赎回权、对逾期欠款提起诉讼，以及要求担保人偿付。在发生违约的情况下，虽然债权人不一定会完全根据协议行事，但这些协议约定的权利会令债权人在与借款人、股东和次级债权人的谈判中占有优势。

违反约束条款

当借款人违反信贷协议中的一个或多个约束条款（通常是财务约束条款）时，就会触发违反契约的行为。违反约束条款并不触发实际违约，但会使贷款人获得对借款人的控制权，违反约束条款的行为通常称为技术违约。

近年来的学术研究，包括 Dichev and Skinner（2002），Chava and Roberts（2008），Roberts and Sufi（2009a），Nini, Smith, and Sufi（2012），以及大量的后续研究，实证检验了违反贷款约束条款的事件，以及这类事件对公司投资和融资政策的影响。这些研究表明，由于贷款人最初制定了严格的约束条款，违反约束条款事件发生得相对频繁，这种行为不一定与财务困境有关。相反，贷款人利用这样的违约来修改与借款人的信贷协议,以此间接控制借款人的主要公司。违反约束条款后,可观测到的现象是,借款人的资本投资、新债券发行和股东派息往往会急剧下降。有趣的是,借款人很少会在违规事件发生后更换贷款人。

高收益债券

高收益债券基本上是由两类公司发行的。第一类称为"堕落天使"(fallen angel),是由一度发行(通常是在发行时)投资级债券的企业发行的,但像大多数人一样,这些企业随着"年龄"的增长变得迟缓臃肿,然后"迁移"成非投资级或"垃圾"级。高收益市场的时代始于20世纪70年代末,当时这个非常小的市场100%是由这些"堕落天使"组成的。"堕落天使"也可能是消费者偏好变化或技术变革的结果。例如,杰西潘尼(JC Penney)和西尔斯等大型零售商曾被评为投资级,但由于消费者消费模式的变化,它们在近几年被下调为垃圾级。高收益债券的另一个来源则是在发行之初即被评定为非投资级的证券,由于其激进的资本结构和高风险性质,在发行伊始就获得非投资级的评级。例如,由杠杆收购、初创企业和破产后的公司发行的债券。

高收益债券的发行通常不会在美国证券交易委员会(SEC)登记,大多数企业根据144A规则发行高收益债券,并通过非公开发行的方式进行销售,几年后再向证券交易委员会登记(或从未向证券交易委员会登记)。高收益债券的发行是周期性的,然而如图2-5所示,自2008—2009年金融危机以来,高收益市场经历了前所未有的繁荣(基于SIFMA的数据),高收益债券在美国企业债券市场中所占的份额近年来保持在20%~30%。这个市场的主要投资者是共同基金、养老基金、保险公司和担保债务凭证(CDOs)。

图 2-5 高收益债券每年发行量

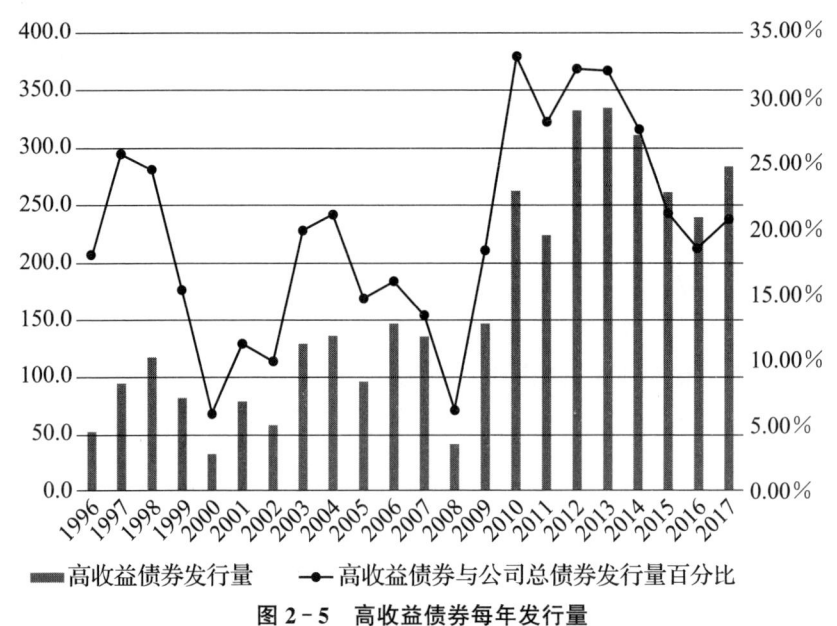

资料来源：基于 SIFMA 的数据.

非投资级公司通常发行以下两种特殊的高收益债券：贴现（零息票）债券和以物代钱票据（pay-in-kind（PIK）notes）。贴现债券不支付息票，而是按面值折价发行的，其价值随贴现债券接近到期日而增加。以物代钱票据允许投机级发行人通过发行额外债券而不是使用现金（因此是"以物代钱"）来支付利息。支付利息后，下一笔利息基于原始债券加上"以物代钱"发行的债券。切换债券（toggle）是以物代钱票据的特殊类型，它们允许企业选择以实物或现金支付利息。近年来，与传统的以物代钱票据相比，切换债券越来越受欢迎。有关高收益债券市场的全面讨论详见第 9 章。

债务从属

债务分级是由优先劣后资格、债券信用评级和抵押担保、组织结

第 2 章 杠杆融资

构等多种因素决定的,这些因素可能会使破产中看似具有优先级的债务比次级债务的偿付顺序更靠后、权利更小。在这一节中,我们将简要描述三种主要的债务从属。

合同从属

合同从属关系(contractual subordination)指的是某一特定类别的债权人同意在合同上处于一个比较低的偿付排序,让其他债权人拥有优先级。由于银行贷款通常是高偿付优先级和有担保的,合同从属关系通常指债权合约中所有的从属条款。

从属条款通常规定,一组(从属)无担保票据持有人或债券持有人同意在现金偿付顺序中其债权比另一组债权人略靠后。例如,优先级从属债券(senior subordinated note)的标准从属条款包括以下规定:

1. 优先偿付发行人的所有现有和未来的高优先级债务,然后再偿付该债券的债权人;

2. 该债券的债权人相对于发行人所有现有和未来的从属债券(subordinated indebtedness)具有优先受偿权;

3. 该债券在各方面,对于发行人现有和未来将发行的优先级从属债券,在受偿权上同债同权(pari passu)。

合同中通常对从属关系有非常完整的定义。例如,从属条款部分会明确约定,在违约、破产或清算的情况下,所有优先级债务必须在偿还次级债务之前全额偿付(最可能采用现金或等价物的形式)。由于从属条款,次级债权人在合同中的地位上次于(从属于)优先级债权人。

抵押权从属

担保贷款和抵押权登记 企业可以提供资产作为其债务的抵押担保。在破产情况下,债权人可通过收回和变现抵押品的方式清偿其债

41

权。虽然获得抵押担保的债权人会在破产保护期间被"禁足",失去抵押品的赎回权,但是它们的债权在资本结构中享有最优先的偿付权。

可用作抵押品的资产包括流动资产和长期资产,它们既可以是有形的(如房地产和设备),也可以是无形的(如权利、专利和其他知识产权)。[7] 对于大多数抵押担保类债务,企业以一种特定类型的资产作为担保来融资,甚至会将其全部资产作为抵押品。通常借款人和所有放款人需要(以担保和抵押协议)设定和授予担保权益。

为了妥善获得担保资产,债权人必须尽可能"完善"抵押品("perfect" a lien)——一种财产权益,以保证借款人拥有对抵押资产的所有权并能够偿还债务。债权人需要核实借款人是否对抵押资产进行公开登记,并声明抵押品的受益人对抵押品拥有优先权。债权人必须公开声明,并对抵押记录进行公共登记。在实践中,由于担保交易受国家法律和《统一商法典》(Uniform Commercial Code,UCC)第9条约束,一旦向借款人注册地所在州的相关部门提交 UCC 融资登记,并做出公开声明,留置权即被视为"完善"。

完善留置权的时点关系到债务债权在破产中的优先顺序,如果多个债权人使用相同的担保品,则可以各自的登记日期作为确定优先顺序的依据。债权人应该注意到一个隐患,若干年后,若借款人更改其名称或业务状态,抵押权可能会失效。

第二留置权贷款 第二留置权(second-lien)贷款市场是美国杠杆贷款市场上最重要的创新之一,在过去20年中迅速增长,从20世纪90年代后期的不到10亿美元增长到2014年的400亿美元。第二留置权贷款之所以如此受欢迎,原因在于其与发行无担保票据相比所具有的优势。与高收益债券相比,第二留置权贷款有更好的定价,可以为抵押贷款(例如 CLOs)的投资者提供更简单的市场准入,更容易重新谈判(考虑到其更集中的所有权结构)。这些优势使第二留置权贷款备受欢迎。2000年前后,CLOs 是投资第二留置权贷款的主力;然而,在过去几年中,大部分的投资者已转向高收益基金和不良资产投资对冲基金,截至2015年,该类基金占年度总发行量的70%以上。[8]

第二留置权贷款放款人通常由第一留置权贷款放款人通过债权协议加以限制,该协议禁止第二留置权贷款放款人在第一留置权贷款放款人得到全额偿付之前行使与抵押品有关的任何权利。从本质上来看,它们在抵押权上从属于第一留置权贷款放款人。债权人之间协议的其他显著特点包括要求第二留置权贷款放款人放弃权利,并在投票时与第一留置权贷款放款人成为一致行动人。以上某些豁免只适用于"静默期"(standstill period)(通常在违约后90~180天)。纳入这些条款的主要目的是,第一留置权贷款放款人希望第二留置权贷款放款人保持沉默。因此,第二留置权贷款放款人通常称为"沉默的老二"(silent second)。

某些对第二留置权贷款放款人的规定和限制是针对破产情况的。例如,第一留置权贷款放款人可能要求第二留置权贷款放款人同意企业使用现金抵押品,它们还希望后者对某些行为和出售抵押品的行为保持沉默。该协议可能妨碍第二留置权贷款债权人在未经第一留置权贷款持有人批准的情况下提供DIP融资(参见第3章)。由于必须保持沉默,第二留置权贷款放款人实际上失去了对信贷协议的单独投票能力,它们必须支持第一留置权贷款放款人提出的协议。然而,这可能取决于第一留置权贷款和第二留置权贷款放款人是否被记录在同一个债权人协议或单独的协议中,如果能够证明第一留置权和第二留置权贷款协议被视为两种贷款工具,并分属单独的合同,将增加破产法官将其视为不同类别债权人的可能性,从而打破它们的从属关系,使第二留置权贷款持有人有很大机会在破产重组过程中发挥积极作用。[9]有时会出现交叉抵押权和分割抵押品结构的情况,其中第一留置权贷款和第二留置权贷款放款人的债权天然就被设定为两种独立的信贷工具。[10]

结构从属

企业组织结构对债务的优先次序有很大的影响，因此也关系到潜在的债务偿付。如果借款人是一家控股公司，拥有下属企业的所有实际资产和业务，则在控股公司层面发生的任何债务都将毫无保留地从属于在其下属企业发生的债务。这称为结构上的从属关系。一般来说，贷款人希望挂钩一家企业的实际资产，以避免结构上的从属关系。我们使用图2-6所示的企业组织架构来说明结构从属是如何工作的。

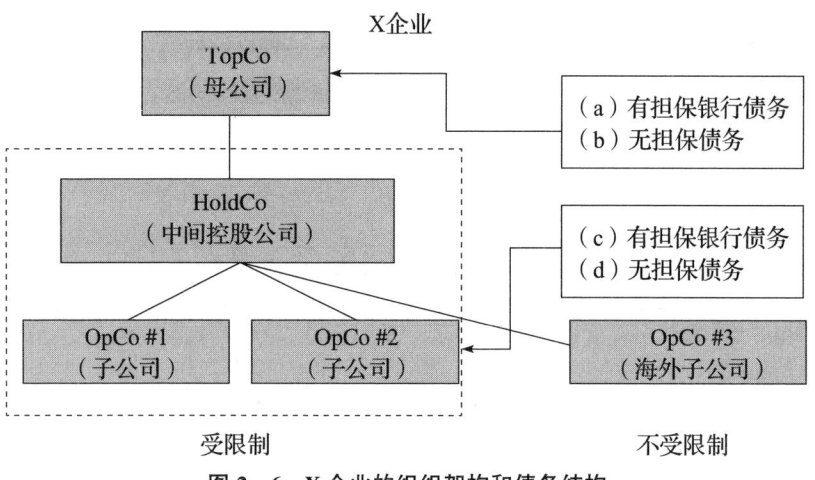

图2-6 X企业的组织架构和债务结构

X企业组织架构：
- TopCo（母公司）← （a）有担保银行债务 / （b）无担保债务
- HoldCo（中间控股公司）
- OpCo #1（子公司）、OpCo #2（子公司）← （c）有担保银行债务 / （d）无担保债务
- OpCo #3（海外子公司）

受限制：TopCo、HoldCo、OpCo #1、OpCo #2
不受限制：OpCo #3

假设X企业是一个具有三个层级的实体企业。TopCo是直接拥有HoldCo的母公司，HoldCo是一家中间控股公司，拥有三家子公司，两家在国内，一家在国外。TopCo和HoldCo除了拥有对控股公司的股权外，不拥有任何实际资产或业务，这三家子公司拥有并控制着所有的资产和业务。假设有四类债务由整个公司的不同层级实体承担，TopCo以其所有资产为抵押向银行借款（a），同时还持有未到期无担保债务（b）。与之相似，2号子公司也持有经抵押担保的贷款（c）和无担保债务（d）。如何排列这四类债务的优先次序？

第 2 章　杠杆融资

一般原则是看债务与运营和资产之间的距离即相关性，越近越好。有担保银行债务（c）是由子公司的业务和资产担保的，并且在优先权方面排名最高。债务（d）虽然没有担保，但仍在经营公司一级，可获得现金流量，因此它排在第二位。银行债务（a）主要由 TopCo 通过中间控股公司 HoldCo 持有的三个子公司的股权做担保，作为对债务类别（c）和（d）的剩余债权，因此在资本结构中排名第三。无担保债务（b）是最后一个。有担保银行债务（a）和无担保债务（b）虽说在结构上从属于债务（c）和债务（d），但根据现有担保协议，债务（d）在合同上从属于债务（c）。

请注意，（c）或（d）的信贷协议可能会包含某些适用于所有其他附属公司甚至 HoldCo 的限制和条款。在虚线框中显示的这些实体称为受限子公司，那些不受约束的子公司通常是海外子公司，它们不受信贷协议的约束。[11]

债务担保可能使债务的优先排序复杂化。一般来说，有三种担保：上游担保（upstream）（下属子公司为其上游母公司发行的债券提供担保）、下游担保（downstream）（控股公司或母公司为子公司发行的债券提供担保）和交叉担保（cross-stream）（一家子公司担保另一家子公司发行的债券）。假设 2 号子公司为母公司 TopCo 发行的债券提供上游担保。如果 1 号子公司和 2 号子公司都破产，2 号子公司的无担保债务和母公司 TopCo 的债务将具有同等的优先级且同债同权。因此，上游担保能够促进母公司 TopCo 债务的回收。

注释

[1] 这些政府机构观察到，金融危机后，杠杆融资市场增长迅猛，它们还特别指出某些贷款合约过分宽松且对贷款人保护不力，它们对该类贷款的快速增长深表担忧。在以下网站可以看到几家监管

机构发布的一个联合新闻稿：https://www.federalreserve.gov/newsevents/pressreleases/bcreg20130321a.htm。

[2] 这与金融危机后（2009—2011年）的情况形成对比，金融危机后，CLO发行量大幅降低，并且对冲基金、高收益基金和贷款共同基金占了机构贷款市场40%~50%的份额。

[3] 关于杠杆贷款市场的详细描述，感兴趣的读者可以参阅以下读物：S&P LCD于2012年9月出版的A Guide to the U.S. Loan Market，Milken Institute于2004年10月出版的The U.S. Leveraged Loan Market: A Primer。

[4] 关于LIBOR的未来，参见LSTA.org上的文章。

[5] 有两种方法来计算违约利息：一是在逾期支付时（分期支付）计算利息；二是基于所有未清贷款余额计算利息。

[6] 关于各种贷款者保护的详细描述，包括典型信用条款，读者可以参阅Bellucci and McCluskey（2016）。

[7] Hochberg, Serrano, and Ziedonis（2016）以及Mann（2016）的文章中记录了业界利用专利作为抵押来进行贷款的上升趋势。

[8] 参见DDJ Capital Management 2016年10月出版的Second Lien Loans: A Complex Yet Potentially Compelling Investment Opportunity。

[9] 在2009年特朗普娱乐度假村的破产案中，由Avenue Capital的Marc Lasry带领的第二留置权票据持有人成立了一个临时委员会，与第一留置权贷款放款人形成对抗。这些投资人最终将第一留置权贷款放款人逼上绝路，在最后公司摆脱破产困境时，取得了超级控制权。

[10] 2015年RadioShack的破产案展示了资本结构的一个特别复杂之处，这个案例很有意思。在单一信用合约之外，两类贷款人签署了债券协议，协议阐明他们对于一定资产的特定留置权；ABL贷

款人对流动资产持有第一留置权，这里的流动资产包括应收账款和库存，对长期资产持有第二留置权，长期资产包括知识产权和长期有形资产；定期存款贷款人对长期资产持有第一留置权，对流动资产持有第二留置权。

[11] 对借款人友好的市场会触发国内企业采用无限制子公司模式，借款人可以将受限子公司的资产转移到不受限子公司，然后利用转移后的资产作为抵押进行新的贷款（如 J.Crew）。

第 3 章　美国破产程序

为了更好地理解美国的破产程序，有必要简单回顾一下之前的法规和准则，正是这些法规和准则形成了当前的破产体系。在本章中，我们将回顾美国破产法问世的过程，然后全面总结破产法第 11 章最重要的特征。第 11 章是一把钥匙，能够打开在法院监督下实施破产程序的大门，使企业能够重组从而继续生存下去。

美国破产程序的演进

美国宪法授权国会制定统一的破产法对破产程序进行监管。根据这一授权，从《1800 年破产法》开始，国会通过了众多法案和修正案，并出台了《1898 年破产法》，世称《尼尔森法》。这些在 19 世纪生效的早期法律确立了现代意义上债权债务关系的概念。自 20 世纪初以来，国会通过了三部最重要的破产法律，它们是：1938 年的《钱德勒法》，取代难负重任的早期法律；《1978 年破产改革法》，其中的标准至今仍在应用；2005 年通过的《防止破产滥用及消费者保护法》。

1898 年股权接管

《1898 年破产法》只规定了对企业进行清算，而无条文允许企业进行重组以便在后破产时期能够继续生存下去。重组可以通过股权接管（equity receiverships）来实现，股权接管原本是为了防止那些未得到满意清偿并有权获取抵押品的债权人对资产的破坏性抢占。股权接管并不等同于破产法中的破产接管。在破产接管中，接管人是指法院指定的代理人，其在法院指定受托人接手之前负责管理破产资产。

股权接管极为耗时且成本高昂，也容易滋生严重的不公平。法院对重组计划很少管控，为保护股东利益而成立的委员会通常是由企业内有影响力的人员组成的，他们往往会利用这个机会来获取自己的利益。股权接管通常由企业以及与其关系不错的债权人共同发起。当时的法律并没有相关规定要求对接管及重组方案进行独立和客观公正的评估。由于股权接管条款需要得到大多数债权人的支持，这通常意味着企业需要提出一个现金补偿支付方案来应对强大的反对者，以获得他们的支持。这种程序不仅导致破产流程长期拖延不决，而且引发很多不公平的指控，该法律后来被1933年和1934年的临时破产法取代。

1938年《钱德勒法》

1933年，一部新的破产法在大萧条时期仓促起草并颁布。这部法律很短命，在1938年做了全面修订，称为《钱德勒法》。《钱德勒法》中与本书最相关的两个章节是企业破产和试图重组，也就是第11章和第10章。

第11章规定了一个自愿程序，这个程序只适用于破产企业的无担保债权人。债务人提出的破产重组申请，通常包含一项初步的财务减负规划。法院有权指定一个独立的受托人或接管人来处理企业财产，继续由原有管理团队控制企业的情况也时有发生。在这个过程中，一位仲裁者会召集债权人一起研究拟议的计划以及任何新的修订建议。如果每一类无担保债权人在人数和金额上均占多数同意该计划，则法院可以确认该安排，并使其对所有的债权人都具有约束力。该安排通常按比例缩小债权人权益，形成一个权益组合和/或延长支付的时间。也可能向债权人发行新的金融工具，以替换它们旧的债权权益。

企业可以由现任管理团队继续管理和控制与财务负担减少这两个特征，使破产法第 11 章对时任管理团队特别有吸引力。此外，债务人可以举借新债，且其优先权高于所有的无担保债务（实质上就是破产保护融资，即 DIP 融资，参见本章后面部分）。一旦成功，第 11 章破产相较于更为复杂的第 10 章破产，用时更短，花费也更少。

破产法第 10 章适用于除铁路行业之外的其他上市企业，以及那些既发行有担保债务也发行无担保债务的企业。破产程序可以由债务人自愿发起，也可以被动地由总债权达 5 000 美元或以上的三个或更多债权人共同发起。大多数情况下，债务人会优先考虑按第 11 章申请破产。这是因为，一旦依据第 10 章启动破产，一个独立、非利益相关的受托人就会被自动任命来管理整个程序。按照第 10 章提交破产申请时，必须给出用来解释为什么在第 11 章下不能得到充分赔偿的说明。这一要求的目的是确保第 10 章程序不会被应用于那些只有简单债务和资本结构的企业。

独立受托人的任务是负责制定并向所有相关方提出一份公平可行的重组计划，这里的相关方包括债权人、优先股和普通股持有人。此外，受托人还负责日常管理，但通常会将这项任务授权给老的或新的管理团队。在大多数第 10 章破产案中，受托人会在专业人员、代表债权人和股东的各种委员会的协助下制定并提交重组计划。在铁路行业的破产案中，这项工作由州际商业委员会（Interstate Commerce Commission，ICC）来负责。

第 10 章破产案的另一个重要参与者是美国证券交易委员会（SEC）。如果债务人的负债超过 300 万美元，SEC 就要提交一份咨询报告，但无论债务规模大小，法院均有权要求 SEC 的协助。咨询报告通常是对受托人提出的重组计划做出评估，并对该计划的公平性和可行性发表意见。编制这份报告需要全面评估债务人的现有资产，并将其价值与各方面对该资产的权利要求进行比较。最终，由联邦法官做出是否允许企业重组并通过最终重组计划的决定。

《钱德勒法》规定，第 10 章下的重组计划一经法院批准，需提交给每一类债权人和股东，以获得最终认可。最终认可需要每类债权人和股票持有人的 2/3 及以上美元数额持有人，以及各类别的一半及以上人头数的同意（在第 11 章须是大多数人的同意，前提是总负债小于总资产价值）。如果法院认可的重组计划完全排除了某个特定的组别（例如普通股股东），尽管这些股东可以以自己的名义提起诉讼，但它们将失去最终批准重组计划的投票权。如果企业被认定为实际已破产，即其负债已经超过了资产的公允价值，那么普通股股东将被排除在投票之外。

直到 1978 年，《钱德勒法》仍在规范着破产债务人，使其在法院的监督下有序清算。无论是哪一方提出破产清算的请求，在任命受托人之前，清算总是由仲裁人处理。债务的偿付通常遵循绝对优先原则，在该原则下，只有在更高优先权的索偿得到全额支付之后，低一级或次一级优先权的索偿才能得到支付。虽然小企业更容易面临破产清算，但一些大企业的重组努力一旦不成功，最终也会进入清算。W. T. Grant 公司破产就是一个备受关注的重组未能成功的案例，这个案例涉及资产规模数十亿美元。1975 年，该公司自愿提出依据第 11 章申请破产重组，而不是坐等任何债权人强迫自己依据第 10 章申请破产。然而，几个月后，公司于 1976 年下半年被迫进入清算。相反，在那个时代，也有几个大型破产重组成功案例，其中包括具有数十亿美元资产的 United Merchants & Manufacturing 公司，该公司于 1977 年 7 月进行第 11 章破产重组。

《1978 年破产改革法》

颁布《钱德勒法》40 年后，国会通过了《1978 年破产改革法》，该法案修订了美国企业和个人破产申请的行政管理方式，并对破产程序、法律和经济等方面进行了不同程度的修订。美国国会决定进行改革是为了顺应形势的变化。在过去10年间，每年破产申请发生率几乎翻一番，其中个人破产申请增长最快。此外，在《钱德勒法》下履行授权和管理职责的仲裁人在履职中经常遇到各种问题，他们也不断呼吁对法律进行实质性的重大修改。

1978年法案在设有联邦地区法院的94个地区设立了破产法院，新法院系统直到1984年4月1日才组建完毕。无论债务人居于何处，破产法院对其财产拥有专属管辖权。在此法律管辖下的所有破产案件，以及所有由于其强制实施而发生的民事诉讼和程序，都要提交给破产法官，除非法官决定不受理在州法院或另一个更为适当的法院待判的特定诉讼。破产法官先由总统提名，然后经参议院确认。自《1984年破产法修正案和联邦法官法》实施以来，由本区所属的巡回上诉法院负责任命本区的破产法官，破产法官的任期为14年。另外，在1978年法案公布后，美国证券交易委员会作为公众代表的职能被大大弱化。

新法案于1979年10月1日起生效，分为四篇。第一篇包含破产法律的实质性内容和重要程序，分为八章：第1章（总则）、第3章（案件管理）和第5章（债权人、债务人和资产），一般适用于所有案件；第7章（清算）、第9章（市政债务整合）、第11章（重组）、第13章（具有经常性收入的自然人债务整合）和第15章（美国受托人机构），适用于特定的债务人和程序。

第7章：清算 第7章规定由法院指派一位受托人，并在其监管下实现有序的清算。第11章帮助企业在破产法院的监管下实现破产重组，这也是本书的重点。从经济效益看，如果资产单独出售的价值大于（小于）持续经营业务的商业价值，那么清算（重组）就是合理的。

无论是企业自愿提出的破产申请，还是债权人提出的针对债务人的强制性破产申请，都会被提交给公司注册地、居住地，或者是主要经营或资产所在地的相关破产法院。依据第7章申请破产，将触发一种自动冻结机制,冻结针对公司的一切收款,然后法院将指定一位受托人来代替公司的管理团队。在有利于保护破产资产及有序清算的前提下,受托人会在一定期限内经营债务人的业务。清算过程中所获收益,将按照绝对优先规则(absolute priority rule,APR)分配给债权人。清算之后,企业将不复存在。

与第11章相比,小企业更倾向于依据第7章申请破产。图3-1显示,1990—2017年,美国企业依据第7章申请破产的数量是依据第11章申请破产数量的两倍。这一结果从直觉上易于理解,因为许多小企业没有复苏的希望,或许也没有能力负担第11章破产申请带来的相对较高的成本(参见本书第4章)。相反,美国大型上市公司提出第7章破产申请的很少,只占破产申请的不到10%(资料来源:bankruptcydata.com)。第7章破产有时用于大型公司,这些公司起初往往是先依据第11章申请破产,但是未能达成可行的重组方案,或者因为依据第11章申请破产,企业资产大部分被售出后,还需向不同索偿者分配现金收益和其他剩余资产。

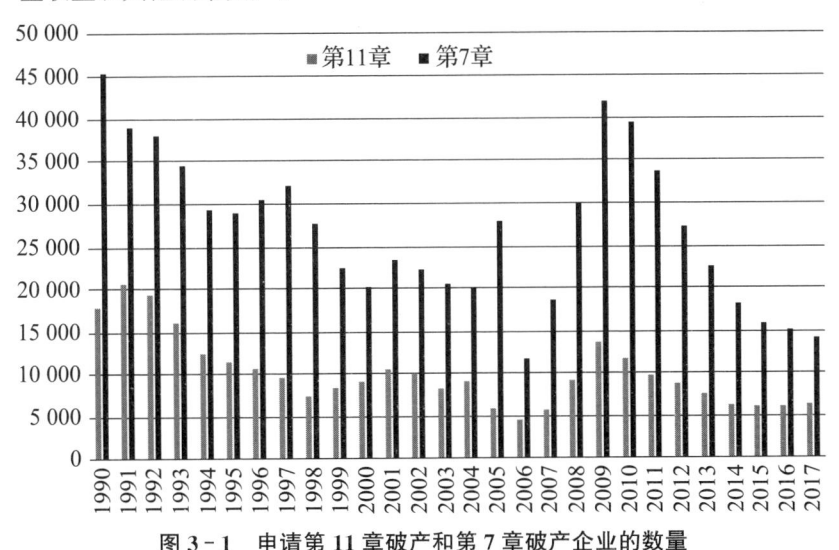

图 3-1　申请第 11 章破产和第 7 章破产企业的数量

资料来源:United States Courts Form F-2 (http://www.uscourts.gov/).

第 11 章：重组 《1978 年破产改革法》的一个极其重要的变化是新的第 11 章——重组，合并了旧破产法案第 10 章和第 11 章的很多内容。在第 11 章中，除非法院指定一位非利益相关的受托人，或者是为了债权人和/或股东的最大利益而做出其他决定，经营管理层作为持有资产债务人（debtor-in-possession，DIP）将继续管理企业业务。法院指定受托人的原因是，要么是在破产案开始前要么是在之后，管理层曾有欺诈、欺骗、不称职或渎职行为。

美国法律并没有赋予公司董事会在破产时执行法律程序的义务（参见本书第 6 章）。当一家企业提出第 11 章破产申请时，不需要进行基于现金流和资产负债表的偿付能力测试。然而，在某种意义上，申请破产的企业大多数是无力偿付的企业。在某些情形下，有些可能导致偿付违约的或有事件，有争议但成功得到破产法的保护。这些或有事件的例子，包括在 21 世纪初，由石棉诉讼和侵权索赔导致的第 11 章破产申请。[1]

《1978 年破产改革法》载有很多能使债务人进行重组的重要条款，其中包括但不限于：自动中止；一个只有债务人可以提出重组计划的专属期限；使用现金抵押品和/或获得破产后融资的能力；承担或拒绝租赁及其他正在履行中的合约的能力；出售那些没有作为抵押担保的资产的能力；留用重要雇员并支付薪酬的能力；拒绝或就劳动合同和养老金福利重新谈判的能力。我们将在本章第二部分详细讲解这些特殊内容。

大部分提出第 11 章破产申请的企业并不能最终实现重组。有些企业提出申请时，企业持续经营的估值超过其清算价值，但企业运营可能恶化到不可避免要进行清算的程度。许多小企业不能在第 11 章下成功重组。企业可以确认第 11 章清算计划，或者转为第 7 章破产清算（本书第 7 章将讨论成功破产后的内容）。

2005 年《防止破产滥用及消费者保护法》

2005 年 4 月 20 日,美国国会通过了修改后的破产法,该法称为 2005 年《防止破产滥用及消费者保护法》(BAPCPA)。虽然法案中最有争议和影响的部分因为对债务人的友好程度大大降低而影响到消费者(个人)破产,但这部新法案有许多重要条款也影响到了企业破产。例如,该法案对以下关键条款进行了修订:债务人享有专属期限来提出重组方案、债权人组成委员会、供应商处置方式、商业租赁的处理、关键员工留用计划、员工退休福利等。[2] 一般而言,新法案被认为更有利于债权人。2005 年 10 月 20 日,即法案通过 6 个月后,大多数条款开始生效。

除了对《1978 年破产改革法》的特定内容进行重大修订之外,BAPCPA 增设了关于跨境破产的第 15 章。第 15 章是《1978 年破产改革法》第 304 条的延续,也是基于联合国国际贸易法委员会(UNCITRAL)的示范法(Model Law)设立的。示范法为法院之间的跨境协作和沟通提供了法律框架(参见本书第 8 章关于跨境破产的深入讨论)。

美国破产法第 11 章

在本节,我们将解释美国破产法第 11 章*重组中的一些最重要规定。虽然不做全面的法律解读,但是我们将描述《1978 年破产改革法》生效以后的最新法律实践,并讨论 BAPCPA 的修订。

诉讼地的选择

只要有正当商业理由,一家企业就可以提出自愿破产申请。但是,

---

* 美国破产法第 11 章主要是有关公司破产重组的论述。——译者注

无担保债权总额在 15 775 美元以上（2017 年的标准）的任何三位或以上债权人，也可以针对债务人提起强制性的第 7 章或第 11 章破产申请。在债权人提出强制性破产申请之后，企业可以选择向不同的破产法院提出自愿破产申请。例如，在恺撒娱乐经营公司（Caesars Entertainment Operating Company，CEOC）破产案中，三个主要债权人（Appaloosa Investment，OCM Opportunities Fund 和 Special Value Expansion Fund）于 2015 年 1 月 12 日向特拉华州提出强制性破产申请，而 CEOC 公司于 1 月 15 日在伊利诺伊州北区提出自愿破产申请。两周后，特拉华州将强制性破产申请转给了伊利诺伊州法院。

那么企业需要在哪里提出破产申请呢？美国的法律体系为某些债务人在选择破产地（venue）上提供了一定的自由。根据美国法典第 28 篇第 87 章第 1408 条的规定，一家美国企业可以选择下列四类地点之一提出破产申请：(1) 居住地或住所地，可以是公司注册地；(2) 主要营业地点，大多是企业总部；(3) 主要资产所在地；(4) 存在企业附属机构未决破产案件的任何地区。

大型企业通常业务经营遍及全国，资产分布于多个州，因而有能力为自己的案件挑选受理法院。例如，2009 年 6 月 1 日上午，纽约哈莱姆区的雪佛兰-土星（Chevrolet-Saturn）公司（通用汽车位于曼哈顿的特许经销商）向纽约南区破产法院提出破产保护申请，随后，通用汽车（总部是底特律）及它的其他子公司向同一法院提请破产保护。有些学者（如 LoPucki，2005）对此提出异议，认为这种"择地诉讼"（forum shopping）的做法使企业能挑选对债务人更友好的诉讼地点，进而导致重组效率低下。另一些学者则认为，精明的债务人挑选法院是因为那里有更多的专业人员可以处理复杂的案子。

1990—2017 年，有一半以上的美国上市公司（账面资产至少 5 000 万美元）只向两家法院提出破产申请：一家是特拉华地区美国破产法院；另一家是纽约南区美国破产法院（资料来源：bankruptcydata.com）。

这个问题还在争论中，两位美国参议员于 2018 年 1 月提出了《破产诉讼地改革法》草案，该法案就是为了防止择地诉讼现象的出现。[3]

法官的指派

破产申请提交后，法院在数小时内就会为案件指派一名法官。大多数破产法院声称，它们采用随机轮换制度将案件分发给分区办公室里能够承担任务的破产案法官。但有时案件太多，法院负担太重，处理能力不足，法院就会任用地区法官、其他地区的借调破产法官，或者退休破产法官来监督管理案件的执行。例如，面对 20 世纪 90 年代末至 21 世纪初破产案件数量剧增的局面，特拉华州就雇请了以上三种类型的破产法官。

尽管有些人怀疑法官并不是真的随机分配，但有一些研究提供了实证证据，表明破产案件特点与法官特点没有关联（例如，Bernstein, Colonnelli, and Iverson, 2018; Chang and Schoar, 2013; Iverson, Madsen, Wang, and Xu, 2018），这些研究也分析了法官经验和偏好对破产案件结果的影响。他们发现，法官的执法经验对破产案件的时长、通过重组获得新生的概率、债务人获得新生后的经营状况有很大影响，尤其是法官对债务人的支持或否定偏好与其批准或否决某项破产动议有很大的相关性。

自动冻结

重组法律的一个重要内容是解决"集体行动"（collective action）问题，防止个别债权人采取行动危害重组工作，并保证债务人在不受债权人的直接干扰下继续经营（如 Baird，2010）。这在破产法第 362 条中有明确规定，该条款规定了破产过程中的自动冻结（automatic stay）事宜。具体而言，一旦一家企业进入法院监管下的破产保护程序，任何索偿人不得止赎抵押品、收取款项、执行以前诉讼案件的判决、擅自登记抵押财产、起诉收回过去的索赔（包括债务人拖欠税款），或者拒绝支付对债务人的欠款等。

在少数情况下，法官可以允许解除冻结。[4] 根据破产法（第361条），债务人必须保证，有担保债权人的索偿权的价值在重组进程中得到"充分保护"。如果法官观察到，有证据表明存在需要，就可以批准解除自动冻结，这些证据"包括对相关利益方在这类财产上的利益缺乏充分的保护"。充分保护条款要求，如果使用、租赁或出售一个有担保债权人的抵押物可能导致这个抵押物价值的减少；或者，如果债务人将抵押物抵押给新的债权人，那么债务人必须以现金形式补偿原有担保债权人，补偿价值要等于抵押物价值的减少额，或者提供其他财产作为增加或者替换的抵押品；又或者，给债权人提供"无可争议的抵押品等价物"。

破产操作：拥有控制权的债务人的概念

美国受托人机构是美国司法部的一个部门，负责监督破产案件的管理，充当"破产程序的监督人"。[5] 美国受托人由美国司法部长任命和监督，负责监督破产案的管理。美国受托人的主要目标是确保债务人诚实经营，遵守破产法和其他法律。具体职责包括：为第7章破产案和某些第11章破产案任命受托人；在必要时采取法律行动来实施破产法的要求；审查费用支出；为案件任命无担保债权人委员会和其他委员会；审查信息披露。本章将详细阐述这些内容。

尽管受托人负责监管，破产法第11章仍然默认管理层将保持对公司的管理权和控制权，继续运营业务。在这种情况下，拥有控制权的债务人（即DIP）负有诚信义务来保护和维持申请破产企业的资产，以实现债权人利益最大化为目标管理这些资产。经营既有的业务，势必涉及债务人资产的使用、出售，或租赁等，只要是"在正常业务范围之内"，债务人就可以从事这些活动。对于超越合理日常业务或惯例的交易，例如出售核心重要部门，则需要得到法院批准，甚至需要法官和/或债权人的介入。

"首日动议"和破产案件早期事件

破产法第 11 章为债务人提供了某些迅速直接的保护，例如自动冻结。此外，债务人的法律顾问通常会在案件启动的第一天请求法院发布一系列命令，以利于企业向破产过渡，并尽量减少对业务的干扰。通常的动议有：维持银行账号和现金管理程序，批准支付破产申请之前的工资和重要供货商（供应商）的应付款，留用顾问和专业人员，批准使用现金抵押品和破产申请之后的融资。其他重要的决定还有：指派委员会以及决定是拒绝还是继续履行未到期合同，比如租赁合同。这些均需要在提出破产申请后很短的时间内做出决定。

供应商问题 对资不抵债的客户，已交付货物但未收到货款时，供应商有权根据《统一商法典》（UCC）第 2-702 条，或者 BAPCPA 第 546 条（c），收回货款或货物。如果企业已经提出破产申请，供应商可在货物装运后的 45 天内，或客户申请破产后的 20 天内（如果 45 天的期限截止日在企业申请破产日之后）收回交付的货物。如果供应商没有发出收回货款或货物的通知，它仍然可以行使对货物价值的优先索偿权，只要这些货物是债务人在提出破产申请前 20 天内收到的。

鉴于这些规则的复杂性及破产案件解决之前收回货物或偿付的不确定性，以及财务危困企业申请破产的可能性增加，供应商很可能会收紧贸易信贷政策，这会恶化已陷入困境的企业的财务状况，也可能引发企业的破产申请。例如，2017 年 9 月，有新闻报道称，玩具反斗城（Toys 'R' Us）正在考虑提出第 11 章破产申请，于是有近 40% 的供应商以现金付款作为发货的前提条件，从而引发这家公司严重的流动性危机。[6]

一旦企业提出破产申请，供应商可能会拒绝继续供货，除非破产申请前的货物发票得到全额支付。所以，关键供应商享有特惠待遇，它们的索偿权优于其他无担保债权人。DIP 融资（DIP financing）可以提供资金向供应商付款，这在某种程度上缓解了供应商在企业提出破产申请后交付货物的收款顾虑。但是，批准这些支付的动议经常遭到无担保债权人反对，而这些无担保债权人实际上是次一级债权人。例如，在 2002 年凯马特（Kmart）公司破产案中（Gilson and Abbott, 2009），公司有意向 2 000 家以上的供应商支付破产申请前索赔，价值超过 3 亿美元。法官的命令遭到一些凯马特公司的无担保债权人的质疑，导致第七巡回上诉法院最终否决了对关键供应商的支付动议。

对于向债务人提供基本公共设施服务的供应商的处理方法与一般的商品供货商不同。根据 BAPCPA 法案，债务人必须在破产申请提出后 30 天内向这些供应商提供"充足的支付保证"，保证形式可以是活期存款、信用证、预付款，或者是连带责任担保函（第 366 条）。

留用专业人员 财务和法律专业人员向债务人提供多项服务，包括（但不限于）与债权人谈判、建立财务模型和估值分析、清算分析、资本筹措、战略业务分析，以及员工留任规划等。图 4-1 列出了在破产案中经常被留任的专业人员的作用。

按照法律规定，申请破产之后发生的专业人员费用和支出属于行政管理费用（第 503 条（b）款），这些费用支付的优先权高于任何无担保债权，而对于那些在提出破产申请前发生的费用，专业人员可以放弃申请前索赔，而请求作为行政费用进行支付。律师和财务顾问通常按时间支付报酬，但是，财务顾问的酬劳结构可以包括激励性奖金，也称为重组奖金或成交奖金，这些奖金会在案件完成（例如重组成功或出售成功）时支付。有时，这些费用加总起来非常可观（见本书第 4 章关于破产费用的详细阐述）。

按照《1978 年破产改革法》的规定，大多数曾经持续参与破产公司股票发行和债券承销的投资银行在其申请破产后，被禁止为破产公

第3章 美国破产程序

司提供咨询服务。这样做的法律初衷是保证"无利益关系角色",即任何在破产申请发生前3年内提供过证券承销服务的投资银行,不管这些证券是否还在市场上流通,都需要在破产重组过程中回避。因为旧规则被废止,BAPCPA中无利益关系角色的标准也降低了。现行法令的第327条规定,只要没有发现由于过去的行为而产生利益冲突,专业人员就可以留用。例如,曾被选为董事或在前管理团队中担任要职的人,企业不能作为专业人员留用。更宽泛地,被发现有以下行为的实体都不得留用:与债务人有任何关联或利益关系,或其利益与任何公司财产利益冲突,或与不同类型的债权人或股权持有人的利益相冲突。

破产法第11章的融资问题:现金抵押品和DIP融资 偿付申请破产前后发生的费用(如工资或向供应商付款),对于破产债务人的持续经营和成功重组至关重要。债务人还需要足够的流动资金来支付运营成本、维护和修理费用,以及支付专业人员在破产案期间的费用。此类支付需要使用债务人的现金,但这些现金可能已经成为有担保债权的抵押品。因此,流动资金的一个重要来源是那些作为有担保债权的抵押品的现金。法令第363条(c)款规定,债务人不能使用、出售或租赁相关现金抵押品,除非这些现金抵押品的各利益相关方均同意,或者法院在发出布告并举行听证会之后,批准使用、出售或租赁这些现金抵押品。第二个重要资金来源就是DIP融资。

法令第364条规定,在法院批准的前提下,债务人和受托人有权获取破产后的信贷,具体而言,鼓励债务人获取无担保融资以作为行政管理费用。假如债务人不能获得无担保信贷,法院可授权债务人获取一种特殊形式的信贷,即DIP融资,这种融资贷款有以下特性:(1)具有"超级优先权",其优先权高于行政管理费用;(2)把尚未用作抵押品的财产作为抵押担保;(3)用已经作为抵押品的财产为融资提供次级担保。法院还可以授权由已经设置抵押权即所谓"基础抵押权"的财产上的高级或同级抵押权作担保，前提是以其他形式无法获得信贷，并且这些抵押权的级别低于那些得到充分保护的 DIP 贷款。

在申请第 11 章破产的美国大公司中，获得 DIP 贷款的比例从 20 世纪 90 年代的不到一半（Bharath, Panchapegesan, and Werner, 2010; Dahiya, John, K., Puri, and Ramırez, 2003）增长到世纪交替时的 2/3（Gilson, Hotchkiss, and Osborn, 2016; Li and Wang, 2016）。业界和学术界对这类贷款合约的各个方面都很感兴趣。[7] 那些紧急需要该类贷款的公司一般都会在申请破产的当天，或者在提出破产申请后的几天内，迅速向法院提交 DIP 融资动议。

Eckbo, Li, and Wang（2018）对 2002—2014 年美国大型上市公司获得的 280 份贷款合同进行了全面分析，DIP 融资通常采取循环信贷模式，并附有定期贷款和/或信用证。贷款期限短，通常在一个月到两年之间，表明这些贷款资金旨在匹配周期性现金流、提供营运资金，以及支付运营费用。除了利息成本外，贷款人还可以收取其他费用。该类贷款的总成本（包括利差和费用）可以高达 20%。此外，DIP 合同可能包括限制性条款以及基于"里程碑事件"（milestones）必须进行支付的要求，里程碑事件包括：提交破产计划、披露声明或在预定日期完成资产出售等。所以说，尽管 DIP 贷款在重组过程中可能是一个重要的融资来源，但也可能成为一些高级贷款人控制破产公司的强有力手段。

谁提供 DIP 融资呢？破产申请前的贷款人可以通过主导 DIP 融资获得先机，因为它们能够控制抵押品，并在回收其融资敞口时处于较为有利的地位。有一些 DIP 合约要求借款人使用从 DIP 贷款中所得资金偿付其破产申请前的贷款，从而将部分或全部破产申请前贷款滚动转化为 DIP 贷款，这一特点对于破产申请前的贷款人极具吸引力。其他专注不良贷款融资的贷款人包括：商业银行、资产支持贷款放款人、投资银行和另类投资者，例如对冲基金和私募股权投资公司（Li and

Wang，2016）。[8] 也有一些专业投资者提供 DIP 融资，目的是将自己定位为公司的未来股东，这些投资人可以在企业重组时将其持有的债权转为控股权，即实施"债转股"（loan-to-own）策略。

对破产企业放款需要具备特殊的专业知识，鉴于 DIP 贷款损失率较低但利差和费率很高，它显然不是一种风险很大的业务模式（见 Moody's，2008）。最广泛报道的 DIP 贷款损失发生在 2001 年的 Win-Star 公司破产案中，DIP 融资回收率为 20%～30%。自那以后，以穆迪数据来看，除了 ATP Oil & Gas 公司破产案外，业界 DIP 贷款还没有出现重大违约事件。在 ATP Oil & Gas 公司案例中，其 DIP 融资一度被认为是全额坏账[9]，然而，最终 DIP 贷款人也基本收回了本金。近年来，DIP 贷款变得越来越有吸引力，传统金融机构和另类投资者都趋之若鹜。例如，在西屋电气公司（Westinghouse，2017）破产案中，有兴趣提供融资的机构有 32 家，其中 14 家提交了 DIP 贷款的报价。[10]

DIP 融资对第 11 章破产有何影响？从理论上来说，DIP 融资能够使债务人在提出破产申请后的最困难时期保持流动性，并将资金用在那些没有额外信贷就无法投资的净现值为正的项目上。批评这种融资方式的人认为这会导致投资过度，管理团队可能去承接具有极大风险甚至净现值为负的项目。Dahiya，John，Puri，and Ramirez 等人在 2003 年发表的实证研究表明，DIP 融资与重组成功呈正相关，他们的结论还显示，那些从现有贷款人处直接获得 DIP 融资的企业在破产程序上用时较少。

委员会成员的指定　美国受托人负责任命无担保债权人委员会（UCC）。UCC 为专业顾问支出的费用（如律师费或会计师费）由债务人承担。UCC 一般由 7 个最大的无担保债权人组成，以自愿形式参加委员会工作。UCC 并不控制债务人公司的经营和资产，而是与债务人协商处理破产案的行政事务，并监督企业的经营管理。具体而言，法令（第 1103 条）允许 UCC 参与以下工作：与管理团队共同研究和讨论案件的进展，调查财务状况和企业经营，参加制定重组或清算计划，请求法院指派受托人或者审查员，请求法院驳回案件或将其转为第7章破产案件。当债务人的行为被认定为对企业价值和债务偿还产生负面影响，例如，向高管发放奖金、专有期间的延迟等，UCC通常会向法院提出反对意见。在没有指派正式的委员会，或者持不同意见的债权人不愿意参加正式委员会时，就会成立债权人特设委员会。为协助特设委员会工作而聘用的专业人员的费用，通常由委员会来承担。

学术研究表明，资产总额超过1 000万美元的第11章破产案中设定UCC的比例不到一半（Waldock，2017）。UCC的成员大部分是贸易类债权人，对冲基金、私募股权基金和其他专业投资者也会谋求一席之地。20世纪90年代末至2005年最大的第11章破产案中，30%以上案件的UCC代表由这些专业投资者担任（Goyal and Wang，2017；Jiang, Li, and Wang，2012）。

由于第11章破产不仅影响无担保债权人的利益，而且影响其他类型索偿人的利益，所以美国受托人或法院会视情况指派成立其他委员会。委员会一旦成立，委员会的费用开支将用破产财产来支付。成立官方的股权委员会较为常见，但过去20年间，在美国大型上市公司第11章破产案中，成立这种委员会的占比不到10%（Goyal and Wang，2017）。任命股权委员会需要考虑诸多因素，包括是否有极大可能性向股东偿还权益，对于情况比较严重、无偿付能力的债务人来说，这种可能性微乎其微。

独立受托人替换管理层　根据破产法（第1104条）的规定，如果有合理证据怀疑债务人公司的现任首席执行官（CEO）、首席财务官（CFO）以及董事会成员在经营管理过程中或公开财务报表过程中涉嫌欺诈、欺骗或犯罪，不管这些行为是在破产案发生之前还是之后，破产公司经营管理工作将由法官指定的独立受托人（注意不要与"美国受托人"相混淆）接手。法院指定独立受托人后，受托人将对公司经营活动实施控制，并替换 DIP 融资。虽然第 7 章破产清算有指定受托人的要求，但是在第 11 章破产案中指定受托人的情况并不常见，只发生于法院主动或由美国受托人或利益相关方提出动议之后。许多情况下，在申请第 11 章破产之前，董事会就已经罢免了公司管理人员，以避免在申请破产之后被动接受法官指派的受托人所带来的负面影响。还有一些情况是，由美国联邦破产管理处推荐，并由法院来任命检查员。这些检察员负责调查欺诈或管理不力等特定事项。虽然任命检查员的情况并不常见，但在一些影响重大的第 11 章破产案中，这些人员起了重要作用。相关破产案包括安然公司破产案和雷曼兄弟公司破产案。

租赁和其他待履行合同的废除和承接　待履行合同（executory contract）是指债务人与另一方签署的，合同双方仍有重要履约义务的合同。常见例子有：房地产租赁、设备租赁、开发合同和知识产权许可等。法令第 365 条允许债务人在破产法令规定的期限内，选择是保留（承担）、放弃（拒绝），还是转让（承担并转卖）这类合同。

2005 年颁布的 BAPCPA 中一个颇具争议的规定是，将债务人保留、放弃或者转让租赁合同的时限缩短至破产申请之后 120 天内，此后，经破产法院的同意，仅可进行 90 天的展期（无须出租人同意）。如果债务人/承租人逾期未做出决策，则视为合同被放弃。批评者指出，缩短决策的时限会使债务人没有足够的时间来分析合同的影响，难以做出恰当的决策。有人指责 BAPCPA 的这个修订和其他变动导致几家大零售商，例如 2010 年的美国电路城公司（Circuit City），以及其他持有大量商业租赁合同的企业，最终不能成功实现重组。

如果放弃履行租赁合约，债务人不再承担租赁合约中的义务，而出租人则成为破产申请前的无担保债权人对债务人进行索偿，数额为以下二者中的较高者：一年的租金，或拖欠的未到期租约租金的 15%（不超过三年租金）。此规定的计算从以下较早日期开始：（1）破产申请日；(2) 出租人收回资产的日期，或承租人交出资产的日期。与之相反，如果债务人决定继续保留租赁合同，这些合同中的支付义务就成为具有优先索赔权的行政管理费用。此外，债务人可以转让租赁合约给第三方，通常是某些资产的买家，只要预期这位买家能够履行合同。

债务人无须征得出租人的许可，有权将租约转手给愿意支付更高租金的第三方，并获取转让所产生的收益。有时，企业会出售"财产指定权"（property designation rights），即转移债务人对某项租赁合约的决策权：哪些合同是要承接的，希望转手给谁，以什么条件什么价格，如何转给第三方。这里的购买者往往是愿意向债务人支付现金、承担向市场出售租约的责任的物业管理公司。所以，租约可以成为有价值的资产，尤其是那些租金低于市场价位的租约。但是，有些财产所有人（出租人）可能会基于商业或道德上的理由，向法院提出反对债务人将租约转手给第三方的动议。

一般而言，债务人将承接或转让那些条件好的租约，对那些条件不好的租约拒绝履行或重新谈判。事实上，拒绝租赁合同往往可以给债务人创造相当大的谈判筹码，迫使出租人修改租赁条件。拒绝和转让租赁合同，令许多大型零售商和航空公司在破产进程中节省了数百万美元的运营费用。[11] Lemmon，Ma，and Tashjian（2009）的研究显示，在破产案中拒绝租赁合同构成资产重组一大内容。在最长 210 天需做出决策的时间压力下，破产债务人没有足够的时间分析租赁资产的表现，以决定是否承接或拒绝租赁合同，所以经常在提出破产申请前就做出相关决定。

运用破产法第 365 条的规定，债务人企业还拥有承接和拒绝供应商合同的权利。债务人可以利用这些权利来重新谈判，可能节省数百万美元，但会严重挤压供应商的利润。学术研究（例如，Hertzel, Li, Officer, and Rodgers, 2008；Kolay, Lemmon, and Tashjian, 2016）

发现，对于供应商来说，客户破产一般都是坏消息，当客户提出破产申请，尤其是寻找替代客户的代价非常高昂时，供应商的净资产回报率是负值。

重组计划的制定和确认

除非破产案不予受理，或转为第 7 章破产，为了使债务人能够从破产中重新恢复，法院必须批准一个重组计划，该计划要明确谁是索偿者，这些索偿者在重组中获得何种收益（这也正是新资本结构的轮廓），以及有关资产配置的其他方面。破产计划是如何形成的，什么样的安排才能得到批准，以及各方同意计划的流程等都至关重要。重组计划必须附有"信息披露声明"（disclosure statement），其中载有关于申请破产企业的全面信息，以便索偿者判断是否接受这个计划。

专有期间　《1978 年破产改革法》规定，债务人自申请破产之日起有 120 天专有期间来提供重组计划。其他各方（如受托人、债权人委员会、股东委员会、债权人、股东，或其他债权管理人等）只有在受托人被指定，并且债务人未在破产申请后 120 天内提出重组计划或者债务人的重组计划没有在破产申请后 180 天内被接受时，才可以提出自己的计划。实际操作中，由于法院需要频繁进行延期的核准，2005 年破产法将专有期间限定为最长 18 个月（增加了 2 个月以进行磋商和计划确认）。

有人对过去 40 年里破产案从提出申请到重组成功的耗时趋势进行了统计，结果表明：在 BAPCPA 于 2005 年年底通过之前，申请破产企业耗时中位数大约为 24 个月；自 2006 年以来，这一耗时减少了一半以上，部分原因是限制了专有期间的时长，部分原因是第 11 章预包装重组材料大量增加（见 Altman and Benhenni，2017；Altman and Kuehne，2017）。

绝对优先权和分类索偿　债权人要在重组或清算计划下得到偿付，

必须提交债权证明，而股权持有者必须提交权益证明。根据重组计划，索偿权必须按照"实质相似"（substantially similar）原则进行分组，并按优先级进行排序，分组通常包括下面几种，在更为复杂的重组计划中，这些大类还可以细分出许多小的类别。

（1）有担保债权索偿，即以特定资产作为抵押的债权。在抵押物的清算价值大于索偿数额的情况下，有担保债权的优先级高于所有其他债权。如果抵押物的价值足够大，就可作为有担保债权的一部分计提延期利息，在重组期间，债务人可以为了自身利益动用抵押物，前提是有担保债权得到"充分保护"（见上文）。如果抵押物价值不足以覆盖有担保债权的全部金额，余额将被视为无担保债权。

（2）优先级行政管理费用索偿，包括托管费、律师费和其他服务费。尽管其排序低于有担保债权，但法院在这些费用支付后才批准重组计划。其他行政管理方面的索偿包括（第503条规定的特殊情况除外）：破产案开始以后，发生在债务人日常经营过程中的必要成本或财务费用，例如，对供应商的支付。相比之下，在第7章破产清算中，唯一允许的行政管理费用索偿是托管费、律师费和专业人员费用，这些费用是用偿付有担保债权之前的清算收益支付的。

（3）其他优先级索偿，包括破产申请前的雇员工资、未支付的员工福利计划、客户债权（与未来使用债务人提供的产品和服务有关）、政府单位的债权（比如税收和罚款）、员工伤残赔偿。破产申请前180天内（或者是从债务人停止业务活动起，以最先发生的日期为准）的雇员工资，可以依法在规定限额内支付。

（4）无担保（债权）索偿，包括无担保债券索偿、贸易索偿、保险索偿等。优先债权对于所有被指定次级于它的债权都有优先权，但是与其他所有的无担保债权有同等优先权。大多数贷款合同的条款明确规定了这些优先权。此外，公司的组织结构也会影响债权的优先顺序（见本书第2章）。

(5) 破产申请前的股东索偿——优先股与普通股股东,照此先后顺序进行索偿。

企业提交的重组草案会列明对各类别索偿者的偿还顺序和金额,一旦计划获批,即以现金或重组后企业债权的形式付诸实施。在这一偿还方案中最低级别的债权人,通常会通过债转股的形式成为重组后企业的股东。

大部分重组计划遵循的是"绝对优先原则"(absolute priority rule),或"APR"(第507条),这意味着只有在具有超高优先级的债权得到全额支付后,次优先级的债权才能得到偿付。在实践中,重组计划是多方谈判的结果,会涉及对重组计划有投票权的各个类别。因而重组计划可能会违反绝对优先原则,比如一个低优先级的债权获得一些偿还,而更高级别的债权却并没有得到全额支付。这种安排通常是各方债权人互相妥协的结果。

20世纪八九十年代,背离绝对优先原则的情况很常见,但是自21世纪以来,这种背离情况变少了(参见本书第7章中的实证证据)。背离APR的根据是"最大利益测试"(见下文),这一测试保证任何组别的债权人都会收回不低于在清算方案下可以收回的金额。其实,绝对优先权更像是对第11章破产重组计划的一个指导,而不是硬性要求。

重组方案的估值 重组计划的核心是把债务人作为一个永续经营实体进行估值,根据重组后企业的业务计划,对其自由现金流进行预测。本书第5章将对适用于这些预测的估值方法进行讨论。企业总价值还可以包括其他资产,如营运资金结余、税损结转等。如果企业在永续经营假设下的价值小于已确认债权总值,则意味着企业无力偿债,也就是破产了。

瀑布式分配 重组价值将按绝对优先原则分配给各级别的索偿人。一旦可供分配的价值用尽,在这个优先级以下的索偿者将会一无所得。对于资不抵债的债务人,股权持有者和其他低优先级索偿者,在重组计划中将得不到任何分配。

图3-2简单展示了一个瀑布式分配的假设场景。假设公司有三类债券，分别为有担保债券、无担保债券和次级债券，以及股权。循环贷款和定期贷款的权益相等（也就是说地位平等），支付价值有高和低两种情形。该图显示，在支付价值低的情形下，企业价值为800美元，分别分配给循环贷款和定期贷款，两者的回收率是索偿额的80%，这时次级索偿者将得不到任何支付；在支付价值高的情形下，企业价值很高，足够覆盖索偿价值，包括次级债券，其回收率为50%。在这两种情形下，股权持有者的回收率均为零。对不同层级债权人的分配形式，包括由重组后的实体支付现金、发新债，或者发新股（本书第5章讨论了 Cumulus Media 案例，展示了瀑布式分配在实践中是如何运作的）。

	索偿额	支付价值 低	支付价值 高	回收率 低	回收率 高
支付价值	—	$800	$1 400	$800	$1 400
<u>有担保债券</u>					
循环贷款	$200	$160	$200	80%	100%
定期贷款	$800	$640	$800	80%	100%
其他	—	$0	$400	—	—
<u>无担保债券</u>					
优先级债券	$200	$0	$200	0%	100%
其他	—	$0	$200	—	—
次级债券	$400	$0	$200	0%	50%
其他	—	$0	$0	—	—
股权	—	$0	$0	0%	0%

图3-2 瀑布式分配的一个简单示例

投票和批准计划 一旦第11章破产重组计划和信息披露声明获得法院批准并公布，每一个级别中持有投票权的索偿人就可以投票表示接受还是拒绝该计划。重组计划可以明确指出，某些债权或利益不因该方案而改变，例如，重组计划可以重申，有担保债券将按原有的安排进行支付，这些"全身而退者"（unimpaired）被默认为接受重组计划，所以不参加投票；有些组别按这个计划可能得不到任何分配，例如申请破产企业的原股东，因而被默认为反对重组计划，也不必参加投票；剩下的投票类别是"受损者"（impaired），它们有权进行投票。如果超过2/3债权金额以及超过一半数量的债权人投票同意（第1126条（c）款），该计划则被视为通过。股票持有者（如果有权投票的话）中倘若有至少占2/3市值的流通股股东投票同意，则被视为接受重组计划（第1126条（d）款）。

听证会在60天的投票期结束后举行，以确定计划是否符合各种要求，法院是否批准该计划。当所有债权人组或者是有权投票的利益方都接受重组计划时，相应的重组计划称为一致同意计划（consensual plan）；非一致同意计划也可以强行通过（cramdown）（第1129条（b）款），前提是至少有一类受损债权人或利益相关方接受该计划。例如，如果某计划唯一影响的债权人是受押人，那么未经其同意，计划就不能被批准。

强行通过程序使得法院能够批准非一致同意破产重组计划，前提是该计划"不存在不公平歧视"，并且"公平公正"地对待各类索偿人或利益受损方。一般而言，重组计划没有不公平歧视指的是，它让任何一个分组都享受到与其他相同等级的分组相同的待遇。是否"公平公正"对于不同等级的债权人而言其内涵并不相同：对有担保债权人而言，是继续保留原来的留置权，或收到现值等于原始债权金额的新债权；对无担保债权人而言，则是收回原始债权金额，或不对更低优先级债权人进行任何支付；对于股东来说，则是保留其股权，或者其他更低优先级索偿者不会被偿付。

在某些情况下，对重组企业估值的分歧是各方无法达成一致同意计划的原因。例如，低优先级债权人可以争辩说，重组计划所估计的企业价值低得离谱，应当采用更好的估值方法得出更高的企业价值，从而使重组计划的分配份额更大一些（见本书第5章）。在这种情况下，法院可以下令做一个全面的评估审查，以此来解决争端，如果发现企业价值确实是被低估了，那么重组计划就不能被批准。但是，更为常见的情况是，诉讼威胁的存在足以促使各方达成一项意见统一的重组计划。

重组计划被批准以后，还必须满足破产法中若干进一步的要求，包括"最大利益"测试和"可行性"测试。最大利益测试要求在该计划下，债权人接受或保留的数额不少于企业在第7章清算情况下接受或保留的数额。因此，重组计划的信息披露声明通常包括一个基于企业资产负债表所做的清算分析，该分析计算在企业资产减值出售的假设下可以回收的较低价值，并以此价值作为重组计划是否满足最大利益测试的比照，从而验证重组计划的合理性。可行性测试要求债务人证明，在重组方案被批准后，不会再进行计划外财务重组，不会发生预期外清算。现金流分析可以用来确定债务人重组价值，证明企业是否可以产生足够的现金流以满足其重组后的债务偿付需要。

第11章破产申请前的"预包装破产重组" 20世纪90年代初以来的一个有趣的创新是"预包装破产重组"（prepackaged bankruptcy，简称"预包装"（prepack）），"预包装"既具备庭外重组节约时间和成本的特征（因为庭外重组只需2/3债权人同意即可获批），又同时具备第11章庭内程序的其他优点。根据破产法第1126条（b）款，债务人可以在提交破产申请前与债权人进行谈判，并在满足以下条件的前提下对破产计划进行投票表决：充分披露信息，给有投票权的债权人以充足合理的时间进行分析、讨论、投票。换言之，债务人在实际提出第11章破产申请之前，已经就破产方案与大多数债权人达成协议，并请求他们提前进行投票。这种方式的破产经常被大型美国公司采用，1990—2014年（见图3-3），在提出第11章破产申请的美国大公司中，有多达 1/3 的申请者采用了预包装重组方式。BAPCPA 放宽了对信息披露的限制，因此增强了"预包装"的吸引力。

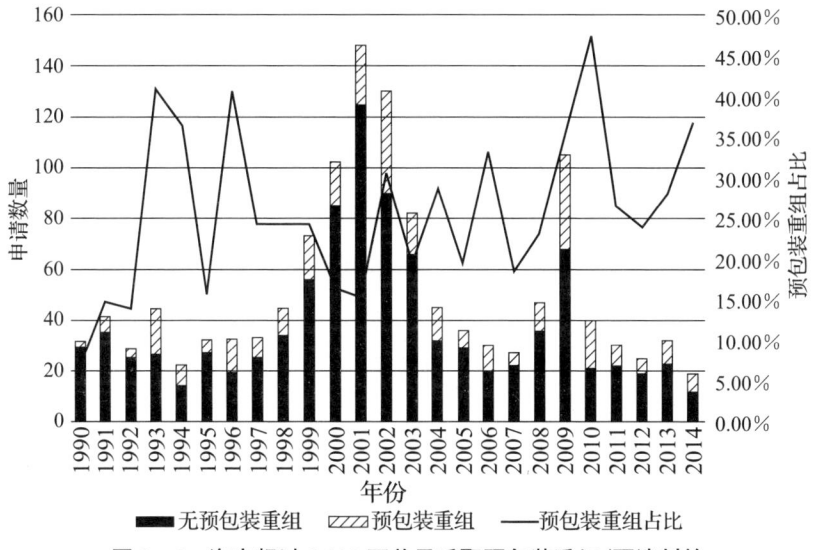

图 3-3 资产超过 5 000 万美元采取预包装重组/预谈判的美国企业第 11 章破产申请数量

预谈判和预包装重组类似，只是前者是在破产申请提出之后才开始正式投票。在提交破产申请之前，企业会与重要债权人签署一个"锁定"协议，通常是指"重组支持协议"（restructuring support agreement，RSA），协议阐明，一旦企业进入第 11 章破产，它们将投票赞成重组计划和 RSA 的其他条款。

少数持异议的债权人可以有效拖延或阻止一个预包装重组，例如，向法院提出强制性破产申请。但是 BAPCPA 允许企业在提交破产申请之后，继续对提交申请前已经开始的预谈判进行投票，该情形也符合其他非破产法律的相关规定，例如证券类法律。因此，持异议的债权人如果想提出强制性破产申请，就必须在破产预谈判开始之前进行，强制自愿申报的策略将不再干涉预包装破产重组的申请。

与常规的"自由落体式"的第 11 章破产申请相比，采用预包装重组方式有许多优点。首先，在第 11 章法律程序开始之前，企业提前开始谈判，明确提出破产申请后的退出策略，会大大增加企业重组复活、持续经营的概率。其次，采用预包装重组方式，企业一般仍然需要几个月的时间才能走完整个流程，但这个时长远远短于第 11 章破产案的两年平均时长。Tashjian，Lease，and McConnell（1996）的研究表明，采用预包装重组的成本介于常规第 11 章破产成本和庭外重组成本之间。

值得注意的是，加速破产重组流程并不总是符合每家财务危困企业的最佳利益。某些饱受严重经营问题困扰的企业可以通过延长在第 11 章下破产重组的时间来找到更好的解决方案，或者对于那些债务结构复杂的企业来说，预包装重组或者预谈判并不可行（Gilson，2012）。此外，提交第 11 章破产申请会导致一家公司的价值严重受损，如 2009 年通用汽车的案例，采用预包装重组可以使该公司迅速重组，最大限度地减少因客户和供应商流失以及其他成本增加而造成的价值损失。

计划的执行 破产重组计划获批之后，将确认生效日期。重组计划所确定的现金和新债权将向合格债权人分配，而破产申请前发生的债权将被取消或者重新认定。例如，破产申请前的股票持有者有可能在重组计划下一无所获，其原有的股份将被取消，而新股份会按计划进行分配。重组计划下发行的证券无须在美国证券交易委员会注册。注意，重组计划一旦被批准，它对某一债权人组的所有成员都具有约束力。重组计划可能满足或修正任何留置权，避免任何违约，并将债务人与一个或多个实体合并。

重组计划必须有足够的工具来重新建立破产后的资本结构。通常，企业会在提出破产申请后争取获得信贷，作为破产后的营运资金，这些融资工具称为"退出融资"，例如，新的或再发行的循环贷款或定期贷款，以及其他债务融资。在 2008—2009 年金融危机期间，缺乏这种融资工具使某些企业的重组工作困难重重。

破产重组成功的另一个原因是，债务人有能力筹得重生企业的新股权资本。现有或新投资者的股权资本的注入会向市场发出一个信号，表明公司资产仍具有经济价值。不同法院会在绝对优先权原则之外援引所谓的"新价值例外规则"（new value exception）或"新价值守则"（new value doctrine），该守则规定：即使在更高级别债权人会受损的情况下，也会保护向申请破产企业注入新资金的现有股东的权益。具体来说，依照新价值例外规则，重组计划可以约定，如果申请破产企业原股东向企业注入新的资金或资产，那么即便在高优先级债权人未能全额收回债权的情况下，原股东依然可以保留原股东权益或获得新的权益。另一种越来越普遍的股权出资形式是配股，即授予某些索偿人购买重组重生公司额外股票的权利。配股有时会得到一批对拥有企业控股权特别感兴趣的索偿人的"支持"，这使他们有能力行使赋予其他债权人的权利，而这些债权人对出资购买额外的破产后股票不感兴趣。

美国破产法第 11 章的其他重要方面

关键雇员留用和激励计划

关键雇员留用计划（KERPs）和关键雇员激励计划（KEIPs）旨在奖励那些被认为对企业重组和持续经营至关重要的资深经理人。相当多的美国上市公司在破产时采用此类计划，以留住关键管理人员。但是，长期以来，业界对这种做法存有争议。例如，这些计划是否牺牲了其他利益相关方的权益，或者破产企业是否因为急需留住其员工而给出过于优待的合同。对这些计划的详细讨论参见本书第 6 章。

资产出售

法令第 363 条规定了公司在正常业务范围之外快速出售资产的正式程序。按照第 363 条的规定出售资产，与按照破产法第 11 章的规定出售资产相比有几个优点。第一，第363条的出售须经债务人判断和法官批准，但无须债权人表决。相反，通过破产重组计划出售资产必须由债权人投票决定。第二，出售资产时"不附带任何留置权和产权负担"，这意味着贷款人仅能从资产出售所得中获取抵押品价值，而买方所购买的资产是没有被抵押的干净资产。第三，由于最终出售是经破产法院批准和执行的，因此交易的有效性一般不会受到后续其他法律判决的影响。

根据法令第363条出售资产，债务人必须提交一份出售申请书，说明招标和出售程序。通常情况下会有一个"意向竞拍者"，即最先与债务人签订资产购买协议的买家。破产公司的主要利益相关者（包括有担保债权人、无担保债权人和美国受托人等）可以对拟出售资产提出正式反对。如果法院批准了招标程序，则应确定提交合格竞标书和庭内拍卖的日期。举行最后的拍卖听证会，法官批准向拍卖中的胜出者出售，如果没有其他竞买人，则不举行拍卖。这个过程只需要几个星期就可以完成。

需要注意的是，法官在选择拍卖胜出者时可能考虑非价格因素。法官可以根据债务人的经营判断和竞标程序的公平性来确定中标销售是不是价格最高或最好的。例如，在2009年宝丽来（Polaroid）拍卖会上，法官将拍卖品判给了第二高出价者，因其在收购和管理破产公司品牌方面有较好的记录（Gilson, Hotchkiss, and Osborn, 2016）。如果"意向竞拍者"不是最终中标者，则会向它们支付分手费。

按照法令第363条出售的资产各种各样，可以是设备（Maksimovic and Phillips, 1998）、房地产（Bernstein, Colonnelli, and Iverson, 2018），或者几乎是任何与企业经营相关的资产（Gilson et al., 2016）。包括专利权在内的知识产权也成为第363条下经常出售的资产（Ma, Tong, and Wang, 2017）。买家可以是任何感兴趣者，包括行业竞争者、金融机构，甚至是债务人的债权人。事实上，第363条（k）款允许有担保债权人（包括 DIP 贷款人）使用合格的有担保债权而不是现金来投标，投标金额不超过债权数额。有的 DIP 融资协议要求贷款者同意未来可能的资产出售投标程序，或者同意应用第 363 条。

优惠转让和欺诈性转让

《1978 年破产改革法》以及之后修订的 BAPCPA，授予受托人或债务人避免（即保留或收回）优惠转让（第 547 条）和欺诈性转让（第 548 条）的权力。这两种转让的区别是什么呢？我们在这里举一个简单的事例进行说明。假设一家公司对两个不同的债权人有未偿债务。在第一种情形下，公司向一个债权人偿还债务，几周后申请破产。在另一种情形下，公司决定不向任何一个债权人偿还债务，而是把现金补偿给一个关系好的股东。第一种情形中的交易称为优惠转让，它给予一个债权人比另一个债权人更为优惠的待遇。第二种情形中的交易称为欺诈性转让，这个转让损害了两个债权人的利益。实质上，优惠转让是指债务人在债权人之间的价值再分配。相比之下，禁止欺诈性转让的相关条款可以将现金或其他资产留在破产企业，这将使所有债权人受益。然而，唯一能避免这些转让发生的方法就是法律诉讼，为此债权人需要付出高昂的成本。

根据法令，如果这种转让发生时存在下列情况，则转让无效：债务人无力偿还债务，且发生在债务人申请破产日之后 90 天内或者之前 90 天至一年内，且受惠债权人是内部人。某些优惠转让是合理的，例如，如果是双方在正常业务过程中发生和支付的债务，或者是按照正常业务条款约定进行的支付，则转让不得无效。因此，如果付款符合行业标准，并且是正常业务过程中的商业行为，则允许付款。BAPCPA 的这些新增修订内容限制了债务人针对某些特定债权人的优惠转让行为。

如果公司出于阻挠、拖延或欺诈债权人的目的进行转让，或者公司以低于合理估值的价格转让资产，并且公司在转让之日资不抵债，则债务人转移资产的行为可以判为无效。因此，要确定是否发生了实质性的欺诈性转让，需要进行估值分析，以确定公司在转让时是否资不抵债，以及公司在资产转让交易中是否得到了合理的价格。欺诈性转让的法定追溯时限为两年。但是，关于追溯期确认，各州之间存在微小差异，范围在3～6年。

典型欺诈性转让涉及以下交易：第11章破产申请前的资产出售、企业内的资产转让、母公司内企业间的贷款担保条款，以及杠杆收购。事实上，几乎每一个杠杆收购都有欺诈性转移诉讼的可能。原告可以辩称，某些专业的债权人，比如银行，可以以不公平方式从这些杠杆交易中获益，这些交易的最终失败会给次级债权人造成损失。索偿协议的中心内容是，银行和其他"内部人"知道或应该知道，破产重组可能会导致无法偿还债务，但它们仍同意这项交易，并在预付费、优先受偿权等方面牟取了"自身利益"。

索偿权交易

自《1978年破产改革法》颁布以来，一个最重要的进步是破产索偿权交易市场的迅速发展。在该法案生效之前，金融市场上经常交易的只有公开注册的债券。该市场在20世纪80年代急剧扩张，在20世纪90年代和21世纪初继续快速增长，一旦公司进入危困状态，专业不良资产投资者的进入使得破产企业的债权转让交易额大增。鉴于此趋势，有人认为，索偿权交易将美国公司的破产过程转变为一个市场驱动流程。

1991年8月，债权交易破产规则（第3001条（e）款）被修订，使购买债权更加容易。这些规则适用于所有债权，但特别侧重于未公开交易的债权。除非有人起诉，否则法官不会参与债权交易的过程。债权交易的金额和任何其他转让条款都不在披露之列。

第 3 章　美国破产程序

一般来说，索偿权交易市场虽然时有重叠，但根据流动性、交易规则和监管法规等方面的区别可以细分为不同的类别。具体可分为公共债务、银行贷款、贸易索偿和其他索偿，如侵权索偿、保险索偿和衍生品索偿等。场外交易的债券被认为是最具流动性的。由于交易过程使用大型金融机构作为中间经纪商，因此交易对手风险很低。因为通常不知道交易对手的身份，所以无法进行全面的尽职调查。

银行贷款，通常是银团贷款，可以通过拆分进行交易。非公开的债权交易例如破产企业的银行贷款，其活跃度在 20 世纪 80 年代并不明显，但自 90 年代开始，特别是随着银团贷款和交易协会（LSTA）的成立（见本书第 2 章），不良贷款作为一种新的资产类别在市场上出现。这个市场很有吸引力，几个大型经纪商正在进行常规市场交易。有些不良资产专业投资者的意图是获得破产重组过程的控制权，甚至在破产申请之前就购买贷款索偿权，持有贷款索偿权使这些投资者在提供 DIP 融资方面处于有利地位。

贸易债务的购买者比贷款和债券的购买者面临更多的不确定性和挑战，交易对手风险很大，尽职调查要求也很高。例如，核实索赔的有效性可能很有挑战性。因此，买方对索赔的额度有很大的不确定性。这个市场由一群专业投资者（如 Argo Partners, ASM Capital）控制，它们通常在索偿权持有人能够提交明确的偿付方案或索偿证明后，出手购买索偿权。交易其他双边类债权，例如，侵权索偿和衍生品索偿，与贸易索偿具有类似的特征和风险，也受规则第 3001 条（c）款的约束。然而，这些债权交易市场规模要小得多。

由于无担保债权人委员会（UCC）和其他官方委员会的成员通常可以获得有关债务人的重要非公开信息，因此委员会成员不得在未向对方披露这一事实的情况下买卖公司证券。在过去，美国证券交易委员会就曾经起诉在债权人委员会任职期间交易债权的成员。因此，这些成员会非常谨慎地与交易对手签署"大男孩"（big-boy）信函，确保其了解他们在债权交易时拥有重大的非公开信息，但此类信函并不能完全消除诉讼风险。一些债权持有人可能会选择放弃获取重要的非公开信息，以不加入 UCC 来获取交易自由。

Hotchkiss and Mooradian（1997）是早期研究债权交易对破产案影响的学术成果之一。最近，Ivashina，Iverson，and Smith（2016）使用从四家领先的索偿管理服务提供商获得的第 11 章案例数据，研究了破产期间的债权交易。这些数据来自所有非银团贷款或公共债券（根据规则第 2001 条（e）款）交易时需要提交的所有权转让证明中的债权转让信息。他们指出，包括对冲基金在内的活跃投资者是破产债权的最大买家。交易导致所有权更为集中，尤其是在破产重组计划中有投票权的债权以及构成资本结构中"支点"（fulcrum）证券的索偿权。

会计和税务事项

本节将介绍对依照破产法第 11 章进行重组的企业来说特别重要的两个会计和税务问题，这些问题本身很复杂，需要具备税务会计师的专业知识。我们在这里只是简单介绍。

净营业损失（net operating losses，NOLs）是负应税收入，可用于抵消盈利年度的应税收入（《国内税收法》（Internal Revenue Code，IRC）第 172 条），因此是任何重组中极为重要的因素，直接影响到新公司的价值。相比之下，在直接清算中，净营业损失结转则毫无影响。从理论上讲，由于企业价值是其未来税后收益的折现预期值加上税收亏损结转的现值，因此在第 11 章重组中保留净营业损失是企业应该关注的一个重要问题。[12]

对大多数纳税人来说，NOLs 可递延两年，并可向前追溯 20 年。由于申请破产企业在提交申请前已发生亏损，因此 NOLs 通常适用于未来纳税年度。NOLs 是在先进先出的基础上使用的（即最旧的 NOLs 先应用）。《1986 年税收改革法》在亏损企业的股权发生变化后，对

NOLs 结转的使用和可得性规则进行了全面的修改。具体来说，如果一个或多个持股超过 5% 的股东持股比例在 3 年内增加了 50% 以上，使用 NOLs 就要有年度限制（等于股权变动之前股权的市场价值乘以 IRS 规定的长期免税率）。也就是说，第 11 章破产企业必须跟踪（限于）持股 5% 的股东的情况。所有持股少于 5% 的股东被视为持股为 5% 的单一股东。

一般来说，在正式破产案中保留 NOLs 要比私下和解更容易（见本书第 4 章），因为破产企业可以从第 382 条规定的两个法定豁免（无力偿付和破产免责）条款中受益。第一个豁免条款（第 382 条（1）（5）款）允许发生所有权变更的企业在下列条件满足的情况下重组重生，而不必受第 382 条的限制：

● 公司的股东和债权人最终拥有新重组公司至少 50% 的股票（表决权和价值），其对该企业的原有索偿权解除；

● 50% 的股权授予"陈年旧账"的债权人（定义为自申请日起至少持有 18 个月债权的人）、业务经营债权人和股东。

如果申请第 11 章破产公司的债权被活跃交易（甚至在破产申请之前），则可能违反第 382 条（1）（5）款的法定救济。要保留 NOLs 的价值，申请破产企业可以要求法院发布命令，禁止债权交易。此外，如果企业在破产后两年里存在事实上的所有权变动，就违反了这个法定救济的规定，因而 NOLs 作废。法院可以在破产后两年内限制股票转移。第二个法定豁免（第 382 条（1）（6）款）允许债务人在所有权变更之后使用股权价值来计算年度免税抵扣限制。这一规定是考虑到，对于申请破产的公司来说，股权通常毫无价值。

债务取消（COD）　一般来说，对于一家申请破产的企业而言，当它的某一项债务以低于其实际应付款的金额被豁免或者注销时，会计上体现为收入增加，并产生应纳税 COD 收入。但如果债务是在破产时被注销的，则不征税；如果纳税人无力偿债但尚未破产（由 IRC 定义为负债超过资产公允市场价值），则征收一定数额的税款。然而，COD收入可以抵扣某些税项，例如 NOLs。一些申请第 11 章破产的企业因为 COD 收入的抵扣失去了很多 NOLs 所能带来的税收优惠。

"**新起点会计准则**" 1991 年颁布的会计准则称为"新起点准则"（fresh start rule），该准则把破产重组后重生并且将其 50% 以上的股份分配给原债权人的企业视为一家新成立的企业。该企业的资产可以按市场价值入账，而不是按历史成本入账。资产的估值过程有些复杂，特别是企业刚刚获得重生。市场价值根据企业未来现金流量计算得出，首先按照有形资产进行分配和确认，如厂房和设备等，剩余价值计入"重组价值超过可分配给有形资产"科目类资产，类似于"商誉"等。因此，新起点准则使企业拥有正的净资产，净资产负债率得以大幅改善。

美国破产法第 11 章的改进

2014 年，由美国破产协会（American Bankruptcy Institute，ABI）成立的第 11 章改革研究委员会（Commission to Study the Reform of Chapter 11）在进行了为期三年的研究后，发布了最终报告和建议（http://commission.abi.org/full-report）。该委员会由著名破产律师和财务顾问、退休法官、法学教授和美国受托人组成，任务是以 2008—2009 年金融危机和金融市场过去 10 年的快速发展变化为背景，研究对现有破产法的改进。委员会的任务说明如下：

> 鉴于有担保信贷的使用范围扩大，不良资产市场的增长，以及其他影响现行破产法效力的外部因素，委员会将研究并提出对破产法第 11 章和相关法律法规的改革建议，目的是更好地平衡以下两个方面：一是实现企业有效重组、资产保值增值、保留工作岗位的目标；二是保护债权人利益，实现其资产价值最大化的目标。

根据该报告,只有当陷入困境的公司及其利益相关者寻求按照第11章的程序(不论是庭内还是庭外)来解决公司的财务困境时,第11章才能够帮助破产企业实施重组、保留工作并保护债权人利益。第11章需要提供工具,按照成本效益原则高效地解决债务人的财务困境。报告总结了以下建议的主要变化:

(1)降低债务人的准入门槛,使债务人在安排DIP融资方面有更大的灵活性,进一步明晰第11章破产案中债权人的权利,向利益相关方披露更多的债务人信息;在案件开始时提供一个真正的喘息期,以便债务人及其利益相关方研判形势和可能的重组方案。

(2)通过中立的方式,促进更及时和高效的尽职调查,以及争议的解决,即根据债务人或其利益相关方的特殊需要,依照相关规定任命专业人士协助处理第11章案件的问题。

(3)增加债务人的重组选择,取消以接受受损债权作为批准第11章计划的前提。将允许在破产重组方案之外出售债务人资产的流程正规化,同时加强对债权人的利益保护。

(4)制约与平衡债务人与债权人的权益和救济,包括通过在破产重组期间提高债务人流动性的估值概念,允许有担保债权人在案件结束时,实现其抵押品的重组价值,在重组价值的支持下,向次级债权人提供价值分配。

(5)为中小企业提供备选重组方案,使这些企业能够利用第11章破产程序,使法院通过破产程序更有效地监督企业,对各方(包括企业创业者和其他股权证券持有者)形成激励,大家共同努力,成功实现重组。

行业组织和参与各方对此报告的反应是复杂的。而且,在本书撰写之时,仍然不清楚是否有任何此类建议被立法采纳。但是,这个报告的一个有价值之处在于,它凸显了一点,即目前第11章破产在一个有效破产过程中的作用仍存在争议。

注释

[1] 2019年1月，加利福尼亚州的公用事业提供商PG&E公司计划提出破产申请，原因是最近加利福尼亚州森林火灾给公司造成了300亿美元的预期负债。

[2] Gilson（2009）对于影响第11章下业务运作的BAPCPA的重要改变做了详细的解释。许多律师事务所对新法的内容做了很好的总结，例如，"New Bankruptcy Law Amendments：A Creeping Repeal of Chapter 11"（Skadden，Arps，Slats，Meagher & Flom and affiliates，March 2005），"Immediately Effective Bankruptcy Code Amendments"（Davis，Polk，and Wordell，April 30，2005）。

[3] 美国参议员约翰·科宁（John Cornyn）和伊丽莎白·沃伦（Elizabeth Warren）于2018年1月8日提出了《破产诉讼地改革法》，以避免择地诉讼现象。根据建议草案，公司不能简单根据其注册地（许多美国公司注册地在特拉华州）提出破产申请，或者是在一家即将面临破产的附属公司所在地提出破产申请。

[4] BAPCPA对"连续破产"（serial bankruptcies）（或者叫作"第22章破产"）持严厉态度。在本法中，如果一家公司在破产重生以后一年内又提出第11章或第7章破产申请，除非法院批准延长，否则自动冻结将会在30天内解除。

[5] 美国受托人机构（https://www.justice.gov/ust）显示，"美国受托人机构是司法部的组成部分，负责监督破产案件的行政管理和专属受托人的活动（28 USC. § 586 and 11 USC § 101及以下）。我们是全国性的组织，拥有广泛的行政管理权、监督调整权和起诉/强制执行权，我们的使命是促使破产体系完整和高效，实现所有利益相关者（债务人、债权人和公众）的利益。美国受托人机

构由位于华盛顿特区和21个地区的执行办公室组成,在全国92个地区设有办事处"。亚拉巴马州和北卡罗来纳州不在美国受托人机构的管辖之下,但是它们有"破产管理人",其职能与美国受托人类似。

[6] 参见玩具反斗城美国公司董事长兼首席执行官戴维·布兰登(David A. Brandon)支持第11章破产申请和首日动议的声明,2017年9月19日将第20号文件提交法院,见美国弗吉尼亚东区破产法院案卷。

[7] 有关DIP融资的起源和发展的全面综述,参见Skeel(2003a)。

[8] 在发生于1996—2013年的658个大型第11章破产案样本中,有40%的DIP贷款是由申请破产前的银行贷款提供的,另类投资者占13%。但在这个领域,另类投资者的参与呈明显上升趋势。

[9] 参见"DIP Loans to Distressed Companies Mount with Bankruptcies," Lynn Adler, Reuters, April 28, 2016。

[10] 参见"Apollo Gains on Wall Street with Westinghouse Bankruptcy Loan," Eliza Ronalds-Hannon and Tiffany Kary, Bloomberg, April 4, 2017。

[11] 以飞机或船只作为抵押物的贷款方/出租人,其收回抵押物的能力由破产法第1110条做出规定,在申请破产后60天的自动冻结(宽限期)之后,贷款方/出租人有权扣押飞机或船只,如果债务人在60天后未付款,则视为拒绝租赁合约。

[12] 在第11章破产中,保留净营业损失的问题限于C类公司,因为大多数其他经营实体,如S类企业和有限责任公司是转嫁税实体,这样就不存在公司层面净营业损失的保留问题。

第 4 章　庭外重组和财务危困的成本

如果破产重组的成本太高，企业就有强烈的动机进行庭外重组。企业在庭外重组方面有哪些选择呢？什么时候可行，什么时候不可行？为什么有的公司会选择通过法院来进行重组呢？

如果一家企业不能进行庭外重组，那它只能进入成本更高的、由法院监督进行的破产程序。本书第 3 章所介绍的破产法第 11 章的流程，可以为庭外重组的内容提供参考。学者们长期争论的是，如果破产成本过高，财务危困企业的债权人应该进行庭外谈判，这样可以尽量不影响标的企业的价值。但是，也有许多人指出，要实现庭外重组存在重大障碍，例如，债权人的反对或者债权人之间的矛盾。

本章首先回顾与企业财务危困特别是破产的成本相关的学术研究。然后介绍私下谈判和庭外重组，并将其结构和优劣势与庭内重组进行比较。最后讨论庭外重组所面对的重大挑战，并总结与此相关的学术研究成果。

财务危困的成本

了解财务危困的成本，尤其是《破产法》规定的法律程序的成本，对我们非常重要。学术研究表明，企业危困成本，对企业债务定价和资本结构来说是一个重要的决定性因素。根据资本结构的"权衡理论"（trade-off theory），如果预期的危困成本很高，那么公司的最优杠杆率

第 4 章 庭外重组和财务危困的成本

可能较低。预期危困成本也是企业重组选择的重要考量因素。

然而，关于成本究竟有多高一直存在争议。最近几年，破产相关专业人员的高额报酬引起了公众的广泛关注，特别是在那些价值数十亿美元的第 11 章破产案中。例如，美国历史上最大的破产案雷曼公司案，顾问费接近 60 亿美元。[1] 安然公司破产案的顾问费也达到 10 亿美元。这是不是有点太离谱，破产对于普通企业而言是不是太昂贵了？

业界人士观察到，小企业庭内重组的成本经常超出公司剩余价值，这就解释了为什么许多小型破产案最终会转为第 7 章清算。大型企业和复杂企业债务人经常需要大量专业人员的支持（见图 4-1），此外，这些大型案件经常会设立多个官方委员会，其专业人员报酬和开支均由破产企业承担。

财务危困成本和破产成本，通常可分为直接成本和间接成本。直接成本包括支付给律师、会计师、重组顾问、重组专家、专家证人以及其他专业人士的费用。间接成本包括一系列无法观察到的机会成本。例如，许多企业遭受销售和利润损失，因为客户不愿意跟破产企业打交道。破产企业还不得不面对飙升的经营成本，如债务成本、采购成本（在财务上处于弱势地位时）等。间接成本还包括核心员工流失，或管理层因三心二意所丧失的业务机会。间接成本的另一个可能来源是危困和破产企业需要折价出售资产。

尽管直接成本相对容易确定，研究者要想系统地获得所需数据却困难重重。间接成本不能直接观察到，但有一些研究为间接成本可能的数额和决定因素的估计提供了有价值的成果。我们在此不讨论通过资产定价来衡量企业危困成本的内容，而是重点关注破产后的成本研究。图 4-2 全面列示了本节将要讨论的研究，以及对这些研究发现的概括。

拯救危困企业（第4版）

服务	投资银行家	危机管理人	会计
企业并购	●	◐	○
筹资	●	◔	○
估值	●	◐	○
举债能力/资本结构	●	●	○
与债权人谈判	●	●	○
财务建模	●	◐	◐
清算分析	●	◐	●
破产法院听证	●	◐	◔
战略经营分析	◐	●	◐
财务控制分析	○	●	●
日常经营分析	○	●	◔
审计	○	○	●
养老金事项	○	○	●
财务报告—提交给美国证券交易委员会和破产法院	○	○	●
经营设备或业务	○	◐	○
雇用、解雇或管理员工	○	●	○
出售公司的产品或服务/应收账款	○	◔	○
应收账款	○		○

图 4-1　第 11 章破产案中专业人员的作用

资料来源：Lazard.

第4章 庭外重组和财务危困的成本

研究	用以计算成本的样本	破产/解决	时间段	估计成本
直接成本				
Warner (1977)	11宗铁路破产案；估计申请破产时平均市场价值为5 000万美元	《破产法》第77条	1933—1955年	均值为违约前一年企业市场价值的4%
Ang, Chua, and McConnell (1982)	86宗清算，俄克拉何马州西区；估计破产前平均资产为615 516美元	破产清算	1963—1979年	均值为资产的总清算价值的7.5%（中位数为1.7%）
Altman (1984a)	19宗第10章和第11章破产案；申请破产前平均资产为1.1亿美元	第10章和第11章	1974—1978年	均值为12家零售商破产前企业价值的4%（中位数为1.7%）；7家工业企业价值的9.8%（6.4%）
Gilson, John, and Lang (1990)	18例股权置换（来自一个169家危困企业重组的样本）	解决	1978—1987年	股权置换成本为资产账面价值的0.65%（最大值为3.4%）
Weiss (1990)	37宗第11章破产案，来自7家破产法院；申请破产前平均总资产为2.3亿美元	第11章	1980—1986年	均值为申请破产前企业价值的3.1%（中位数为2.6%）
Lawless, Ferris, Jayaraman, and Makhija (1994)	57宗小企业第7章破产案（提出破产申请时平均资产价值为27 797美元），以及第11章破产案（提出破产申请时平均资产价值为409 102美元），向田纳西州西区申请破产	第7章和第11章	1981—1991年	第7章破产案的直接成本是企业价值的43%，第11章破产案的直接成本是企业价值的22%

研究	用以计算成本的样本	破产/解决	时间段	估计成本
Tashjian, Lease, and McConnell (1996)	39宗预包装第11章破产案；申请破产前财年末资产平均账面价值为5.7亿美元	预包装第11章	1986—1993年	均值为申请前财年末资产账面价值的1.85%，中位数是1.45%
Betker (1997)	75宗"传统的"第11章破产案；48宗预包装第11章破产案；29例股权置换；重组前财年末平均资产为6.75亿美元	第11章及解决	1986—1993年	预包装破产案：均值为预包装破产案总资产的2.85%（中位数是2.38%）；传统的第11章破产案：均值为3.93%（中位数是3.37%）；股权置换：2.51%（1.98%）
Lawless and Ferris (1997)	98宗第7章破产案，来自6家破产法院；总资产中位数为107 603美元	第7章	1991—1995年	均值为提出破产申请时总资产的6.1%（中位数为1.1%）
Lubben (2000)	22宗第11章破产案；资产中位数为5 000万美元	第11章	1994年	第11章破产案的专业人员报酬费用均值为案件开始时总资产的1.8%（中位数为0.9%），2.5%不包括预包装破产
LoPucki and Doherty (2004)	48宗特拉华州与纽约南区第11章破产案；申请破产时平均资产为4.8亿美元	第11章	1998—2002年	专业人员报酬均值为案件开始时资产的1.4%

第4章 庭外重组和财务危困的成本

研究	用以计算成本的样本	破产/解决	时间段	估计成本
Bris, Welch, and Zhu (2006)	225宗第11章破产案（破产前平均资产为1 980万美元），以及61宗第7章破产案（破产前平均资产为501 866美元），向亚利桑那州和纽约南区申请	第7章和第11章	1995—2001年	第7章破产案：均值为破产前资产的8.1%，中位数是2.5%；第11章破产案：均值为破产前资产的16.9%，中位数是1.9%
LoPucki and Doherty (2008)	向不同法院申请的74宗第11章破产案（平均资产为5.1亿美元）	第11章	1998—2003年	均值为破产前资产的1.1%
间接成本				
Altman (1984a)	19宗第10章破产案和第11章破产案	第10章和第11章	1974—1978年	预估和实际利润的差别；均值为12家零售商破产前企业估值的8.2%（中位数是5.7%）；工业企业为13.9%（中位数是9.7%）
Opler and Titman (1994)	危困行业的高杠杆企业	危困企业	1974—1990年	危困行业中的高杠杆企业，其销售下降幅度要比低杠杆企业大26%；财务危困的成本很高
Borenstein and Rose (1995)	4家美国航空公司第11章破产案	第11章	1989—1992年	低定价只出现在第11章破产申请之前的财务危困中（但不是在破产程序中）
Andrade and Kaplan (1998)	31个高杠杆交易，后来成为危困企业	杠杆收购	1987—1992年	企业价值的10%~20%

91

研究	用以计算成本的样本	破产/解决	时间段	估计成本
Maksimovic and Phillips (1998)	302宗第11章破产案（拥有1 195家工厂）	第11章	1978—1989年	没有可归于第11章本身的实际经济成本
Pulvino (1999)	27家美国航空公司，其中8家进入第7章或第11章破产	第7章和第11章	1978—1992年	破产航空公司供出售的二手飞机价格比危困但尚未破产企业的价格要低
Ciliberto and Schenone (2012)	29家航空公司进入第11章破产，2家进入第7章破产	第7章和第11章	1992—2007年	破产航空公司在破产重组中减少25%的航线，价格降低3.1%
Hortaçsu, Matvos, Syverson, and Venkataraman (2013)	危困汽车制造商	危困企业	2006—2008年	通用汽车的信用违约互换（CDS）溢差上涨30%，相当于通用汽车北美分部的价值的10%
Phillips and Sertsios (2013)	21家航空公司，13家从未破产过，7家破产一次，1家破产两次	第11章	1997—2008年	破产航空公司遇到财务危机时服务质量下降（行李处理不当）并且降价
Taillard (2013)	由于石棉诉讼案，15家大型企业处于财务危困状态	危困企业和第11章	2000—2002年	企业危困前价值有5%~35%的净增长
Brown and Matsa (2016)	金融危机（2008—2010年）时期的145家企业	危困企业	2008—2010年	企业财务危困导致更少的、更低素质的求职者
Graham, Kim, Li, and Qiu (2016)	190宗第7章和第11章破产案，加州大学洛杉矶分校（UCLA）—LoPucki破产研究数据库	第7章和第11章	1992—2005年	员工收入减少10%

图4-2 关于危困企业直接和间接成本估值的研究

第4章 庭外重组和财务危困的成本

直接成本

关于直接成本的研究文献几乎全部集中在庭内破产程序的成本上。一个例外是 Gilson, John, and Lang（1990），他们估计的直接成本为资产价格的 0.65%，研究样本是一家大型上市公司，这家公司做过庭外股权置换（下面有定义）。结果表明，此类重组的直接成本相对较低。

计量破产重组的直接成本，困难在于没有集中的数据来源列出所有提出破产申请的企业和有关成本的信息（美国联邦法院行政管理局办公室和美国受托人机构办公室拥有这些信息但并不公开）。研究者只能通过个人从联邦破产法院获得的文件进行汇总。因而，对直接成本的研究一般来源于样本案例的数据，这些数据通常是关于一些大型企业的。

Warner（1977）是最早探索计量直接成本的学者之一。他根据 1933—1955 年 11 家按照《破产法》第 77 条申请破产的铁路公司的数据，研究了律师费、专业人员服务费、托管费、破产申请费用的支付，这些案件平均耗时 13 年才结案，直接成本平均是企业违约前一年市值的 4%。

Weiss（1990）从包括纽约南区的法院在内的 7 家破产法院获得了文件，根据他对 1980—1986 年 37 宗案件的研究〔案发公司都是纽约证券交易所（NYSE）或美国证券交易所（AMEX）的上市公司〕，他估计破产的直接成本平均约为申请破产前一个财务年度末总负债的账面价值与净资产的市场价值总和的 3.1%，其中最低 1%，最高 6.6%。Weiss 认为这些直接成本相对较低，对于破产申请前的债权定价几乎没有什么影响。其他几项关于平均直接成本的研究也在 Weiss 的研究范围内。包括 Ang, Chua, and McConnell（1982）（直接成本占资产总清算价值的 7.5%）；Altman（1984a）（占全样本企业价值的 6.1%）；Betker

(1997)（对于未实行预包装破产重组而言，占破产前总资产的3.9%）；Lawless and Ferris（1997）（占破产申请时资产价值的6.1%）。

三项法学研究报告记录了第11章破产案中大型上市公司专业人员的报酬数据。Lubben（2000）的报告显示，在1994年依据第11章提出破产申请的22家企业中，专业人员报酬费用占总资产的1.8%，有的甚至达到5%。LoPucki and Doherty（2004）发现，向特拉华州和纽约南区的法院提出破产申请的48宗大型破产案的专业人员报酬费用，相当于破产开始时债务人总资产的1.4%。此外，LoPucki and Doherty（2008）研究了来自不同法院的74宗大型第11章破产案，他们发现专业人员报酬费用是破产前资产的1.1%，与他们早先的估计大致相同。

有许多研究特别关注小型非上市企业直接成本的估算，包括第7章破产案，也包括第11章破产案。Lawless, Ferris, Jayaraman, and Makhija（1994）研究了1981—1991年提出破产申请的57宗小企业第7章破产案和第11章破产案，他们发现第7章破产案的直接成本是企业价值的43%，第11章则是22%。与大企业相比，这些数字异常之大。Bris, Welch, and Zhu（2006）研究了超过300宗来源于亚利桑那州和纽约南区破产法院的破产案，他们发现，第7章破产案的直接破产成本估计的均值是破产前资产的8.1%（中位数是2.5%）。然而，第7章破产案中破产后企业价值的大部分最终被支付给了专业人员（律师、会计师和受托人）。根据他们对破产后剩余价值的估计，在68%的第7章破产案中，破产费用会"吞噬"全部资产。对于第11章破产案，Bris等人发现，直接成本的均值是破产前资产的16.9%（中位数是2%）。另外，Lawless等（1994）对规模较小的第7章和第11章破产案进行了研究，结果表明在破产过程中，或许存在与破产程序相关的大量固定成本。

总的来说，这些研究发现了几个重要的事实：第一，破产成本可能存在重要的规模效应。虽然多数研究的焦点是大型上市公司，但小

第 4 章　庭外重组和财务危困的成本

企业极有可能由于高昂的破产费用超过企业价值而无法在重组过程中幸存；第二，大型上市公司的费用巨大，虽然占资产的百分比并不高，但财务危困的间接成本可能非常可观；第三，随着更多的资料以电子文档形式存储并公开，计量和监测这些成本的能力也将不断提高。

间接成本

与直接成本不同，间接成本不易分辨，所以难以确认和计量。但是，研究者也开发了几种方法来估算其大小。计量问题的关键在于，我们难以辨别企业经营不善究竟是财务危困本身导致的（因而是间接成本），还是那些起初就存在并令企业走向财务危困的经济因素导致的。因此，这些研究试图确定企业业绩是否反映了财务危困的成本、经济危机的成本，或者是二者相互作用的结果。这些研究采用了独特的样本和实验方法，以将财务危困的成本从破产成本中分离出来。

Altman（1984a）率先提出用替代法来计量破产间接成本。他对间接成本的定义是，在财务状况脆弱的情况下，顾客选择不与很有可能破产，以及由于经营成本提高（例如，债务成本增加和供应商供货条件恶化）而造成销售和利润损失的企业做生意。他的研究对象包括 19 家在 1974—1978 年间破产的工业企业和零售企业，第二组是 20 世纪 80 年代早期破产的 7 家大型工业企业。他发现，间接成本平均为破产前企业价值的 10.5%。直接成本和间接成本加起来，均值为企业价值的 16.7%，这表明总破产成本并非微不足道。

继 Altman 所做的初始工作之后，其他几项研究使用不同的方法和样本数据，试图将间接成本分离出来。主要观点是，区分财务危困和经济危困的影响非常重要。例如，尽管 Altman 发现盈利率大幅下降，但他并不能把财务危困从负面经营冲击中区分出来。

Andrade and Kaplan（1998）使用与 Kaplan（1989，1994）同样的方法，研究了进行管理层收购（MBO）或杠杆资本重组（leverage recapitalization）之后陷入危困的 31 家企业的情况。刚刚完成高杠杆交易的企业基本是高度财务危困，而非经济危困。因此，他们的研究就有可能区分出纯粹财务危困的成本。[2] 基于企业价值的时间现值，他们估计财务危困的净成本是企业价值的 10%～20%；那些没有同时遭受负面经济冲击的企业，其财务危困的成本可以忽略不计。此外，他们发现，危困成本集中发生于企业陷入危困之后到进入第 11 章破产之前，这表明这些成本并不是第 11 章破产本身造成的间接成本。

Andrade and Kaplan 也对危困企业行为的各个方面进行了定性分析。许多企业被迫大幅削减资本支出，低价出售资产，推迟重组，或提出第 11 章破产申请，这些在某种程度上都是代价高昂的做法。Taillard（2013）使用 Andrade and Kaplan 的方法来推算财务危困的间接成本，样本是 2000 年前后卷入石棉诉讼的 15 家大型财务危困企业。结果令人惊讶，他发现危困过程使企业价值净增加了 5%～35%。但这项研究的样本过于特殊，限制了其适用范围。

Opler and Titman（1994）在试图将经营业绩下降和财务危困关联起来的研究中认识到反向因果关系问题。他们的方法是以行业销售负增长和股票投资回报中位数低于 −30% 为依据，首先识别出处于经济危困中的萧条行业。然后在这些行业中，将危困时期开始之前的高杠杆企业与融资更为保守的企业进行对比。他们的假设是，如果财务危困的成本高昂，那么高杠杆企业将在经济下行中遇到更大的经营困难。他们发现，与低杠杆企业相比，高杠杆企业丧失了市场份额，营业利润也低于低杠杆竞争对手。虽然研究者没有提供关于间接成本的具体估计，但他们的研究将反向因果关系问题最小化，使之前一些研究成果难以解释。他们证明了企业经营状况与财务危困的间接成本显著正相关。

由于航空运输业是一个被严格监管的行业，研究航空公司财务危困和破产对产品市场的影响（包括价格，市场份额，产品质量，如航

第4章 庭外重组和财务危困的成本

班延误、航班取消、行李处理不当等）以及对飞机交易价格的影响相对比较容易。Borenstein and Rose（1995）调查了1989—1992年破产的4家主要航空公司（东方航空、大陆航空、美西航空和环球航空）的定价行为，发现破产申请几乎不影响航空公司的价格，尽管看上去第11章破产申请前的财务危困状态可能会伴随低票价的出现。相反，当这些航空公司宣布破产时，竞争对手却在相应季度提高了价格。Ciliberto and Schenone（2012）的研究基于1992—2007年提出第11章或第7章破产申请的31家航空公司的更大样本群，以此分析不同的产品市场状况。他们发现，破产航空公司会永久取消约25%的破产前航线，航线的平均飞行频率降至21%。此外，他们发现，航空公司准备申请破产时会降价3.1%，但是在重组成功之后又会立即涨价5%。根据21家航空公司1997—2008年的季度资料，Phillips and Sertsios（2013）发现，财务危困企业的价格会下跌。进一步研究表明，如果以行李处理不当和航班延误为衡量服务质量的标准，那么在陷入财务危困时，这些公司的服务质量会下降，而在破产申请后会上升，这表明航空公司在破产中很注重客户维持和声誉维护。

Pulvino（1998，1999）还研究了危困和非危困航空公司的销售情况。他发现，在二手飞机的售价方面，与正常竞争对手相比，资金紧张的航空公司的价格较低。与Andrade and Kaplan（1998）的研究不同的是，他进一步发现，无论是对第7章破产航空公司而言，还是对第11章破产航空公司而言，二手飞机的售价一般都低于虽然危困但尚未破产的企业（14%~46%折价）。与此类似，Hortaçsu，Matvos，Syverson，and Venkataraman（2013）根据耐用品交易价格信息，研究了二手车价格对信用违约互换（CDS）溢差的反应。他们的论点是，财务危困破坏了耐用品生产者的互补产品和服务的供应，如保修服务、部件供应和产品升级。财务危困殃及这些配套产品的价值，进而降低了客户购买企业核心产品的意愿。他们发现，汽车制造商的CDS溢差越大，二手车价格就越低。

对于使用寿命更长的汽车，这种效应尤为明显。

虽然这些研究表明财务危困是有成本的，但是，对于破产状况如何影响此类成本，他们的结论却各不相同。Maksimovic and Phillips（1998）进一步支持了是财务危困而不是第11章破产本身导致价值损失的观点。这些研究者使用来自美国人口调查局的工厂层面数据，来分析破产企业的生产力和关闭工厂的决策。他们发现，要解释申请第11章破产企业的生产力、资产出售和关厂条件等情况，行业环境远比第11章破产法律的地位更重要。在衰落的行业，申请第11章破产然后重生的工厂的生产力，与同行相比并无多大差别，也没有在第11章破产进程中有所下降。这表明，几乎没有什么经济成本是由第11章本身导致的，破产状况对于间接成本的产生并不重要。这进一步表明，完成庭外重组的企业可能仍会承受重大财务危困的间接成本。

最近的几项研究分析了与破产企业人力资本流失相关的间接成本。例如，Graham，Kim，Li，and Qiu（2016）发现，在企业提出破产申请后，雇员的收入下降了10%。这可能是因为雇员工作时长变短，甚至离开当地的劳动力市场。与此相关，Brown and Matsa（2016）证明，公司危困状况（以CDS溢差衡量）与公司某一特定职位的求职人数和素质高低存在显著的正相关关系，这反映出危困企业难以吸引新的熟练人手。这类和其他关于劳动力问题的研究将在本书第6章详细讨论。

小结和最新观察

总而言之，本书作者认为，尽管对于大型上市公司来说，破产的直接成本只占很小百分比，但对于小企业来说，成本费用过高将导致清算。此外，对于大企业而言，危困的间接成本也可能很大。同样重要的是，间接成本不只会对实际违约或进入第11章破产的企业有影响。实际上，破产往往还会对其他企业产生负面影响，如供应商、同行企业，甚至是在当地市场经营的企业。

第 4 章 庭外重组和财务危困的成本

最近许多第 11 章破产案表明,复杂资本结构重组的困难也导致破产成本的上升。例如,许多涉及多家银团贷款和债券发行的大型企业破产案,在企业集团内的各结构层次上,贷款人有不同级别的担保(例如第一留置权、第二留置权)、不同类别的索偿,这些因素增加了索偿人之间发生利益冲突的可能性以及达成一致意见的难度。利益冲突还会发生在企业破产前的索偿者以及破产申请后的索偿者之间,后者如"秃鹫"(vulture)投资者,这些人可能已经用大大低于面值的价格购入了债权。索偿人之间的冲突使得谈判重组计划困难重重,企业危困的直接成本和间接成本都可能增加。

庭外重组

在本节中,我们将讨论庭外债务重组的各种选择,庭外重组相对于破产重组的优劣势,企业成功重组面临的主要挑战及如何构建股权置换。我们的讨论参考了与这些主题最相关的学术研究。

庭外重组的方式

有意进行庭外重组的企业可以通过以下方式来进行:资本注入,通过公开市场或者要约收购(tender offer)回购债务,以及构建股权置换。对某些企业来说,这三种方式都可以采用,但是对严重危困企业来说,股权置换可能是唯一可行的方式。

资本注入 想要解决暂时性财务危困问题,企业通常首先考虑的是寻求现有股东或外部人员注资。虽然资本注入可能会导致现有股权大幅稀释,但是可以为公司提供必要的财务救济,使公司摆脱危困状况。所以,资本注入有望对现有股权价值起到提升作用。

对于陷入严重困境或资不抵债的公司来说,如果没有通过资产重组来降低债务水平,投资者不太可能注入股本,因为即便注入了现金,也要首先弥补原企业债权人的减值损失,剩余现金才会进入公司的净资产增加投资者的股权价值。因此,投资一家高杠杆公司的股权,只会将财富从股权投资者转移到债权人手中,给投资者造成价值损失。在经济学中,这种现象称为"债务过剩"(debt overhang),这种公司是不能发行新股票的(Myers,1977)。

债务回购 陷入财务危困的公司可以通过公开市场或与对手私下谈判买回自己的未偿债务(公开市场买入),也可以通过要约收购其全部或部分未偿债务(要约收购)。任何一种选择都允许公司以相当大的面值折扣回购债务,从而偿还部分债务。如果进行现金要约收购,企业必须遵守《1934年证券交易法》的有关规定。如果想规避要约收购必须遵守的法律法规,企业还可以在公开市场交易中进行购买。企业必须谨慎制定回购计划,例如与有限数量的债权人洽谈交易,并以不同的价格、按不同的条件从不同的债权人手中分别回购债务。不符合法规的回购可能会使公司受到处罚。

危困互换 如果企业不能获得投资者的资本注入,或没有足够的现金来回购债务,那么进行不良债权和股权的互换就成为一个有吸引力的选择。具体做法是,公司向所有(或部分)债权人提出以新发行的债券、股票或者现存的股票来替换其原有债券。给予原债权人的新证券的公允价值很可能低于原有证券的面值。按《1934年证券交易法》的规定,以股权置换的形式发行新证券被视为新证券发行,除非给予豁免,否则必须注册。危困互换可以是预包装重组的一部分,当企业未对其债务进行足够的置换时,还可以选择按照破产法第11章申请预包装重组或者预谈判(见本书第3章)。

庭外重组和申请破产的优缺点比较

在本书第3章我们讨论了庭内破产重组对债务人的诸多好处。例如,自动冻结可以阻止有担保贷款人取消抵押品的赎回权;在制定重组或清

第 4 章　庭外重组和财务危困的成本

算计划前可以暂停支付一切债务的利息和本金。通过接受、拒绝、重订租约，公司可以关闭经营不善的工厂，停止那些于己不利的租约。然而，与庭内重组相比，庭外重组有许多优点。最重要的优点是可以节约专业人员报酬费用和支出，对大公司来说那可能是数百万美元。

Gilson，John，and Lang（1990）记录的股权置换的直接成本比那些经历破产的公司低很多。重要的是，被看作是传统的第 11 章破产和庭外重组的混合（见本书第 3 章）的预包装破产的发展，使得企业有可能在申请破产前就开始进行有关第 11 章破产方案的谈判，在几个月而不是几年内完成破产流程，从而大大节约成本。在研究 20 世纪 80 年代和 90 年代初的预包装破产案时，Tashjian，Lease，and McConnell（1996）以及 Betker（1997）认为，预包装破产的成本低于传统的第 11 章破产，与庭外重组相差不大。

与传统破产相比，庭外重组对企业声誉的损害较小；在客户、供应商和雇员看来，庭外重组比庭内谈判对经营活动更为有利。此外，管理层无须花时间去应付听证会，或者为法院指派的委员会收集材料。与庭外重组相比，第 11 章破产申请的一个少有人提及、令人不快的特点是，正式破产申请可能导致索偿金额大幅增加，一些之前不会立即提出的索偿要求都会提出，如无资金支持的退休金、雇员伤害赔付，以及有争议的支付要求等。还要说明的是，法官的自由裁量权和偏见可能使庭内重组的结果具有不确定性。鉴于庭外重组的优点和第 11 章破产的缺点，许多公司会选择与债权人私下谈判。然而，要想使庭外重组成功，企业面临重大障碍和挑战。

除了破产成本方面的考量，还需要仔细考虑相关的税务问题。债务回购和股权置换可能需要重新认定债务取消（cancellation of debt，COD）的收益，这个收益在破产重组中是不收税的，除非企业为了税收目的使用净营业损失（NOLs）充抵。然而，COD 收益的税收情况要看企业是否确实"无偿债能力"，以及未偿债务金额超过新发行债券和股票的公允市场价值的部分。

庭外重组的挑战

庭外重组面临许多挑战，如债权人协调、"钉子户"（holdout）、"空心债权人"（empty creditors）、信息问题以及利益冲突。这些挑战使公司在庭外重组债权困难很大。也有研究发现，一些潜在的解决方案可以应对这些挑战，节约成本。

债权人协调　有学术研究指出，债权人之间的协调会导致投资效率低下，并对结果产生不利影响（Gertner and Scharfstein, 1991）。他们发现，资本结构中的银行债务比例及债务结构的复杂性会影响危困企业重组的途径（Gilson, John, and Lang, 1990; Asquith, Gertner, and Scharfstein, 1994; Bolton and Scharfstein, 1996）。尤其是在公司既有有担保私人债券又有无担保公共债券的情况下，此时债权人协调问题会让庭外重组更具挑战性。

钉子户问题　有一点很重要，那就是危困状况下的股权置换只能约束同意参加的债权人。有些持有大量债权的人可能有意不参加庭外重组，之后却从未涵盖在成功庭外重组之中的证券全额合同付款中获益，这种情况称为"钉子户问题"。钉子户会阻碍公司的努力，令其不能获得最低限度的可接受贴现率，阻止股权置换生效。但是，如果重组不成功，企业被迫进入破产清算的话，这些钉子户债权人将所得甚微，甚至会失去全部投资。此外，成功股权置换的自然结局是大大降低那些未得到支付的原有证券的流动性，还可能对其交易能力产生负面影响。这种潜在的不利结果会激励债权人对债券进行互换。

除了债权人的这些担忧，公司还可以采用其他办法来缓解钉子户问题。第一，根据《1939年信托契约法》，一家企业要想改变债券的本金、利息或到期日，要得到债权人的一致同意。但是，非定价项目通常要求大多数或绝大多数债权人同意，这要看合同的具体规定。企业经常在提出股权置换的同时征询"同意退出"的意见。例如,企业或许建议修改一个协议,以纳入一些已发行债券。如果成功达成一致,那么拒绝接受股权置换的债权人将继续保有他们的债权,支付条件不变,但是有可能失去优先权,或其他条款的庇护,这些条款对保护他们的债权是很重要的。

第二,公司可以激励那些早投标的债权人。例如,公司可以规定对提早投标者或提早同意者给予一定偿付,这些都是鼓励债权人尽早提出股权置换意向的重要手段。

第三,一种更为强制性的做法是,将股权置换与信息披露声明联合发布,吁请投票支持预包装第 11 章破产。既然只需要每一类债权一半以上人数以及 2/3 以上索偿额即可批准计划,而且对参与的债权人有约束力,企业就可以对"钉子户"债权人施加威胁,令他们相信自己在破产事件中必须接受股权置换。

信用违约互换和空心债权人 信用违约互换(CDS)允许投资者对其持有的(有担保或无担保)债权可能发生的债务人违约损失进行投保。合约上明确规定的信用事件——通常是相关实体提出破产申请——一旦被触发,CDS 的卖家须向买家支付其因持有破产企业债权而发生的损失。大部分 CDS 市场涉及高级别无担保债务。最近,法律学者和经济学家(Hu and Black,2008a,2008b;Bolton and Oehmke,2011)注意到"空心债权人"的存在,即一些 CDS 的持有人有很强烈的动机不参与庭外谈判,这可能会严重妨碍破产公司的私下谈判。

空心债权人指拥有合约控制并持有 CDS 的个人或机构,假如债务出现不良,其风险敞口很小或者可以忽略不计。大多数 CDS 合约都规定,只有破产事件(并非庭外重组)[3] 才会触发从 CDS 卖方到买方的合约支付。对于持有 CDS 作为保险的债权人来说,申请破产比庭外重组更有利。这类参与方有动机推动公司进入破产程序,从而得到全额支付。有时,CDS 合约的面值相对于未偿债务很大,很难相信持有者买入这些合约仅仅是为了保险。例如，在 Delphi 公司 2005 年的破产案中，有大约 20 亿美元的优先债务未得到清偿，然而，全部 CDS 的总额达债务的 14 倍之多（约 280 亿美元）。

在许多备受瞩目的破产案（如 Six Flags 公司 2009 年破产案，Caesars 公司 2014 年破产案）中，庭外重组的失败被归咎于空心债权人问题。然而，关于空心债权人问题，学术研究发现的证据各不相同。一方面，Subrahmanyam，Tang，and Wang（2014）指出，有 CDS 合约的公司申请破产的可能性更大。Danis（2016）认为，如果某企业债务存在大量 CDS 交易，那么危困股权置换中公共债券持有者的重组参与率会显著偏低。另一方面，Bedendo，Cathcart，and El-Jahel（2016）指出，企业在庭外重组与破产之间做何选择与其债务是否有 CDS 合约并不相关。

阻碍庭外重组成功的其他挑战 公司管理层和债权人之间存在信息不对称，所以，即使走破产程序的成本极为高昂，有时破产也不可避免（Giammarino，1989）。非公开信息可能会影响与债权人重订合同的效率，因为债权人更愿意诉诸成本很高的仲裁，而不信任管理层和股东。Brown，James，and Mooradian（1993）提出，在危困股权置换中向债权人提供股权可以侧面传递公司前景良好的信号；但是，向知情程度更高的私人贷方提供股权可以为外部人士提供有利的信息。他们对市场反应的研究证实了向私人与公共贷方提供股权产生的不同信号效应。

公司面临的另一个挑战是，如何协调债权人和股东的利益。在公司危困时这些证券持有者做出投资决策的风险偏好不同。债权人可能有更强烈的动机来接手重组程序，以实现公司治理的转变，从而使管理层与债权人（并非原来的股东）的利益保持一致，即使这意味着要进行成本很高的庭内重组。Chu 等（2018）的研究指出，有些金融机构会同时持有债券和股权，可以用这一点来衡量债权人和股东保持利益一致性的动机。研究发现，该动机与庭外重组的可能性密切相关。

第 4 章 庭外重组和财务危困的成本

构造股权置换

为设计股权置换，危困企业首先需要仔细分析自己的资本结构，研究各类债权人的动机。其中重要的是识别以下两种债权人：一种是对庭内重组和庭外重组漠不关心的债权人；另一种是在破产程序中受影响最大的债权人。其次，企业要通过对债券和股票的定价来调查投资者对公司前景的看法。例如，或许投资者过分悲观，所以低估了债券和股票的价格。对于成功实现危困互换来说，证券的定价既可能带来机会，也可能带来挑战。更重要的是，企业需要仔细分析自己的未偿债务的条款和条件，以确定信贷协议或债券契约的条款是否限制了其折价赎回的能力。

证券持有者利益诉求分析 通常，中小企业进行庭外重组时，要与贷款人谈判，以使它们同意展期或提供再融资，因为企业的负债主要是银行贷款和贸易负债。然而，对于大企业来说，更大的挑战是与不同类别的债权人达成协议，前面我们已经讨论过这些挑战。企业不仅必须与银行谈判，而且要与机构贷款人和债权人谈判，通常时间会很紧迫。

在庭外重组中，所有债权人的利益诉求一般来说是一致的，都希望庭外重组后的公司价值（即蛋糕大小）大于通过正式破产程序重组后的公司价值，这样，所有的债权人都能因避免正式破产程序而受益。如果情况不是这样的，那么至少有一类债权人会因为利益受损而反对庭外重组。接下来，我们将分析有担保贷款人、无担保债券持有人（如优先级无担保债券持有人）、贸易债权人、股权持有人以及管理层各自的利益诉求。

有担保贷款人关注其利益是否得到充分保护。假如它们的债权有足够的保护（即存在超额担保），那么不管重组的结果如何（是庭外重组还是第 11 章破产重组），它们都能得到偿付。此外，有担保贷款人可以在破产过程中继续享有计提利息的权利，并且在提供破产后融资方面居于有利地位，它们甚至更倾向于庭内重组，不会为了进行庭外重组而做出任何让步。认股权证和其他期权类证券有时会被作为一种好处给予贷款人，以使它们同意交易。相反，如果有担保贷款人的债权的保护不充分（即担保不足），也就是说，此时低优先级债权人不可能得到现金偿付，并且破产成本将对有担保贷款人造成影响，它们会有更强烈的动机来达成庭外交易。

James（1995）研究了银行在债务重组中让步以换取股权的案例。他发现，对于有未偿还公共债券的企业，银行从不让步，除非债权人让步。当银行同意进行债转股时，它们往往会获得绝大部分的企业股票。后续的研究（James，1996；Demiroglu and James，2015）发现，银行的参与和妥协，对于股权置换是否能够成功有巨大的影响。银行的选择取决于债券是不是分散持有和证券化。无担保公共债券持有者对庭外重组的态度取决于两个条件：(1) 它们的债权不能得到现金偿付；(2) 第11章破产重组的费用高昂。如果两个条件都成立，则意味着无担保债权人要承担第11章破产程序的成本。无担保债权人在第11章破产过程中并不享有计提利息的权利，因此它们会有更强烈的动机支持庭外重组。至于贸易债权人，它们希望有一个成功的解决方案，尽管其在庭外重组过程中只起到很小的作用。

虽然股东通常不倾向于第11章破产，但第11章破产的证据表明，股东有时可以在其他债权人得到全额支付之前就得到支付，这违背了美国破产法规定的绝对优先原则（见本书第3章）。在破产流程中，有时法院认可由正式的股权委员会委员来代表股东利益，这给股东提供了进行私下谈判的筹码。

管理层一般都偏好庭外重组，而不是第11章破产；如果可以很快、经济地达成庭外重组，那么很少有管理层会立即申请破产。在第11章破产中，未经法院许可不能采取日常业务之外的行动。当庭外重组谈判进展不顺的时候，管理层会威胁要提交破产申请，因为第11章破产也有一些好处，包括可以选择对债务人友好的破产法院，可以继续业务经营活动，以及可以在专有时间段内提交计划，这使得管理层占据了有利的谈判地位。关于提出破产申请前后 CEO 的更换和薪酬问题，最近的证据（Eckbo，Thorburn，and Wang，2016）显示，超过 80% 的在职 CEO（即任职期间始于申请破产前三年）在破产前两年到重组计划获批这段时间内被替换。有证据表明，最近几十年，CEO 的谈判地位和控制力大大减弱了，部分原因是债权人在破产程序中控制力的增强。

需要考虑的其他因素 股权置换成功的关键在于，新的证券比老的证券更有吸引力。例如，新债券可能有更高的票面利率或更高的优先级。此外，企业需要区分可能使钉子户问题变得最为严重的债券类别，也需要认清哪一类别的债券有可能是"支点证券"，即在资本结构中，最有可能在重组后获得大多数股权的证券。

以贴现方式发行新债券时，新债券在安全性、期限及利率等方面应该优于现有债券。债券互换通常不足以显著降低公司的杠杆率，所以股票会与债券组合使用。但是对于要接受股权置换的债权人来说，股票可能是一个很难接受的互换品种，因为通过互换，它们的索偿权的级别实际上是低于其他债权人的，后者要么没有参与交换，要么互换了新债权。所以，有一点很重要，就是在股权置换之前，必须妥善设计发放新证券的方式，以保留债权的优先级结构。举例来说，公司可以向原来的优先级债权人发行新的优先级债券，同时给予次级债权人新的次级债券和相当一部分股票。

在这种情况下，必须对机构债权人（如银行、保险公司、对冲基金）进行评估。它们是被动投资者吗？会持有到期吗？是在二级市场上以低于面值的价格购入债券的吗？它们是"债转股"贷款人吗？不同类型的投资者对重组方案的利益诉求不同。它们通常认为，在任何次级债权人得到任何支付之前，自己应当获得全额支付。有时候，债权人可能会拒绝那些它们认为不公平的建议，即使此类建议可以使其经济利益最大化。

股权置换的最终成功取决于管理层对以下因素的认真考虑与评估：债务结构、持续经营的价值、持续融资需求、优先顺序不同的债权人的利益诉求、管理层和股东的偏好、各方谈判的实力以及管理层的能力和信誉。所有这些因素相互作用，决定了最终重组结果。财务建模和工具只是庭外重组的技术手段，整个过程更需要高超的谈判技巧和沟通能力。

业界有很多大公司通过成功完成庭外重组避免了申请破产。一个著名案例是福特汽车公司2009年3月的重组。公司运用了债务回购计划和股权置换的组合，减少负债约100亿美元，减少年利息支出超过5亿美元。其结果是，福特成为美国三大汽车商中唯一成功避免破产的大赢家，并且从2008—2009年的经济大衰退中快速复苏，其股票价格在成功重组后一年内上涨了6倍，而它的两个竞争者，通用汽车和克莱斯勒则陷入破产。

注释

[1] 参见"Fed Says Lehman Brothers Chapter 11 Case is Costliest in History"，Katy Stech Ferek，January 16，2019。

[2] Cutler and Summers（1988）试图从经济危困中识别出经济利益冲突的影响，他们分析了造成重大损失（超过30亿美元）的Texaco-Pennzoil公司1985—1987年诉讼案。尽管他们估计有许多成本不是直接与Texaco破产案相关，但研究结果表明，经济利益冲突可能对生产力产生重大影响。

[3] CDS合约定义了触发CDS支付的事件类型，由于现实中难以界定何种庭外重组和债权合约修订会构成触发事件，所以最近大多数合约都不包括此类事件。

第 5 章　危困企业估值

对于危困企业而言，企业估值在其进行资产债务重组时间、方式的谈判过程中发挥着核心作用，在第 11 章破产过程中也举足轻重。企业进行重组的前提是其持续经营的价值大于清算所能实现的价值。企业的估值决定了有多大的"馅饼"可以在现有的索偿要求中进行分割和分配，还决定了如何对未来的支付义务和追偿款项进行规划。另一个重大作用是，在批准 DIP 和退出融资时决定了方案的可行性以及重组企业合适的资本结构。最后，在诉讼中使用企业估值可以避免（撤销）债务人在提交申请之前优先付款，这样做是为了证明债务人在付款时已经无力偿债。

即使在市场状态理想、使用的估值方法完善可靠的情况下，不同的利益相关方得到的企业估值结果也经常会有很大的差异。此类估值的根据是，对重组企业未来创造现金流的能力的预测，以及对可比公司和交易的观察。尽管我们以成熟的财务模型做指引，但预测本身就充满了不确定性。再加上参与谈判各方价值评估或高或低，可能有利益的差别和冲突在起作用。有时候，专家们采用一些特殊手段来支持某个估值，这令人不禁会冒出这样的念头，"最差，（企业估值）也要比用水晶球占卜强一些吧"。[1]

企业估值是第 11 章破产重组计划的基础，如果存在争议，那么估值的范围可能是分歧中最明显的。图 5-1 列示了企业估值低端和高端的范围，这是从少数几宗大型第 11 章破产案件的诉讼参与各方的报告中整理出来的。报告呈现给法院的高端估值高出低端估值26%~111%*。最终用作重组基础的企业估值可以是低端的（如Cumulus Media公司），也可以是接近高端的（如Exide Technologies公司）。这些案件也显示出，优先级债权人比次级债权人更倾向于申报较低的估值，而债务人估值可能落在估值范围的任意一边。

公司 （破产年份）	估值低端 （百万美元）	估值高端 （百万美元）	范围百分比 [（高端－ 低端）/低端] ×100%	确认 中点价 （百万 美元）
Cumulus Media（2017）	债务方：1 500	无担保方：2 400	60.0%	1 675
Breitburn Energy Partners（2016）	债务方：1 600	股权方：3 800	137.5%	1 600
Chemtura（2009）	债务方：1 900	股权方：2 600	36.8%	1 900
Calpine（2008）	债权方：16 300	股权方：24 400	49.7%	21 700
Nellson Nutraceutical（2007）	第一留置权方：322	债务方/股权方：404.5	25.6%	320
Mirant（2005）	债务方：8 266	股权方：14 549	76.0%	~9 000*
Bush Industries（2004）	债务方：95	股权方：200	110.5%	95
Exide Technologies（2003）	债务方/优先级方：950	债权方：1 700	78.9%	1 500

*近似值，确认计划不包括明确估值。

图 5-1 基于破产法第 11 章提出破产申请的大型企业估值范围

本章对企业估值为什么会出现这样大的差异做了一些解释。我们要具体讨论以下问题。

（1）重组流程是否有特殊因素导致难以应用通常使用的估值模型？

（2）如何才能将广泛使用的估值模型用于危困企业？在指引或指

---

* 这里111%与图5-1中"范围百分比"一列所列数值最大值137.5%不一致，疑为138%。——译者注

导估值方法的应用上,法院的作用如何?

(3) 这些模型在破产中有效吗?

(4) 不同索偿人之间可能存在的偏见是如何影响破产流程的?

要回答这些问题,让我们总结一下估值模型应用的最佳实践,并谨慎避开那些科学性较低的模型。简单起见,我们这里讨论的估值指的是破产案件中的估值。但是,我们描述的方法及其应用中各方的典型冲突,同样适用于庭外重组计划的危困企业的谈判,一旦庭外重组失败,第11章破产申请就可能成为兜底的解决办法。

为什么破产企业估值很困难?即使在被普遍接受的方法框架之内,估值也有内在的不确定性。企业估值的基本方法——根据对未来现金流的贴现(discounted cash flow,DCF),或者根据可比公司和交易的估值倍数——依赖于较强的模型假设以及对未来业绩的估测。将这些方法应用于危困企业的估值尤其具有挑战性,原因如下。

1. 历史业绩对于现金流预测用处不大

对于经营正常的企业,估值专家经常采用最近一期的财务数据来预测未来业绩。DCF分析中的现金流被假设在未来以一定的"正常"速度增长。估值倍数通常要乘以现金流数量来计算估值,该现金流通常采用最近12个月或下一个12个月的EBITDA,即息税折旧摊销前的预计利润。然而,危困企业常面临现金流的大幅减少,或者对其业务经营进行大的调整,如放弃合同、出售或终止某些业务,或为了恢复盈利所做的种种努力。此外,危困企业极有可能在破产后花费数年才能恢复正常的生产经营。因此,重生企业的经营与正常企业存在较大差异。

可以这么说,这些因素会使危困企业或破产企业的现金流预测更加不确定。对于DCF分析法,现金流预测的期间必须足够长,以便反映重组所起的作用;根据倍数所做的估值,应该使用前瞻性的现金流和倍数预测。在下面的讨论中可以看到,由于缺少企业的相关历史数据，要确定 DCF 分析模型中合适的贴现率很困难。

2. 企业索偿权的市场价值很有用，但经常不可得

上市公司净资产的市场价值可以用其股票价格、流通股数量以及债务净值来计算。[2] 健康企业的债券经常以接近面值的价格交易，危困企业的债券则会大大低于面值。直到 2005 年，公开登记的违约债券的价格才可以通过美国金融业监管局（FINRA）的跟踪系统观察到。贷款和贸易负债虽然在资本结构中占相当大的比例，但根据美国法律，这些负债可以说不是"证券"，也没有既定的中央市场价格报告机制。即使企业负债或股权的价格可以观察到，由于会受到谈判本身的影响，对公司的估值也帮助不大（参见下文及本书第 3 章）。

3. 同一行业的企业经常同样面临重组或危困

全行业范围的危困是常见的现象，在许多情况下，这限制了一些可比公司或可比交易的适用性。最近在美国出现的石油和天然气公司的重组浪潮表明了经济冲击对某一行业的潜在影响。其他诸如此类的浪潮还有许多，包括零售、汽车、钢铁制造、纺织、电信企业等。当可比公司的现金流紧张（通常是负面的）时，根据相似企业得出的交易市场价值评估倍数就可能行不通了。如某些研究所显示的，不良资产的购买价格通常会低于类似的未破产交易的价格，这时可比交易的用处就可能很有限。[3] 即便一家企业以较低的杠杆率重组成功，但在面临全行业衰退时，其重生之路可能还是很艰难。

4. 在学术研究领域被广泛接受的估值方法在应用中很保守

研究结果表明在资本成本计算的实证检验中，Fama-French "三因子"资产定价模型要优于"资本资产定价模型"（capital asset pricing model，CAPM）。[4] 许多业者在贴现率计算中加入一个规模溢价（size premium）。但是，在破产实践中，Fama-French 三因子模型的应用较为少见。[5] 同样，用调整现值法（adjusted present value，APV）估计 DCF 企业价值非常适用于破产价值评估，因为它绕过了对长期资本权

重的估计，该估计是应用加权平均资本成本法（weighted average cost of capital，WACC）的一个必要参数。调整现值法还能够灵活地统筹处理重生企业更为复杂的税收问题。虽然APV模型在很多企业财务管理的教材中均有涉及，但是并不那么经常使用。在业界使用更多的是的DCF模型（这个模型对自由现金流进行贴现，贴现率采用税后加权平均资本成本）。

在本章的后面部分，我们将根据实践经验论述在危困企业估值中普遍使用的模型，与此同时，法院和许多从业人员已经接受了一些基于不严格的假设，甚至可以说是无效理论的估值模型。例如，业者在估计资本成本时，普遍结合公司特有风险，甚至在这些模型中加入一个"公司特有风险溢价"，这是因为，他们认为公司特有风险没有在资本成本估值中体现出来。对于这个问题，我们的讨论综合考虑了公司特有风险和其他一些专门的估值方法。

5. 估值可能在战略层面上受破产各方谈判能力和/或自由裁量权的影响

具有议价优势的索偿人可以成功地影响计划的最终价值。次级索偿人有动机去争取更高的企业估值，优先级索偿人则往往偏好较低的估值（见图5-1中的举例）。因为索偿人对债务人管理团队有更大影响或与债权人管理团队一致，因而估值结果可能会偏向索偿人的利益。我们回到下面这个重要问题。

即使是普遍采用的模型，在如何运用基本假设上也会有多种多样的意见。[6] 而且，估值的结果依赖于贴现现金流和其他方法的权重，有时还会受特定方法中或多或少的主观偏好的影响。这些因素结合起来表明，在危困企业重组过程中，企业估值可能并不是很精确，甚或是有偏颇。下面我们回顾关于估值精确性的证据。估值的纷争可能对实现庭外重组或者批准重组计划造成阻力，从而使破产拖延太长时间而产生高额成本。如果不能通过谈判解决估值问题，那么破产法院将举行企业估值的审判,由法官的估值来替代市场决定的估值。[7] 当估值由破产法官(而非市场)决定时,法官可能会受到案件动态、目标和希望在短期内结案的意愿的影响。法官对估值理论的熟悉程度也会对法官如何看待证据产生重要影响。

估值方法

既然企业的内在价值或"真实"价值是看不见的,那么我们必须使用公认有效的方法来估值。这些估值方法可以用于企业并购(M&A)和其他的企业重组操作,本书关注的是危困企业的估值。

两个应用最为广泛的估值方法是相对估值模型和现金流贴现模型。相对估值模型是指采用可比公司价值或可比交易价值等可比资产的定价进行估值的方法。[8] 为了使内容明晰易懂,我们将被估值的企业称为"目标"企业。

相对估值模型:可比公司与可比交易

"可比公司"估值法,有时也称为"交易倍数"(trading multiples)估值法,它将可比公司的估值倍数应用于目标企业,以此来估计目标企业的价值。估值的三个步骤如下:(1)确定可比公司,或者可比较的公开交易企业;(2)观察可比公司的市场估值;(3)将这个估值应用于目标企业。

这种分析最为关键之处是选择一组可比公司,这需要分析员的某种判断。重要的是,可比公司应该在风险和成长前景方面与目标企业相称。完全对等公司是理想的可比公司,但是在大多数情况下,这样的公司并不存在。典型的情况是,在企业名录上,根据标准产业分类代码(SIC codes)选样,产生初始的可比公司组合,再从这组公司中,通过比较其特点,如规模、成长性、业务组合、破产状态、盈利性、

第 5 章 危困企业估值

杠杆率、成本结构等确定可比公司。可比公司组合确定下来之后，将可比公司和目标企业的各种财务业绩指标进行对比，以了解目标企业与这个组合中企业的可比性。

各个可比公司必须是上市公司，以便我们通过其股票当前市场价值和财务报表中的净债务价值来计算总企业价值（TEV）。用 TEV 除以企业的某个特定现金流或者资产负债表某个科目计算的比率作为估值倍数。这种分析最常用的计量指标是 TEV/EBITDA（即息税折旧摊销前利润）的一些变体，这是因为 EBITDA 可能与企业现金流和企业价值密切相关。计量标准的形式经常是由行业特殊性决定的，例如 EBITDAR（EBITDA 减去重组或租赁费用支出），或 EBITDA 减去资本性支出，以使可比公司的现金流估算和比较更加标准化。

我们可以应用估值倍数估算目标企业的估值范围。如果目标企业与可比公司大致相同，或至少处于估值比较的范围之内，那么倍数的应用相对而言是直观的。但是，当有人认为目标企业与可比公司之间存在重大差异，从而要求对估值进行主观调整时，就既不严谨也很难被普遍接受了。正如一本优秀的估值教材所言，"即使合理的可比公司组合可以建立起来，被估值公司和这一组合之间的基本面仍将存在差异，对之进行主观调整并不能得出令人满意的解决方案"[9]。尤其是危困企业可能并不适合大范围竞争环境，甚至会因采用这个方法进行估值而被质疑。运用该方法估值，经常出现的情况是，高端估值的支持者会倾向于使用一个给定的可比公司组，低端估值的拥护者则会强调可比公司目标业务的薄弱之处。

除了在确定一组可比公司时可能遇到的困难外，将倍数应用于正在重组的企业，如第 11 章破产企业，要小心谨慎。由于目标企业的历史数据与企业未来估值的相关度非常有限，所以用一个"前瞻"的倍数来预测重组企业的业绩表现通常更为适合。例如，业务重组时，企业重生后近期的 EBITDA 可能较低，从而导致采用倍数估值法计算的结果低估了企业长期的增长潜力。鉴于这种情况，倍数应当用于第一个预测年度，因为它代表正常的运营状况（例如，反映了放弃租约的收益，或停止不盈利的业务线后利润的提高）。

图 5-2 展示了一个实例，即 Cumulus Media 公司案，该公司于 2017 年 11 月申请第 11 章破产。[10] 我们的估算仅使用了公开披露的财务预测和债务人信息，以及提交给破产法院的其他文件。[11] 根据可获得的信息，本例的可比上市公司是从债务人及无担保债权人委员会的顾问所确定的企业组中挑选出来的；意见分歧的根源之一是在何种程度上确定某特定可比对象并非完全对等公司（即业务经营只与 Cumulus Media 公司相似），或者是在其他重要方面与 Cumulus Media 公司不同。表格显示了根据前一个日历年得出的倍数以及预测的 EBITDA。应用这些倍数以及 EBITDA，得出该公司企业总价值的估值范围——18 亿～24 亿美元，平均值超过 19 亿美元。

可比公司	股票市值[1]（美元）	TEV（美元）	EBITDA 2017[2]（美元）	EBITDA 2018P（美元）	TEV/EBITDA 倍数 CY17	TEV/EBITDA 倍数 CY18P
Entercom Communications	1 421	3 075	375.0	389.2	8.2x	7.9x
Beasley Broadcast Group	306	518	50.3	50.3	10.3x	10.3x
Salem Media Group	106	367	48.3	51.0	7.6x	7.2x
Saga Communications	229	201	26.1	26.1	7.7x	7.7x
倍数：平均值					8.5x	8.3x
Cumulus Media				236		内含价值（平均）1 953

(1) 2018 年 3 月。
(2) EBITDA 的估值，源自财务顾问提交给无担保债权人委员会的分析报告、CIQ 和公开文件（案件目录 657 第 566 页）。

图 5-2 Cumulus Media 公司：基于 EBITDA 倍数（百万美元）的可比公司分析

可比公司估值法应用广泛、易于实施，尤其是当存在大量上市公司可供选择并且对整体行业进行更多的研究时。然而，任何相对估值方法都有内在的误差（高估或低估），这种误差是市场自身在对这些企业进行估值时所形成的。

第二个广泛使用的相对估值模型是"可比交易"法，也称为可比并购分析法。这个方法及其实施与可比公司法十分相似。不同之处在于，这里是用可比公司最近被收购的价格确定估值倍数。对危困企业应用这个方法有两个重要的局限。第一个局限是，只有在相似市场条件下最近发生的可比公司并购才应该纳入比较范围，这或许会限制相关可比交易的数量。例如，21世纪初，一批零售公司被杠杆收购，仅仅几年以后就遭遇严重的行业下行，发生许多危困企业重组，此前并购所用的估值倍数或许就不能应用于之后恶化的市场和经济环境。[12]第二个局限是，并购价格通常反映"控制权溢价"，主要是源于预期并购成功后可能产生的协同价值或者其他有利于并购者的价值，因而在某种程度上导致估值偏高。与此相反，当相似公司同时出现财务危困时，可比交易会包含大量其他危困甚至破产企业的交易，一旦如此，与可比公司估值法或DCF估值法相比，可比交易法就会出现估值偏低的情况。如图5-3所示，对Cumulus Media公司来说，可比交易估值法得出的企业总价值中点价约为22亿美元。

发布日	目标企业	购买方	交易价格	LTM EBITDA	LTM EBITDA 倍数
2017年2月	CBS Radio	Entercom	2 850	351.9	8.1x
2016年7月	Greater Media	Beasley	240	22.0	10.9x
	Cumulus 2018P EBITDA		平均倍数	内含价值	价值区间
			236	9.5	2 242	1 912～2 572

图5-3 Cumulus Media公司：基于EBITDA倍数的可比交易分析（百万美元）
资料来源：Capital IQ and docket #657.

现金流贴现模型

现金流贴现（DCF）是企业估值的一种前瞻性方法，模型假设企业估值等同于预期未来现金流的贴现值。这样一来，它对一系列用以获得现金流或贴现率的假设都很敏感。因而，与相对估值法相比，使用DCF时必须对模型中采用的重要假设做清楚的说明。DCF方法被一些专家看作是对内在价值最有效的计量。[13] 可以说，它最符合破产法关于业务经营转换后"新起点"（fresh start）的估值方法（见本书第3章和下面有关新起点价值的讨论）。

DCF模型对企业总价值的计算公式：

$$\text{DCF 估值} = \text{现值（预测期的现金流）} + \text{现值（终值）}$$

式中，终值是指在预测期之后企业能够产生的所有现金流的价值。这一方法需要对企业重组后的现金流有详尽的预测。在许多破产案中，会将以未来现金流的预测为基础的重组计划与信息披露声明一起提供给各投票人。

DCF模型有两个重要组成部分：一是预期现金流；二是应用于预期现金流的贴现率。使用最为广泛的方法是，按税后加权平均资本成本（WACC）法对"无杠杆自由现金流"进行贴现。所谓自由现金流，是企业产生的全部税后现金流，为所有企业资本的提供者——债权人和股东——所享有。WACC反映了所有投资者（债权人和股东）投资于风险程度类似的资产的机会成本。但是，在对财务危困企业和破产企业进行估值时存在一些特殊的问题，所以我们提出第二种DCF方法，称为"调整现值法"（adjusted present value，APV），或与其密切相关的"资本现金流"法。[14] 当企业的资本结构在预测期内变化很大时，相对于自由现金流贴现法而言，APV法的应用更为简易和准确，它更适合危困重组企业的复杂税收状况。

DCF 法 1：以 WACC 作为贴现率的自由现金流法

DCF 模型的第一个关键假设是对自由现金流的预测，自由现金流（FCF）被定义为由企业产生的可被所有资本提供者，包括债权人、优先股股东和普通股股东享有的现金流量，计算公式为：

FCF＝EBIT×(1－税率)＋折旧和其他非现金费用
－资本支出－净营运资金支出

FCF 不包括来自非经营性资产的现金流，后者的估值单独计算。自由现金流在融资之前产生，不受公司预期资本结构的影响，因而经常被称为"无杠杆自由现金流"，它可以视作税后现金流，如果企业没有债务的话，即为企业股东所享有，换言之，来自债务利息支出抵扣的税收优惠和其他税盾未被包含在预计现金流中，纳税额估计值等于预期 EBIT（息税前利润）乘以企业的边际税率。虽然债务的税收优惠并未计入自由现金流的计算，但会影响贴现率，进而影响企业估值。

由于自由现金流流向所有的资本提供者，所以适当的贴现率就是债权回报率和股本回报率的加权平均数，权重是这些资金来源对公司总市值的贡献。WACC 的公式如下：

$$WACC = r_d(1-t) \times \frac{D}{V} + r_e \times \frac{E}{V}$$

式中，r_d 为公司重组后债权的预期收益率；r_e 为杠杆股本成本；D/V 为负债与公司价值的比例；E/V 为股权与公司价值的比例；t 为重组公司的边际税率。

估计 r_e 的一种常用方法是使用资本资产定价模型（CAPM），$r_e = r_f + \beta_e \times (r_m - r_f)$，其中，$r_f$ 是无风险利率，β_e 是公司的股权 beta 值（equity beta），$(r_m - r_f)$ 是市场风险溢价。市场风险溢价的估计可从公布的数据中获得，这些数据包括股票相对于国债的历史收益率。[15]

国债收益率被当作无风险利率。如上所述，使用一个额外的企业特定风险溢价，与CAPM模型的假设和应用不一致。可替代和更为普遍的方法是直接在预计现金流场景中考虑不确定性的影响。

对于一家危困企业而言，用该企业股票的历史收益来计量股权beta值存在一定的问题。因为陷入财务危困的企业其股票历史收益率一般是负值，不能用来当作成功重组后预期股权回报率的参照。重大的资产重组使历史业绩更加无关紧要。在许多情况下，危困企业根本就没有股票交易，或者是因为已经退市，或者是因为从未公开发行过股票，在这种情况下，使用可通过公开渠道查询的可比公司的历史数据来估计beta值无疑是最佳选择。而源自可比公司的股权beta值必须根据可比公司和重组后企业财务杠杆率的差异进行调整。[16]

图5-4展示了一个计算Cumulus Media公司的WACC的实例，其beta值是由对可比对象的估计而来的，并采用重组企业的杠杆率进行了调整，这个分析得出的Cumulus Media公司的WACC约为9%。

参数	符号	数值
无风险利率（20年期国债回报率）	r_f	3.0%
市场风险溢价(1)	$(r_m - r_f)$	6.4%
可比公司无杠杆beta均值(2)	$\beta_{无杠杆}$	0.86
债务beta值	$\beta_{债务}$	0.40
税率	t	21%
股权与公司价值的比率预测值	E/V	23%
负债与公司价值的比率预测值	D/V	77%
重组后杠杆权益beta值	β_e	2.48
税前债务成本	r_d	7.5%
股本成本 $= r_f + \beta_e \times (r_m - r_f)$	r_e	18.9%
$WACC = r_d(1-t) \times D/V + r_e \times E/V$		8.96%

(1) Damodaran, 2018, http://pages.stern.nyu.edu/~adamodar/.

(2) 杠杆/无杠杆beta值计算如下：$\beta_L = \left(\beta_U - \dfrac{D}{V}\beta_D\right) \Big/ \dfrac{E}{V}$

图5-4 Cumulus Media公司：贴现率（WACC）的推导实例

第 5 章 危困企业估值

最后，DCF 模型要求计算终值（TV），即在预测期之后产生的所有自由现金流的价值。计算终值的方法有两种：第一种方法采用可比公司法，例如将 EBITDA 倍数用于预测期后第一年的预计自由现金流。在终值中使用的现金流应代表企业正常永续经营的状况。第二种常见的方法使用"永续增长"模型：

$$终值_T = \frac{FCF_{T+1}}{WACC - g}$$

同样，$T+1$ 年（预测期为 T 年）的自由现金流应该反映正常的长期经营表现（预测期之外的"正常化"本身有时是争议的对象）。这一模型的关键参数是 g，即假定的长期现金流增长率。Koller，Goedhart，and Wessels（2010）（p.253）对永续增长法背后的假设进行了详细讨论。因为当现金流预计将随时间流逝而显著增加时，终值通常会在企业总价值中占很大比例，所以这些假设特别重要。Gilson，Hotchkiss，and Ruback（2000）对 63 家第 11 章破产公司进行估值后发现，样本中的中位数企业终值占企业总价值的 70.5%。假设中关于终值增长率的任何一个小的变化都可能对估值产生显著的影响。

如图 5-5 所示，DCF 法使用自由现金流对 Cumulus Media 公司进行估值，当使用不同的贴现率、终值增长率（-1%～+1%）时，评估结果在 17.5 亿～26 亿美元之间波动。有趣的是，债务人的财务顾问在计算终值时，基于对行业前景的悲观预测，采用的长期增长率最低可达 -3%。即使在最悲观的行业前景展望下，现存公司也将在几十年里继续产生正的现金流。

	2018 财年预测[1]	2019 财年预测	2020 财年预测
净收入	1 171 684	1 206 296	1 261 215
减：内容成本和 SG&A	896 254	919 947	951 017
减：其他公司费用	39 596	40 040	40 493
EBITDA	235 834	246 309	269 705
减：折旧及摊销	65 555	64 769	64 872
EBIT	170 279	181 540	204 833
减：现金税（＝EBIT×T）[2]	35 759	38 123	43 015
加：折旧、摊销和股权收入	67 838	67 813	67 916
减：资本性支出	25 000	20 000	20 000
减：营运资金变动	2 808	10 229	12 779
减：其他（LMA、重组费用和其他）	6 046	10 245	3 646
无杠杆自由现金流	112 336	170 756	193 309
企业价值计算			
贴现率（来自图 5-4）	8.96%		
自由现金流总现值	**407 886**		
终值增长率	1%		
终值	1 952 172		
企业总价值	**2 360 058**		

	WACC: 8%	9%	10%
对 WACC 和终值增长率的敏感性	2 146 229	1 928 434	1 750 338
终值增长率：−1%	2 686 032	2 347 049	2 083 503
1%			

图 5-5 Cumulus Media 公司：DCF 估值（千美元）

(1) 如图所示，2018 财年仅包括假设 2018 年 4 月 20 日生效日期后的现金流。
(2) 假设有效税率为 21%。

资料来源：本书作者根据 Cumulus Media 公司及其债务人附属公司按照《破产法》第 11 章首次修订的联合重组计划的披露声明中提供的信息计算得出，该申请于 2018 年 2 月 12 日提交。

DCF 法 2：调整现值法（APV）

调整现值法（APV）源于 Modigliani and Miller（Berk and DeMarzo, p.648）的研究。总企业价值等于经营资产的价值加上税盾的现值。将其与现金流贴现估值模型联系起来，得出：

$$TEV_0 = \sum_{t=1}^{T} \frac{\text{自由现金流}+\text{终值}}{1+WACC_{\text{税前}}} + \sum_{t=1}^{T} \frac{\text{税盾}}{1+r_{\text{税盾}}}$$

现金流预测直接包含了预计的税盾，这些税盾通常是从扣除利息和使用 NOLs 中节省的税款。无杠杆现金流和终值的计算与前文阐述相同，但这些现金流的贴现率是无杠杆 WACC（使用税前债务成本）。这个比率可以简单地通过使用无杠杆公司的资本资产定价模型来计算，相当于税前 WACC[17]：

$$WACC_{\text{税前}} = r_f + \beta_{\text{无杠杆}} \times (r_m - r_f)$$

税盾的贴现率取决于实现这些税盾的风险。对于利息税盾，当公司有一个目标债务比率（即一个恒定的预期 D/V 比率）时，税盾可以使用与无杠杆自由现金流相同的无杠杆资本成本来进行贴现；否则税盾按税前债务成本进行贴现。由于企业使用 NOLs 抵销应纳税所得额的限度仅限于其净收入，因此使用 NOLs 可以产生的预期税收抵减与净收入相关。这意味着杠杆股本成本可用于对非利息税盾，如 NOLs 进行贴现。对于从第 11 章破产中重生的公司，每年可用于抵减应纳税所得额的 NOLs 有上限（见本书第 3 章）。

DCF 法 3：资本现金流（CCF）

APV 法的一个变体，称为"资本现金流"法，对无杠杆现金流和税盾（包括从使用 NOLs 中得到的税收节省，见 Ruback，2002）使用同一个贴现率：

$$价值_{企业} = \sum \frac{资本现金流}{1+WACC_{无杠杆}}$$

这个方法假定企业的负债与公司价值的比率恒定不变，因而利息和其他税盾与企业具有相同的风险。[18] 资本现金流用以下公式计算：

净收入
＋现金流量调整
＋现金和非现金利息
＝资本现金流

现金流量调整等于折旧、摊销、递延所得税与税后资产处置所得之和减去营运资金投资和资本支出。这种方法的一个好处是可以直接利用企业对净收入和纳税额的预测，尤其是对拥有复杂税盾的企业而言，与其让分析师来估算税盾，倒不如使用资本现金流法。

图5-6显示了Cumulus Media公司的CCF（资本现金流）估值，估值结果接近前述的DCF估值，差异主要来自对税盾的估算和对其折现使用的贴现率。

新起点企业的会计估值

意见之陈述（SOP）90-7"破产法下重组企业的财务报告"规定，1991年1月1日或之后申请第11章破产，或1991年7月1日或之后确认重组计划的所有企业采用"新起点会计"准则。[19] 这项指令要求一些企业以其持续经营价值为基础重述资产和负债。当满足下述两个条件时，一些企业必须采用新起点会计准则：（1）重组企业资产持续经营价值低于破产申请前负债和破产申请后债权的价值；（2）破产申请前的企业原股东持有重组企业具有表决权的普通股比例低于50%。新起点企业的估值通常采用DCF法和可比公司法。

第 5 章 危困企业估值

	2018 财年预测	2019 财年预测	2020 财年预测
净收入[1]	−29 230	86 661	99 024
加：折旧、摊销和股权收入	67 838	67 813	67 916
加：营运资金变动	2 808	10 229	12 779
减：资本性支出	25 000	20 000	20 000
加：利息支出	96 336	75 919	72 046
资本现金流	107 136	200 164	206 207
无风险利率（20 年期国债收益率）[2]	r_f	3.00%	
市场风险溢价	$(r_m - r_f)$	6.40%	
税率	t	21%	
税前（无杠杆）资本成本	r_u	10.0%	
自由现金流总现值		438 137	
终值增长率	1%		
终值		1 823 478	
企业总价值		2 261 615	

对 WACC 和终值增长率的敏感性

	WACC: 8%	9%	10%
终值增长率：−1%	2 322 819	2 090 533	1 900 531
1%	2 906 072	2 543 538	2 261 615
			2 314 101

图 5-6 Cumulus Media 公司：资本现金流的估值（千美元）

资料来源：本书作者根据 Cumulus Media 公司及其债务人附属公司按照《破产法》第 11 章首次修订的联合重组计划的披露声明中提供的信息计算得出，该申请在 2018 年 2 月 12 日提交。

(1) 假设有效税率为 21%；不包括重组时提前提还债务的收益。
(2) Damodaran, 2018, http://pages.stern.nyu.edu/~adamodar/.

通过行政破产程序重组成功后企业的估值由其管理团队和财务人员提供。信息披露声明很少说明新起点企业估值的假设条件。在某些情况下，它们与同一个文件里管理层提出的现金流预测的前提假设并不完全一致。

估值方法小结

不同估值模型得出的结果各不相同，总价值需权衡这些不同的估值。对企业未来现金流的预测直接决定估值质量。敏感性分析和基于不同假设条件的替代性预测通常比采用特别调整值更有用，因为它们可以迫使分析人员对估值中的风险利弊进行披露。

对于某个估值方法与某一特定案例的相关度如何，专家们可能有不同观点，这里并没有指导性的理论来帮助权衡以解决意见分歧。如果不存在关于估值的结论性意见，那破产法官有自由裁量权，根据专家们提供的信息做出自己的估值判断。我们经常看到，法官会采纳不同分析者多方面的意见，或采纳某一方面专家的看法。因此，尽管《1978年破产改革法》基本不再要求美国证券交易委员会和法官提供估值，但是法官仍然需要具备足够的专业知识，基于积累的专业经验做出裁决。有趣的是，在 Exide 一案（2002，纽约南区破产法院）中，法官指定专业顾问为自己提供估值方面的咨询服务，最终有关各方在法院估值审判之前达成和解。

清算价值

为使破产计划得到批准，企业必须满足"最佳利益测试"（《破产法》第1129条（a）款），企业必须证明其重组计划能给所有索偿人带来最佳利益。也就是说，每个债权人组获得的收益必须至少与其在第7章清算中根据绝对优先原则获得的收益相同。因此，企业必须提供对清算时可能实现的价值的估计。如果资产专属性很高，即资产几乎没有其他用途，或者资产的二级市场交易清淡（常常是这种情况），清算价值将很低。

在清算价值分析中，企业资产负债表上的每项资产都被分配一个价值，该价值是假设企业进行第7章清算时出售资产所得。扣除费用开支后，预计将收回的价值可按优先顺序分配给公司的索偿人。清算也会产生额外的费用，如破产受托人监督程序的费用、律师费和其他专业费用、资产处置费用、诉讼费用以及如果业务中断将产生的其他费用。

当重组是希望发生的结果时，会有一种顾虑，即与重组计划一起提出的清算价值会被低估。Aldersen and Betker（1995）研究了88家依据第11章完成重组的公司的预计清算价值，发现它们平均约为估计持续经营价值的1/3。在某种程度上，因为这些价值是预计清算费用的上限，所以很少有当事方会反对清算价值被低估。然而，Aldersen and Betker发现，清算成本高的公司在重生时债务水平较低，这使得未来陷入财务困境的可能性较小。

图5-7展示了对Cumulus Media公司清算的分析，如公司披露声明所述。根据假设情景下的清算价值，有担保债权人预计将收回其部分债权，而且没有任何资金可用于偿还无担保债权和破产申请前的股权。这一分析表明破产重组计划的预期回收率较高，因而能够满足重组计划获批所需的最佳利益测试。

	预计账面价值	预计回收率 低端	预计回收率 高端	预计清算中点价
自有现金	65 200	100.0%	100.0%	65 200
应收账款净值	221 634	70.0%	85.0%	171 767
预付费用及其他流动资产	10 995	35.0%	50.0%	4 673
流动资产合计	297 830	75.3%	87.0%	241 640

	预计账面价值	预计回收率 低端	预计回收率 高端	预计清算中点价
Cumulus Radio 的地产、厂房及设备（PP&E），美国联邦通信委员会（FCC）牌照，无形资产	1 301 863	48.2%	54.3%	666 808
Westwood 的 PP&E，FCC 牌照，无形资产	298 137	12.0%	13.4%	37 860
企业的 PP&E，无形资产，其他非流动资产	62 391	40.0%	60.0%	31 195
非流动资产合计	1 662 391	41.4%	47.1%	735 863
清算所得合计				977 503
加：转换后现金流				107 284
减：清算成本和费用				91 050
减：支付超高优先级及行政性索偿				53 995
可供分配偿付合计				939 742
信贷协议债权	1 728 614	54.4%		
无担保债权（优先级票据、银行差额支付协议、一般无担保债权、其他）	1 510 700	0.0%		
破产申请前股权		0.0%		

图 5-7 Cumulus Media 公司：清算分析（千美元）

破产估值的应用

确定收益和回收率：瀑布分析

如图 3-2 中的示例，重组公司的新索偿权（债权和股权）作为原索偿权的替换被分配给原有索偿人。因此，重生时的企业估值决定了可以分配的新索偿权的价值。有担保债权以其担保品的价值为限，通常首先以现金、新债券或有时以股票支付。根据任何剩余的可分配价

第 5 章 危困企业估值

值，可对无担保债权和破产申请前股权按优先级顺序支付，高优先级的债权必须得到全部支付，除非其债权人同意不按绝对优先原则分配。优先级最低的索偿人如果获得分配的话，通常获得的是重组企业的股权。

以 Cumulus Media 公司为例，这种瀑布式结构见图 5-8。债务人的重组中点价为 16.75 亿美元，这意味着可以根据其重组计划（在支付行政性和优先级索偿之后）按照这一数额进行分配。可供分配索偿权包括一个新的第一留置权贷款（"退出融资"）13 亿美元，以及重组公司的股权。如果新贷款以及重组后公司 100% 的股权被分配给定期贷款放款人，放款人预计将收回最初 17.4 亿美元贷款额的 96.3%。

根据法院事实上确认的计划，定期贷款放款人同意给予无担保债权人重组公司 16.5% 的股权，从而使其回收率达到 91%，而不是第一种情况（根据假定的 16.75 亿美元的重组 TEV）中的 0%。本案提供了一个有争议的估值实例：代表较低级别债权人的无担保债权人委员会将积极争取更高的估值 22 亿美元，如图 5-7 所示，在更高的估值下，定期贷款放款人的回收率甚至超过 100%，因此，有担保贷款人的报酬将很高，当然前提是这一更高的估值和计划获得法院的批准。事实上，该计划中企业的估值在 2018 年 5 月得到批准。

第 11 章估值的其他应用

估值除了是重组计划获批的基础外，还是重组/第 11 章破产程序的核心。具体包括：

（1）为实现重组计划的目标，有担保债权人的债权以抵押担保物的价值为限。无担保差额贷款的索偿以有担保债权人获得偿付后的剩余价值为限。许多公司，特别是杠杆贷款市场上的公司，为了获得融资基本上把所有资产都抵押了。因此，有担保债权人的债权估值基本等同该企业的整体估值。

拯救危困企业（第4版）

	索偿金额（百万美元）[1]	瀑布假设重组后的 TEV=1 675 分配给定期贷款放款人 第一留置定期贷款	重组公司股权	分配的价值	回收率	确认计划和既定重组后分配 TEV=1 675 第一留置定期贷款	重组公司股权	分配的价值	回收率	确认计划和既定重组后分配 TEV=2 200 第一留置定期贷款	重组公司股权	分配的价值	回收率
定期贷款放款人	1 740.0	1 300.0	100.0%	1 675.0	96.3%	1 300.0	83.5%	1 613.1	92.7%	1 300.0	83.5%	2 051.5	117.9%
高级票据和无担保	681.8		0.0%	0.0	0.0%		16.5%	61.9	9.1%		16.5%	148.5	21.8%
申请破产前权益			0	0.0	0.0%		0	0.0	0.0%		0	0.0	0.0%
合计	2 421.8			1 675.0				1 675.0				2 200.0	

债务人/法官估值：
- 重组企业的 TEV：1 675
- 一重生时的债务：1 300
- 重生时权益价值：375

无担保债权人委员会估值：
- 2 200
- 1 300
- 900

图 5-8 Cumulus Media 公司：重组计划下的分配和瀑布分析

(1) 就本例而言，估计并假设行政性和其他优先级索偿在计划生效日以现金支付。

（2）充分保护的评估（第 363 条）：有担保债权人的担保权益价值在破产申请时已经确定，但随着企业继续经营，其价值可能会减少，如果债务人计划使用留置权以获得 DIP 融资，情况尤其如此。除非提供了"充分保护"，否则债务人不能使用已经抵押给债权人的担保品，这种充分保护基本上是保证担保品评级的下降不等于担保地位的下降。举例来说，如果担保融资的抵押品的价值可以使"股权缓冲"（equity cushion）发挥足够的保护作用，那么 DIP 贷款可能会利用留置权。关于充分保护的争论相对较少。

（3）破产申请后的利息收入（第 506 条（b）款）：超额担保债权人根据合同规定，有权收取利息和费用。

（4）欺诈性转让和优先诉讼（见本书第 3 章）：这些案件的关键问题是，企业在申请破产前转让资产时是否已无力偿债。

（5）任命正式的股东委员会。股东在第 11 章破产中并非自动享有委员会代表权。但是，如果他们能够证明债务人并非"无望偿付"，那么美国受托人可以选择或者破产法院可以下令指派成立这样一个委员会。

估值模型的效果

估值准确性的证据

在非危困并购背景下，Kaplan and Ruback（1995）发现，上面所述的估值方法，对高杠杆交易样本的价值预测具有相对的精确性。但是，由于以上所述的原因，对危困企业的估值可能更为困难。Gilson, Hotchkiss, and Ruback（2000）将本文描述的方法应用于第 11 章破产中企业样本的现金流预测。这些估值的准确性是通过比较可比公司法和 DCF 模型法的估值与目标企业破产后首次交易时观察到的市场价值来评估的。他们发现，估值通常是已实现市场价值的无偏预测值，但它们并不十分精确。在企业重生时，估值与市场价值的样本比率差异巨大，从小于20％到大于250％。他们认为，谈判过程中的行政程序和对估值的战略性运用解释了为何估值的差距如此巨大。Demiroglu，Franks，and Lewis（2018）研究了66宗第11章破产重组案，都是重生后股票上市交易的企业，重组计划的股权价值和重组后企业股权价值的平均差异是43.6％。有趣的是，若债券价格在破产案期间可以公开观察到，这一差距会显著降低。

Ayotte and Morrison（2018）总结了143宗有争议的第11章破产案的估值方法，有1/3源于计划的批准。他们指出了这些争议的数量级，发现高估值与低估值之间的差异百分比平均为47％。[20] 误差经常来自财务顾问为自己的客户争取利益的行动。在深入分析所使用的方法和假设时，Ayotte and Morrison（2018）指出了这些争议的根源，比如，对可比对象的选择的不同意见（案例数的72％），对贴现率的不同意见（46％），还有对预测现金流量的不同意见（74％）。他们还批评了对"企业特定风险溢价"的滥用，认为其武断地提高了贴现率（降低估值）——正如本章前面所指出的，那种特设调整是缺乏学术研究支持的。

无论采用何种方法，估值都受制于现金流量预测等假设条件。研究人员注意到，随着时间的推移，管理层的预测往往是偏向于向上的（Hotchkiss，1995）。这是否反映了债务人倾向于重组而不是清算，对企业前景过于乐观，或其他原因，尚不清楚。

估值在破产谈判中的战略应用

一个对估值缺乏精确性和估值存在巨大分歧的解释是，在破产计划的谈判过程中，有人策略性地运用了这些估值。当参与谈判各方的动机发生冲突时，所述估值可以反映出这些当事方的偏见。Gilson，

第 5 章 危困企业估值

Hotchkiss, and Ruback（2000）所描述的案例研究和图 5-1 所示的实例都强烈表明，对破产公司价值的陈述立场可以是出于自利的需要。

Gilson, Hotchkiss, and Ruback 认为有几个因素与这些偏见相关：相互竞争的（优先级对非优先级）利益相关方的谈判实力，管理层在重组企业中的股权，外部竞争者有兼并或投资的意图，以及高级管理层的人事变化。针对以上各种因素，他们设定了实证性模拟，参照企业第 11 章破产后重生时的市场价值，显示这些因素与企业的估值过高或过低的相关性。

如果重组计划的分配大致遵循相对优先原则，那么重组计划有较高估值将有利于次级索偿人获得更大份额的支付。同样，当重组计划采用了低估值，那么优先级索偿人将获利。假如企业价值很低，以至于优先级索偿人以下的任何人无权获得任何分配，那么通常大多数重组企业的股权将分配给优先级索偿人，次级索偿人收获很少甚至没有。假如重生后企业的价值高于重组计划里所认定的数字，那么这对重组后得到股权的优先级索偿人来说是一个超额收获，它们得到的回收率将超过 100%（见图 5-8 中的 Cumulus Media 公司案例，假设价值为 22 亿美元）。对优先级组和次级组来说，任何重组后获得的分配都是以另一方的损失为代价的。Gilson, Hotchkiss, and Ruback 指出，与计划一同提出的，根据现金流量预测做出的企业估值是高还是低的判断，取决于是优先级还是次级索偿人拥有对重组企业的控制权。

Gilson, Hotchkiss, and Ruback 还发现，向重组企业的管理层分配股票和/或期权与低估企业价值的动机有关联。重组企业股票期权通常是"平价"期权，行权价格基于估计的重组价值。假定这些管理者随企业重生而被留用，他们就有动机去促成重组企业的较低估值，因为他们分得的股票期权在企业重生后可以立即变成现金。股东也直接得益于企业重生后的超额价值增长。换句话说，如果企业价值在企业重生时被策略性地低估了，之后其内在真实价值在市场中反映出来，

133

那么这对管理层和其他股东来说可能是重大超额收获。管理层因收受的股票估值过低而大发横财的事例有广受关注的 National Gypsum 公司（1990）破产案，还有最近发生的 Visteon（2009）破产案；后一个公司的股票价格两倍于它的重组估值，在企业重生后不到 6 个月的时间里，管理层股票价值达 1.14 亿美元。

最近，Demiroglu，Franks，and Lewis（2018）发现，当重组计划关系到配股权时，企业价值更可能被低估。他们还发现，在破产案件的进程中，如果公众可以得到关于债券价格的信息，那么这种影响就会减轻。

解决有关企业估值的争论仍然是个难题。有趣的是，企业估值或许可以通过发行证券予以解决，该证券的收益明确地与企业未来的市场价值挂钩（Bebchuk，1988，2002；Aghion，Hart，and Moore，1992）。这类证券是企业估值偏差的对冲，经常用于企业并购。尽管这个思路并不新鲜，但是目前为止只有很少的第 11 章破产案使用此类机制来降低潜在的估值重大误差。如何解决在企业估值上的意见分歧仍然是个难题。

估值与索偿权的交易价格一致吗？

与估值问题相关的争辩各方有时会用索偿权的可观察交易价格来支持自己的估值观点。例如，如果重组计划对索偿人的某个分组给予很少的分配甚至没有分配，而当时这些索偿权在破产案中可以以相当可观的价格进行交易，那么这个计划要得到批准恐怕很难。虽然如此，可观察到的索偿权价格对于危困企业或者破产企业来说，可能并不是一个有用的价值指标，原因很多，包括以下几个。

- 交易价格即使可以观察到，也可能被买方或卖方持有的其他权益所影响。某投资者可能以相当大的折扣率购买不良资产，或者持有多个优先级不同的债权，这会影响到投资者其后的交易决策和参与重组谈判的动机。债权人或许还购买了债权的信用保护，即所谓的"空心债权人"问题（Bolton and Oemke，2011；Subramanyam，Tang，and Wang，2014；Danis，2016）。

● 购买索偿权的价格可能取决于投资者对获取控股股权份额的兴趣。希望购买"支点"索偿权从而成为重组企业的最终股东的投资者，要为这些索偿权支付溢价（Feldhutter, Hotchkiss, and Karakas, 2016）——仍要决定哪一个（如果有的话）顺位组的债权将被转换为股权，这要看分配给重组企业的价值。Hotchkiss and Mooradian（1997）也指出，投资者可以高价购买索偿权，甚至达到可能阻止任何重组计划所需金额的1/3。

● 购买虚值索偿权所支付的价格反映看涨期权的价值，而不是其预期收益的价值。对于一家濒临破产或资不抵债的公司而言，股权交易价格将反映股权的深度虚值期权的价值，而不是股权的预期价值，该价值应接近或等于零。将交易股权价值计入索偿总量会高估该企业价值，这种观察可以延伸到任何低优先级的虚值索偿权。

● 支付价格也可能反映预期的谈判结果。如果某优先级拥有强大的议价能力，那么索偿权的价格或许反映了预期的和解价值，而不是更为客观的估值。

在欺诈性转让纠纷中，有人认为市场证据是更有用的一种价值指标，这里的目标是阐明在申请破产之前的一个确定时间点的偿付能力。[21] 可以证明，股权和债权的交易价格与公司当时有偿付能力的信念是一致的。此外，一家无力偿债的公司很难从无担保债权人那里筹集额外的资金。一旦破产，一些法院会拒绝接受债权或股权的交易价格为估值提供有用参考这一观点。[22]

由此引出另外一个问题：出价购买企业是不是应该作为企业价值的一个指标。当企业试图重组，它可以正式或非正式地针对部分或全部业务征询买家。此外，企业索偿人，例如企业的前股东，可以再投资并获取（或保留）企业的所有权。[23] 不论是否提出要约，一个潜在的购买价格与企业继续经营价值可能不相关。如本章前面所述，危困资产在出售时经常会有一个很大的折扣。此外，如果一家公司没有出售的意向，则缺少报价与重组后的公司没有显著的关系。最后，虽然非优先级债权人甚至股东也许会争取更高的估值，但他们没有能力以他们提出的估值购买企业，并且不能明确否定基于重组企业现金流产生能力所得出的估值（相关案例包括 Chemtura 公司案（Bankr. S. D. N. Y. 2009）和 Cumulus Media 公司案（Bankr. S. D. N. Y. 2018））。

注释

[1] Judge Michael D. Lynn, In re Mirant Corp., 2005 WL 3471546（Bankr. N. D. Tex., 12/9/05）.

[2] 债务市场价值是扣除现金持有量后得出的，反映现金和现金类证券可以用来偿付债务。

[3] Hotchkiss and Mooradian（1998）；Pulvino（1998，1999）.

[4] 关于对他们最初模型的检测，见 Fama and French（1993）。关于最近对多因子模型的讨论，以及当前关于应用这些模型的最佳实践的争论，见 Berk and DeMarzo，第 4 版，2017 年，第 474 页；以及 McLean and Pontiff（2016）。

[5] 特拉华州法院已将 Fama-French 模型作为传统 CAPM 模型的替代。见 Stan Bernstein, Susan H. Seabury, and Jack F. Williams,"Squaring Bankruptcy Valuation Practice with Daubert Demands," ABI Law Review，2008（参见脚注 102）。

[6] 另一个例子是期权定价的 Black-Scholes 模型的实施，该模型通常应用于重组公司认股权证的估值。

[7] 见 Stark, Siegel, and Weisfelner（2011）关于破产企业估值争议的一组阅读材料。

第 5 章 危困企业估值

[8] 对于某些行业，如石油或天然气勘探与生产（E&P），称为净资产价值（NAV）的 DCF 模型通常包含储量，这对开采有限资源的公司的价值有重大影响。

[9] Damodaran（1996），p.304.

[10] 图 5-1 表明，无担保债权人委员会提出一个相当高的 Cumulus Media 公司估值，根据这个高估值制定的债务人重整计划不可能得到法院批准。2018 年 4 月，意见分歧导致对估值问题的庭审。

[11] 根据《破产法》第 11 章，Cumulus Media 公司及其债务人附属公司首次修订联合重组计划的披露声明，并于 2018 年 2 月 12 日提交；Evan A. Kubota 根据《破产法》第 11 章做出声明，支持 Cumulus Media 公司及其债务人附属公司首次修订联合重组计划，并于 2018 年 4 月 9 日提交。我们列举这个实例，只是为了展示方法，不评论比较对象的选择、现金流预测的可靠性，或影响估值结论的其他因素。

[12] 再例如，Chemtura 公司的重组计划遭到破产申请前股东的反对。法官在做出批准计划的决定时表示怀疑：考虑到雷曼兄弟公司申请破产后市场状况的恶化，一个在 2008 年 9 月之前完成的可比交易可以作为 Chemtura 公司在 2010 年估值的参考吗？

[13] Damodaran（1996）.

[14] Ruback（2002）.

[15] Morningstar 公司和 Damodaran Online 公司提供这种估计。（http://pages.stern.nyu.edu/~adamodar/）。

[16] 股权 beta 值也称为"杠杆"beta 值。"杠杆"beta 值 β_L 和"无杠杆"beta 值 β_U 之间的关系如下：$\beta_L = \beta_U + (\beta_U - \beta_D)(1-t)\dfrac{D}{E}$，其中，$E$ 为公司股权的市场价值，D 为净债务。如果我们假设债务的 β_D 等于零，这个公式就简化为常用的表达式 $\beta_L = \beta_U \left[1 + (1-t)\dfrac{D}{E}\right]$，这

两个公式都假设公司将维持一个债务计划表，使其未来不会有一个恒定的 D/V 比率，这与 WACC 假定恒定的 D/V 比率不一致。在计算 WACC 时，假定恒定的 D/V 比率和非零债务 beta 值，我们使用公式 $\beta_L = \beta_U + (\beta_U - \beta_D)\dfrac{D}{E}$，还可以将公式写成 $\beta_U = \beta_L \times \dfrac{E}{V} + \beta_D \times \dfrac{D}{V}$。

[17] 推导见 Ruback（2002）。Groh and Gottschalg（2011）估计高等级债券的 beta 值为 0.296，低等级债券的 beta 值为 0.410。

[18] Ruback（2002）指出，假设预期负债与公司价值的比率固定，那么通过 WACC，资本现金流法计算的结果与企业自由现金流法的结果相等。

[19] 参见本书第 3 章。

[20] 作者定义这种差异的公式为（高估值－低估值）/高估值，不包括欺诈性转让。

[21] 见 In re Iridium Operating LLC（Bankr. S. D. N. Y. 2007）。

[22] 见 In re MPM Silicones, LLC, No. 14-22503-RDD（Bankr. S. D. N. Y. Mar. 9, 2018）；In re Cumulus Media Inc. No. 17-13381（Bankr. S. D. N. Y. May 4, 2018），以及相关的文献。

[23] Hotchkiss, Smith, and Stromberg（2016）表明，私募股权出资人经常注入资本，并保留对危困的投资组合公司的所有权。

第 6 章　危困企业的公司治理

一旦企业陷入财务危困，其公司治理的方方面面都会受到影响。首先，经理人和董事对公司利益相关方负有责任，这个相关方包括债权人、股东和其他当事人。在危困企业中，债权人、股东和其他当事人的利益经常是冲突的；公司经理人在重组过程中所采取的行动可能会对谁是"赢家"谁是"输家"产生深远的影响。重组期间提供充分激励的薪酬合同的性质将发生变化，劳动关系也将发生更广泛的变化。而且，管理层和董事会的立场很可能发生大幅变化，尤其是在企业从第 11 章破产中重生后。最后，大量的企业重组造成所有权的巨大变化，前债权人改头换面，以公司新所有者的面目出现。虽然企业控制权发生改变是普遍现象，但是与非危困企业的机制却可能大不相同。本章将讨论公司治理的这些问题，及其在重组进程中对经理人和其他参与者激励机制的影响。

经理人、债权人和股东的利益

学者们很早就认识到，当杠杆提高时，债权人和股东之间潜在的利益冲突将变得更严重，这与企业即将陷入财务危困时是相似的。某些有利于股东的行动可能会强加成本给其他利益相关方。例如，经理人可能不愿意增加股本，如果这样做会稀释股东的权益，但通过降低违约风险可以提高现有债务的价值（"债务积压"问题；见 Myers，

1977）。企业可能不会做净现值为正的投资，如果企业价值提升的利益主要归现有债权人的话。与此同时，企业可能偏好风险更大（甚至可能是净现值为负）的投资来提高股权价值，但这增加了债务违约风险（"风险转移"问题；见Jensen and Meckling，1976）。经济学家进一步指出，债权人可以采用保护自己的机制来避免经理人以股东的名义所进行的投机活动。保护机制包括在债权合同中制定保护性条款，或者要求经理人履行对债权人的受托责任。[1]

危困企业管理层会对可供选择的重组方案进行权衡，他们做出的某些选择在企业复苏前景方面或许有利于某些利益相关方，但却损害了其他利益相关方。如本书第3章和第4章所述，这些选择包括资产出售和/或庭外重组。在最近的一些案例中，有些企业管理层通过参与资产所有权在公司结构内部转移的交易，或通过修改、签订新的融资合同等手段侵害了债权人的利益。[2] 管理层可以拖延破产申请的提出，还可以协商重组协议以达到实施破产法中规定的预谈判或预包装的目的，也可以在有意向收购方的情况下依然提出破产申请以达到快速出售公司资产的目的。

经理人和董事的受托责任

企业危困可能产生利益分歧，这就引发了一个基本的问题——是什么决定管理层应该代表谁？现实中管理层实际上代表谁？在破产案中，这个问题非常明确——债务人有义务最大化破产财产的价值，以符合债权人的利益。[3] 一个还不是很明确的问题是，当公司近乎或已经资不抵债时，其经理人和董事的受托责任都有哪些。

在破产前，债权人可以利用多种办法得到保护。其中之一是严格执行合同条款。另一个办法是根据1984年《统一欺诈性转让法》（UFTA），当出现以下情况时，债权人能够收回从危困企业转出去的资金，这些情况包括：交易的"真实意图是阻碍、拖延和欺骗"任何债

第6章 危困企业的公司治理

权人；债务人没有获得"合理的等值物"作为回报；或者是向内部人优先支付等。[4] 第三个重要机制是依据普通法有关受托责任的内容。高级管理人员和董事对债权人、股东或对两者均有受托责任，如果他们做出任何不符合该义务对象利益的行为，都要承担可能的法律责任。

当企业有偿付能力时，经理人和董事对企业和股东负有受托责任。而债权人只是享有当初契约规定的权利，受到保护。当企业不能清偿债务时，我们可以通过一系列案例的裁定看看这种关系发生了什么样的变化。1991 年 Credit Lyonnais 起诉 Pathe Communications 破产案，特拉华州法院裁定，公司"在近乎无力偿债境况下从事经营"的董事会的受托责任，不仅针对股东，也针对"公司"整体。由此推断董事对债权人也负有受托责任，一如对股东。受托责任扩大的触发点不是一个容易观察到的事件（例如提交第 11 章破产申请），而是在难以衡量的"无力偿债时期"。Becker and Strömberg（2012）描述了这一案例的市场反应；裁定可能带来的好处是符合债权人的利益，他们的实证证据显示，企业接近无力偿债时，会增发股票和扩大投资以降低投资风险，也会提高杠杆率，减少对约定事项的依赖。

在之后的两个案子中，特拉华州法院实际上驳回了 Credit Lyonnais 的诉求，否认了受托责任在无力偿债时期即发生转变的观点。2007 年，在北美天主教教育项目基金会诉 Gheewalla 公司一案中[5]，特拉华高等法院的裁定限制了此前经理人在财务危机时对债权人的受托责任。2014 年，在 Quadrant Structured Products 起诉 Vertin 一案中，特拉华州衡平法院发表了自己的观点，进一步否定了债权人主张受托责任遭到破坏的能力。在此案中，法官的意见如下：

● 并不存在法律承认的"无力偿债时期"及其暗含的受托责任要求，影响受托责任分析的唯一转变点是不能偿债本身。

● 无论企业是否有能力偿债，债权人都不能以认为受托责任遭到破坏而直接提出索偿要求。只有在企业无力偿债之后，债权人才有资

141

格提出受托责任损害赔偿。

- 无力偿债企业的董事对债权人没有任何特殊的义务。他们的受托责任仍然是对企业的，要有利于所有的剩余索偿人，此时也包括债权人。他们并没有义务关闭无力偿债的企业并拍卖资产以便分配给债权人，即便他们基于业务情况做出这样的判断，也是为了实现企业价值最大化。

- 基于商业的判断，董事可以在不违背其受托责任的情况下将特定的非内部债权人置于其他同等级优先债权人之上。

- 特拉华州不承认"加深无力偿债"理论，即当董事真诚尽责地为了让企业重新盈利而做出经营管理决定时，无论结果如何，即便这个决定最终导致债权人利益受到更大的损害，董事也不应为此承担责任。

- 如果一家无力偿债公司的董事们做出了可能提高或降低企业整体价值的决定，其对资本提供者的不同影响只是源于他们在资本中的相对优先索偿权，那么董事并不会简单因为他们拥有普通股或对大股东负有义务而面临利益冲突。正如在一家有偿债能力的企业，普通股所有权本身并不会造成利益冲突。业务判断法则要求根据索偿优先级来保护那些影响资本结构参与者的决定。

以上最后一个观点直接对本章开头所述的那种行为类别进行了说明，即主张通过信托法律途径逐渐弱化对债权人的保护。所以，争议的焦点是保护债权人是否需要这个特定途径。这些案例以及法律学者之间的相关讨论提出，"合同协议、欺诈和欺诈性转让法，善意默示承诺和公平交易（和）破产法"足以保护债权人的利益（Gheewalla），尤其是在涉及大型、复杂的债权人时（Baird and Rasmussen, 2006; Hu and Westbrook, 2007）。相反，Ellias and Stark（2018）辩解说，债权合同的设计和破产法律在企业危困时并不足以保护债权人。他们对几个臭名昭著的破产案做了研究，这些案例显示在公司治理的后 Gheewalla 时代，"企业机会主义"是如何牺牲债权人利益的。

破产中的债务人和债权人偏见

如果一家企业进入第 11 章破产,除了在极少数案例中债权人或其他相关方能够提请法院指定受托人外,大多数情况下债务人的管理层将继续运营企业。本书第 3 章曾说明,管理层有一个专属权,就是在破产申请后的 120 天内以及法院批准的延长期内,有权提出重组计划。《破产法》的这些"亲债务人"特点,赋予现任管理层左右企业重整格局的重大影响力。

《1978 年破产改革法》颁布之后,有人曾对第 11 章破产的亲债务人特点提出批评,认为破产流程过分保护了现有管理层,导致过多原本应该退出的企业得以继续生存下去。例如 Bradley and Rosensweig(1992)指出,即使经营业绩糟糕到企业无力偿债的地步,现任管理者照干不误,很少受到惩罚,这是因为破产法律允许他们保持对企业资产的控制。无力偿债企业的股权价值只来自它的期权价值——随着时间流逝,如果企业充分恢复到有能力偿债状态的话,那么股权的索偿有可能回到"价内",这样一来,企业继续生存就是这些索偿权恢复价值的唯一希望。当管理层没有足够的动力去采取行动,使企业资产得到最有效使用(例如资产出售和清算),或债务人的优先选项是维持就业时,企业就会偏向无效的持续经营。

早期研究显示,很多企业重组后再开张,继续经营的业绩极差,经常再次走上第 11 章破产之路(即所谓的第 22 章破产)。批评者之所以指责《破产法》的亲债务人特点,是因为在满足可行性标准上,它给予债务人极大的回旋空间(见本书第 3 章)。重组企业最终失败的高比率令人不得不认为,应该用更为市场化的竞价流程来取代第 11 章的办法(Hart,1999;Baird and Rasmussen,2002)。最近更多关于上市公司破产后的经营业绩的研究表明,企业重生后的生存能力仍让人忧心，但需要注意的是，这项工作大部分基于破产前后有公开注册证券的公司的业绩（见本书第7章）。

2009年General Growth Properties（GGP）公司的破产表明了清算和重组之间的对立关系。GGP公司是美国最大的购物中心经营商和房地产企业之一，在其提出破产申请时尚有偿债能力，但是将在2012年面临巨额到期债务。超过160家GGP公司的子公司（特殊目的实体，用以掌控公司的房地产资产）也在第11章破产之列，这让许多市场人士大为吃惊。许多这些子公司的放款者（债权人）行动起来，要求驳回这些特殊目的实体的第11章破产申请，他们争辩说，这些破产申请的提出不是出于"诚信善意"，因为并没有出现无力偿债的情况，企业不应直接从破产保护中得利。破产法院拒绝了这一动议，GGP公司的破产流程继续进行，重组计划得到批准，企业在破产后重生，股东收回大量投资。就这样，GGP公司通过成功地应用第11章破产避免了被债权人清算。

近来有许多观察者提出，不管是在第11章破产流程之前还是流程之中，谈判能力的天平都偏向优先级债权人，尤其是在积极的不良资产投资者增加的情况下。当优先级债权人利益上升空间有限时，他们更为看重快速的解决办法，例如通过清算或者业务出售收回资本，即便此时通过整体企业重组来回收债权的效果更好。又或者，如果重组企业的估值偏低，优先级债权人能够通过债转股分享重组企业上行的利益（见本书第5章）。Ayotte and Morrison（2009）研究了一个2001年提出破产申请的大型破产案样本。他们提出，有担保债权人的控制"无处不在"。几个重要的趋势都与谈判能力的天平转而偏向企业债权人有关。特别是，偏离绝对优先原则而有利于股东的情况越来越少了（这与Bharath, Panchapegesan, and Werner（2010）进行的趋势研究的结果是一致的），如果对有担保放款人担保过度，则公司出售的可能性更大。Gilson, Hotchkiss, and Osborn（2016）还发现，申请破产时有担保债务的比例越大,破产企业资产出售的可能性越大,尽管这些出售一般都保留了继续经营的价值。如果资产是以折扣价抛售的,那就可能存在一个价值再分配问题,即价值从公司的原次级索偿人转到这些资产的新所有者手中。

第11章破产案中的DIP融资曾受到指责,它被认为是有担保债权人用来对案件走向施加过度控制的工具。较早的学术讨论推测,如果债务人可以得到额外融资的话,就可能加剧过度投资,使无法经营的企业得以重组(Dahiya et al.,2003)。然而,近期争论的焦点发生了转移,现在更多的担心变成有担保债权人对依然有生命力的企业进行过度清算。尽管并不了解其中的利弊,但Skeel(2003a)相信DIP贷款协议里的特定条款为有担保债权人提供了控制债务人的手段。例如,他注意到,"贷款人越来越多地运用申请破产后融资协议来管理第11章破产案"(p.12),他呼吁"仔细审查DIP融资条款,因为DIP贷款人眼下正在试图偷偷塞进私货"(p.32)。这些条款包括"重要事件时间表",如提出计划或出售特定的资产,如果这些条款没有实现的话,可能赋予DIP贷款人不适当的控制权。[6]

债权人的控制权

早在企业违约或破产之前,优先级债权人就对公司治理有重要影响,学术研究阐明了在企业走下坡路的早期阶段关于优先级债权人影响的两个事实。第一,如果企业违反了贷款协议的条款,那么优先级贷款人会为了增加企业价值而增加对企业的控制和影响。Nini, Smith, and Sufi(2012)对普通美国企业1997—2008年间向美国证券交易委员会提交的季度和年度财务报告中3 500个违反融资合同的案例进行了研究。研究显示,违反合同事件发生后,随之而来的是:企业马上就会减少购并和资本性支出,杠杆率和股东红利支付率急剧下降,首席执行官更换频繁等。与这些变化同时发生的是贷款协议的修订，包含对企业决策过程更严格的限制。至关重要的是，在违反合同的事情发生后，企业经营业绩和股权市场价值都得到提高；换句话说，强大的债权人权利和随之而来的干预使企业经营业绩好转。这个实证证据清楚地表明债权人具有违约状态以外的对管理决策的影响力，尤其是在企业经营首次出现恶化时，优先级债权人开始在公司治理上发挥积极作用。[7]

第二，当企业经营业绩下降时，贷款合同对借款人的约束增加。Nini 等（2012）的研究以及 Ayotte, Hotchkiss, and Thorburn（2012）的调查报告都描述了业绩下降企业可以得到融资的条件。他们注意到，债权人的控制存在于有担保额度贷款中，在提交破产申请前后都存在。重新谈判贷款协议将对借款人施加严格的合同限制，提高息差，动辄要求抵押。Denis and Wang（2014）指出，即使没有出现实际违约，重新谈判贷款协议的发生率仍然很高，常在潜在违约事件发生前达成协议。这些事件表明，甚至是在观察到的违约之前，债权人就可以对借款人的运营和财务政策有强有力的影响。可以说，如果不做这样的让步，这些放款人或许就不会继续发放贷款给危困企业了。

虽然优先级债权人可能最先出手干预业绩下滑企业，但控制权可以扩展到低级无担保债务。即使企业并没有陷入危困，债权合同中规定的某些公司行为，如融资变更、资产出售、并购等也必须征得一定比例以上债权人的同意。如果企业违反了此类约定，那么债权人可以要求提前清偿债务。因此，提前清偿的威胁使债权人有权决定公司采取什么行动，或者有权要求谈判以变更债权合同条款，提高债券的价值，从而换取对这些行为的同意。[8]

在接近或已经发生违约时，最重要的大概就是控制权了。如果某类投资人在某类债务中占有多数份额，它们就可能对庭外重组的结果拥有强大的影响力。例如，没有他们的参与，危困互换可能失败，或者可能不足以减轻企业的债务负担。[9] 在实证证据方面，Hotchkiss and Mooradian（1997）指出，债券投资者在破产之前（或者没有后期的破产）会经常购入刚好超过"1/3 临界值"的一类债务，这一数额足够控制任何重组计划的通过与否。债券持有者和其他债权人可以组织"临时"委员会，这是一个"由经验丰富的投资人组成的非正式团体，运用各种资源增加在庭外重组和破产案件中的共同利益"（Wilton and Wright，2011）。

当一家企业提出第 11 章破产申请时，债权人可以反对的一些关键决定是在立案的最初几天做出的。这类决定涉及财务、资产出售、放弃合同（如租赁合同）、组成债权人委员会等（如本书第 3 章所述）。因此债权人在庭外重组，破产重组，以及提前决策或避免此类事件等方面有着重要影响力。

控制权的改变及索偿权交易的影响

危困企业重组债务时，企业剩余索偿权的所有者结构经常会显著改变。原股权持有者经常只获得很少甚至根本得不到任何重组后企业的股份；股票主要分配给破产前债权人，它们成了公司的新股东。专门投资危困企业的投资者常常从希望出售权益的债权人那里购买债权，在某些情况下，这些债权规模可观，甚至多到让你成为控股股东。还有一种可能，作为重组计划的一部分，投资者可以通过入股将资金注入重组企业。

自《1978 年破产改革法》实施以来，对危困企业所有权转变的早期研究并没有发现被研究公司存在大量控制活动。一个可能的解释是，在第 11 章破产历史的早期，存在亲债务人的导向，并不鼓励购并。[10]虽然如此，重组计划中的股权分配在许多情况下导致企业所有权集中在先前债权人手中。Gilson（1990）研究了自 20 世纪 80 年代以来的 61

宗第 11 章破产案，他发现，平均而言，重组企业 80%的普通股被分配给债权人。将重组企业的股权分配给申请破产前的债权人，仍然是第 11 章重组的典型现象，大量分配给申请破产前的股东则是一个例外，而非正常情况（见本书第 7 章对破产案件结果的分析）。

申请破产前的债权人经常成为成功重组企业的股东，有两大趋势对理解危困或破产企业控制权的转变非常重要。第一个趋势是，运用《破产法》第 363 条来出售企业，并非只是出售一部分，而是出售"实质全部"的企业资产。我们在本书第 3 章和第 7 章讨论了破产程序的这些关键内容。第二个趋势是危困企业索偿权交易市场的崛起。随着对冲基金和其他不良资产投资者的增加，这个市场在 20 世纪八九十年代增长极快（见本书第 3 章和第 14 章）。

一般而言，企业债务和其他索偿权的真实拥有者是不对外公开的。一个例外是 Ivashina, Iverson, and Smith (2016) 的研究，他们研究了 1998—2009 年提出第 11 章破产申请的 136 家公司，研究人员构建了各个企业所有权索偿人的全景快照（snapshot），他们记录了在企业申请破产时点以及企业重组计划投票时点企业所有者的类型、索偿权的整合，并且将这些变化与破产重组结果进行相关性分析。[11] 活跃投资者，包括对冲基金，是破产索偿权的最大净买家。研究者归纳出来的最重要事实或许是，索偿权交易导致所有权更大程度的集中，尤其是那些持有者对破产计划有投票权的索偿权，以及代表资本结构中的"支点"证券的索偿权。

活跃投资者常采用的策略是获取足够大的重组前索偿权份额，以此左右重组计划的通过，从而在重组进程中拥有影响力。投资者可以拒绝配合，或提起诉讼，以争取其所在的优先级组的更大分配额，或根据计划的最终议定条款，将索偿权转换为重组企业的多数股权。这类行动与对非危困企业控制权的争夺形成有趣的对照。当某位投资者购入的股票超过企业公开交易股票总额的 5%时，他必须向美国证券交易委员会提交"13-D"声明，公开披露其持仓情况和公司的下一步意图。而购买公开发行的债券或其他类型的非股权索偿权则没有此类要求。

在 Hotchkiss and Mooradian（1997）对不良资产投资者的行为所进行的早期研究中，他们发现，在288家样本企业中，"秃鹫"投资者获得了对其中16.3%企业的控制权。这288家企业是在1980—1993年发生债务违约的。Jiang，Li，and Wang（2012）的研究表明，这些投资者的影响随着时间推移越来越普遍。此项研究的样本是474宗大型第11章破产案，发生于1996—2007年间，在近90%的企业破产重组过程中有对冲基金的身影。Li and Wang（2016）研究了活跃投资者通过成为DIP贷款人来实行这一策略所产生的影响，他们发现，13%的研究样本有此种情况发生。样本包括658宗大型上市公司的第11章破产案，时间跨度为1996—2013年（20世纪90年代晚期达到10%，之后10年达到20%）。这些投资者的存在究竟是提高了还是降低了重组进程的效率一直争议激烈，正反双方都有个案证据的支持。[12]

对不良资产投资者的负面看法主要出现于这些投资者通过拖延或"阻挡"相关进程以获得某些偿付时。例如，对冲基金投资于次级索偿权，如果这些索偿权不在"价内"，则对冲基金投资人可能会以起诉作为威胁手段来获取违反绝对优先原则的和解性偿付。因此，这种投资者的存在使破产中的讨价还价过程更困难、成本更高昂。负面观点也适用于以下对冲基金，它们在企业破产之前或破产之中，对危困企业扩大信贷，继而在企业重组过程中将债权转换为控股权。这种行为现在称为"债转股"策略。例如，在Gilson（2014）讲述的School Specialty公司案中，一家对冲基金向危困企业提供高风险贷款，包含一个大额的提前赎回补偿条款，其触发事件是提前还款。对冲基金进一步同意，在企业提出破产申请时提供DIP融资，同时协议条款要求企业进行"第363条"出售，毫无疑问，意向投标人就是这家对冲基金。对该企业来说，当银行不再愿意发放贷款时，对冲基金为其提供了关键的流动性。但与此同时，这些贷款也赋予对冲基金对企业有力的控制权，从而使其有能力左右破产案的结局。

正面的观点认为，一个活跃的参与方或许能够推动交易产生更高的债权回收率。例如，由对冲基金投资于 American Safety Razor 公司第二留置权债务所引起的诉讼，导致该公司以 3.01 亿美元的价格出售给战略性买家，超过了第一留置权放贷人计划中的 2.44 亿美元出价 (Ellias，2016)。企业次级债务的活跃投资者，也能洞察优先级放款者低估重组企业价值以便获得重组企业更大份额价值的动机。很多学术研究显示了不良资产投资者的潜在收益。Hotchkiss and Mooradian (1997) 发现，如果对冲基金积极参与重组企业的公司治理，则企业的破产后业绩表现会更好。Jiang，Li，and Wang (2012) 发现，对冲基金的参与往往与更大的企业重生可能性和更高的非优先级索偿权的回收率相关；Lim (2015) 发现，对冲基金的介入使完成预包装重组的可能性更高，重组速度更快，债务减少更多。Ellias (2016) 计量了由次级索偿权投资者发起的法律诉讼的数量，发现"次级活跃"与更高的重组企业价值相关，也与和解方案中对次优级活跃者的分配相对较少相关。私募股权（PE）基金所持有的企业违约债券的增加，会进一步使活跃投资者大量增加，这些投资者也管理着私募股权基金（Hotchkiss，Strömberg，and Smith，2016）。在某些情况下，私募股权基金的原始股权份额在重组中被稀释或取消了，但 PE 出资人可以通过股权注入维持对危困企业的控制，这也是重组的一部分。

对所有这些研究，我们需要格外注意的一点就是，不能推断出活跃投资者的行为与破产案件结果之间的因果关系。尽管如此，这些投资者在危困企业公司治理中的积极作用，与对企业财务进一步深入研究中的发现是一致的，表明企业控制市场的存在对约束业绩不良企业的管理层发挥了重要作用（Jensen，1986）。这个证据也与研究活跃对冲基金投资对股权市场的影响的文献一致，这些研究普遍表明，对冲基金的投资与目标公司的估值是相关的。[13]

CEO、董事会和劳动力市场

管理层的变更和薪酬

公司治理变化是危困企业重组的内容，其中的一个重要方面（特别是当企业控制权发生变化时）是企业管理层和董事会的变更。我们对管理层和董事会变更的理解的大部分内容来自Gilson（1989，1990）。根据20世纪80年代危困企业重组样本，他发现，从违约前两年开始的四年中，有52%的企业发生过高级管理层人事变更（CEO、主席或董事长）。实现破产重组的企业的换人比例显著高于庭外和解的企业。在他的69个破产案件样本中，71%的高管在提出破产申请后两年内被替换。只有46%的董事在重组之后留任。最近进行的许多研究都发现，破产企业的人员更换率极高。Eckbo，Thorburn，and Wang（2016）研究了1996—2007年322宗美国大型上市公司第11章破产案后发现，申请破产前三年在任的CEO在重组后当年年末，有86%离职了。Li and Wang（2016）发现，从破产中重生并且继续向美国证券交易委员会报送材料的企业，在第11章重组过程中，大约有2/3更换过CEO；提出破产申请时在位的董事会成员中，80%在企业重生后留任。如果将破产申请前的人员更换、没有重生的企业的人员更换及公司退市等因素都考虑在内，丢掉职位的比率更高。

随着企业陷入财务危困，管理者和董事会需要投入大量的时间和精力来处理企业运营问题，制定重组计划。此外，对承担责任的担心日益加重，也可能影响到吸引高质量高管或董事的能力（这也一直是主张限制董事对债权人受托责任的理由之一）。某些当事方，如投资危困企业的个人或集团，出于在重组中保护自己利益的考虑，可能希望有一个董事席位。然而有些人并不愿意担任董事，直到重组完成，因为充当董事会影响他们交易危困企业索偿权的能力。最后，如果不良资产投资者（如私募股权基金）同时对重组企业股东和它们自己的基金投资者负有受托责任，就会存在潜在的利益冲突。在这种情况下，参与企业重组事务的经理人和董事必须采取符合企业利益的行动，以"有利于企业的所有剩余索偿人，包括债权人在内"[14]。

高离职率与管理者在破产程序中受到过分保护的观点是相互矛盾的。公司治理转变的另一个重要内容是，随着企业陷入危困，要制定现任和继任管理层的薪酬合同。Gilson and Vetsuypens（1993）对危困企业的薪酬政策所做的早期研究考察了企业陷入财务危机时在位的及替换上来的管理人员，除了上面已经提到过的高替换率外，留任管理人员的薪水和奖金一般都会大幅下降，继任 CEO 的收入平均要比前任少 35%。外部替换者通常会得到大量的股票和期权作为薪酬的一部分，这使得 CEO 对公司股票价格的未来表现高度敏感。

但是，在 20 世纪 80 年代以来的实务中，薪酬制度的变化非常之大。Eckbo, Thorburn, and Wang（2016）比较了破产前和破产后的薪酬，而且跟踪了离职 CEO 此后的职业道路。大约 2/3 的离职 CEO 不再谋求担任企业高管，转而成为非执行董事、顾问或退休。对于那些继续担任企业高管的人，研究者估计其未来薪酬的现值与离开现职前一年的薪酬相比，变动幅度的中位数是零。然而，那些不再担任高管的人的薪酬损失很大，离职前的薪酬中位数是离职后的 4.6 倍，这些研究凸显了经营不善企业的 CEO 可能会面临很大的个人损失。[15] 如果不制定适当的激励机制，CEO 可能会牺牲股东利益或企业价值来阻挠破产。

制定合理的 CEO 薪酬合同及激励机制对于濒临破产的企业来说实非易事。理想的合同既能吸引和挽留合格的管理人员，又不令其成为破产重组的障碍。对于业绩不良的企业，以达到预先设定的业绩指标为前提条件发放现金奖励和股权或许会格外有效。另外，如果企业陷入财务危机，合同中的绩效指标或许并不能充分反映 CEO 的努力程度，所以也不足以解决代理问题。因为不能实现合同规定的业绩目标经常是 CEO 职位不保的原因，所以财务危机企业采用激励性薪酬有可能强加给风险厌恶型 CEO 过多的风险（Bennett，Bettis，Gopalan，and Milbourn，2017）。大众媒体认为，财务危机企业的薪酬制度是被操纵的并且是有利于 CEO 的。与此相反，Carter，Hotchkiss，and Mohseni（2018）指出，实施以业绩为基础的薪酬体系的危困企业在增加，而实施自由决定奖金（即不与业绩表现挂钩的奖金）的危困企业在减少。他们还发现，随着企业走下坡路，绩效目标与过去相比定得更高了。媒体还很关注一些具体案例，这些案例中的企业在提出破产申请之前将大额奖金发给高级经理人员，甚至发给那些很快就要离职的高管。例如，Hostess Brands 公司在提出破产申请之前 6 个月，提高了 CEO 的薪水，涨幅约 300%（超过 250 万美元），同时提高了支付给其他管理人员的薪酬；债权人的压力和媒体的长篇负面报道，使得企业在提出破产申请之后对此做了削减。[16] 还有，正如 Ellias（2018）指出的，既然企业在提出破产申请时发放奖金会受到更严格的审查，那么企业就有动机在提出破产申请之前给管理人员支付薪酬（但可以收回，见本书第 3 章），或者等到破产法院审查之后再说。

破产中的补偿：KERPs 和 KEIPs

为了确保管理层留任，可能需要以现金支付报酬。这样做可能会有争议，但也许会通过保留企业独有的业务能力和客户关系实现企业价值最大化。另外，现金支付可能被视为是在奖励那些对企业经营不善负有不可推卸责任的高级管理层。

在破产流程中，支付和合同都必须得到法院的批准，而高管报酬的支付方案究竟是为了激励员工以保证重组成功，还是为了挽留高管层常常是最具争议性的内容之一。

关键员工留任计划（KERPs）和关键员工激励计划（KEIPs）的目的都是奖励高层管理者，他们被视为重组和业务继续经营的核心因素。关键员工留任计划向关键员工发放奖金，为的是在一段特定的时间里，或者是在重组的全过程中，将他们留在企业里。企业之所以实施这样的计划，是因为管理层的离职将严重破坏破产重组的进程和解决速度，而雇员的更替会造成业务的连续损失，还会导致在寻找合适的人选和对新人进行培训上付出高成本。关键员工激励计划将奖金与重组的关键时点和成果联系起来，包括计划批准、重组速度、资产出售、债务回收、EBITDA 和企业价值的提高等。

几家著名公司在申请破产后不久即支付大额奖金，此事备受关注，之后根据 BAPCPA 第 503 条（c）款的一个修订[17]，留任奖金实质上已经被禁止了。破产法院不得批准该类留任薪酬支付，除非管理者能够提供证据证明自己有一个报酬相等或更高的工作机会。而且管理人员所提供的服务应认定为对于恢复企业正常运营是必要的。新的规定也限制了留任和离职补偿金的数额，即不得超过同一年付给非管理层员工的平均水平的 10 倍；如果前一年对非管理层员工没有此类支付，则不得超过管理层报酬的 25%。

然而，新的规则并没有限制激励奖金的支付。图 6-1 显示了使用 KERPs 和 KEIPs 以及仅留用奖金计划的年度频率，对象是所有在 1996—2013 年提出第 11 章破产申请的账面资产超过 1 亿美元（以 1980 年为基准价格）的美国上市公司。明显可以看出，自 BAPCPA 实施以来，不使用激励性奖金的留任计划大幅减少，而 KERPs 和 KEIPs 的总体采用率仍然在 35% 左右。[18] Capkun and Ors（2016）指出，企业通过将留任计划伪装成薪酬激励计划来规避 BAPCPA 的支付限制，进行监管套利。Ellias（2018）进一步研究了从留任方案中分辨出激励薪酬的困难和企业可以用来规避破产法条文的行为。例如，在最近发生的案件中，在破产的前夕，债务人就已经向高级经理支付了大额留任补偿金，同时合同还规定，如果他们在留任时限之前离去的话，则有义务退回这笔钱。[19] 采用薪酬计划及其条款，常常遭到债权人委员会、美国受托人、工会和其他利益相关者的拒绝和反对。

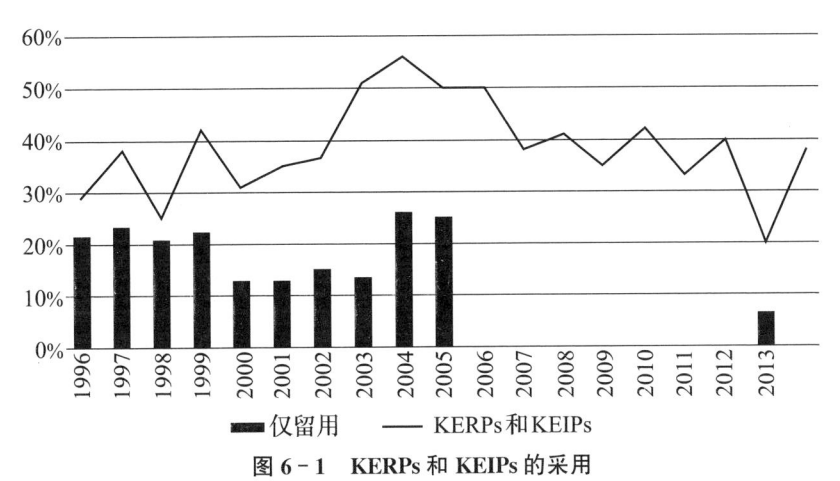

图 6-1　KERPs 和 KEIPs 的采用

资料来源：Goyal and Wang（2017）.

Goyal and Wang（2017）全面探究了 KERPs 和 KEIPs 的特点，分析了这些计划的经济动机。他们发现，1996—2013 年，大约 40% 的大型第 11 章破产企业采用了 KERPs 或者 KEIPs。在研究样本中，企业采用的此类方案不仅包括高级管理人员，也包括中层经理等重要员工，一般是将经理人员分为三到四个层级，各级支付比例不同，奖金目标不同。留任方案通常是将奖金支付与最短留任和破产计划批准时间挂钩，而激励方案则常常将资金和企业重生、EBITDA 目标、资产出售挂钩。这些方案的费用平均为每家企业 800 万～900 万美元，大约是提出破产申请时企业资产账面价值的 0.4%。他们的实证结果显示，这些方案更多地被那些业务和债务结构复杂、债权人控制较严、处于更强劲的就业市场中的企业所采用。相比现任的 CEO，新聘用的企业重组经理人更有可能享受这些计划。

集体谈判协议和员工福利

对于危困企业而言，劳动力成本和员工福利的再谈判经常是争取回到盈利状态策略的重要组成部分。比其他行业有更高工会会员率的特定行业企业，如航空公司和钢铁公司，试图减少劳动力成本和其他员工福利负担（例如医疗和养老金计划的缴费）的谈判由来已久。尤其是随着现金流减少，许多企业削减了对退休计划的出资，这导致采用固定收益（DB）计划的企业对养老金出资不足。尽管 DB 计划的份额在美国大型公司中已经大大下降，而且随着时间推移被固定缴款计划所取代，但许多大型公司仍须面对早先计划的"遗留"成本。

Benmelech, Bergman, and Enriquez（2012）研究了财务危困在企业争取员工薪酬让步中的作用。所用的数据来自航空运输业，他们发现，危困企业可以从养老金不足且没有得到养老金担保公司（Pension Benefit Guaranty Corporation，PBGC）全额保险的雇员那里得到较大的工资让步。尽管大多数 DB 计划是由 PBGC 担保的，但其覆盖面有限，高缴费员工的损失更大。因此，假如养老金因破产而止付的话，丧失养老金福利的风险使得企业能够迫使员工做出让步从而获取更多的剩余。当然，即便在庭外达成劳动合同，也不必然能使企业避免申请破产。[20]

在破产中，债务人可以就劳动合同重新谈判，以期以更为可行的成本结构从破产中重生。正如在本书第 3 章讨论过的，债务人在第 11 章破产流程中必须做出的大量商业决策包括接受还是拒绝履行尚未完成的合同（第 365 条）；对合同对方造成的损害成为对方的无担保索偿权。然而，自 20 世纪 80 年代以来，集体谈判协议被一套不同的规则（第 1113 条）管辖，该规则规定，只有当债务人已经尝试与工会谈判，才能拒绝劳动合同。债务人必须向法官表明，谈判已经失败，债务人

第6章　危困企业的公司治理

别无选择，只能拒绝合同。[21] 在一些大型航空公司破产案中（例如 2002 年 UAL 公司的破产），拒绝劳动合同能够每年节约数十亿美元。

如果劳动索偿数额巨大，那么可以向无担保债权人委员会指定工会的代表。以工会的名义谈判来争取更大的偿还额，可能会牺牲其他无担保和更低优先权索偿人的利益。Campello，Gao，Qiu，and Zhang（2018）也强调工会对重组结果的重要性。他们指出，当工会在无担保债权人委员会中的席位较多时，无担保债权人的回收率较低。此外，有工会的公司在破产法院上支付的开销和费用要高得多，破产重生后再次提出破产申请的可能性也更大。

破产可能会造成 DB 和固定缴款计划参与者的重大损失。对于 DB 计划，如果公司不能支付重组计划下的债务，继续庭外破产流程，或就业率下降导致继续支付退休福利的成本过于高昂，那么破产债务人可以向 PBGC 提出申请，中止缴费不足的养老金计划。养老金计划一旦终止，将由 PBGC 来管理并用这些资产和自有资金（PBGC 自己有大额赤字）支付福利给参与者（有限额）。PBGC 对终止债务的索偿被视作一般的无担保索偿。并非所有的第 11 章破产企业都试图或能够终止 DB 计划。Duan，Hotchkiss，and Jiao（2015）发现，在有 DB 计划的破产企业中，只有 20% 的案件终止了计划，并且将资产转给了 PBGC。如果固定缴款计划的资产以高比例投资于保荐人公司的股票，可能给危困企业的员工带来沉重的负担。广为人知的由 401(k) 计划参与者发起的对安然公司的诉讼案，起因是该计划在安然股票上的巨大投资损失，2000 年，投资数额达到了计划资产的 60% 以上（《华尔街日报》，2001-11-23）。同样，在雷曼兄弟破产案中，参加公司"雇员持股计划"（ESOP）的员工，在公司破产时痛遭数百万美元的损失。

《雇员退休收入保障法案》（ERISA）只对其他离职后福利（OPBE）提供有限的保护，如医疗保险和人寿保险。LTV 公司破产时，在未事先通知的情况下突然终止了 78 000 名退休人员的福利，引起公众广泛的关注和愤怒。该事件的发生促成了 1988 年破产法第 1114 条的制定，该条款为法院提供了指导，并保护 OPBE 免受终止威胁。第 1114 条提供了一个与第 1113 条类似的程序，用于修改 OPEB 的债务人债务，还根据 BAPCPA 对破产申请前福利调整办法做了进一步修订。

注释

[1] Tirole（2001）介绍了保护非控制性利益相关者的各种方法的成本和收益，包括约定事项、退出期权和扩展受托责任。Gilje（2016）阐述了企业在接近财务危机时如何减少投资风险。他的研究成果与以下观点是一致的，即债务结构和财务契约是减轻负债-权益冲突的重要机制，这些冲突并没有在合同中作出明确的规定。又见 Berk and DeMarzo（2017）（p.565）关于股东与债权人之间冲突的讨论。

[2] 关于此类案例，可见《福布斯》杂志 2014 年 8 月 28 日的内容："Apollo 公司和 TPG 公司在 2008 年拒绝了对业绩不佳的赌业公司 300 亿美元的杠杆收购。5 月，Apollo 公司取消了对 Caesars 公司某些债券以及对此前 Caesars 公司向关联机构转让某些赌场资产的保证。"又见彭博社 2018 年 6 月 4 日的报道：J. Crew Group 公司和 Claire's Stores 公司都成立子公司来持有资产（包括知识产权），将其与债权人分离，以作为抵押物来筹资。大部分问题企业是零售商，于是放款人和分析师猜测，哪个公司会成为下一个 J. Crew 公司。

[3] 见 Toibb 诉 Radloff 案，501 U.S. 157，163（1991）：《破产法》的基本目标是"最大化破产财产的价值"。

[4] 在破产中，债权人同样受到《破产法》第 544 条、第 547 条和第 548 条的保护。Ersahin, Irani, and Waldock（2017）总结了美国

第6章 危困企业的公司治理

有关欺诈性转让法的历史。

[5] 见北美天主教教育项目基金会诉 Gheewalla 案，930 A. 2d 92，99 (Del. 2007)。

[6] Wilmer Hale 律师事务所为辛迪加贷款和贸易协会做了一项大型破产样本案例研究，包括对"重要事件时间表"的分析。106 家企业中有 89 家存在计划批准或者生效日期的时间表要求，这实际上限制了贷款的期限。107 家企业中有 90 家存在关于停售或第 363 条出售专用的投标流程的时间表要求。他们的描述性分析指出，在许多清算或资产出售案例中，在案件起始时，重组从来不在预期之中，而出售是在提出破产申请前就计划好的。

[7] 越来越多的文献表明，当公司违反债务契约时，债权人会直接影响公司的决策：Chava and Roberts，2008；Roberts and Sufi，2009b；Nini, Smith, and Sufi，2009，2012（投资和其他决策）；Ferreira, Ferreira, and Mariano，2017（董事会组成）；Balsam, Gu, and Mao，2018，Akins, Bitting, De Angelis, and Gaulin，2018（CEO 薪酬合同）；Zhang，2018（贸易信贷）。

[8] Kahan and Rock（2009）记录整理了这样的案例，债权人在与管理层谈判时，通过累积足够多的席位来提高自己的索偿权的价值。Feldhütter, Hotchkiss, and Karakaş（2016）表示，当企业接近违约的时候，控制权反映在公司债券的定价之中。

[9] Gertner and Scharfstein（1991）认为，大量债权人可以直接与企业谈判，以保证要约的成功。

[10] 虽然破产购并是新现象，但将股权注入作为第 11 章破产重建的组成部分并不是新鲜事。Gilson, Hotchkiss, and Ruback（2000）指出，他们所研究的 63 件破产案中的 12 件（19.1%）有此类投资，而购并股权的中位数是 54.2%。此类控制权转移大多是友好的，管理层会继续留任。

[11] 所有权结构构成的数据来源于第 11 章破产案索偿代理人，由美国破产协会（ABI）捐赠基金提供资金支持。

[12] ABI 破产改革委员会（见本书第 3 章）对不良资产交易的增长，尤其是对冲基金的参与表示担心，认为这会降低第 11 章破产流程的效率。

[13] Brav 等（2010）对这个文献做了有意义的核查，他们在总结中解释道，"证据普遍支持这种观点，即活跃的对冲基金通过影响目标企业的公司治理、资本结构的决策及经营业绩，为股东创造价值"。

[14] 参见本章前面讨论过的 Quadrant 案。

[15] 财务危机的成本也由非管理层员工承担。Graham 等（2016）指出，当一家企业提出破产申请，其雇员的年收入会下降 10%，而且至少在 6 年内一直低于破产前收入。Brown and Matsa（2016）指出，财务危机导致应聘者数量减少，质量下降。根据来自瑞典的详细的雇主/雇员匹配数据，Baghai（2017）指出，当企业陷入财务危机时，会失去大部分熟练工人。

[16]《财富》，2012-07-26。

[17] 例如：FAO Schwarz 公司，2003 年（行政留任计划，在提交后 10 天支付 110 万美元奖金（NYT 2/15/2003））；世通公司（WorldCom），2002 年（NYT 12/17/2002）。

[18] 只有一个案例通过第 503 条（c）款采用了仅留用奖金计划：GMX Resources 公司于 2013 年 4 月 1 日在俄克拉何马州西区提出了第 11 章破产申请，其 KERPs 计划于 2013 年 6 月 11 日得到批准。

[19] 例如，Exco Resources 公司于 2018 年 1 月 15 日申请了第 11 章破产，当时该公司 5 位被视作对重组工作至关重要的高管获得了预付现金留任奖励，该公司申请破产后，在条款符合破产法的要求

时，寻求法院批准 KEIPs。

[20] 当美国航空公司于 2011 年提出第 11 章破产申请时，它的竞争对手已经减少了自己最昂贵的工会劳动合同，并在破产中重组了债务。美国航空公司试图在庭外与自己的工会达成和解，但是受挫于比竞争对手更高的单位劳动力成本。其 CEO 对为何要申请破产做了如下解释："越来越明显，我们与最大的竞争对手之间的成本差距是不可克服的。"见 American Lands in Bankruptcy: Parent of No. 3 Airline Seeks Court Protection Amid High Fuel and Labor Costs, *Wall Street Journal*, November 30, 2011。

[21] 只有当存在以下情形，法院才可以批准拒绝 CBA（集体谈判协议）的申请：(1) 债务人在听证会之前已经提出了符合要求的建议；(2) 雇员的授权代表无正当理由拒绝接受该提议；(3) 权益的天平显然倾向于拒绝该协议。

第7章　破产的结果

破产法第11章的主要目的是给还能生存的企业一个重组的机会，而清算掉那些不能生存的企业。相当大的争论是关于当前的破产法是否在重组和清算之间达到了平衡，或是否偏向于允许低效率企业进行重组。数量相当大的第22章破产申请表明，许多第11章破产是失败的，这可以证明第11章破产的架构存在问题。与此同时，至少从重组企业股东的角度，我们可以看到企业从破产中重生的一些引人注目的成功故事。例如，当凯马特公司于2003年5月从第11章破产中重生时，53%的股票由ESL投资公司持有，普通股交易价格在每股14美元以下。到2004年11月，与西尔斯公司合并的消息公布，股票价格上涨了7倍，超过每股100美元（当然，合并后公司的业绩并没有那么辉煌，公司于2018年再次提出破产申请）。Six Flags公司2010年从第11章破产中重生后，股票交易价格不到每股10美元；随着企业重组的成功，股价在破产后第一年大约翻了一番，且持续上涨。

有几种方法可以用来评估第11章破产成功与否。企业的重组是否"成功"，最简单的衡量方法是看企业是否作为持续经营企业从破产流程中走出来。对于那些确实重生了的企业，研究者提出了一些破产后成功的衡量指标。本章描述了破产结果和破产后绩效的最新证据，以及它们与第11章破产效率的相关性。

第11章破产案的经济结果

企业进入第 11 章破产程序，大多数情况下是希望计划得到批准，根据这个计划，企业将被重组（或出售）为一家持续经营的企业。然而，只有一小部分进入第 11 章破产流程的企业最终作为独立企业获得重生。美国受托人执行办公室（The Executive Office for United States Trustees）对第 11 章破产案件的批准率进行了全国范围的调查，并定期公布对案件结果的分析。他们得出的最显著的事实如下。

- 大部分案件的结局是，计划没有得到批准，或是以第 7 章清算结案。
- 自 1990 年以来的每一年，案件批准率估计不超过 45%（有可能大大低于此数）。
- 许多得到批准的计划是清算计划。
- 债务人列明的资产数额与批准率之间有很强的相关性。

自 2008 年以来的全美第 11 章破产批准率见图 7-1。

年份	破产申请案例数量合计	批准数量合计	批准率[1]
2008	8 869	2 934	33.1%
2009	14 816	5 892	39.8%
2010	14 296	5 110	35.7%
2011	12 115	4 186	34.6%
2012	10 678	3 902	36.5%
2013	9 679	3 573	36.9%
2014	7 691	2 434	31.6%
2015	7 110	1 918	27.0%
2016	7 494	1 515	20.2%
2017[2]	7 100	572	8.1%

(1) 批准率可能稍有低估，因为企业在批准后、结案前解散或转换的，不视为批准。
(2) 2017 年 9 月 30 日。

图 7-1 自 2008 年以来各年全美第 11 章破产申请和批准数

资料来源：联邦司法中心，基于美国联邦法院行政管理局（https://www.fjc.gov/research/idb）的报告。

这些数据包括所有全国性破产申请，不仅仅是上市公司。但是，在解释这些数据时需要注意，进入第11章破产的大公司经常为公司内部各种各样的实体提出批量申请，但在分析中，每个单独的案件都被视为一个独立的观察对象。例如，2004年年初，Footstar公司向纽约南区破产法院提出破产申请，这个案子包括大约2 510个申请，大约占同年全国范围内全部第11章破产案件的20%。尽管有关联的案件数目通常并不像Footstar公司那样多，但是这个问题确实造成对批准率的过高估算。因为关联案件众多的大型集团公司破产案比普通的案子更有可能得到批准。尽管如此，很明显，有远超过60%的案子还没有得到批准就结案了。一个可能的解释是，危困和破产所须付出的直接成本和间接成本，使得破产重组对许多小企业来说是行不通的（Bris, Welsh, and Zhu, 2004）。

批准率对于理解小企业破产案的结局特别有用。对进入第11章破产的大企业破产案结局的进一步分类，展现出资产将如何重新配置。总的来说，第11章破产案有四类经济结果：

● 从第11章破产中重生。重组计划得到批准，企业作为独立运营的私人或公开注册公司退出破产。有时，公开注册企业的子公司会在重生之后的某个时间点在交易所上市。

● 在第11章破产中被收购。作为第11章破产案件解决计划的一部分，企业被另一家经营公司并购[1]，或者作为持续经营企业出售给另一家经营公司或财务买家，通常是依据破产法第363条的规定。

● 清算。包括转为第7章破产清算案件的企业，或者是在第11章破产计划中分拆清算的企业（不作为持续经营企业）。

● 解散。少量企业在提出破产申请后不久就被解散了。近来，许多破产案使用"结构性解散"的办法，尤其是当债务人根据第363条的规定出售了大部分资产，但却因为不能全额支付行政管理费而不能确认破产计划时。[2] 结构性解散允许企业退出第11章破产，但是可以要求其对某些债权人进行偿付，承认第三方豁免，或者保留案件期间所做的交易。

第 7 章 破产的结果

我们对第 11 章破产案件结局的了解,大多来源于对已经进入第 11 章破产流程的上市公司的研究,这是必然的。Waldock(2017)的研究是个例外,她使用法院电子档案公共查询系统(PACER)的数据研究了 2 621 件发生在 2004 年 1 月至 2014 年 7 月的第 11 章破产案,破产公司资产至少为 1 000 万美元(根据破产申请的数据)。在她的研究样本中,有 33.3% 的企业实现了重组,15.8% 被收购,21.5% 遭清算,还有 27.1% 解散了。清算和解散的比例较高可能是因为,与之前的研究相比,这项研究包括了小企业,而之前的研究是基于上市公司在申请破产前公布的财务报告信息(资料来自 SEC 档案,提交给 Compustat)。

Altman(2014)基于 3 000 余家 1981—2013 年进入第 11 章破产程序的上市公司的研究报告指出,65% 的企业或者作为持续经营实体重生,或者被收购。与之相比,Iverson, Madsen, Wang, and Xu(2018)发现,在 1980—2012 年提出破产申请、资产至少 5 000 万美元的企业中,有 57% 从第 11 章破产中重生。较早的研究也得出了相似的统计结果,显示大型上市公司作为持续经营企业重生或被出售的可能性要大得多。未能实现重组转为第 7 章清算的案件,通常是较小的企业,但是也确实有一些著名大型公司的失败案例,如美国电路城公司(Circuit City)。这些企业在转为第 7 章破产和第 11 章破产清算之前,平均耗费几个月甚至更长的时间在第 11 章破产流程上。

根据重组计划与另一家经营企业合并的公司并不多。Hotchkiss and Mooradian(1998)指出,合并是重新配置第 11 章企业资产的有效机制,因为合并公司在第 11 章破产之后并表的现金流会比类似的非破产交易现金流大一些。更可能的是,收购是根据(破产法)第 363 条进行的(见本书第 3 章和本章下面的讨论)。

有一些研究者试图分析那些促成企业从第 11 章破产中重生的因素。最早的尝试者之一是 Hotchkiss(1993)。决定企业是否能够成功重组的最重要的因素是企业的规模,衡量规模的标准是申请破产前的资产数量。Hotchkiss 指出，许多从破产中重生的企业，在第 11 章破产流程中规模大大缩小。所以出让资产和使用所得资金来支持企业运营的能力决定了企业是否能够从第 11 章破产中幸存下来。Dahiya，John，Puri，and Ramirez（2003）则认为，大公司是否得到 DIP 融资对于最终是重生还是清算至关重要。Denis and Rodgers（2007）提出了与这些研究一致的观点，他们重点关注了第 11 章破产流程中出现的事件并认为，处于第 11 章破产中的企业如果缩小资产和负债规模，更可能作为一个独立企业从破产中重生。

破产重生企业的业绩表现

如果第 11 章破产确实对有能力持续经营的亏损企业不利，那么破产后重生企业的经营业绩应该对糟糕的投资决策有所体现。因此，研究人员发现，分析破产重生企业的几个业绩指标很有意义。

- 盈利能力的财务指标
- 实现重组计划中预期现金流的能力
- 再次危困重组的发生率（包括第 22 章破产申请）
- 重生之后的股票表现

这些研究必然是基于从第 11 章破产中幸存下来的公开注册公司的数据。图 7-2 总结了第 11 章破产重生企业的业绩表现，具体分析见本章以下内容。

1. 盈利能力的财务指标

Hotchkiss（1995）是首位对企业破产后经营业绩进行全面分析的专家，他研究了 1989 年从第 11 章破产中重生的上市公司，这些企业申请破产前的平均资产账面价值为 2.85 亿美元，在提出破产申请时普遍处于无力偿债状态，平均破产流程耗时 1.7 年，这些重生企业的财务业绩最长可以跟踪调查 5 年。

第7章 破产的结果

	经营业绩	实现预期现金流的能力	股票表现	样本
Hotchkiss（1995）	√	√	√	到1989年破产重生的197家公司
Hotchkiss and Mooradian（2004）		√	√	到2004年破产重生的620家公司
Maksimovic and Phillips（1998）		√		1978—1989年第11章破产中302家制造业企业工厂层面的数据
Alderson and Betker（1999）		√		1983—1993年从第11章破产中重生的89家公司（包括1990—1993年的62家公司）
Hotchkiss and Mooradian（1997）		√		1980—1993年，288家债务违约的公司（166家公司进行了第11章破产重组）
Michel, Shaked, and McHugh（1998）			√	1989—1991年申请第11章破产的35家公司
Betker, Ferris, and Lawless（1999）			√	1984—1994年从第11章破产中重生的69家公司
Eberhart, Altman, and Aggarwal（1999）			√	1980—1993年从第11章破产中重生为上市公司的131家公司
Goyal, Kahl, and Torous（2003）			√	1980—1983年陷入危困的公司；在摆脱危困后的第一年陷入危困的35家公司，5年后，陷入危困的25家公司
Jiang and Wang（2019）			√	266宗美国公司第11章破产案，在提交时资产至少5 000万美元，并在1982—2013年作为上市公司获得重生

图7-2 破产后公司业绩表现的学术研究

这个早期的分析得出了一些令人惊讶的结论。在破产重生后的3年内，超过40%的企业继续亏损，从资产收益率和利润率等财务指标来看，其表现大大低于本行业可比公司的平均水平。例如，约有3/4的样本企业，在从第11章破产中重生后的一年里，营业收入/销售收入的比率低于本行业中可观察的非破产企业。企业破产后，收入、资产和员工人数有一定的增长，但是与行业的一般情况相比，这些企业盈利能力的改善很有限。在破产之后的5年内，业绩变化很小，这意味着企业要恢复需要的不只是时间。

这个分析结果被Hotchkiss and Mooradian（2004）所证实。与早期研究的最大不同之处在于，在后来的样本年份里，大型企业的表现更加突出，从财务指标看，它们的业绩有所改善。然而，即使是新样本中的大型企业，在破产结束之后的5年内，超过2/3的企业业绩逊于行业一般水平；在破产重生后的第一年，超过18%的样本企业的营业收入为负值。Denis and Rodgers（2007）也研究了破产结束后企业的经营业绩，他们指出，破产期间的经营重组不仅决定了企业能否重生，而且影响到重生之后企业在行业内的经营业绩。

根据从第11章破产中重生的企业状况来分析破产后企业的业绩，需要特别注意的是，企业的资产构成在破产之前和破产期间发生了重大变化。Maksimovic and Phillips（1998）使用1978—1989年第11章破产中制造业企业工厂层面的数据，对这个问题进行了研究。他们研究了302家破产企业的1 195间工厂（及非破产工厂对照组）的资本生产率指标和营运现金流指标。由于他们跟踪的是单个工厂的生产率，因此不论是出售还是关闭，Maksimovic and Phillips都能够汇总分析它们的资产业绩，包括被清算的企业或从第11章破产中重生的企业，从而避免了幸存者偏差。

在他们所研究的制造业企业中，出售资产或者关闭生产线似乎更能解释破产后重生企业的业绩变化，而非重生后保留下来的这些经营资产的效率的变化。高成长行业中的破产企业比衰退行业中的破产企业更有可能出售资产。没有被企业出售的工厂，比卖出去的工厂的生产率低。相反，同一行业中的非破产企业，保留下来的工厂的生产率明显比那些被卖掉的工厂高。这也解释了为什么破产重生企业的经营业绩并不比破产之前高。也就是说，一些企业保留了最不赚钱的资产。而且，在高成长行业中，出售的资产的生产率在新的所有权下有了很大提高。这个证据也能说明，资产被重新分配到更有效率的使用者手里。

Maksimovic and Phillips 的研究的一个重要见解是，行业形势不仅对破产发生频率来说是重要的决定性因素，对诸如破产中资产重新配置等经济决策也是如此。与高成长行业相反，在衰退行业中，申请第 11 章破产以及之后重生的工厂的生产率与同行对手并无重大差别，即便破产企业通过保留、出售或关闭，甚至控制权变更等手段进行重大资产重组，也无力对抗行业的整体下行态势。

评估企业是否在第 11 章破产结束后回到盈利状态的最后一个问题，涉及破产企业的所有权和治理状况。Hotchkiss and Mooradian（1997）发现，从 20 世纪 90 年代早期开始急剧增长的不良资产投资者的介入（见本书第 3 章和第 14 章）与破产后企业成功与否密切相关。他们的研究基于 288 家企业的样本，这些企业于 1980—1993 年间发生债务违约。在破产结束后的年度内，产生负营业收入企业的百分比，在没有"秃鹫"投资者介入时是 31.9%，而在有"秃鹫"投资者介入重组工作时是 11.7%。令人吃惊的一点是，如果投资者在第 11 章破产结束后仍然活跃于企业治理，那么出现经营问题的企业的百分比会下降到 8.1%。如果投资者加入董事会，成为 CEO 或者董事长，或者获得对企业的控制，那么相比于违约前，业绩改善幅度最大。当有证据表明存在"秃鹫"投资者介入，但是此后"秃鹫"投资者并不活跃于重组公司之中时，这些公司的业绩表现并不优于那些没有证据表明有"秃鹫"投资者介入的企业。因此，对于样本企业而言，这些投资者参与重组企业的公司治理活动与企业破产后成功与否强烈相关。不良资产投资者主要是对冲基金，在大多数大型企业第11章破产案件中已经成为惯例，众多从第11章破产中重生的企业成为此类投资者"投资组合公司"中的一部分。至于破产后私有的"投资组合公司"的价值提升与破产重生后企业的业绩表现之间的关系，仍然是一个有待进一步研究的问题。

2. 实现重组计划中预期现金流的能力

为了使重组计划被法院批准，债务人必须证明此计划是可行的。为满足这个要求，许多企业在将重组计划提交给债权人和法院时，会对企业未来可实现现金流进行预测，这些预测通常是由管理层或财务顾问做出的。实现这些预期现金流的能力，是衡量破产后企业是否成功的又一个指标。

现金流预期一般可见于企业的信息披露声明中，声明的意图是争取债权人批准重组计划。尽管法院已经审查并批准了这些声明，但外部人士仍然难以评价这些预测的有效性。第一，研究人员能得到的第11章企业财务信息的数量和质量有可能低于破产前的水平。例如，证券分析师们不再对这些企业做过多的评论，一些企业停止公布经审计的财务报告。第二，各种涉案的利益相关者，包括管理层和各债权人群组，利益不尽相同；预期现金流及其隐含的价值，既可能受这些当事人谈判的影响，也可能取决于对流程有较大控制权的索偿者。

早期的研究中已经包括对预期现金流与实际现金流的比较。各种研究发现，平均而言，企业未能实现预期现金流。Hotchkiss（1995）对破产后企业业绩表现的研究指出，平均而言，预测都有些乐观。例如，研究人员发现72家样本企业中有75%的公司营业收入低于预期。如果破产计划提交时企业管理者仍在职，实际与预期之间的差距就会更大。如果管理层担忧企业的生存，那么他们需要说服债权人和法院企业价值足够高，应该重组而不是清算。股东控制的管理层也会夸大预测，以使破产申请前股东能够合法地得到更多重组后股票。

平均而言，企业不能实现预期现金流，关于这一观点的证据还来自 Michel，McHugh，and Shaked（1998）；Betker，Ferris，and Lawless（1999）。这些研究者得出的结论是，这些预测中存在对重组的系统的、乐观的、不准确的偏见。

自从出现这些研究以来，不良资产投资者的参与度已经发展到可以改变各利益相关方谈判进程的地步。这里有一些值得注意的事例，根据预期现金流，企业在破产后重生时的估值是偏低的。Gilson，Hotchkiss，and Ruback（2000）基于低优先级（高优先级）利益相关方施加影响的效果讨论了估值过高（或过低）的动机。可以预期，在近期的一些破产案中，将有大量低估预期现金流的情况发生。

3. 再次危困重组的发生率

第22章破产申请的高发生率并不是新鲜事，自早期的第11章破产申请以来一直是这样。许多重复申请破产者在20世纪90年代早期首次破产，再次破产是在21世纪初期。对企业在破产后的业绩表现的几个早期研究显示，企业破产重生之后再次破产的发生率令人吃惊。例如，Hotchkiss（1995）发现，在样本企业中，有32%的企业再次破产重组，或者是通过私下谈判，或者是通过二次破产，或者是通过庭外清算。LoPucki and Whitford（1993），Gilson（1997），以及 Halford，Lemmon，Ma，and Tashjian（2017）也得出了同样的结论。如本书第1章所述，2017年，在所有从第11章破产中作为持续经营企业重生的公司中，有约20%后来再次申请破产。

尽管《破产法》规定，公司要想让重组计划得到确认，必须证明进一步的重组基本上是不需要的，但后续破产率仍然很高。《破产法》第1129条（a）（11）款专门规定：计划获批以下列条件为前提：债务人或后续债务承接人不会再次清算或者资产重组，除非本次计划提出了清算或者重组。然而现实中很高的破产重组再次发生率显然违背了该规定。Altman（2014）认为，违约预测模型（例如在本书第 11 章所阐述的）可能有助于识别出后续存在较高破产风险的企业。

对于后续破产的高发生率，有几种可能的合理解释。许多不可控制事件，如严重的经济下行可导致企业再破产。在第 22 章破产、第 33 章破产申请者中，有许多航空公司、钢铁公司和纺织公司，这清楚反映出危困行业的困境。但在摆脱首次第 11 章破产的两三年内，破产仍然频繁发生，这可能是由其他因素造成的。例如，前《财富》500 强的 Pillowtex 公司（Fieldcrest 品牌床单和毛巾制造商）于 2002 年 5 月在破产重组后重生，于 2003 年 7 月再次申请第 11 章破产，并且立即宣布进行清算。如果企业这么快就达不到第一次破产重组所预测的经营目标，那么显而易见，破产重生企业无法生存。

企业屡次破产的另一个解释可能是许多企业在首次破产重组的时候没有充分减少自己的债务。Gilson（1997）支持这个观点，他发现，从第 11 章破产中重生的企业仍然具有较高的杠杆率，尽管低于庭外重组企业，但其长期负债与长期负债和普通股股东权益的比率的中位数达到 0.47。另一个可能的解释是，债务人的管理层对重组企业的前景过分乐观，并反映在过分乐观的预期现金流上（Hotchkiss，1995）。

4. 重生之后的股票表现

只有部分企业能够从第 11 章破产中重生成为独立的公开注册的公司，能够再次上市的就更少了。例如，在 Hotchkiss（1995）研究的 197 家重生企业中，只有 60% 的企业重生之后，其股票在纽约证券交易所/美国证券交易所（Amex）或纳斯达克交易所再次上市。她发现，在破产重生后的第一年里，未经调整的股票收益为正值，而按市场做了调整的股票收益为负值。很大一部分重生企业的股票只是在场外（OTC）柜台报价板或者"粉单"（Pink Sheet）市场上交易，所以未包括在此项研究之内。如果公司股票重新上市的能力反映了企业在破产后的成功，可能导致对企业破产后股票表现的研究偏向于表现较好的

第7章 破产的结果

企业。

研究这些再次上市的企业股票非常有价值，理由如下：首先，它使我们能够检验重生企业股票市场的有效性，潜在的投资者对此特别感兴趣。其次，对我们就第11章破产程序的研究而言，通过比较重组计划中的估值与实际交易市场的公允价值，我们能够评估重生企业在其重组计划中估值的准确性。最后，在重组计划中获得股票偿付，但是并不打算长期持有的债权人也需要了解股票市场行情。

Eberhart，Altman，and Aggarwal（1999）首次对破产重生企业股票的表现做了全面的学术研究。他们分析了131个企业样本，这些企业是1980—1993年从第11章破产中重生的。此项研究的主要成果是，在重生后的200天内有很高的正值超额收益。估算这些收益的关键是有一个基准对照或"预期收益"，用以计量异常的表现。然而，考虑到估计预期收益的不同方法，他们的结论是可靠的。以他们最保守的估计来看，在重生后的第一个200天里，平均的累计异常收益率是24.6%（中位数是6.3%）。总体上，他们的结论是，尽管重生后短期内收益并不显眼，然而在重生后的一年里，会有显著的正值超额收益。

关于破产重生后企业股票表现的最新证据是由Jiang and Wang（2019）提供的。他们报告了266种股票（占最初第11章破产申请企业样本的22%）的收益情况，这些股票在企业重生以后上市交易，或在柜台交易。相对于各种基准，异常收益率的中位数达到8%~9%，时间期限是重生后1~3年，如将股票柜台交易排除在外，则数值很小，而且只在两三年内有效。这样，他们的研究结果大体上与早先Eberhart，Altman，and Aggarwal（1999）的发现是一致的。

尽管这些研究成果令潜在投资者大感兴趣，但对第11章破产的意义的评价却并不那么清楚。由于样本选择的问题（只有少数企业在重生时其股票是公开交易的），很难在经营业绩的研究中进行直接比较。无论如何，与表明企业经营业绩不佳的研究相反，企业股票的表现要好于重生时市场的预期,这可能与管理层在计划批准过程中低估了企业价值有关。

破产法第 11 章的意义

第 11 章破产流程的早期批评者的主要观点是,当前美国破产制度允许无效率企业进行重组。这些批评意见或者集中在破产法的具体条款上,称为"亲债务人"(如管理层有能力保持控制权和主动提出重组计划),或者集中在某些法院过分偏向债务人的行为上。然而近年来,这一偏见似乎逐渐趋向优先级债权人一边(见本书第 6 章)。

本章描述了企业摆脱第 11 章破产之后破产高发的相关细节,与持续经营被滥用的观点不谋而合。同样明显的是,重生企业的治理结构与企业在后破产时期的业绩表现紧密相关;随着更多企业在优先级债权人的控制下从第 11 章破产中重生,再度破产的问题可能会弱化。但是,第 22 章破产案(再次发生破产)仍然不断出现并延续至今,这表明,众多从破产中重生的企业其杠杆率仍然过高或经营前景黯淡。

注释

[1] 一个事例是,美国航空(American Airlines)公司(2011 年向纽约南区法院申请破产)于 2013 年与全美航空(US Airways)公司合并。

[2] 在 2017 年 Czyzewski 起诉 Jevic Holding 公司一案中,最高法院认为,结构性解散不按照正规的优先原则进行分配,也没有得到受影响债权人的同意。因此,计划没有被批准。

第 8 章　国际视角

各国的破产法差异很大，在对债权人的保护及破产程序之外的合同强制执行方面也各不相同。[1] 各个国家特殊的法律体制推动了对公司资产索偿人的处理方式的发展，推动了对法院监督重组与庭外重组的使用，也影响了危困企业重组与清算的前景。

虽然不同国家破产法的具体规定各不相同，但我们可以利用若干关键特征，将该制度概括为是对债务人友好还是对债权人友好。以保护债务人为目的的法律制度（如美国制度），提供了更多的企业重生机会。以债权人为基础的制度（如英国普通法的制度）经常导致甚至要求企业资产出售或清算。回答以下 8 个关键问题，有助于判断一个国家破产程序的特征，以及该国使用或避免庭内重组的情况[2]：

1. 各级债权人是否有单边权利寻求法院保护，或指定责任人来处理违约时的经营事项？

2. 债务人寻求法院保护时是否存在任何限制，例如，需要债权人同意或进行无力偿债测试？

3. 公司的管理层和董事是否会因继续运营无力偿债的公司而陷入民事或刑事诉讼？

4. 债务人是否继续管理企业，或者它们是否被法院指派的管理人（或清算人）所取代？

5. 是否存在"自动冻结"程序来阻碍债权人获取抵押品？

6. 有担保债权人是否被列为分配的第一优先人，例如，索偿权先于政府或雇员？

7. 债务人在申请破产后是否能够获得超级优先信用贷款？

8. 涉及跨境的重组是否与境外司法管辖区有协定？

从这些角度来看，美国似乎对债务人相对友好。如本书第3章所述，破产保护下的债务人会保持对经营活动的控制，尽管被视为超出日常业务的一类交易，例如大宗资产出售，是在法院的监察和批准下进行的。与之形成鲜明对照的是，在包括瑞典在内的斯堪的纳维亚国家，破产申请一旦提交，法院就会当即指派一位管理人对破产流程进行监督，这一流程常常以企业作为一家持续经营的企业被出售而告终。在德国，一旦企业处于无力偿债状态，就必须向法院提出破产申请。企业董事如不照此行事，继续运营无力偿债的企业，可能会面临刑事诉讼。

上面清单所列第2，5，6个问题，被La Porta, Lopez-de-Silanes, Shleifer, and Vishny（LLSV, 1998），以及Djankov, McLiesh, and Shleifer（2007）用来构建一个国别性的债权人权利指数，这个指数在此后的学术研究中被广泛使用。[3] La Porta, Lopez-de-Silanes, Shleifer, Vishny将这个指数与各国（英国、法国、德国、斯堪的纳维亚半岛诸国和社会主义国家）公司法或商业法中的分类以及对法律执行强度的分析结合起来，以检验这些国家的投资者法律保护和可观察到的企业所有权集中化之间的关系。Djankov, McLiesh, and Shleifer进一步指出，对债权人权利的计量，对于解释不同国家私人信贷市场发展的差异很重要。

相关研究表明，债权人的权利和在破产中强制执行债权合同的效率，在一个国家内还会产生其他的事前效应。例如：实证研究显示，强大的债权人的事前效应包括：较低的公司杠杆率（Acharya, Sundaram, and John, 2011；Acharya, Amihud, and Litov, 2011），公司风险偏好的下降（Acharya, Amihud, and Litov, 2011），较少的公司创新和专利权（Acharya and Subramanian，2009）。除了强制执行合同外，法律制度的可预测性也很重要，这使投资者、放款者和其他人能够在法律制度内管理偿付及债务返还风险。

　　监管规定的破产成本决定了索偿人是否寻求在正式的法院程序之外自行重组。Claessens and Klapper（2005）发现，在司法体制效率较高的国家，破产申请比率一般也较高。此外，在债权人权利较弱的国家，受司法体制效率的影响，破产程序中的庭外重组较为少见。因此，在比较不同体制的结果时，我们应注意，法院监管之下的企业特征和它们的财务状况会因为国别而不同。此外，如果这一过程给管理人员带来更高的成本，例如，需要由法院指定的管理人替换掉原管理人，那么即便公司价值下降，管理人员也会倾向于推迟提交破产申请。

　　了解各国法律程序的不同之处，可以使我们深入了解不同的处理危困机制的效率。不过，美国之外的关于重组结局的实证证据很少。在本章后面部分，我们将根据可获取的数据介绍一些国家（例如法国、德国、日本、瑞典和英国等）破产法的主要特点，以展示各国债权人导向的程度。在本研究中，我们描述了结局（重组或清算），重组的成本和时间，以及债权回收率。[4] 此外，我们也总结了两个企业重组突飞猛进发展的国家（中国和印度）当前的制度框架。以上这些国家的破产法都在不断演进，我们的讨论反映了这些体制在2017年的状况。如果相应破产法中规定了不止一个破产程序，那我们会将重点放在重组程序上，图8-1总括了这些国家的特点。

国家	中国	法国	德国	印度	日本	瑞典	英国	美国
1. 债权人享有单边权利寻求法院保护或指定责任人来处理违约时的经营事项	1	1	1	1	0	0	1	0
2. 进入法院程序有限制（债权人同意或无力偿债测试）	1	0	0	1	0	1	1	0

国家	中国	法国	德国	印度	日本	瑞典	英国	美国
3. 管理层和董事在企业无力偿债的情况下继续经营企业将面临法律责任	1	1	1	0	1	1	1	0
4. 在案件解决之前债务人继续管理公司	0	0	1	0	0	1	1	0
5. 有担保债权人可以扣押其抵押品，即不存在"自动冻结"	0	0	1	0	0	0	1	0
6. 有担保债权人享有优先权（索偿权先于政府或雇员）	1	0	1	1	1	0	1	1
7. 债务人可以获得破产申请后的超级优先信用贷款	0	1	0	0	1	0	1	1
8. 国内外法院间有就跨境破产案件进行合作的协定	0	仅欧盟国家	仅欧盟国家	0	1	0	1	1

图 8-1　8 个颇具代表性国家破产法的特点

中国

2007 年的《企业破产法》是中国第一部全面的关于破产的法律，包括清算、和解和企业重组，这里的企业重组之前只适用于国有企业。截至 2018 年，中国没有对 2007 年的法律进行重大修订，但最高人民法院（SPC）不时发布司法解释（2011 年、2013 年、2015 年），涉及破产申请和受理、简便立案和如何识别债务人资产等问题。[5]

清算和重组程序在 2007 年法律中都做了规定，可向企业所在地的人民法院（即总部所在地或者主要业务经营地）提出申请。破产案件通常由民事法庭或经济法庭审理。[6] 债务人或债权人都可以提请立案；如果最初的诉求是要求清算，那么法院可以选择是否将案件转为重组案件。破产诉讼申请常常由地方政府或股东提起。申请后，法院有 15 天的时间考虑是否受理申请，再运用自己的适用标准裁量权决定是否立案。只有法院受理了这个案件,自动冻结方能生效。债务人可以申请继续经营业务,但是必须在指定的管理人的监督之下进行。事实上,原有管理层对重组或清算进程的影响有限。管理人提出重组计划时,经常需要请求地方政府支持。强制破产的投票要求和条件均与美国的情况相似。虽然破产前资产转移屡见不鲜,但针对欺诈和内幕交易的诉讼案例的研究较少。

Jiang(2014)指出,自2007年《企业破产法》实施以来,破产申请的立案数量减少了。重组程序在中国很少得到应用,或许是因为债务人面临丧失业务经营控制权的风险,管理层面临承担民事责任的风险。所以,虽然许多中国法律的条文类似于美国的第11章破产法,但中国的危困企业倾向于避免申请重组。立案数量少也可能是由于对2007年法律的理解不充分,因而破产申请经常被拒绝。大多数债权人选择起诉和采取即时的强制行动来保证自己得到偿付,而不是采用提出破产申请的方式。

从历史来看,2007年法律生效之后的大部分破产案件都是小型或中型私人企业提出的,而这些案件经常以清算结案。近些年出现大量案件,企业(包括一些大型国有企业)纷纷申请重组或清算。2017年,重组或清算的申请数量都快速增加,破产案件申请数量增长到9 000件,创了破产法自1988年生效以来的纪录。

迄今还没有针对中国企业破产结局的公开的经济研究。但业界已有关于中国上市公司财务危困的预测模型。例如,Bhattacharjee and Han(2014)研发了风险模型(hazard model),模型基于1995—2006年发生的财务危困事件。他们注意到,企业在不同程度上受到保护,因而停止运营的比例很低。他们的模型显示了某些特定因素的重要性,如企业历史、规模大小、现金流以及政府保护体制的影响(例如,前身为国企的大型企业显示出较低的财务危困风险)。

随着结构性经济改革的推进,一些大型国有企业申请破产,建立了破产案件信息平台及网上资产拍卖平台。我们期待看到对中国的破产流程效率及其对中国金融市场的意义的更多研究。

法国

法国2015年修订的破产法规定，一家企业如果根据破产测试尚未达到无力偿债地步，可以请求法院指派一位破产执行人协助与部分或全部债权人就自愿重组进行谈判。企业也可以向法院申请启动有偿付能力的重组程序，称为"保障程序"。按优先顺序，该程序的目标是：企业继续经营，维持就业，偿还债权人。管理人可以提出新的超级优先融资模式（雇员债权和破产费用除外）。[7] 在公司协商重组计划的前6个月（最多18个月）将延期支付款项。法院指定一名司法管理人监督或协助管理层制定重组计划，债权人委员会可以提出其他替代方案。

破产债务人必须在破产事件发生后的45天内申请启动破产流程（清算），除非它已经请求一位破产执行人来协助进行自愿重组，或者已经申请清算程序。法院指派的管理人会对债务人进行调查，为清算或出售持续经营企业提出建议。整个流程将优先考虑挽救经营活动和保住工作岗位，员工和税收债权人将优先于其他债权人。

法国破产法的明确目标是使企业继续经营和保证就业，它倾向于允许效率低下的公司继续存在。同时，离职时强大的雇员权利会加大剥离亏损企业的成本（例如，关闭无利可图的工厂而无须长时间谈判），并阻碍成功重组的尝试。先前的实证证据表明，在法国，企业从庭内诉讼中幸存下来的相对较少。Kaiser（1996）报告说，只有15%的公司在申请破产后还能够持续经营。Davydenko and Franks（2006）基于一个更大的样本分析发现，62%的法国公司是拆零清算的，这一比例高于英国。

法国破产企业的低生存率又转化为相对较低的债权回收率。Davydenko and Franks（2006）分析整理出法国破产诉讼中银行的平均债权回收率为47%（中位数是39%），这大大低于两位学者报告的英国银行的债权回收率，法国企业重组耗时的中位数为3年。

总的来说，与英国和美国相比，法国的企业幸存率和债权回收率都相对较低。这可能是因为，法国破产程序对债权人相对友好，由此产生的高昂的破产费用最终由危困企业的索偿人来负担。一个更积极的观点是，法国破产法为企业提供了在违约前进行债务重组的激励，从而避免破产法和破产程序可能造成低效率企业继续生存。

德国

德国破产法规定，董事在企业无力偿债后三周内，必须向法院报告。判定企业是否破产的根据可以是流动性匮乏，也可以是负债过度。除此之外，债务人而不是债权人，在面对流动性匮乏的威胁时可以发起重组。债务人可以继续经营企业，但是要在法院指派的管理人的监督之下进行。在破产程序开始之前，首先有为期三个月的观察期，在此期间索偿会被冻结。观察期以后，破产流程正式开始，法院指定一个常驻的管理人，该管理人既不能偏袒债务人也不能偏袒债权人。债务人（或者管理人）最后提出公司清算或重组，包括将公司作为持续经营企业进行出售。重组计划必须在得到债权人同意后才可付诸实施。

Davydenko and Franks（2006）的数据显示，1984—2003年发生债务违约的德国危困企业中，有57%被拆零清算了，这比瑞典和英国的清算率要高，但是低于法国的清算率。在德国，重组流程耗时的中位数是3.8年，银行债权的回收率均值为59%（中位数是61%）。

在德国，企业债务通常会集中于一家银行，这家银行常常在企业有股权，因此，由于协调失败而造成庭外重组无法推进的情形相对少见。据Kaiser（1996）的发现，多数德国企业是通过庭外重组重生的。

但是，Davydenko and Franks（2008）发现，在他们的样本中，有78%的危困企业进入正式破产，另外22%的危困企业则以非正式形式与债权人和解。

虽然德国的破产程序与美国的第11章破产法有些相似，但它对重组规定了严格的三个月期限。这一时期可能太短，会让一家经营和资本结构比较复杂的公司无法详细制定重组计划。当然，我们的实证数据都早于目前的破产法。

印度

从历史上看，印度的公司依据不同的法律来进行破产重组或清算。这些法律包括：《不良行业公司法》（SICA）、《银行和金融机构债务人复苏法》（RDDBFI）、《金融资产证券化和重组以及证券利益法》（SARFAESI）和《公司法》。印度议会于2016年12月颁布实施了《无力偿债和破产法》（IBC），大幅改革了处理公司无力偿债问题的流程。IBC对涉及公司、合伙企业和个人破产的全部框架做了广受欢迎的全面修订。[8]

按照修订后的体系，破产请求应提交给国家公司法法庭（NCLT），法庭在14天内受理或拒绝请求。如果受理，NCLT就指定一个破产解决方案专家，作为临时解决专家接手企业的行政管理事务，对破产公司实施控制。临时解决专家邀请破产公司的索偿人，包括所有的财务债权人，成立债权人委员会。债权人委员会指定临时解决专家或其他一些破产专家对破产流程做出安排。持有大额债权的经营性债权人有权出席债权人委员会，但没有投票权。

解决计划必须在180天内起草完毕，有可能延迟90天，总共270天。超过时限的话，债务人将被清算。计划必须呈交债权人委员会批准，批准需要不少于75%的债权人的投票。然后将解决计划提交给

NCLT批准。计划得到批准后，会对所有重要的利益相关人（包括债权人、担保人、员工和其他相关人士）都具有约束力。董事会暂停职权，指定的专业人员可以依靠管理层继续经营业务。IBC还提供了自愿清算和清晰的清算瀑布框架。

印度破产法的发展是以新制度取代一个准司法机构。在老的体系下，重组流程是由工业和金融重建委员会（BIFR）来监督执行的。在这种体系下，如果认定净资产为负，企业会被强制要求向BIFR提交报告，并由BIFR来评估企业的财务状况和生存能力，该企业之后会被要求与贷款人协商制定重组计划。在此期间，管理层继续控制公司的资产，资产会被自动冻结，因此企业不会受债权人债权强制执行的影响。所以，先前的机制实质上比现行的制度更利于债务人，而现行的制度实质上更以债权人的控制为导向。

Vig（2013）是最早提出此类意见的研究者之一，他认为印度的破产程序强化了有担保债权人的利益，对资本结构造成重大影响，减少了有担保债务融资的使用。Gopalan，Martin，and Srinivasan（2017）研究1990—2013年企业向BIFR提出的全部申请资料后指出，在破产之前，企业会使用会计应计项目操纵收入以降低企业的净价值。考虑到法律条文对债务人友好的倾向，在此期间，以会计账面价值来判定破产保护是否适用会带来另外一个意外后果，那就是企业可以借此挑选于己有利的时机提出破产申请，并将债权人作为避风港。Gormley，Gupla，and Jha（2018）也提出证据支持这个观点，即先前的体系保护债务人免受债权人侵害。他们的研究表明，外国银行的进入导致银行间竞争加剧，这一事实与更多的企业寻求破产保护相关。

日本

历史上，日本的破产法提供了以债权人为导向的程序，通常由财阀银行（keiretsu banks）主导。在这些程序下，管理人员经常丢掉饭碗，债权人将控制诉讼的结果。然而，众所周知，各银行和公司会沆瀣一气，推迟最后审判日的到来，这符合日本长期存在的文化偏见，即不可使他人丧失颜面［即所谓的"丢面子"］，这导致在法院诉讼中相对较少使用正式程序。

然而，过去 15 年来，日本开始对破产程序做一系列修订，目的是加强对危困企业以持续经营企业进行重组的规范。现在的法律规定，企业一旦进入破产程序，就应指定一个受托人来监督清算过程。它还规定了两种重组程序。第一种是根据民事再生程序，停止对债权人的进一步支付，但是有担保索偿权可以在程序之外强制执行。尽管债务人可以继续经营，但是法院会指派一个监管人，诸如资产交易和新的借贷必须得到监管人的批准。第二种公司重组程序允许股份公司提出由多数债权人批准的重组计划。有担保和无担保索偿活动均停止。这些流程一般用于较大型债务人的重组或复杂破产案的重组。2009 年，业界开始应用"准 DIP"融资，债务人的董事或律师被指派为受托人。法院指派的审查员监督债务人的业务管理工作和资产处置行动。

被称为财阀的工业集团在 20 世纪下半叶主导了日本经济，早在日本对其破产体系进行改革之前，已经有学者对这些财阀对破产程序和结果的影响进行了研究。财阀的核心是银行，为大部分的企业活动提供融资，银行既是集团附属企业的债权人，也是企业股权的持有者。Hoshi, Kashyap, and Scharfstein（1990）基于 125 个陷入财务危机的上市公司样本，进行了关于财阀附属机构作用的研究。他们发现，在发生财务危机的年月中，与财阀相关联的危困企业比非财阀集团的企业能得到更多的投资，销售量也会更高。这表明，财阀银行有助于缓解资金紧缺问题（这符合上面提到过的文化偏见），减少财务危机的损失。[9] Helwege and Packer（2003）研究了财阀银行对 172 家困难企业破产程序结果的影响。他们的结论是，附属于财阀银行的企业的清算

第 8 章　国际视角

可能性比相近规模的非财阀附属企业更高。然而，由于被清算公司的盈利能力没有明显的差异，所以他们的结论是，没有证据表明财阀银行强迫企业进行过度清算。

瑞典

在瑞典，如果债务人不能清偿到期债务，而且不是暂时现象，就可以被认为是无力偿债。除了债务人自愿提出破产申请，债权人也可以提出申请，但是必须证明自己对破产企业有债权。受理破产申请后，法院会指派一位对全体债权人都负有信托责任的管理人，用拍卖的办法出售企业。拍卖中标人将做出决定，是将企业拆零清算，还是让企业持续经营下去。债权人将严格根据他们的索偿权绝对优先顺序得到支付，破产偿付必须是现金。申请破产后，债务支付会被冻结，抵押品不得收回。此外，破产进程中发生的贸易信贷和其他举债拥有超级优先权。这些规定有助于保护业务经营，直到企业最终被拍卖。

瑞典法律还规定了重组的程序，按照这个程序，债务人将继续经营业务，但是必须与管理人（法院指派的）进行磋商。有担保债权和优先级索偿（税金和工资）必须全额偿付，次级债权人至少收回债权的 25%。这些高门槛使得绝大多数危困企业无法重组。新的重组法律于 1996 年生效，但是 Buttwill and Wihlborg（2004）指出，新法律中也存在旧程序的许多缺陷，所以很少使用。因此，在瑞典法院监管下的企业债权合同的再谈判并没有成为拍卖破产的替代品。

Thorburn（2000）考察了一个由 263 家企业组成的样本，它们都是在 1991—1998 年间提出破产申请的瑞典私人小企业。她的证据反驳了普遍存在的担心，即拍卖导致过度强制清算。她指出，在买方的支配下，3/4 的企业持续经营，其余 1/4 的企业则被拆零清算。[10] 为估计持续经营决策的正确性，Eckbo and Thorburn（2003）分析了破产重生企业的盈利能力。不同于美国的第 11 章破产重生企业，瑞典破产拍卖企业的平均业绩水平与行业竞争者不分上下。

Thorburn（2000）还估算了瑞典破产流程的成本。根据她的报告，直接成本平均为申请破产前资产账面价值的 6%，而样本中占比 1/3 的大型企业为 4%。以破产企业资产的市场价值为分母来计量，成本平均为 19%，中位数是 13%。直接成本与企业规模成反比，与行业危困程度成正比，这表明受托人在拍卖需求较低时期，可能会加大出售力度。重要的是，从提出破产申请到资产出售平均用时仅两个月，较快的速度意味着相对较低的直接成本。

破产流程结束时剩余资产的价值反映了财务危困企业所承担的各项成本的总额。这个价值将在企业债权人之间分配。破产总成本越高，债权人的回收率就越低。在瑞典的制度中，债权人的债权是用拍卖所得的现金支付的。Thorburn（2000）报告称，平均回收率为 35%（中位数为 34%），而持续经营企业出售的回收率（平均数为 39%）高于拆零清算企业的回收率（平均数为 27%），有担保债权人的平均回收率为 69%（中位数为 83%）。

总的来说，瑞典的情况表明，强制拍卖对于财务危困企业的重建是一个相对有效的机制。由于对持续经营的保护，拍卖流程使许多企业得以生存下来，这与重组的结果差不多。在生存率、直接成本和回收率方面，根据现有的证据，瑞典的数据与美国和英国的数据很类似。

英国

英国（英格兰和威尔士）破产法律的基础是《1986 年破产法》和《1986 年破产条例》，后者被《2016 年破产条例》所取代。现行的法律规定了三种法院监管下的重组程序。一个是"公司自愿安排"（company voluntary arrangement，CVA），允许董事会与债权人达成重组公司的协议。该程序由破产执行人监督实施，未经执行人的同意，有担保债权人的索偿权不得减少。只有小型私人公司可以宣布停止对有抵押债务的还款。因此，企业更有可能被"行政管理"，在此类管理之下，有担保债权人指定（或指示董事会任命）一位管理人代表他们的利益。如果索偿权是由浮动抵押物担保的，那么这位管理人就拥有对企业的全面控制权，并且在关于是否重组企业或者出售企业资产的决定上有广泛的自由裁量权。[11] 如果法院许可，对特定资产拥有固定留置权的债权人有权收回其抵押品，即使这些资产对公司的运营至关重要。任何超出的余额都分配给余下的索偿人，按照索偿权的优先等级分配。自从《2002年企业法》施行以来，企业经常在"预包装行政管理"之后不久被出售，经常是出售给公司的董事。最后，通过与某一类别债权人的妥协，有时是与CVA或者行政管理结合，"一揽子安排方案"可以用来对破产企业进行资产负债表重组。

英国法律还对清算进行了规范，清算由债权人发起，可以是自愿的，也可以是强制的。管理人也有权推动公司进入清算。总之，英国的破产程序被认为是以债权人为导向的。清算的决定通常由有担保债权人的代表来做出，但他们可能缺少推进这个进程以获得超过自己的索偿权价值的动机。

实证证据早于这些流程的最新改进。既然有担保债权人在正式法院流程中如鱼得水，那么有人预测，在英国，自愿解决的办法会相对少见。Davydenko and Franks（2008）发现，75%的债务违约小企业进行了庭内重组，剩下的25%是庭外重组。

尽管有担保债权人得到有力的保护，但实证证据表明，大部分英国危困企业作为持续经营企业生存了下来。Franks and Sussman（2005）汇总分析英国542家财务危困的中小企业后发现，60%的申请破产管理的公司在破产重生后会继续经营。Kaiser（1996）对申请破产管理的英国企业样本进行了分析研究，他发现有大约一半企业是作为持续经营企业被出售的。同样，Davydenko and Franks（2008）指出，英国43%的债务违约小企业是被拆零清算的。

既然英国的破产程序如此快速，那么可以预料它的直接成本较低。Franks and Sussman（2005）报告说，直接成本平均是资产价值的33%。Davydenko and Franks（2008）报告称，重组所需时间的中位数是1.4年。

不出所料，有担保债权人在英国破产程序中得到了相当好的保护。Franks and Sussman（2005）给出的银行平均回收率为75%，中位数是100%。有趣的是，银行倾向于将抵押物分别清算，其价格接近有担保债权的面值，这可能是因为有担保债权人只有很弱的动机去为次级索偿人创造额外的收益。类似地，Davydenko and Franks（2008）报告的银行平均回收率为69%（中位数是82%）。

总之，有人担心，英国破产体制下对申请破产企业的保护薄弱，赋予有担保债权人的强大权利可能会导致过度清算，但事实上，英国企业的生存率和复苏率与美国第11章破产企业相差无几，尽管债权人导向很强。

跨境破产

虽然一些国家最近进行了改革，但在破产时维护债权人权利的能力和增加重组可能性的规定方面，国与国之间仍然存在重大差异。这给跨国公司带来了重大困难。在最普遍的意义上，英美法系国家的法官通常比大陆法系国家的法官拥有更大的自由裁量权。破产法之间的差异或冲突给跨境案件提出了更大的挑战。一个典型的案例是北电网络有限公司（Nortel Networks）2009年破产案，涉及140个司法管辖

第 8 章 国际视角

区的业务。母公司根据《公司债权人安排法》在加拿大申请破产，美国子公司根据第 11 章在美国申请破产，北电某些欧洲实体根据《1986 年破产法》在英国申请破产。这样一来争议就产生了，其中之一是，英国养老金监管机构是否可以违反美国和加拿大的自动冻结规定清算该集团在英国的养老金负债。另一个困难涉及资产出售的收益的索偿，因为北电的资产拍卖是基于多个司法管辖区的业务线进行的，而不是针对地理上独立的实体。

鉴于各国达成的多边条约寥寥无几，出现了一些有助于协调跨境案件诉讼程序的国际倡议，其中包括在涉及美国和加拿大的一些案件中使用的《跨境破产协议》，最重要的是《联合国国际贸易法委员会跨境破产示范法》（以下简称《示范法》）。[12]《示范法》的好处之一是，债权人和债务人的权利更加清晰，有助于促进国际贸易、国际商业的发展和提高在欠发达国家的资本可获得性。

《示范法》为不同国家法院的合作和信息交流提供了一个法律框架。但需要特别注意的是，它并没有明确规定相关合作应该如何实现。《示范法》的目的是建立一套统一的原则，以处理公司在向与案件相关的其他国家法院起诉时需要满足的要求。这一框架为执行《跨境破产协议》（有时称为"协议"）提供了基础，这一协议可以指导案件的管理。协议的目的是协助管理有关管辖区之间的程序性问题，而不是实质性问题。不过，在某些复杂情况下，这些协议仍然是解决问题的必要组成部分。一个极端的例子是，"雷曼兄弟附属公司的旷日持久的纠纷涉及 75 个独立的破产案件流程，与 40 多个国家超过 7 000 家子公司有关联。雷曼兄弟的 18 家主要外国子公司的破产管理人花了 7 个月的时间拟定一份行动规程，其中包括协调与合作的一般原则。比如管理人同意在计算集团内的公司间索偿方面合作"（Gropper，2012）。

根据《示范法》的结构，外国破产程序分为"主程序"和"非主程序"两类。主程序（或"主要利益中心"）发生在债务人最主要业务运营国家，遵循该国相关法律法规执行破产流程，其主要法院可以指定人员在相关法院之间进行沟通，并在主要和非主要管辖区协调债务人资产和事务的管理。

世界上有 70 多个国家和国际组织参与了《示范法》的制定。截至 2017 年，已有 45 个国家或地区通过了基于该框架的法律，其中 20 个在 2015 年通过，最近一个于 2017 年在新加坡通过。美国国会通过了《示范法》，作为 BAPCPA 的一部分，该法成为新破产法的第 15 章。《示范法》在欧洲国家的通过受到限制，《欧盟破产条例》在欧盟内部建立了一个跨境破产制度。然而，在主要新兴经济体中，跨境破产制度在很大程度上缺席。

注释

[1] 在许多国家，"破产"是指清算的法律规定。更广泛地，在美国之外的法律框架中，"破产"指的是关于"无力偿债"的法律。

[2] 由 Getting the Deal Through 编撰发行的《重组与无力偿债 2018》(Restructuring and Insolvency 2018) 提供了对 50 道标准问题的回答，介绍了 44 个国家和欧盟的无力偿债法律的特点。

[3] 见 LLSV 表 4，p. 1136；又见 Djankov, Hart, McLiesh, and Shleifer (2008)，他们根据 88 个国家的破产专家对一个虚拟违约案件的问卷调查的反馈，归纳了债务强制执行程序在国家层面的特点。

[4] 也见于 Hotchkiss, John, Mooradian, and Thorburn (2008)，从中可以了解早期的关于这些国家破产重组结果的证据。其他关于不同国家破产改革影响的研究包括：Rodano 等（2016）研究了 2005 年和 2006 年意大利破产法的变化；Schoenherr（2017）研究了韩国 2006 年的改革。

第 8 章 国际视角

［5］INSOL International 的特别报告解读了中国《企业破产法》；见《中国破产立法和司法实践（2007—2017）》，王欣新，徐阳光等，2018‑01。

［6］中国最高人民法院推动建立专门的破产法庭以培训专业破产法官。2016 年 6 月 21 日，最高人民法院正式发布了《关于在中级人民法院设立清算与破产审判庭的工作方案》。到 2017 年年底，中国的专业破产法庭从 2005 年最初的 5 家增加到 97 家。

［7］见本书第 3 章对超级优先权债务融资的讨论。

［8］见 INSOL International，"The New Insolvency & Bankruptcy Code in India: Impact on the Distressed Debt Market"，V. Bajaj，2018‑04。

［9］Claessens，Djankov，and Klapper（2003）研究了破产在整个东亚 644 家财务危困公司重组中的应用。对于银行所有或隶属于某个商业集团的公司，以及债权人较弱和司法效率较低的国家，申请破产的可能性较小。

［10］1993 年之前，芬兰的破产程序也强制实施企业出售。根据对芬兰旧破产法典下申请破产的 72 个小企业样本的研究，Ravid and Sundgren（1998）发现，只有 29% 的企业作为持续经营企业出售。他们指出，平均直接成本是申请前资产账面价值的 8%，作为持续经营企业出售的平均回收率是 34%，拆零清算企业是 36%。

［11］浮动抵押债权的抵押物包括存货、应收账款、营运资金和无形资产。

［12］《示范法》发布于 1997 年 5 月 12—30 日举行的联合国国际贸易法委员会第三十届会议。《示范法》的官方文本见于 www.uncitral.org，也见于联合国国际贸易法委员会编的《跨国界破产合作实务指南》（Practice Guide on Cross-Border Insolvency Cooperation），该指南说明了如何达成跨境破产协议以促进司法管辖区之间冲突的解决。

第 2 篇

高收益债券、企业危困预测与不良资产投资

第9章　高收益债券市场：投资者和分析师的风险和收益

"高收益垃圾债券该收场了。"这句耳熟能详的话被各方大佬反复吟唱，在华尔街和华盛顿上空回荡。1990年和1991年的公司违约大潮方兴未艾，此类非投资级债券的主要发行者德崇证券公司（Drexel Burnham Lambert）陷入破产，相关交易市场的主要缔造者迈克尔·米尔肯（Michael Milken）刑事官司缠身。然而，就在这噩耗频传之时，我们却顶着国内外信用危机的强烈余震指出（Altman，1992，1993）高收益债券是合法的、有效的，可以供未来信用状况不确定的企业筹资所用。周期性的违约率高发以债券发行的高风险溢价为补偿，为投资人出借资金提供渠道。这些投资者主要是一些机构，如共同基金和养老基金，它们追求较高的固定收益回报，而不是购买较为安全的公司投资级债券和政府债券。

图9-1展示了三大债券和银行贷款评级机构（即惠誉、穆迪和标普）的信用和违约风险评级体系。当下大家耳熟能详的债券分类有两种：一种是相对安全的投资级债券（AAA到BBB−，或Aaa至Baa3）；另一种是投机性较强的非投资级或高收益证券（BBB−以下，或Baa3以下）。

2018年，在以美元计价的整个北美公司债券市场中，几乎有1/4是评级较低的债券（见图9-2），高收益债券市场急剧扩张，2017年（第二季度）全部未偿债券总额超过1.6万亿美元（见图9-3），这种持续快速增长引人注目，1996 年市场规模总额不到 3 000 亿美元，2017 年已经增长到令人吃惊的水平。

穆迪	标普/惠誉	
Aaa	AAA	
Aa1	AA+	
Aa2	AA	
Aa3	AA-	
A1	A+	
A2	A	
A3	A-	
Baa1	BBB+	
Baa2	BBB	投资级
Baa3	BBB-	
Ba1	BB+	
Ba2	BB	高收益
Ba3	BB-	（"垃圾"）
B1	B+	
B2	B	
B3	B-	
Caa1	CCC+	
Caa2	CCC	
Caa3	CCC-	
Ca	CC	
	C	
C	D	

图 9-1 主要评级机构的债券信用等级

市场规模（10 亿美元）	
美国公司投资级债券（IG）	5 899
美国高收益债券（HY）	1 656
总额	7 555

市场分布（10 亿美元）		
	IG	HY
金融	1 727	152
工业	3 590	1 407
公共事业	582	97
总额	5 899	1 656

图 9-2 北美公司债券市场规模，2017 年 6 月 30 日

资料来源：纽约大学所罗门研究中心和 S&P Global Ratings.

第9章 高收益债券市场：投资者和分析师的风险和收益

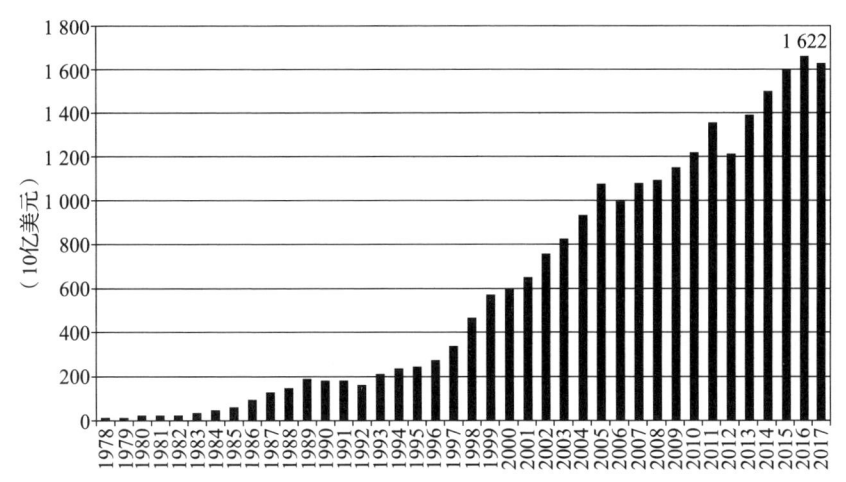

图9-3 北美高收益债券市场规模，1978—2017年（年中数据，10亿美元）
资料来源：纽约大学所罗门研究中心的估测，使用瑞士信贷、标普和花旗集团的数据.

美国高收益债券市场的持续快速增长，反映在自2008—2009年金融危机以来创纪录的新发行数量上，如图9-4所示。欧洲市场上也有令人印象深刻的增长，如图9-5所示。确实，根据美国银行（Bank of America）和美林证券的统计，2010—2017年，市场平均每年新发行的金额超过2 300亿美元。欧洲高收益债券在2010年也开始了令人咋舌的新发行抢跑，根据瑞士信贷的统计，它的发行在外总额在2017年第一季度达到4 770亿欧元（合5 630亿美元）。欧洲的增长反映了资本市场债券融资对传统商业银行融资的替代。这种替代是以下因素综合作用的结果：巴塞尔协议Ⅱ（Basel Ⅱ）更高的资本金要求使得银行不愿意放贷给投资级以下的公司，欧洲和世界其他地方的投资者则愿意投资于垃圾债以追求高收益。

2017年，亚洲和南美洲（未显示于本书的图表中）的高收益债券估值为1 500亿美元。所以，加总起来，全球高收益债券市场在2017年达到大约2.5万亿美元，表明它已经成为一个合法的多样化资产类别。

年份	总额	BB	B	CCC	CCC/总额	NR
2005	81 541.8	18 615.0	45 941.2	15 750.9	(19.3%)	1 234.7
2006	131 915.9	37 761.2	67 377.3	25 319.2	(19.2%)	1 458.2
2007	132 689.1	23 713.2	55 830.8	49 627.6	(37.4%)	3 517.5
2008	50 747.2	12 165.0	25 093.1	11 034.4	(21.7%)	2 454.6
2009	127 419.3	54 273.5	62 277.4	10 248.4	(8.0%)	620.0
2010	229 307.4	74 189.9	116 854.7	35 046.8	(15.3%)	3 216.1
2011	184 571.0	54 533.8	105 640.4	21 375.0	(11.6%)	3 021.8
2012	280 450.3	71 852.1	153 611.1	48 690.2	(17.4%)	6 297.0
2013 (1Q)	73 492.3	31 953.1	29 534.2	11 480.0	(15.6%)	525.0
(2Q)	62 135.0	24 380.0	23 665.0	13 790.0	(22.2%)	300.0
(3Q)	73 770.8	22 964.2	32 610.0	18 196.6	(24.7%)	0.0
(4Q)	60 936.8	24 050.0	22 686.8	14 175.0	(23.3%)	25.0
2013 总额	270 334.8	103 347.3	108 495.9	57 641.6	(21.3%)	850.0
2014 (1Q)	51 634.7	17 585.0	25 792.2	7 842.5	(15.2%)	415.0
(2Q)	74 629.6	23 893.7	30 852.3	19 363.6	(25.9%)	520.0
(3Q)	59 777.3	25 537.3	22 550.0	10 875.0	(18.2%)	815.0
(4Q)	52 721.1	21 975.0	28 906.1	1 840.0	(3.5%)	0.0
2014 总额	238 762.7	88 991.0	108 100.6	39 921.1	(16.7%)	1 750.0
2015 (1Q)	76 059.5	23 184.2	44 785.3	8 090.0	(10.6%)	0.0
(2Q)	73 428.4	21 219.0	40 037.3	12 052.1	(16.4%)	120.0
(3Q)	31 740.0	14 770.0	12 675.0	4 295.0	(13.5%)	0.0
(4Q)	34 584.1	20 500.9	13 100.0	660.0	(1.9%)	323.2
2015 总额	215 812.0	79 674.2	110 597.5	25 097.1	(11.6%)	443.2
2016 (1Q)	34 665.0	19 325.0	11 070.0	4 270.0	(12.3%)	0.0
(2Q)	63 490.4	31 427.4	26 043.0	6 020.0	(9.5%)	0.0
(3Q)	56 403.6	21 614.6	28 788.9	5 650.0	(10.0%)	0.0
(4Q)	40 509.1	13 610.7	20 763.4	4 960.0	(12.2%)	1 175.0
2016 总额	194 718.0	85 977.7	86 665.3	20 900.0	(10.7%)	1 175.0
2017 (1Q)	72 673.9	33 327.5	29 802.4	9 544.0	(13.1%)	0.0
(2Q)	50 342.4	18 531.3	23 366.0	7 895.1	(15.7%)	550.0
(3Q)	57 157.3	19 639.7	27 699.3	9 818.3	(17.2%)	0.0
(4Q)	61 415.0	23 877.5	27 050.0	9 587.5	(15.6%)	0.0
2017 总额	241 588.7	95 376.0	107 917.8	36 844.9	(15.3%)	550.0

图 9-4 新发行：美国高收益债券市场（百万美元）（2005—2017 年）
资料来源：根据美国银行和美林证券的数据.

第9章 高收益债券市场：投资者和分析师的风险和收益

年份	总额	评级 BB	B	CCC	CCC/总额	NR	货币 USD	EUR	GBP
2005	**19 935.6**	1 563.3	11 901.0	5 936.6	(29.8%)	534.8	2 861.0	15 080.3	1 668.3
2006	**27 714.6**	5 696.2	16 292.1	5 020.5	(18.1%)	705.9	7 657.8	19 935.7	121.1
2007	**18 796.7**	5 935.3	11 378.5	562.0	(3.0%)	920.9	4 785.5	12 120.9	1 890.3
2008	**1 250.0**	1 250.0					1 250.0		
2009	**41 510.3**	18 489.4	16 697.4	4 771.3	(11.5%)	1 552.2	12 315.0	28 696.9	498.3
2010	**57 636.5**	22 751.3	29 050.5	2 170.7	(3.8%)	3 663.9	12 775.0	43 147.7	1 403.3
2011	**60 435.8**	24 728.9	29 919.7	4 108.7	(6.8%)	1 678.6	16 720.0	33 758.0	8 842.4
2012	**65 516.1**	27 001.7	29 013.0	7 186.7	(11.0%)	2 314.6	28 198.0	32 270.4	2 929.3
2013（1Q）	**27 954.5**	6 783.8	15 008.4	5 160.6		1 001.7	10 050.0	12 380.7	4 837.4
（2Q）	**30 335.3**	6 860.2	19 295.1	3 724.1		455.9	9 913.0	14 149.9	6 074.0
（3Q）	**16 558.4**	3 375.3	9 609.6	2 721.8		851.7	5 310.0	8 644.0	2 604.4
（4Q）	**16 655.9**	2 588.0	10 657.6	2 366.4		1 043.9	5 210.0	9 086.5	2 359.4
2013 总额	**91 504.1**	19 607.3	54 435.2	13 972.9	(15.3%)	3 353.2	30 483.0	44 125.6	15 875.3
2014（1Q）	**27 169.2**	12 565.7	11 685.2	1 230.0	(4.5%)	1 688.3	7 315.0	16 352.8	3 501.4
（2Q）	**65 671.4**	13 730.1	45 808.3	4 111.1	(6.2%)	2 021.9	23 150.0	36 009.0	6 096.7
（3Q）	**15 980.5**	3 586.3	10 593.2	1 241.3	(7.8%)	559.7	2 750.0	8 216.2	4 744.6
（4Q）	**10 646.9**	3 893.7	4 288.8	654.5	(6.1%)	1 810.0	6 305.0	4 341.9	
2014 总额	**119 468.0**	33 775.8	72 375.4	7 236.9	(5.1%)	6 080.0	39 520.0	64 919.9	14 342.7

年份	总额	BB	B	CCC	CCC/总额	NR	USD	EUR	GBP
2015 (1Q)	30 535.5	15 387.8	10 054.6	938.7	(3.1%)	4 154.3	10 225.0	17 149.0	2 622.0
(2Q)	26 458.3	11 282.6	12 253.2	2 334.6	(8.8%)	587.8	12 465.0	11 744.4	1 782.2
(3Q)	12 605.5	2 068.1	10 125.9	411.5	(3.2%)		5 850.0	5 170.1	1 585.4
(4Q)	5 645.5	3 032.2	2 350.9	262.4	(4.6%)		2 050.0	3 169.1	426.4
2015 总额	75 244.9	31 770.8	34 784.6	3 947.3	(5.2%)	4 742.1	30 590.0	37 232.6	6 416.0
2016 (1Q)	2 771.6	334.7	2 280.6	156.2	(5.6%)		1 675.0	1 096.6	
(2Q)	22 337.5	6 553.8	13 629.8	2 153.8	(9.6%)		14 590.0	7 115.4	569.8
(3Q)	23 206.6	12 240.5	8 745.2	2 220.8	(9.6%)		10 565.0	10 590.8	2 050.8
(4Q)	9 131.6	600.0	7 316.5	1 215.1	(13.3%)		2 595.0	6 268.6	268.0
2016 总额	57 447.2	19 729.1	31 972.2	5 745.9	(10.0%)		29 425.0	25 071.3	2 888.6
2017 (1Q)	18 283.5	6 094.4	7 805.9	4 133.3	(22.6%)	250.0	7 665.0	7 074.9	3 543.7
(2Q)	17 632.6	9 117.5	6 702.3	1 812.7	(10.3%)		4 920.0	8 513.8	3 854.3
(3Q)	17 903.1	5 868.7	9 002.3	2 278.4	(12.7%)	753.7	4 200.0	11 879.6	1 823.5
(4Q)	31 845.9	9 888.6	19 448.9	2 508.4	(7.9%)		6 355.0	23 913.6	1 381.9
2017 总额	85 665.1	30 969.2	42 959.5	10 372.8	(12.5%)	1 003.7	23 140.0	51 381.9	10 603.3

图 9-5 新发行：欧洲高收益债券市场（百万美元）(2005—2017 年)

资料来源：根据美国银行和美林证券的数据．

第9章 高收益债券市场：投资者和分析师的风险和收益

俄罗斯高收益债券市场的发展及意大利迷你债券 我们了解到，俄罗斯最近在努力扩大高收益债券的发行规模和交易额，并增加一家新的地方评级机构——分析信用评级机构（ACRA）的作用。据估计，近年来，在俄罗斯首次发行了约70笔高收益债券，总额达约50亿美元。这些债券按卢布计价的规模从少于2 000万美元到高达约2亿美元。大部分发行给了追求高收益的私人投资者，只有一小部分被金融机构购买。2018年10月，由ACRA和至少一家投资银行，如SOLID分别提供赞助，就债券评级的模型和高收益债券市场召开了两次会议，这尚属首次。

意大利也在做类似的努力，以扩大债券发行规模、推动中小企业发债（称为"迷你债券"）。2013年以来，发行了超过100亿欧元的迷你债券，大部分的发行规模不超过2 500万欧元。这些债券的收益率在5%~7%之间，大部分由机构（比如基金）购买，个人也可以购买，有一些被结构化成CBOs（collateralized bond obligations，债券担保证券）结构。本书的作者之一阿尔特曼建立了一个称为意大利中小企业Z-评分模型的信用风险模型（Altman, Sabato, and Esentato, 2016），以帮助投资者和发行者在意大利证券交易所进行原始发行和二级市场交易。

高收益债券市场的规模和增长 各种债券的收益率是由市场购买或持有某一债券品种时面临的三个重要风险因素决定的：（1）利率变动的敏感性；（2）流动性；（3）违约概率。收益率由市场决定，给投资者带来期望的收益，会随上述三种风险水平的上升而提高。第三类风险，即发生违约的概率，定义了高收益债券市场的本质，而且定期提供了大量的构成危困和违约债券市场的"原料"证券——这正是本书的主题所在。

高收益债券的发行公司基本上有两类。近些年，大约20％～25％的市场由所谓的"堕落天使"构成——这些债券曾经（通常在发行时）是投资级的，但像我们大多数人一样，随着年龄的增长，容颜不再，落入非投资级，被人当作垃圾。现代高收益市场始于20世纪70年代，小微型市场中近100％是堕落天使型债券。例如，2000—2005年，美国工业的典型代表之一通用汽车公司（GM），作为堕落天使的候补者，被至少一家主要评级机构深入审查。2005年5月，通用汽车被标普降为非投资级，惠誉随后跟上，然后是穆迪，与此同时，福特汽车公司也被标普降为高收益级。

高收益债券的另一个来源是发行之初即被评为非投资级的债券。今天，投机级债券市场不断增长，各主要投资银行里都有专做这路生意的银行家、分析人员和销售/交易人员团队。由于很多投资银行部门都是大型商业银行组织的一部分，发行人的低等级债券和它的公司贷款之间通常有着密切的关系，即所谓的杠杆贷款市场（见本书第3章）。杠杆贷款或者是由非投资级公司发放的，或者要求高于伦敦同业拆借利率（LIBOR）的风险溢价或收益率利差至少150个基点。

近年来，美国公司高收益债券市场和杠杆贷款市场持续扩张，不时因这两个市场上创纪录的新发行数额而创新高。我们将在下面说明最重要的风险区域，即违约率——已经多年高企不下，接近或超过10％。实际上，自1978年以来，已经有5年违约率达到约10％或更高（见图9-6）。然而，2009年高达10.7％的违约率似乎由于近年来市场反弹而被许多市场人士遗忘。近年来，越来越多的分析家和监管者，包括本书作者不断发出警告，正如其在10年前所做的（Altman, 2007）。

第9章 高收益债券市场：投资者和分析师的风险和收益

年份	发行面值[a]（美元）	违约面值（美元）	违约率（%）
2017	1 622 365	29 301	1.806
2016	1 656 176	68 066	4.110
2015	1 595 839	45 122	2.827
2014	1 496 814	31 589	2.110
2013	1 392 212	14 539	1.044
2012	1 212 362	19 647	1.621
2011	1 354 649	17 963	1.326
2010	1 221 569	13 809	1.130
2009	1 152 952	123 878	10.744
2008	1 091 000	50 763	4.653
2007	1 075 400	5 473	0.509
2006	993 600	7 559	0.761
2005	1 073 000	36 209	3.375
2004	933 100	11 657	1.249
2003	825 000	38 451	4.661
2002	757 000	96 855	12.795
2001	649 000	63 609	9.801
2000	597 200	30 295	5.073
1999	567 400	23 532	4.147
1998	465 500	7 464	1.603
1997	335 400	4 200	1.252
1996	271 000	3 336	1.231
1995	240 000	4 551	1.896
1994	235 000	3 418	1.454
1993	206 907	2 287	1.105
1992	163 000	5 545	3.402
1991	183 600	18 862	10.273
1990	181 000	18 354	10.140

年份	发行面值[a]（美元）	违约面值（美元）	违约率（%）
1989	189 258	8 110	4.285
1988	148 187	3 944	2.662
1987	129 557	7 486	5.778
1986	90 243	3 156	3.497
1985	58 088	992	1.708
1984	40 939	344	0.840
1983	27 492	301	1.095
1982	18 109	577	3.186
1981	17 115	27	0.158
1980	14 935	224	1.500
1979	10 356	20	0.193
1978	8 946	119	1.330
1977	8 157	381	4.671
1976	7 735	30	0.388
1975	7 471	204	2.731
1974	10 894	123	1.129
1973	7 824	49	0.626
1972	6 928	193	2.786
1971	6 602	82	1.242

		标准差（%）
算术平均违约率（%）		
1971—2017	3.104	3.006
1978—2017	3.308	3.160
1985—2017	3.759	3.280
加权平均违约率（%）		
1971—2017	3.378	
1978—2017	3.381	
1985—2017	3.394	
年度违约率中值（%）		
1971—2017	1.806	

a. 在计算面值时，不包括违约债券（百万美元元计）。

图9-6 高收益债券的历史违约率（只包括债券），1971—2017年

资料来源：Altman and Kuehne (2018a)，纽约大学所罗门研究中心。

什么是违约

我们以及信用评级机构,将债券或贷款市场中的"违约"定义为,当发行活动或发行人出现以下三种情况之一时,视为违约。

1. 第7章(清算)或者第11章(重组)的破产申请已经提交法院并被受理。在这种情况下,破产企业的所有负债就违约了。

2. 不能按时支付利息和本金,包括在宽限期(通常是30天)内或者在债务人和受此债务影响的特定债权人双方同意的"宽容"期限内未"补救"支付违约款项。

3. 实施了危困互换(DE)。通过危困互换,债务人向一个或多个债权人组提出报价以达成某种互换(swap)。互换通常涉及一个或多个以下活动:(a)现金换债务;(b)新债换旧债;(c)股权换债权。请注意,至少有一家信用评级机构(标普)将报价记录为违约,而不论其是否被债权人接受。见 Altman and Karlin(2009)对危困互换所做的讨论和分析。

违约和回报

如前所述,高收益、高风险企业债券投资者的关键风险变量是违约及违约损失的预期和结果。对于投资者、发行人、交易者和评论家来说,回报/风险的权衡和"垃圾"债券的受欢迎程度是最重要的问题,也是成功与否的关键决定因素。这在20世纪80年代早期的现代高收益债券市场萌芽期尤为重要,当时市场引入了新发行的非投资级债券。Altman and Nammacher(1985,1987)和 Altman(1987)是以严谨的方式探讨违约率计算的第一批学术界人士。尽管德崇证券和其他投资银行已经开始关注和报告自己的违约率统计结果,但基本上只包

第9章　高收益债券市场：投资者和分析师的风险和收益

括几年内原始发行的垃圾债券。无论在当时还是现在，我们都认为，用来计量违约率的合适的高收益债券市场规模应该是非投资级债券的总体，既包括"堕落天使"，也包括原始发行的投机级债券。目前，业界似乎都采用了我们的方法。

20世纪80年代中期，不管你是否相信，高收益债券的平均年违约率仅有1.4%（Altman and Nammacher，1985），但市场上的"玩家"们竟然认为这太高了！多年来，以美元计价的违约率随经济周期、行业趋势和企业杠杆策略（如杠杆收购）而波动。确实，如图9-6所示，1971—2017年间，用年末偿数额加权的平均年违约率约为3.4%，标准差是3.01%。所以，年违约率数列的两倍的标准差偏离意味着数据的高端是约10%，低端接近零（当然，违约率是不能低于零的）。违约率计量按标普和穆迪的方法，以市场发行者的数量为基础，则平均数稍高一点，每年接近4.0%（例如，S&P Global Ratings，2017）。尽管我们理解在违约率计算中使用发行者数量作为基础的论点，但我们仍然相信，大多数市场参与者会以美元金额为基础来计算违约率，大型违约的权重远高于小型违约。实际上，大多数评级机构目前在计算违约率时，除了使用以发行者数量为基础的方法外，也有以美元金额为基础。

从图9-7中可以观察到违约率和经济衰退的关系，企业违约率倾向于在经济衰退结束时达到高峰，或者大多数情况下在衰退结束后不久达到高峰（图9-7中的灰色区域代表衰退时期）。然而，同样很明显的是，在许多信贷紧缩时期，违约率在衰退开始前两三年就上升了！在最近发生的三次严重衰退中，有两次尤其是这样。例外的那一次是2008—2009年间发生的衰退，其间抵押贷款支持的债券市场上违约的增长先于衰退，当时，公司违约实际上与经济下行同时发生。请注意图9-7上显示的，在最近的信贷宽松周期里，违约率低于历史平均水平，这种情况已经进入第8个年头，对信贷宽松周期来说是创纪录的。下面我们将讨论信贷宽松周期和信贷紧缩周期的定义和计量。

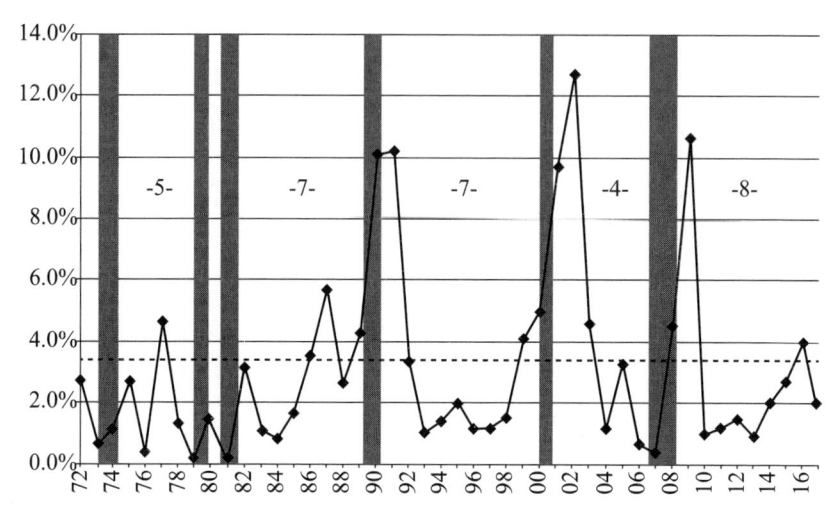

图 9-7 美国的历史违约率和衰退时期*，高收益债券市场，1972—2017 年
* 所有的比率均为年化率。
衰退时期：11/73－3/75，1/80－7/80，7/81－11/82，7/90－3/91，4/01－12/01，12/07－6/09。
资料来源：E. Altman（纽约大学所罗门研究中心）和国家经济研究局.

在分析企业违约时需要考虑的另一个特别重要的变量是，非金融企业债务（NFCD）占 GDP 的百分比与违约率之间的关系。图 9-8 显

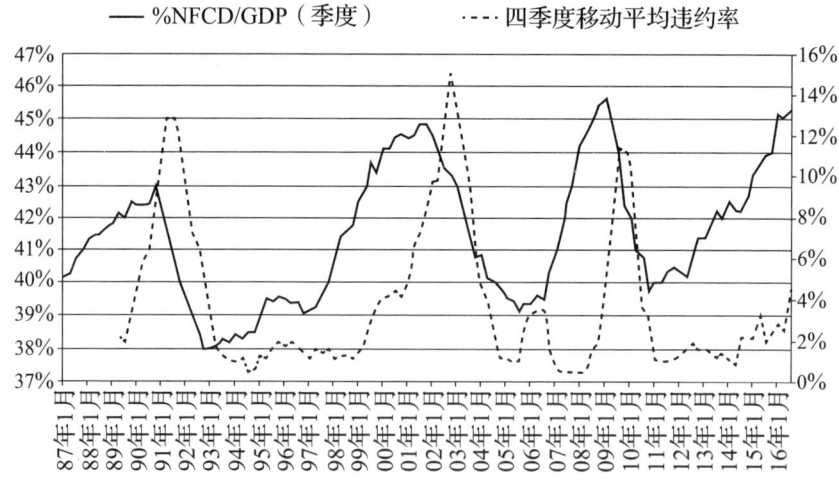

图 9-8 美国非金融企业债务占 GDP 比例：相比于四季度移动平均违约率
资料来源：FRED，圣路易斯联邦储备银行和 Altman/Kuehne 的高收益违约率数据.

第9章 高收益债券市场：投资者和分析师的风险和收益

示，在过去三个信贷紧缩周期里，当违约率冲上两位数时，美国非金融企业债务占GDP的比例在一年或更短时间内达到峰值，高收益债券违约率也攀到最高峰。2007年，NFCD/GDP攀向最高点，这是不祥之兆，但高风险债券市场仍然高枕无忧，低利率和低息差笼罩2007年的整个夏天。随着全球政治紧张加剧，及某些行业（如零售业）显示出明显的紧张信号，息差和波动率在2007年夏末确实有所增加，但仍然看不到投资者情绪大幅转变的迹象。

直到2017年（以及2018年），杠杆贷款的违约率继续保持良性状态，这与我们观察到的高收益债券的状态一致。与债券相似，由于能源违约，违约率在2015—2016年暂时上升，由于该行业"产生"了许多潜在违约，违约率在2015年末也有短时的上扬。根据标普公司环球LCD的数据，随着石油价格于2016年中及2017年转而上涨，能源行业的紧张状况有所缓和，新的和现有违约事件的回收率（见下文）大大提高，从一年前的低于30%达到2017年的60%以上（见图9-9）。

	违约率(%)	整体回收率(%)	能源/矿产回收率(%)	其他回收率(%)
2014	2.11	63.19	n/a	63.19
2015	2.83	33.91	25.64	46.78
2016	4.11	29.99	27.33	40.03
2017	1.81	56.68	57.97	57.47
加权平均违约率（%）(1971—2017年)			3.38	
算术平均回收率（%）(1978—2017年)			45.88	

图9-9 高收益债券违约率和回收率，2014—2017年

回收率

我们将在第16章详述高收益债券的回收率和杠杆贷款违约的问题。

但是在我们从违约转向违约损失率（loss given defaults，LGD）之前，有必要先对回收率稍加解释。违约债券的回收率是指违约发生之后债券的即时市场价格。

违约率和违约损失率（LGD）之间的简单关系是通过回收率的计量和它与违约率的相关性来表现的。Altman，Brady，Resti，and Sironi（2005）提出的一个简单有力的研究成果表明，随着时间的变化，违约率和回收率（违约时价格）之间呈负相关，而且非常显著（见图9-10）。确实，当高收益债券市场的违约率处于高位时，例如在以下年份，1990—1991年，2001—2002年和2009年，回收率相当低，在25%~35%之间，而历史平均值大约为45%。同样，当违约率处于低位（见图9-10左上）时，回收率远高于平均值。所以，只用一个解释变量（违约率）就能说明，我们的关键因变量，即回收率的水平和方差在58%~62%之间（根据回归模型）（见 Altman，Brady，Resti，and Sironi（2005）的解释和各种回归计算）。

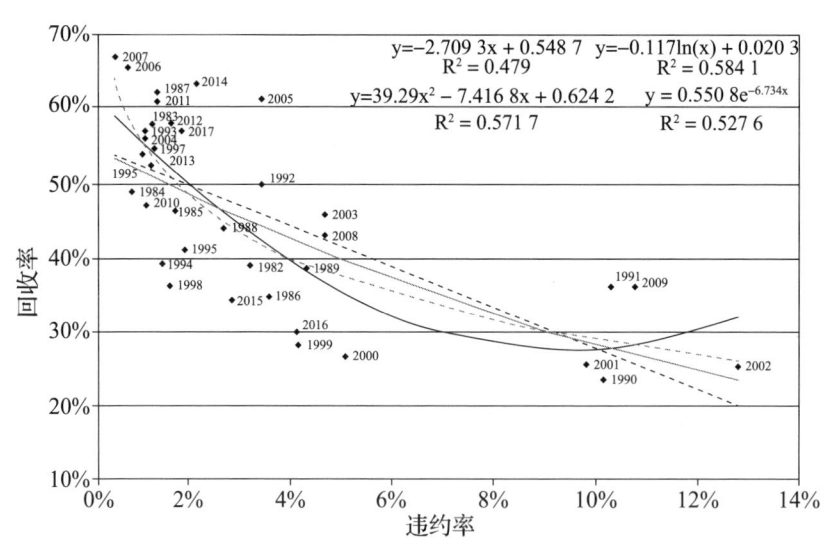

图9-10 回收率/违约率的关联：美元加权平均回收率/美元加权平均违约率，1982—2017年

资料来源：Altman，Brady，Resti，and Sironi（2005）。

第 9 章　高收益债券市场：投资者和分析师的风险和收益

随着时间的变化，高收益债券投资者每年因违约遭受的损失大约为 2.4%，包括违约率、回收率、损失的息票收入（Altman and Kuehne, 2017）。相较于 1978—2016 年平均承诺收益率利差为 5.21%，预期回收率利差大约为 2.8%。这个简单但重要的期望值惊人地接近实际年均收益率 2.4%～2.8%（图 9-11）。参见 Altman and Bencivenga（1995）关于承诺收益率利差、预期违约损失、违约造成的利息支付损失，以及预期回收率利差之间强大关联的深入讨论。

年份	回收率（%）高收益债券	国债	利差[a]	承诺收益率（%）高收益债券	国债	利差[a]
2017	7.05	2.13	4.92	6.35	2.41	3.95
2016	17.83	(0.14)	17.96	6.55	2.43	4.12
2015	(5.56)	0.90	(6.46)	9.27	2.27	7.00
2014	1.83	10.72	(8.89)	7.17	2.17	5.00
2013	7.22	(7.85)	15.06	6.45[b]	3.01	3.45
2012	15.17	4.23	10.95	6.80	1.74[b]	5.06
2011	5.52	16.99	(11.47)	8.41	1.88	6.54
2010	14.32	8.10	6.22	7.87	3.29	4.58
2009	55.19	(9.92)	65.11	8.97	3.84	5.14
2008	(25.91)	20.30	(46.21)	19.53	2.22	17.31
2007	1.83	9.77	(7.95)	9.69	4.03	5.66
2006	11.85	1.37	10.47	7.82	4.70	3.11
2005	2.08	2.04	0.04	8.44	4.39	4.05
2004	10.79	4.87	5.92	7.35	4.21	3.14
2003	30.62	1.25	29.37	8.00	4.26	3.74
2002	(1.53)	14.66	(16.19)	12.38	3.82	8.56
2001	5.44	4.01	1.43	12.31	5.04	7.27
2000	(5.68)	14.45	(20.13)	14.56	5.12	9.44
1999	1.73	(8.41)	10.14	11.41	6.44	4.97
1998	4.04	12.77	(8.73)	10.04	4.65	5.39

拯救危困企业（第 4 版）

年份	回收率（%）			承诺收益率（%）		
	高收益债券	国债	利差	高收益债券	国债	利差
1997	14.27	11.16	3.11	9.20	5.75	3.45
1996	11.24	0.04	11.20	9.58	6.42	3.16
1995	22.40	23.58	(1.18)	9.76	5.58	4.18
1994	(2.55)	(8.29)	5.74	11.50	7.83	3.67
1993	18.33	12.08	6.25	9.08	5.80	3.28
1992	18.29	6.50	11.79	10.44	6.69	3.75
1991	43.23	17.18	26.05	12.56	6.70	5.86
1990	(8.46)	6.88	(15.34)	18.57	8.07	10.50
1989	1.98	16.72	(14.74)	15.17	7.93	7.24
1988	15.25	6.34	8.91	13.70	9.15	4.55
1987	4.57	(2.67)	7.24	13.89	8.83	5.06
1986	16.50	24.08	(7.58)	12.67	7.21	5.46
1985	26.08	31.54	(5.46)	13.50	8.99	4.51
1984	8.50	14.82	(6.32)	14.97	11.87	3.10
1983	21.80	2.23	19.57	15.74	10.70	5.04
1982	32.45	42.08	(9.63)	17.84	13.86	3.98
1981	7.56	0.48	7.08	15.97	12.08	3.89
1980	(1.00)	(2.96)	1.96	13.46	10.23	3.23
1979	3.69	(0.86)	4.55	12.07	9.13	2.94
1978	7.57	(1.11)	8.68	10.92	8.11	2.81
年度算术平均						
1978—2017 年	10.39	7.55	2.84	11.25	6.07	5.18
年度复合均值						
1978—2017 年	9.51	7.02	2.49			

a. 年末收益。
b. 时间序列中最低收益。

图 9-11 十年期国债和高收益债券的年回收率、收益率和利差，1978—2017 年
资料来源：花旗集团高收益综合指数.

第9章 高收益债券市场：投资者和分析师的风险和收益

什么是信贷宽松周期

我们经常被问，信贷宽松周期与信贷紧缩周期有何区别？业界对此尚无正式定义，我们认为可以从以下描述信贷周期的四个变量中略窥端倪：

（1）风险债券的违约率。

（2）违约债券的回收率。

（3）风险债券的收益率和利差与"无风险"基准利率的比较。

（4）市场流动性。

这四个决定性因素及相关的因素显示于图9-12中。

---

1. 信贷宽松周期的长度
2. 关键变量：违约率和（预期的）回收率、收益率和流动性
3. 与衰退同步发生
4. 非金融企业债务占GDP的百分比
5. 高收益债券发行企业的相对健康状况（2007年与2016年相比较）
6. 高收益和CCC评级债券的新发行
7. 债券到期结构的影响
8. 杠杆收购的统计和趋势
9. （市场和做市商）流动性
10. 泡沫破灭的可能时点（短期还是长期）

图9-12 什么是信贷宽松周期？

1. 我们建议读者再回顾一下图9-6和图9-7，重点是看历史违约率和低于平均违约率的持续时间；这是对信贷宽松周期的一个明确定义。可以看出，在现代高收益债券市场的历史上，低于平均违约率的持续时间在各个信贷紧缩周期（两位数）之间达4~7年，平均5.5年。事实上，自2009年违约率攀升至10.7%以来，在最近的低于平均值的违约周期里，低于平均违约率已持续9年（到2018年年末）。违约率低于历史平均年利率3.5%的持续时间是衡量宽松周期的最重要指标。投资者在分析投资风险债券所要求的收益率和利差时，对"当前"的违

约极度敏感，市场参与者会仔细掂量高于或低于平均利率的期限。

2. 与违约损失相对应的计量，就是计算回收率。如前所述，在违约率极高或极低的时期，我们观察到回收率的负相关性。所以信贷宽松周期的第二个决定性因素是回收率和违约损失率，后者在信贷紧缩时期大大高于平均值。

3. 高收益债券市场中受到密切关注的统计指标是美国国债收益率和利差，即被市场所接受的收益率。不管是到期收益率还是期权调整利差，市场状况越是宽松，所要求的收益率和利差就越低，而市场状况宽松就是投资者愿意接受这些利差。从图9-11中可以看到，2017年12月31日，历史平均到期收益率利差是5.18%。1978年年末，利差低至2.81%，到2007年6月降到了2.6%（见图9-13）。从好的一面看，不算2008年年底创纪录的17.3%（2008年12月中旬利差实际上突破了20%），当时名义收益率上涨超过20%，此前历史最高收益率利差是1990年的

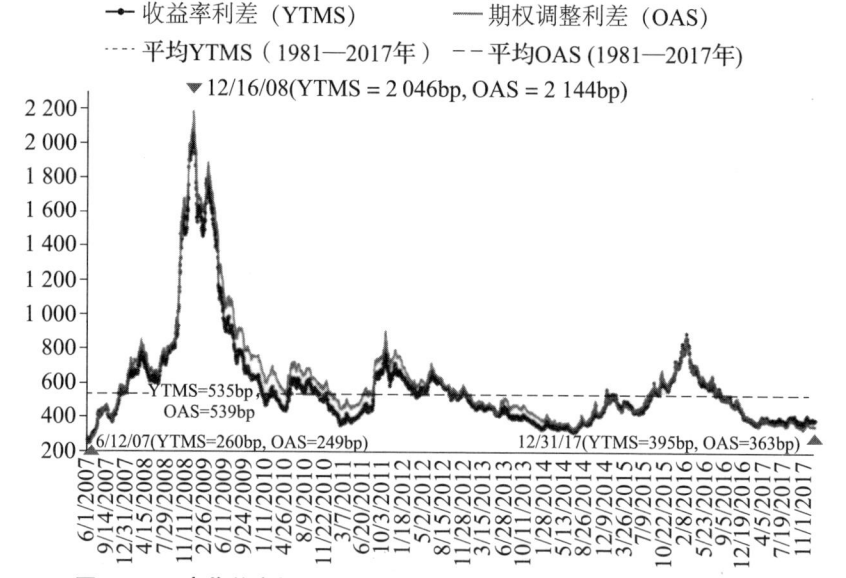

图9-13 高收益市场和美国中期国债市场的YTM（到期收益率）和期权调整利差比较（2007年6月1日至2017年12月31日）

资料来源：Citigroup Yieldbook Index Data and Bank of America Merrill Lynch.

第9章 高收益债券市场：投资者和分析师的风险和收益

10.5%，在此之后的最初两年内违约率也超过了10%（见图9-6）。当然，国债收益率影响市场要求的收益率和利差水平。利差在2017年年末仅3.9%，部分反映出10年期国债只有2.4%的较低利率，但也说明当时高收益债券市场是宽松的。所以，2017年12月31日3.9%的利差并不低于2005年的4.0%，当时10年期国债利率达到4.4%。

4. 固收市场或股权市场的流动性大概是最难做出精确定义的变量。与此同时，流动性预期总是信贷周期的主要因素，例如在市场高度紧缩周期，它是判断信贷周期所处阶段的占主导地位的变量。尽管一些传统计量方法，如买卖价差、发行规模、市场容量，都与流动性有关，但我们倾向于更多关注新发行债券的数额，以及这些新债券发行中最低信用评级（即CCC/Caa级）债券占市场的比重。如果信用风险较高的企业依然能够轻易在债券市场上获得再融资或增长，这就是一个信号，表明市场并不怎么担心信用风险，它的流动性很好。图9-14显示了全部新发行的信用评级CCC的高收益债券占美国和加拿大市场的百分比。请注意，这个百分比在2007年达到了令人难以置信的高位

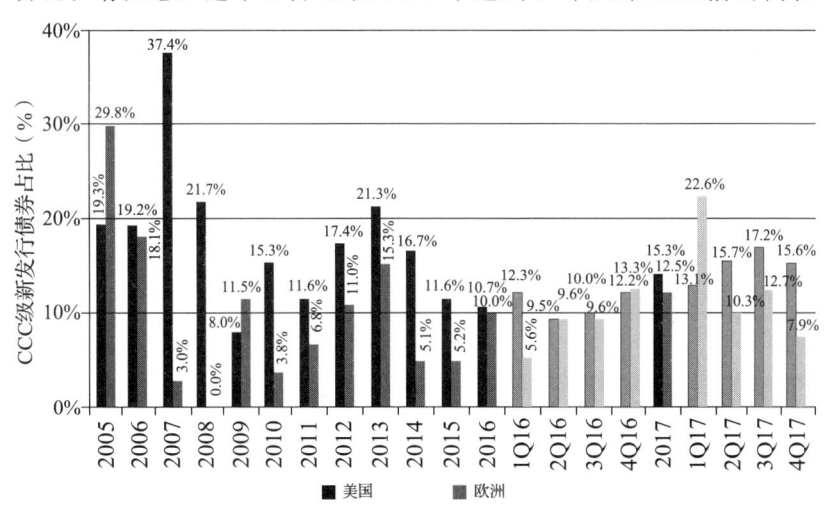

图9-14 美国和欧洲高收益债券市场：CCC级新发行债券占比 （2005—2017年）

资料来源：S&P Global.

37.4%，那时正是信用危机来袭前夕、信贷宽松周期阶段的末尾。自2009年以来，美国CCC级债券的百分比从2009年低至8.0%上升到2013年21%以上，最近一段时间是10.0%～16%。这确实表明，流动性仍然保持在高位，2017年新发行的高收益债券为2 420亿美元。看来CCC级发行人进入市场相对容易，这些颇有吸引力的利率和总体高收益市场的活力吸引了投资者和新发行人，同时也保证了宽松的货币环境。

图9-12的最后一栏表明，当市场经历信贷宽松周期多年，而且新发行债券与投资者的热情相伴而行，就有可能是过热了，谨慎的分析者必须问一问，是不是泡沫正在形成，导致泡沫突然破灭的口子将在何处。我们在2017年的结论是，2007年的高收益债券市场已经有许多泡沫特征，这是过度泡沫化的市场，但也有几个重要的缓解因素，有助于让投资者对信贷宽松周期持续下去有信心，至少在短期内如此。毫无疑问，上面谈到的四大决定性因素都指向信贷宽松周期的持续。

我们担心的是，一些风险因素会快速改变市场情绪，突然形成高风险环境。这些因素包括：

- 宽松周期前所未有的持续时间（图9-7）
- 非金融企业债务占GDP的百分比（图9-8）
- 高收益债券发行企业的相对健康状况，2007年与2016年相比较（见本书第10章对这些时期的Z-评分的讨论）
- 高收益和CCC评级债券的新发行（图9-4，图9-5，图9-14）
- 杠杆收购的统计和趋势（将在后面讨论）

杠杆收购风险因素

纵观高收益债券市场的历史，一直存在的供给因素是使用杠杆融资工具，包括利用杠杆贷款为私募股权企业的购并（友好交易或者恶意交易）提供融资。当市场上的潜在并购对象估值低廉、贷款利率很

第9章 高收益债券市场：投资者和分析师的风险和收益

低而且容易获得、私募股权（PE）基金有巨大的现金储备时，并购市场就会需求旺盛，竞争将推高购并成本和并购交易的杠杆水平。图 9-15 显示了由私募股权基金支付的 1998—2017 年杠杆收购（LBO）私有化交易或者是其他（二手收购）交易的"买价倍数"（purchase price multiple）。私有化交易的倍数从 2001 年的 5.2 倍到 2016 年的 11.2 倍，2016 年出现的这个平均价格倍数是绝无仅有的最高纪录，甚至高于 20 世纪 80 年代后期疯狂并购时，那次并购狂潮最终导致 1990—1992 年违约大幅增长，在我们看来，那是高收益债券和杠杆贷款违约率的创纪录水平，是 1991 年经济衰退的主要催化剂之一。

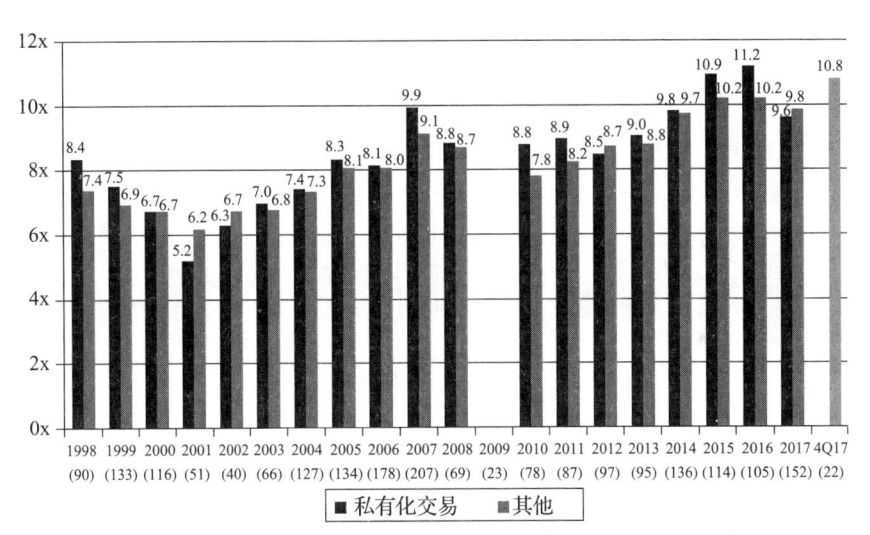

图 9-15 买价倍数（不包括 LBO 交易的费用，1998—2017 年）
资料来源：S&P Global.

也有人认为，对买价倍数最近出现的创纪录水平不必过于担忧，因为当前的低利率市场环境和私募股权基金投资于当前交易的股权比例较大的情况与 1987—1989 年资本负债率高达 80%～90% 的情况不可同日而语。这个观点是正确的。近年来，LBO 交易的融资与 20 世纪 80 年代后期相比更为保守，债务水平平均只有 60%～70%。虽然如此，当债务水平用 EBITDA（息税折旧摊销前利润）计量时（见图 9-16），我们确实可以看出，近期的中位水平刚刚低于 6 倍的危险水平。就算中位水平在 5.8 倍，仍表明有一半 LBO 交易的负债与/EBITDA 的比值在 5.8 倍以上，即使利率低下，这也是一个危险的信号。最后，这些交易中存在巨额的浮动利率杠杆贷款，所以如果利率水平在未来大幅上升，那么通过 LBO 融资的企业要想在高债务水平下生存将面临重重困难。

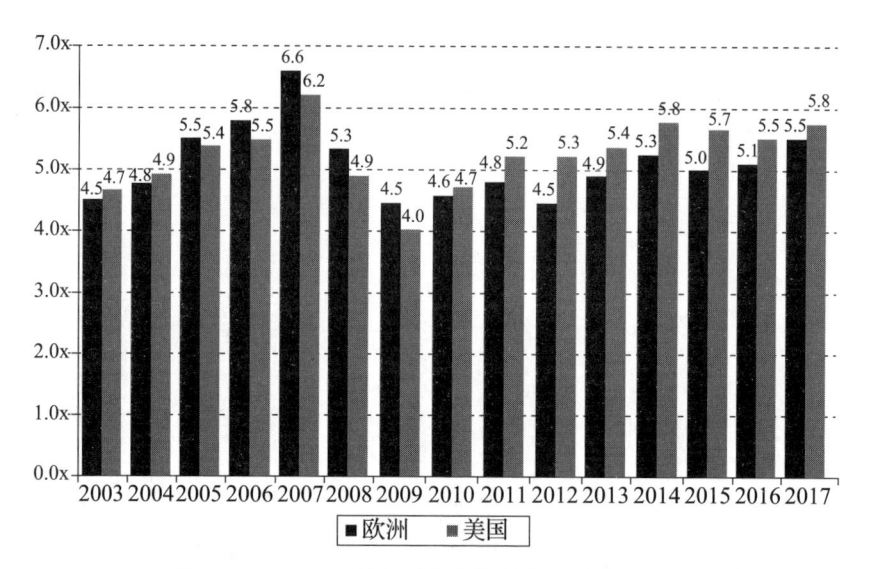

图 9-16　LBO 的平均总债务杠杆率：欧洲和美国，EBITDA 超过 5 000 万欧元/美元（2003—2017 年）

资料来源：S&P Global.

应该指出的是，由于私募行业以往有令人印象深刻的避免违约的表现，大家对 LBO 买价倍数和债务水平的担忧得到了缓解，这要么是因为 PE 行业高超的资产组合管理，要么是在危机出现时使用其他融资渠道获得了流动性。确实，我们的研究显示（没有公开发表），在信用风险水平的控制上，PE 融资的 LBO 交易违约显著少于可比风险企业，而后者并不是 PE 企业资产组合的一部分。而且，有一个情况增加了融资可得性，那就是从"影子银行"（shadow-banking）融资，这在之前

第9章 高收益债券市场：投资者和分析师的风险和收益

的LBO周期中并不那么明显。这种融资可得性对于PE企业而言要比其他企业更为显著。

高收益债券和股票收益

关于高收益债券市场的风险和收益，要讨论的最后一个问题是，它与另一个风险证券市场即股权市场的重要关系。20世纪60年代的经典金融经济学理论不仅讨论了公司各类资本融资的"啄食顺序"（pecking-order）理论，公司在资本选择方面的信息不对称以及公司保持目标资本结构、负债/股本比率的能力，还讨论了利用周期性机会（权衡理论）来提高债务水平，或者在债务水平变得过高时降低杠杆率。当企业有能力相对平顺地将股权换成债务时，替代融资理论相当有效，只要企业愿意就可以这么做，所需成本并不高。而且这样一来很容易进行转换，股权成本与债务成本并不高度相关。图9-17显示，在整个样本期间即1987—2017年，高收益债券指数和标普500股价指数之间的相关度相当低，为59%。在1990—1991年和2001—2002年的信贷紧缩周期里甚至更低（分别是48%和54%）。所以，当高风险债券市场在这两个周期中"萎靡不振"时，股价也下跌，但是并未达到2008—2009年金融危机时的水平（相关度为73%），2010—2017年，相关度为72%。因此，高收益债券发行公司或"堕落天使"公司确实有机会在信贷宽松周期的市场里将债权转为股权，正如2017年中期那样，如果他们对2010年以来堆积起来的债务感到担忧的话。但如果他们等到债券市场已经显示出无可怀疑的紧张信号时再转为股权，那么要想以合理成本来实现恐怕为时过晚，甚至根本就行不通了。在股票市场也处于历史纪录的高水平时，继续利用信贷宽松周期的低利率环境进行债务融资的愿望会胜过利用股权融资的保守策略。

		花旗银行高收益债券市场指数	标普 500 股价指数
信贷紧缩周期 I [a] 01/1990—12/1991 (24 obs.)	违约债券指数	68%	12%
	标普 500 股价指数	48%	
信贷紧缩周期 II [b] 01/2001—12/2002 (24 obs.)	违约债券和银行贷款指数	76%	23%
	标普 500 股价指数	54%	
信贷紧缩周期 III 01/2008—03/2009 (15 obs.)	违约债券和银行贷款指数	80%	73%
	标普 500 股价指数	73%	
复苏周期 04/2009—04/2011 (25 obs.)	违约债券和银行贷款指数	71%	65%
	标普 500 股价指数	67%	
全样本周期 01/1987—12/2017 (372 obs.)	违约债券和银行贷款指数 [c]	62%	38%
	标普 500 股价指数	59%	
最近一期 01/2010—12/2017 (96 obs.)	违约债券和银行贷款指数	52%	35%
	标普 500 股价指数	72%	

a. 复苏期间违约债券指数和标普 500 股价指数的相关性为 −16%。
b. 复苏期间违约债券和银行贷款指数与标普 500 股价指数的相关性为 43%。
c. 只根据违约债券指数，从 1987 年 1 月到 1995 年 12 月。

图 9-17　在紧缩和复苏信贷周期，不同资产类别的指数的月度收益的相关性
资料来源：Altman and Kuehne（2017），纽约大学所罗门研究中心.

预测违约率和回收率

对市场违约率和回收率进行预测殊为不易，可以采用"自下而上"的方法，从单期发行和单个发行者入手，或者采用宏观的"自上而下"

第 9 章 高收益债券市场：投资者和分析师的风险和收益

方法，或者兼而有之。出于实际操作和跟踪记录的原因，我们选择了自上而下的办法，运用几种技术（模型），包括以主要评级机构对过去十年发行总量的评级为依据的死亡率指标，以市场信息为依据计算的收益率利差以及危困率指标，来预测近期市场违约事件的发生。危困率是指利率高于国债基准利率10%的高收益债券的比例（见本书第14章和第15章关于不良资产的内容）。违约率既可以通过观察历史数据得到，也可以通过上述三个变量的计算得出。我们认为，两个基于市场的指标比最终违约率预测更重要，因此，我们基于死亡率法和两个基于市场的指标的估计值的平均（采用相等权重）作出预测。我们的违约率估计值随后形成高收益债券违约的总回收率估计的基础。对违约率预测方法论及其随时间变化的估计的更多深入讨论详见我们的高收益债券年度报告（如 Altman and Kuehne，2017）。

累积违约率

如果将图 9-19 和图 9-20（Altman，1989；Altman and Kuehne，2017）中的死亡率与主要评级机构（穆迪和标普）的累积违约率相比，那么在图 9-18 中可以看到，许多债券评级的一年期违约率之间存在显著差别。计算边际率和累积率的不同方法可以解释这些令人困惑的结果，差别可以用以下因素来解释。

- 美元数额加权（Altman）还是发行者加权（评级机构）数据。
- 初始发行评级（Altman）还是按评级分组，不论券龄（评级机构）。
- 死亡率法（Altman）还是根据原始群组规模的违约率（评级机构）。
- 样本期间。

	1	2	3	4	5	6	7	8	9	10
AAA/Aaa										
Altman	0.00%	0.00%	0.00%	0.00%	0.01%	0.03%	0.04%	0.04%	0.04%	0.04%
穆迪	0.00%	0.00%	0.00%	0.03%	0.13%	0.22%	0.31%	0.41%	0.51%	0.62%
标普	0.00%	0.04%	0.17%	0.29%	0.42%	0.54%	0.59%	0.67%	0.76%	0.85%
AA/Aa										
Altman	0.00%	0.00%	0.20%	0.26%	0.28%	0.29%	0.30%	0.31%	0.33%	0.34%
穆迪	0.01%	0.02%	0.08%	0.21%	0.35%	0.47%	0.57%	0.66%	0.74%	0.82%
标普	0.03%	0.08%	0.18%	0.31%	0.45%	0.60%	0.74%	0.86%	0.96%	1.07%
AA										
Altman	0.01%	0.04%	0.15%	0.27%	0.36%	0.41%	0.43%	0.67%	0.74%	0.78%
穆迪	0.03%	0.13%	0.30%	0.46%	0.64%	0.86%	1.09%	1.34%	1.60%	1.85%
标普	0.07%	0.20%	0.36%	0.54%	0.73%	0.95%	1.19%	1.41%	1.65%	1.89%
BBB/Baa										
Altman	0.32%	2.65%	3.86%	4.80%	5.27%	5.48%	5.71%	5.86%	6.02%	6.33%
穆迪	0.15%	0.43%	0.78%	1.23%	1.68%	2.14%	2.59%	3.06%	3.59%	4.18%
标普	0.22%	0.58%	0.99%	1.50%	2.05%	2.60%	3.09%	3.58%	4.07%	4.55%

第 9 章　高收益债券市场：投资者和分析师的风险和收益

	1	2	3	4	5	6	7	8	9	10
BB/Ba										
Altman	0.92%	2.94%	6.68%	8.50%	10.71%	12.11%	13.37%	14.32%	15.53%	18.16%
穆迪	1.07%	2.93%	5.08%	7.27%	9.25%	11.13%	12.80%	14.46%	16.16%	17.94%
标普	0.80%	2.52%	4.57%	6.57%	8.38%	10.14%	11.62%	12.98%	14.17%	15.25%
B/B										
Altman	2.86%	10.31%	17.29%	23.70%	28.08%	31.29%	33.76%	35.12%	36.24%	36.72%
穆迪	3.90%	9.07%	14.31%	18.97%	23.25%	27.16%	30.70%	33.81%	36.64%	39.10%
标普	3.92%	9.00%	13.43%	16.88%	19.57%	21.76%	23.56%	24.98%	26.24%	27.42%
CCC/Caa										
Altman	8.11%	19.50%	33.79%	44.55%	47.27%	53.40%	55.91%	58.01%	58.28%	60.05%
穆迪	10.37%	18.29%	24.97%	30.52%	35.25%	38.77%	41.96%	45.31%	48.89%	51.59%
标普	28.85%	39.23%	44.94%	48.55%	51.31%	52.53%	53.95%	55.00%	55.96%	56.66%

图 9-18　累积违约率（死亡率）比较（最长十年的百分比）

资料来源：
- Altman，市场价值加权，根据标普的初始发行评级的年数计算（1971—2016 年）；见 Altman (1989)，Altman and Kuehne (2017)。
- 平均累积违约率（1970—2016 年），穆迪投资者服务，2017 年。
- 标普 2016 年度全球公司违约研究和评级转换：企业的平均累积违约率（1981—2016 年）。

$$MMR_{(r,t)} = \frac{在年份(t)评级为(r)的违约债券的总价值}{从年份(t)开始所有债券的总价值}$$

MMR 为边际死亡率。

我们可以对任意时间段（1，2，…，t 年）计量累积死亡率（CMR），计算方式如下

$$CMR_{(r,t)} = 1 - \prod SR_{(r,t)}$$

$$t = 1 \to N$$

$$r = AAA \to CCC$$

式中，$CMR_{(r,t)}$ 为在年份（t）评级为（r）的债券的累积死亡率；$SR_{(r,t)}$ 为在年份（t）评级为（r）的债券的生存率，即 $1 - MMR_{(r,t)}$。

图 9-19　边际和累积死亡率精算法

我们认为，迄今为止最重要的解释在于死亡率与累积违约率的比较，所以，当债券是首次发行时，我们应使用发行评级和规模。评级机构都使用在某一时点上具有相同评级的一揽子债券，而不论发行在外时间的长短和初始评级为何。所以在开始的几年里，我们看到死亡率结果所显示的违约率大大低于评级机构的数据。例如，B 级债券发行后，第一年的死亡率是 2.86%，而对应的穆迪评级的一年期违约率（3.90%）要高一些。注意，死亡率和累积违约率之间的差异将持续存在，直到第 4 年或第 5 年，当券龄效应减退时，所有的方法都给出了基本一致的结果（图 9-18）。

这些结果上的差异对银行或投资者是极为重要的。他们需要根据巴塞尔协议Ⅱ的要求估算一年期的预期违约率（银行），或者是预计违约事件和损失准备金（所有使用者）。我们认为，分析的资产组合的券龄结构应该说明所使用的方法和数据来源。当然，在发放新贷款或投资新发行债券时，用死亡率法估计不包含违约的现金流和其他用途是合乎逻辑的。对于较为成熟的资产组合，评级机构使用累积违约率法或许更为合理。

第9章 高收益债券市场：投资者和分析师的风险和收益

		1	2	3	4	5	6	7	8	9	10
AAA	边际	0.00%	0.00%	0.00%	0.00%	0.01%	0.02%	0.01%	0.00%	0.00%	0.00%
	累积	0.00%	0.00%	0.00%	0.00%	0.01%	0.03%	0.04%	0.04%	0.04%	0.04%
AA	边际	0.00%	0.00%	0.19%	0.05%	0.02%	0.01%	0.01%	0.01%	0.01%	0.01%
	累积	0.00%	0.00%	0.19%	0.24%	0.26%	0.27%	0.28%	0.29%	0.30%	0.31%
A	边际	0.01%	0.03%	0.10%	0.11%	0.08%	0.04%	0.02%	0.23%	0.06%	0.03%
	累积	0.01%	0.04%	0.14%	0.25%	0.33%	0.37%	0.39%	0.62%	0.68%	0.71%
BBB	边际	0.31%	2.34%	1.23%	0.97%	0.48%	0.21%	0.24%	0.15%	0.16%	0.32%
	累积	0.31%	2.64%	3.84%	4.77%	5.23%	5.43%	5.66%	5.80%	5.95%	6.25%
BB	边际	0.91%	2.03%	3.83%	1.96%	2.40%	1.54%	1.43%	1.08%	1.40%	3.09%
	累积	0.91%	2.92%	6.64%	8.47%	10.67%	12.04%	13.30%	14.24%	15.44%	18.05%
B	边际	2.85%	7.65%	7.72%	7.74%	5.72%	4.45%	3.60%	2.04%	1.71%	0.73%
	累积	2.85%	10.28%	17.21%	23.62%	27.99%	31.19%	33.67%	35.02%	36.13%	36.60%
CCC	边际	8.09%	12.40%	17.71%	16.22%	4.88%	11.60%	5.39%	4.73%	0.62%	4.23%
	累积	8.09%	19.49%	33.75%	44.49%	47.20%	53.33%	55.84%	57.93%	58.19%	59.96%

图9-20 按初始评级分类的债券死亡率（全部评级债券）*，1971—2017年

＊发行时标普评级。
基于3 359例发行数量。
资料来源：标普（纽约）和作者的汇编。

我们的结论是，如今无论在美国还是其他一些地区，高收益债券市场都是成熟的市场，是被普遍接受的，是以出于各种目的为低评级公司提供融资的市场，其证券对投资者而言是合法资产类别。我们将在本书第 14 章和第 15 章探讨高收益债券和杠杆贷款的"衍生"资产类别，尤其是危困和违约公司的证券。这些公司或即将违约，或已经违约，其证券依然在交易，同时企业也在努力进行重组，或者在庭外进行重组，或进入第 11 章破产重组流程。请注意，尽管高收益债券对机构投资者来说是合法的风险/回报平衡的资产类别，但它们也是其他不良资产投资者的潜在投资对象。

第10章 50年信用风险模型回顾、阿尔特曼Z-评分模型及其应用

企业信用评分体系的演变

业界采用信用评分系统对企业能否偿还债务的决定因素进行识别。这样的系统或许可以追溯到12世纪,当时旅行者需要通过借贷来获得旅行所需资金,这种借贷行为在美国出现得相对较晚。借贷行为确实帮助公司和企业家推动了经济增长,尤其是在美国西部扩张时期。19世纪,出借方通常会对借款人原始的财务信息进行评估,评估过程中所要求的主要信息类型都是主观、定性的,主要是围绕财产所有权和管理变量以及抵押品(见图10-1)。20世纪初期,评级机构和一些更重视财务的公司类实体[例如,关注企业净资产收益率(ROE)的杜邦体系(DuPont System)]引入了单变量会计计量和行业对照组,以此来确定信用评级(见图10-2)。这些"革命性"技术的关键之处在于,分析者能够将某一公司的财务指标与相关数据库中的时间序列(同一实体)数据和跨部门(行业)数据进行比较,数据和相关数据库也就成为管理者做出合理判断的关键,今天的情况更是如此。毫无疑问,在信用评分领域,数据为王,模型能否成功预测违约取决于它能否利用各种规模的数据库。

- 定性（主观）评级——19 世纪
- 单变量（会计/市场计量）
  - 评级机构——例如穆迪（1909）、标普（1916）和公司（例如杜邦）体系（20 世纪早期）
- 多变量（会计及市场计量）——20 世纪 60 年代晚期（Z-评分）至今
  - 判别因素模型、逻辑回归模型、Probit 模型（线性，二次）
  - 非线性和"黑箱"模型（例如，递归分区，神经网络，20 世纪 90 年代）
- 差别因子和逻辑回归模型的应用
  - 消费者模型——Fair Isaacs（费埃哲公司评分）
  - 制造业上市（美国）企业（1968）——Z-评分
  - 特定行业和国家的扩展和创新（20 世纪 70 年代至今）
  - ZETA 评分——行业（1977）
  - 私有企业模型（例如，Z''-评分（1983），Z''-评分（1995））
  - EM 评分——新兴市场（1995）
  - 银行专用系统（20 世纪 90 年代），巴塞尔协议 II 的推动
  - 中小企业——例如，Edminster（1972），Altman and Sabato（2007），Altman，Sabato，and Wilson（2017）
- 期权/或有债权模型（20 世纪 70 年代至今）
  - 破产风险（Wilcox，1971）
  - KMVs 信用监控模型（1993）——Merton（1974）结构框架的扩展
- 人工智能系统（20 世纪 90 年代至今）
  - 专家系统
  - 神经网络
  - 机器学习
  - 递归分区（Frydman，Altman，and Kao，1985）
- 混合比率/市场价值模型
  - 阿尔特曼 Z-评分（基础比率和市场价值）——1968 年
  - 债券评分（信用视界，2000；RiskCalc Moody's，2000）
  - 风险（Shumway，2001）
  - Kamakura 简化形式模型，期限结构模型（2002）
  - Z-指标（Altman 等；RiskMetrics，2010）
- 定量因素和实时数据的再引入（金融科技）
  - 独立指标，例如发票、支付历史
  - 多因素——数据挖掘[大数据支付，治理，单个企业报告时间（例如，CreditRiskMonitor 的修订版 FRISK 评分，2017）等]
  - 增强的混合模型（21 世纪初）

图 10-1　不同年代的公司评级系统

第 10 章　50 年信用风险模型回顾、阿尔特曼 Z-评分模型及其应用

穆迪		标普/惠誉
Aaa		AAA
Aa1		AA+
Aa2		AA
Aa3		AA-
A1		A+
A2		A
A3		A-
Baa1	投资级	BBB+
Baa2		BBB
Baa3		BBB-
Ba1	高收益	BB+
Ba2	("垃圾")	BB
Ba3		BB-
B1		B+
B2		B
B3		B-
Caa1		CCC+
Caa		CCC
Caa3		CCC-
Ca		CC
		C
C		D

图 10-2　主要评级机构的债券信用等级

最初的阿尔特曼 Z-评分模型（Altman，1968）是根据 66 家制造企业的样本研发出来的，其中样本数据分为破产组和非破产组两组，还有一组数据量相对较少的保留样本（50 家）。在信用评级"原始"阶段，业界并没有采用电子数据库，分析研究人员不得不根据原始资料（年度报告）或二手信息来源（穆迪和标普的行业手册和报告）来建立自己的数据库。直到现在，教师和研究人员还经常向我询问关于这 66 家制造企业数据库的问题，主要用于教学或参考练习。现在每个人都知道，研究人员使用的数据库包括成千上万家企业，甚至数百万家企业（特别是在那些企业必须将财务报告上报公共数据库的国家，比如英国）。穆迪公司于 2017 年购并了 EQT 的含有 2 亿家企业及客户的扩展数据库，出价 33 亿美元。而标普则于 2015 年购买了 SNL 的金融机构的扩展数据库、管理结构和顾客手册，出价 22 亿美元。这些交易说

明了数据库的重要性。如图9-1所示，三大评级机构都建立了信用等级体系，用以表征违约的可能性，这些评级都是定性的，而非定量的。此类评级是出于多重考虑：(1) 财务状况比例分析，通常基于单变量，并对各项比率进行逐一考量；(2) 行业整体状况；(3) 定性因素，评估企业的管理计划和能力、战略和其他因素，这些因素或许是在与高管人员交谈时搜集到的"内部"情报或基于评级团队的经验。现在评级机构的决策过程基本上仍是这样，即最终的评级取决于企业的违约可能性。在某些情况下，评级根据由预测回收率计算出的违约损失率来确定。这些输入要经过"全商业周期"的分析，通常基于对"信贷紧缩"历史的分析。虽然评级机构仍以信贷紧缩场景作为基础输入来评估企业偿付能力，但是评级机构已经不再将商业周期视为调整评级的关键因素了。

关于流程和估值，我们认为：

1. 因为评级流程已经标准化，而且长期执行得相对一致，所以它能为市场提供重要的参照点，并且被认为是"国际信用语言"。初始评级和评级变化的数据库成为研究者和从业者重要的数据来源，这些数据来源在不断更新。

2. 初始评级是精心评估后得出的结果，相关业务人员有充足的资料和强烈的愿望对特定债券、贷款和商业票据（所谓企业"普通金融产品"发行）的状态进行精准评估，以此得出相关企业的还款可能性。评级认定并不是对违约概率给出具体的定量评估，但确实为大量数以百万计的债券的实际违约情况提供了重要的基准，也为评估非评级公司和证券的债券评级等价量提供了重要的基准，最终从业人员可以依据这些信息得出关于公司债务的PD（违约概率）。我们将展示评级模型中死亡率法的评级能力，该方法基于我们最初的研究（Altman，1989）。这一方法逐年更新，其演变过程参考了其他类似的分析方法，例如，穆迪和标普在20世纪90年代早期引入的被称为累积违约率和评

第 10 章　50 年信用风险模型回顾、阿尔特曼 Z-评分模型及其应用

级换算表的技术。[1]

3. 然而我们发现，评级机构对初始评级为优秀的债券的跟踪评级没有及时与企业业绩相匹配，也就是说，评级结果落后于企业财务和业绩发生的转变。Altman and Rijken（2004）等的研究清楚表明，与既定模型的"瞬时"估计（例如 Z-评分类模型或 KMV 结构化估算）相比，评级机构的反应一般要迟缓些，尤其在信用恶化时。事实上，评级机构也公开承认，评级稳定性是评级系统非常重要的属性，评级结果要避免过大的波动。所以，评级调整要晚于客观的、非情绪化的模型计算出的时间就毫不奇怪了。这些评级调整（大部分是调降评级）通常要比模型反映出来的差距要小。这意味着，评级向下调整之后，假如再做调整，新的调整极有可能会与上一个调整的方向一致，即再次向下调整。因此，评级下调具有很强的自相关性（Altman and Kao，1992）。我们注意到，很少有评级机构出面否认这种现象。毕竟评级机构的客户（债券发行企业）更希望评级比较稳定，而不是频繁调整，尤其是负面的调整。使用评级服务的机构用户（如养老金和共同基金）更希望有一个稳定的评级系统。

4. 评级机构的业务模式是向被评级的企业收取评级费，有关评级的客观性和潜在误差的讨论和争论从未中断过。有些批评者指出这种业务模式存在利益冲突，呼吁制度改革，并提出了"投资者付费"模式或由政府机构来做评级，这些观点虽然已经广泛流传，但尚未得到评级行业的主角——信用评级的用户（主要是投资者）的共鸣。投资者在某些情况下偏好评级稳定而不是评级短期波动，他们尤其不愿意看到从投资级降到非投资级的评级调整，反之亦然。所以，尽管监管部门大力鼓励使用替代的系统（比如内部研发模型或供应商评级模式）来估算 PD，但是主要评级机构的评级仍然是市场评级重要的第三方来源。我们认为，尽管评级机构仍将占据评级市场的突出位置，但像阿尔特曼的 Z-评分系列模型仍可以在投资领域发挥非常重要的作用。

多变量会计/市场计量

延续信用评分在单变量系统之外的发展历史（如评级机构的方法和众多学者的研究，如 Beaver，1966），我们现在转向第一个多变量模型来进行破产预测，即我们最初研发的 Z-评分模型。以早期的经济—金融社会科学判别分析模型为基础，Altman（1968）以及其后的 Deakin（1972）结合传统财务报告中的变量并采用先进统计技术，同时借助于早期的大型计算机，于 1968 年建立了最初的 Z-评分模型。模型包含 5 个财务指标，其中 4 个从最近一年的财务报告中即可获得，另一个要求获得股权的市场价值。初始模型（图 10-3）展示了关于初始样本与保留样本的十分出色的第一类（Type Ⅰ，预测破产）和第二类（Type Ⅱ，预测不破产）错误的误差，这里采用了衍生临界值法（下面将展开论述），财务数据来自破产前年度财务报表。初始样本企业都是制造业公司，它们在"旧"的法律体系下提出破产重组申请，称为第 10 章或第 11 章破产（现在已经合并为第 11 章）。以 1966 年之前的美国经济状况为背景，样本企业都是公众持股公司，企业资产规模都在

变量	定义	因子权重
X_1	营运资金/总资产	1.2
X_2	留存收益/总资产	1.4
X_3	EBIT/总资产	3.3
X_4	股权市价/总负债	0.6
X_5	销售额/总资产	1.0

图 10-3 初始 Z-评分构建的定义和权重

第 10 章 50 年信用风险模型回顾、阿尔特曼 Z-评分模型及其应用

2 500 万美元以下。样本组的规模不大,各组只有 33 个样本。值得一提的是,虽然已经过去了 50 年,行业引入了各种规模的企业,包括资产数十亿美元的企业,但该模型至今仍被广泛使用。

最初的 Z-评分模型为线性模型,只需要单一财务报表,自模型问世以后,业界纷纷推出类似的模型,这些模型可使用线性和非线性变量,也可采用不同的分类技术,如二次方程模型、逻辑回归模型、Probit 模型和风险模型。模型不仅可以将企业分为破产组或非破产组,还可以根据模型所使用的样本企业的特征,用违约概率的语言来表达最终评分的结果。我们接下来将讨论基于阿尔特曼债券评级等价量(band-rating equivalent,BRE)法,并结合长期(如 1~10 年)违约发生率来估算违约概率的一种方法。

这种判别因素模型,或者逻辑回归模型,可用于消费信贷评分(如费埃哲公司的 FICO 评分)、非制造业评分(ZETA 评分,参见 Altman,Haldeman,and Narayanan,1977)、私有企业评分、上市公司评分;也可用于许多其他国家(已应用数十年,甚至近些年仍在发展)、新兴市场(如 Altman,Hartzell,and Peck,1995)。自 20 世纪 90 年代中期,特别是 1999 年巴塞尔协议 II 首次纳入内部信用模型以来,这些模型也用于银行的内部评级系统(IRBs)。模型用于不同行业不同规模的企业,其中包括为中小企业开发的模型,例如,Edmister(1972),Altman and Sabato(2007),Altman,Sabato,and Wilson(2010)。值得一提的是,模型最近还用于意大利迷你债券的发行(Altman,Esentato,and Sabato,2016)。

诸多颇具特色的统计和数学技术已经应用于破产/违约的预测领域,包括专家系统、神经网络、遗传算法、递归分区(recursive partitioning)等。最近,业界纷纷尝试用复杂的机器学习方法来对违约进行预测。这些努力有大规模数据库支持,同时引入了非财务数据。虽然

这些技术在初始样本（有时是保留样本）的预测精确度测试方面通常超过现在的基于"原始"判别的财务报表模型，但值得一提的是，算法和专用数据源越复杂，模型被其他研究人员和实践者掌握和复制的可能性就越小。

结构模型得到了学术界和从业者的认可和使用。这类模型延续了默顿（Merton，1974）的或有债权法，可用于评估风险债券的价值。默顿模型已经被 KMV 公司的信贷监控系统（Credit Monitor System）商业化了。该系统（在 2001 年后由穆迪拥有）拥有全球各地公司庞大的违约样本数据库，模型结果主要依赖公司市值、历史市场波动性指标和债务水平，并基于"违约距离"（distance-to-default）计算得出违约率估计值。业界几位研究人员也都复制了默顿模型，经常将该模型与自身开发的模型以及更为传统的模型（如 Z-评分和 Kamakura 的简化形式模型）进行比较（见 Chava and Jarrow，2004），比较结果显示不出哪种方法更具优势（见 Das，Hanouna，and Sarin，2009；Bharath and Shumway，2008；Campbell，Hilcher，and Szilagi，2008）。

最近一些学者在努力尝试建立更精准和更容易被业界接受的模型，这些模型被称为"混合"模型，即将各种财务比率、市价及宏观变量结合在一起来预测违约。有些混合模型还尝试包括一些容易获取的非金融变量。许多咨询顾问和放款人可能在考虑使用或已经使用了这些混合模型，例如，由 RiskMetrics 引入的 Z-指标（Altman，Rijken，Watt，Balan，Forero，and Mina，2010）模型。与更传统的衍生模型相比，这些模型有时带有放款人的主观判断。近期的金融科技创新正在探索使用大数据和非传统指标，如发票分析、支付历史、治理属性、关于负面信息事件和数据的点击量[2]，以及社交媒体数据等。这些数据可以帮助分析人员实时获取关于企业和个人信用质量变化的信息。

第 10 章　50 年信用风险模型回顾、阿尔特曼 Z-评分模型及其应用

机器学习法

就机器学习和大数据技术而言，我们仍然对业界人士接受用"黑箱"方法来评估对方的信用风险持怀疑态度。毫无疑问，目前这种技术的应用风潮引起了金融科技领域许多学术界人士和几家初创企业的注意。事实上，我们与一些同事（Barboza, Kumar, and Altman, 2017）合作，运用机器学习模型根据前一年的数据预测破产发生概率。我们选用的方法包括：支持向量机（SVM）、提升方法（boosting）、随机森林（random forest）等，我们还将所得结果与判别分析、逻辑回归和神经网络等方法做了比较。我们发现，基于 1985—2013 年的数据，并应用机器学习技术，模型预测的准确性有了很大提高（约 10%）。当在 5 个 Z-评分变量之外再增加 6 个指标时，模型准确性的提升尤为明显。在过去几年（2014—2017 年），业界曾就 SVM 是否优于其他机器学习方法有过争论，以上结果为业界争论添加了新的研究成果。几乎所有的机器学习信用模型都发表在专家系统和计算机技术期刊上，其中最杰出的成果发表在 *Expert Systems with Applications* 上（见 Barboza 等，2017）。

用评分模型做违约预测

信用评分模型的构建相对简单，构建过程只需要有足够且合适的非违约和违约债券或公司的数据库，模型需要精准的预测变量。我们的第一个模型，Z-评分模型（与统计 Z-检验一起取名为"Z"，是因为它是英文字母表中的最后一个字母）根据"安全"与"危困"区域之间的临界值，对企业是否"可能"破产进行分类，中间区域为灰色区（见图 10-4）。

```
Z＞2.99——安全区
1.81＜Z＜2.99——灰色区
Z＜1.81——危困区
```

图 10-4　辨识区：初始的 Z-评分模型（1968）

这些区域的选择完全基于初始样本数据。不可否认，两类公司（破产和非破产）各 33 家的样本量都很小，这些关于制造业公司的财务报表和股票市场价值都来自 20 世纪 60 年代。任何 Z-评分低于 1.81（危困区）的公司都被列为破产公司。事实上，评分低于 1.81 的公司确实在一年内破产（100％准确）；而那些评分高于 2.99 的企业直到 1966 年此项研究结束之前仍没有破产（也是 100％准确）；评分介于 1.81～2.99 之间的企业出现了一些分类错误（灰色区，66 家企业中有 3 家错误，见图 10-5）。

破产前年度	初始样本(33)	保留样本(25)	1969—1975 年预测样本(86)	1976—1995 年预测样本(110)	1997—1999 年预测样本(120)
1	94％（88％）	96％（72％）	86％（75％）	85％（78％）	94％（84％）
2	72％	80％	68％	75％	74％
3	48％	—	—	—	—
4	29％	—	—	—	—
5	36％	—	—	—	—

图 10-5　Z-评分破产模型[*]的分类和预测准确性

[*] 临界值为 2.67（括号中的临界值为 1.81）。

请注意，这些临界值只是根据初始样本企业的情况得出的。由于分区清晰明确，不存在歧义。在后续的预测中，模型采用的是破产前一年的数据（第一类错误），准确率达到 85％以上（图 10-5），这些临界值现在仍然被业界人士所接受和使用。对此，作者倍感荣幸。但遗憾的是，50 多年来，信誉的动态和趋势发生了巨大变化，仅将信用分

第 10 章　50 年信用风险模型回顾、阿尔特曼 Z-评分模型及其应用

为"破产"和"非破产"已经不能满足 Z-评分模型大量应用者的要求。确实，企业评分为 1.81 和 1.79，差别很小，但由两个取值得出的区域划分却很不同。此外，信用评估的"圣杯"，即违约概率（PD）和与概率相关的违约事件的发生，并不能简单地对应于一定的信用评分。我们将研究信用状况是如何在不同的时间段内发生变化的，同时也将对违约概率和违约时间进行精确估计。

公司 Z-评分的时间序列影响

相比于如今高度复杂、结构化的环境，我们在 20 世纪 60 年代中期构建初始 Z-评分模型时的金融信用市场还很简单，有人会将其形容为"原始社会"。当时，众多创新产品并不存在，如高收益债券、杠杆贷款、结构性金融产品、信用衍生产品（如信用违约互换（CDS））和影子银行贷款等。除了传统银行贷款和贸易借贷外，风险较大的公司没有更多的融资选择。例如，我们从图 10-6 中可以看到，直到 20 世纪 70 年代末期，北美地区的高收益债券市场这块新大陆才被"发现"，那时唯一的参与者是"堕落天使"，这些公司可以在处于投资级（IG）时发行债券。到 2017 年，高收益"垃圾债券"市场的规模有了大幅增长，从 1978 年的大约 100 亿美元"堕落天使"债券市场变成大约 1.7 万亿美元的市场，其中 85％以上是"原始发行"的高收益债券。不仅如此，自 2008—2009 年金融危机以来，新发行的高收益债券和杠杆贷款数量加速增长。在信贷宽松周期推动下，自 2010 年起，每年新发行债券都在 2 000 亿美元以上。现在，这一良性周期还在持续，2018 年已经是这一周期的第 9 个年头了。总的来说，随着利率的下降，向非投资级公司提供的贷款数量再次增加，利率也很有吸引力。尽管银行有监管指导方针（如负债/EBITDA 不超过 6），但仍会与美国和欧洲的公开市场竞争。这些杠杆贷款（即使对于风险最高的企业）每年新发行数额达几千亿美元（仅美国 2017 年就发行了 6 510 亿美元）。在这期间，企

业可以利用资金宽松和低利率的市场环境以及贷款人努力寻求收益的行为。这些杠杆贷款已将企业负债率提高到前所未有的水平。例如，2010—2017年（第二季度），CCC评级的新发行债券平均占所有新发行的高收益债券的15.0%。

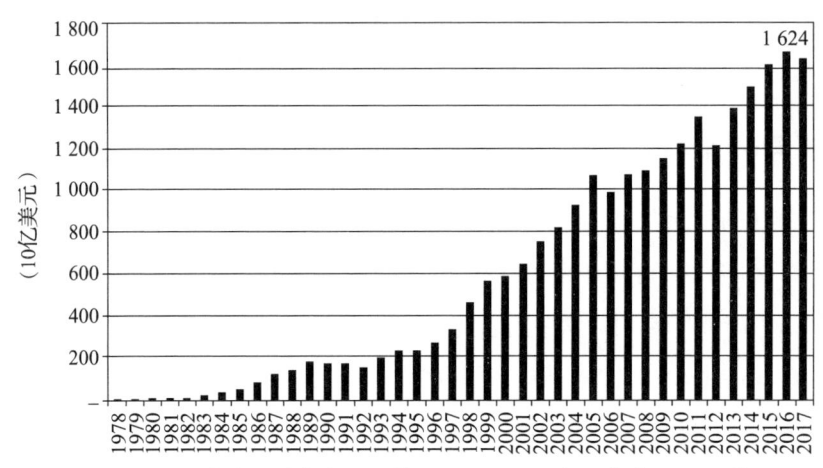

图10-6　美国高收益债券市场规模，1978—2017年（年中，10亿美元）
资料来源：纽约大学所罗门研究中心的估测，使用瑞士信贷、标普和Chili数据库的数据.

Z-评分模型自问世50年来逐渐走向成熟。在这期间企业平均信誉有所下降。导致信誉下降的因素包括：全球竞争、某些行业市场主导型公司（如零售领域的沃尔玛和亚马逊）的巨大影响力，以及大公司面对财务危困和破产时表现出的惊人的脆弱性。事实上，在20世纪60年代建立Z-评分模型时，我们样本中最大的破产公司的总资产不到2 500万美元（经通货膨胀调整后约1.25亿美元），而自20世纪90年代以来，样本中平均每年都有14家公司的负债（和资产）超过10亿美元。

为展示过去50年来企业信誉的潜在恶化，我们根据标普信用评级得出了不同样本的年度Z-评分中位数（见图10-7）。首先，经过15~20年的发展，AAA级公司的数量已经减少到2017年的两家（微软和强生），而1992年AAA级公司有98家。就此，我们将结合AAA级和

第10章 50年信用风险模型回顾、阿尔特曼Z-评分模型及其应用

评级	2017年(No.)	2013年(No.)	2004—2010年	1996—2001年	1992—1995年
AAA/AA	4.30 (14)	4.13 (15)	4.18	5.20	5.80*
A	4.01 (47)	4.00 (64)	3.71	4.22	3.87
BBB	3.17 (120)	3.01 (131)	3.26	3.74	2.75
BB	2.48 (136)	2.69 (119)	2.48	2.81	2.25
B	1.65 (79)	1.66 (80)	1.74	1.80	1.87
CCC/CC	0.90 (6)	0.33 (3)	0.46	0.33	0.40
D	−0.10 (9)[1]	0.01 (33)[2]	−0.04	−0.20	0.05

* 仅AAA级；No.＝样本公司数量。
1. 2014年1月至2017年11月。
2. 2011年1月至2013年12月。

图10-7　Z-评分中位数，根据标普债券评级系统对美国制造业企业的评级，1992—2017年

资料来源：Compustat数据库，主要是标普500公司，由E. Altman、纽约大学所罗门研究中心、纽约大学斯特恩商学院汇编.

AA级公司来分析Z-评分。中位数从1996—2001年的高点5.20下降到2017年的4.30。更为严重的是，中位数持续下行，B级公司的Z-评分中位数从1992—1995年的1.87降至2017年的1.65。前面提到过，1966年，评分低于1.81的企业被划分到危困区，并被预测将会破产。然而，在过去大约15年里，在高收益市场中占最大百分比的是B级债券，当然，所有B级债券的发行都不违约。B级债券的中位数评分的分布有50%高于1.65，但是全部B级债券在发行5年内违约的概率"仅"28%（见下面即将讨论的死亡率法）。最后，中位数为"D"（违约评级公司）的企业，Z-评分在2017年为−0.10，而在1966年，破产企业的Z-评分中位数为＋0.65（见Altman，1968；Altman and Hotchkiss，2006）。近来，违约企业的Z-评分中位数都是零，或者更低（图10-7）。据此，我们认为评分低于零是与"违约"公司兼容的。根据我们初始样本得出的1.81的临界值，将有更多数量的企业，甚至全部企业的25%会被划入原来的危困区。根据约50年来的数据（见违约率计算，Altman and Kuehne（2017）和本书第 9 章），由于每年只有非常小百分比的企业会倒闭，每年平均只有约 3.5% 的高收益债券公司会违约，第二类错误（企业被预测会违约，而实际没有发生）从我们初始分析时的约 5% 增长至近期的 25%～30%。所以，我们不推荐 Z-评分模型的使用者根据信用评分临界值 1.81 来评估企业的违约可能性。作为替代，我们建议使用债券评级等价量（BRE）。该值是根据债券评级得出的最近的 Z-评分中位数，如图 10-7 中列举的数据。这些 BRE 可以转换成为颗粒度更细的违约概率估值，正如下面所讨论的。

违约概率估计方法

图 10-8 列出了我们使用多年的两种方法，用于估算在任何时点上企业债券的违约概率和违约损失率，这两种方法的初衷都是打造一个完善的、易于理解的信用评分模型。例如，在方法 1 中，一个新的或未清偿债券发行者的 Z-评分，被分配了各个主要评级分类（见图 10-7）的代表性债券发行样本的 BRE，如果可行，也可以做更多更细粒度的评级，并标以（+）或（-）（标普和惠誉的做法），或 1，2，3（穆迪的做法）。另一个阿尔特曼的 Z-评分模型，即 Z''-评分模型具有更细粒度评级（见图 10-13）。

方法 1
- 新发行或未清偿债券的信用评分
- 新发行债券（死亡率）或者未清偿债券（评级机构累积违约率）的 BRE
- 利用死亡率法估算边际违约率和累积违约率
- 估算的违约回收率和损失率

或

方法 2
- 新发行或未清偿债券的信用评分
- 用逻辑回归直接估算的违约概率
- 根据违约概率指定一个评级

图 10-8　估算的违约概率（PD）和违约损失率（LGD）

第10章 50年信用风险模型回顾、阿尔特曼Z-评分模型及其应用

除了将评级分类与Z-评分匹配之外,我们也可以估算债券在未来不同时期的违约概率。"累积违约率"(CDR)法是一种传统的估计违约概率的方法,该方法按照时间期限对违约概率进行估计。这是一种由全体评级机构以及几家投资银行提供的方法。这些投资银行持续进行违约研究,特别关注投机级债券或高收益债券(垃圾债券)市场。这个汇总基于实证数据,对特定评级的债券违约概率进行估计。例如,在某一时点上的"B"级债券,之后违约事件在1,2,…,10年被观察到。该估值是针对所有B级债券的,而不考虑首次跟踪时债券的券龄。我们认为,这种违约概率的估计更适用于未清偿债券发行者的债务,而不适用于首次发行的债券。几乎所有的评级机构(惠誉公司除外)在计算累积违约率时都要比较在起始点具有某种评级的发行者的数量(例如所有B级债券,不考虑"篮子"里的债券券龄如何)和一定时期内发生违约的发行者的数量。这样,根据1980—2016年的债券样本,标普B级债券在一年内平均违约概率为5%(见标普,2017)。

在评级机构第一次编制累积违约率之前,Altman(1989)创立了死亡率法,该方法可用来估算所有级别债券的违约概率,特别是新发行债券的违约概率。估算方式以每一评级中新发行债券的美元数额,而不是发行者,为出发点。采用保险精算技术来计算边际和累积死亡率,如第9章图9-19所示。我认为,正如"人口死亡率"一样,债券或者贷款在其发行之时也会有某些特征,而这些特征可以在债券发行后很长时间(甚至长达10年之久,这也是新发行债券的一般到期期限)对违约产生很大影响。此外,这些特征可以归纳于某一个发行债券(不是发行人)的评级之中。这意味着这些违约概率的估值中包含债券发行的券龄效应,因此,发行后第一年的边际死亡率比第二年低,第二年的边际死亡率又会低于第三年,如图9-20所示。请注意,图9-20中的死亡率是依据46年间发生的违约事件估算得出的。例如,一个BB级债券发行的边际违约率(或死亡率),在发行后1年、2年、3年分别是0.92%、2.04%和3.85%。三年后,边际违约率看上去走

平了一些，每年在1.5%～2.5%之间。

方法1的违约概率估算源于图9-19中的方程，对违约回收率进行调整时，可以得出估计的违约损失率（见图10-9）。这个违约损失率估值（LGD）可用于估计银行巴塞尔协议Ⅱ或Ⅲ资本要求中的预期损失，或用于估计按债券评级分类的债券组合中投资者的预期损失（见图10-16中讨论的贷款人应用）。我们所知道的最早关于LGD的计量来自Altman（1977），Altman，Haldeman，and Narayanan（1977）。

方法2使用不同的方法来估计违约概率，这一方法没有使用关于债券评级的违约的实证估计，而是使用逻辑回归方法对公司进行分析，根据公司在特定时间的违约状态，分配一个"0"或"1"因变量，基于一些独立变量、解释变量进行回归分析，得出介于0和1之间的违约概率估计值。[3] 然后，根据"现实世界"中AAA，AA，A，…，CCC债券发行的百分比，将生成的违约概率指定为债券评级等价量。这种逻辑结构在学术文献中广泛使用，自Ohlson（1980）早期所做的工作以来，这种方法已经成为一种标准技术，我们（例如，Altman等（2010），Z-Metrics）将其用于混合模型估计。

方法1和方法2哪种方法更好呢？我们认为，对新发行的债券来说BRE方法（死亡率法）更好一些，但是对未清偿债券来说累积违约率法（CDR）也许更为合理。原因是使用死亡率（或者CDR）将违约率映射到BRE，是基于过去45年中超过100万个发行债券和大约3 500个违约事件。逻辑回归模型的违约概率是用于建立模型的样本特征的函数，其结果基于逻辑回归结构，但可能不代表大样本属性。然而，逻辑回归估算的好处是，分析者可以在结果上直接应用违约概率，避免映射分数作为中间步骤。对于两种方法，都可进行第一类错误和第二类错误的误差测算，并对初始和保留样本的统计AUC（曲线下面积）精度进行测量。后者对于帮助验证来自不同时间和不同产业集团的样本的实证结果非常重要。根据我们的经验，这两种方法在许多实证测试中的第一类错误让人印象深刻。

第 10 章　50 年信用风险模型回顾、阿尔特曼 Z-评分模型及其应用

		1	2	3	4	5	6	7	8	9	10
AAA	边际	0.00%	0.00%	0.00%	0.00%	0.01%	0.01%	0.01%	0.00%	0.00%	0.00%
	累积	0.00%	0.00%	0.00%	0.00%	0.01%	0.02%	0.03%	0.03%	0.03%	0.03%
AA	边际	0.00%	0.00%	0.02%	0.02%	0.01%	0.01%	0.00%	0.01%	0.01%	0.01%
	累积	0.00%	0.00%	0.02%	0.04%	0.05%	0.06%	0.06%	0.07%	0.08%	0.09%
A	边际	0.00%	0.01%	0.02%	0.04%	0.05%	0.04%	0.02%	0.01%	0.05%	0.02%
	累积	0.00%	0.01%	0.04%	0.04%	0.14%	0.18%	0.20%	0.21%	0.26%	0.28%
BBB	边际	0.22%	1.51%	0.70%	0.57%	0.25%	0.15%	0.09%	0.08%	0.09%	0.17%
	累积	0.22%	1.73%	2.41%	2.97%	3.21%	3.36%	3.45%	3.52%	3.61%	3.77%
BB	边际	0.54%	1.16%	2.28%	1.10%	1.37%	0.74%	0.77%	0.47%	0.72%	1.07%
	累积	0.54%	1.69%	3.94%	4.99%	6.29%	6.99%	7.70%	8.14%	8.80%	9.77%
B	边际	1.90%	5.36%	5.30%	5.19%	3.77%	2.43%	2.33%	1.11%	0.90%	0.52%
	累积	1.90%	7.16%	12.08%	16.64%	19.78%	21.73%	23.56%	24.41%	25.09%	25.48%
CCC	边际	5.35%	8.67%	12.48%	11.43%	3.40%	8.60%	2.30%	3.32%	0.38%	2.69%
	累积	5.35%	13.56%	24.34%	32.99%	35.27%	40.84%	42.20%	44.12%	44.33%	45.83%

图 10-9　按初始评级分类的债券死亡率（全部评级债券）*，1971—2017 年

*发行时标普评级。
基于 2 797 例初发行数量。
资料来源：标普（纽约）和作者汇编。

Z-评分模型：行业和私有企业

如前所述，1968 年的初始 Z-评分模型是基于制造业上市公司的样本，资产和负债规模都不超过 2 500 万美元。虽然这个模型是在 50 年前建立的，但至今仍保持很高的第一类错误，为分析人员和学者们广泛使用，甚至还被用于非制造业企业，这一情况令人惊讶。但显而易见的是，像零售商和服务公司这样的非制造业企业，其资产和负债结构以及利润表与资产的关系非常不同，就销售额/总资产而言，零售企业的平均比率要比制造商高出很多，甚至可能是制造商的两倍。而且鉴于 Z-模型中变量（X_5）的权重为 1.0（图 10-3），大多数零售公司的 Z-评分高于制造商。例如，危困企业西尔斯公司在 2016 年的最新 Z-评分（图 10-10）为 1.3，BRE 为 B−，相比之下，使用 Z''-评分模型则得到一个等价的"D"评级（我们将在后面进行论述）；后一个模型不包含销售额/总资产，而且是针对覆盖众多行业的企业以及美国之外的企业开发的（Altman，Hartzell，and Peck，1995）。

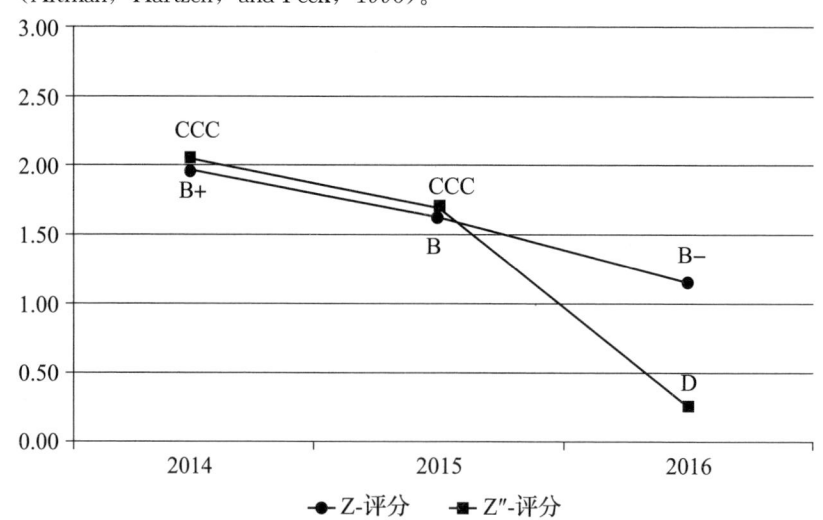

图 10-10 Z 和 Z''-评分模型，应用于西尔斯公司：
债券评级等价量和评分，2014—2016 年

资料来源：S&P Capital IQ 和纽约大学所罗门研究中心的计算.

第10章 50年信用风险模型回顾、阿尔特曼Z-评分模型及其应用

为排除行业之间的影响,我们建立了"第二代模型",以供更多的行业使用。例如,ZETA模型(Altman,Haldeman,and Narayanan,1977)和可用于新兴市场企业的模型(Altman,Hartzell,and Peck,1995)。除此之外,我们在过去50多年中,基于阿尔特曼Z-评分模型框架为不同组织结构的企业开发了产品:例如,私有企业Z'模型也是初始Z-模型之一,该模型与阿尔特曼Z-评分模型同时被开发出来(1968);法国纺织企业(Altman,Margaine,Schlosser,and Vernimmen,1974);美国(ZETA,Altman et al.,1977);巴西(Altman,Baidya,and Riberio-Dias,1979);加拿大(Altman and Lavallee,1981);澳大利亚(Altman and Izan,1982);中国(Altman,Zhang,and Yen,2010);韩国(Altman,Eom,and Kim,1995);非美国新兴市场(Z″)企业(Altman,Hartzell,and Peck,1995);美国中小企业模型(Altman and Sabato,2007)和英国中小企业模型(Altman,Sabato,and Wilson,2010);意大利中小企业和迷你债券(Altman,Esentato,and Sabato,2016);以及"主权违约风险评估"项目(Altman and Rijken,2011)。

私有企业模型

因为相关数据完备,所以为美国和外国的公众持股上市公司建立信用评分模型并不难。而建立私有企业模型时,我们可以间接地使用只与私有企业相关的变量,建模过程需要依靠上市公司的数据,或访问相关数据库,该类数据库是上市公司和私有企业分头组建的。后者(即访问数据库模式)尤其适合于以税收报告和政府征信局作为数据来源的某些欧洲国家,例如英国,企业专有数据库的资源来自毕威迪(Bureau van Dijk)公司(现在为穆迪所有)。

我们在Z'-评分模型中使用了间接方法(Altman,1983),如图10-11所示,该模型与初始Z-评分模型的唯一区别是,我们用股权

的账面价值替代了 X_4 中的市场价值。注意，所有的系数现在都有所不同，但差别不是很大，而且对区域（安全区、灰色区和危困区）的定义也略有不同。由于这些调整，该模型的准确性略有下降。多年来，这一"私有企业模型"在应用于私有企业破产的过程中保证了一定的准确性，但这些结果却从未发表过。

$$Z' = 0.717X_1 + 0.847X_2 + 3.107X_3 + 0.420X_4 + 0.998X_5$$

$$X_1 = \frac{流动资产 - 流动负债}{总资产}$$

$$X_2 = \frac{留存收益}{总资产}$$

$$X_3 = \frac{EBIT}{总资产}$$

$$X_4 = \frac{股权账面价值}{总负债}$$

$$X_5 = \frac{销售额}{总资产}$$

图 10-11　私有企业 Z-评分模型

资料来源：作者计算得出。

我们也曾为美国以外国家/地区的企业建立了一些模型，通常的做法是延续第一个带有试验性质的初始模型，将模型应用于当地的破产和非破产企业的数据，然后添加或剔除能提高该国模型准确性的变量。在某些情况下，由于缺乏正式破产样本，对危困企业样本必须采用不同的标准。例如我们的中国模型（Altman, Zhang, and Yen, 2010），该模型利用了被归类为 ST（特别处理）的公司数据，之所以对其进行归类是由于它们持续亏损，并且账面净资产低于面值。在其他国家，如澳大利亚（Altman and Izan, 1982），模型中的所有解释变量都根据行业平均值进行了调整，因此该模型适用于广泛的行业，具有很高的准确性。在主权风险评估模型（Altman and Rijken, 2011）中，除传统的财务比率、市值水平和波动性变量外，作者在应用于所有非金融上市公司的 Z-Metrics 模型中加入了宏观经济变量，例如，收益率利差和通胀指数，用这些变量评估主权私营企业的健康状态。只要有上市或

第 10 章　50 年信用风险模型回顾、阿尔特曼 Z-评分模型及其应用

非上市私营企业数据,这种建模方法就适用于世界上任何国家,读者请参阅如图 10-15 所示关于评估主权风险应用的讨论。

Z''-评分模型

如图 10-12 所示,我们在 1995 年为所有行业(制造业和非制造业)建立了模型(Z''-评分模型),我们首先将模型应用于墨西哥,然后是其他拉丁美洲国家。自那以来,我们又成功将模型应用于美国和几乎所有其他国家。当相关数据包含非制造业时,其准确度通常优于初始 Z-评分模型。由于 X_4 计算的是股权账面价值与总负债的比,而不是股权市场价值与总负债的比,所以这个 Z''-评分模型也可以应用于私有企业。这种替换对于某种市场环境尤为重要。在该种市场环境中,因为规模、范围、流动性或交易因素具有很大的局限性,股票市场并不会被认为是一个好的价值评估指标。此外,我们还需要注意,初始模型中的第 5 个变量,即销售额与总资产之比并没有出现在模型中。我们发现该变量(X_5)对行业部门差异(例如,零售或服务业企业与制造业企业的差异)非常敏感,尤其是在固定资产投资不足的国家。最后,该模型中用于判别分析的版本也有一个常数项(即 3.25),这一常数将结果进行标准化,使略高于(或低于)零的得分被分类到 D 级 BRE 中(见图 10-13)。图 10-14 展示了 Z''-评分模型第一类错误随时间发生的变化。

$$Z'' = 3.25 + 6.56X_1 + 3.26X_2 + 6.72X_3 + 1.05X_4$$

$$X_1 = \frac{流动资产 - 流动负债}{总资产}$$

$$X_2 = \frac{留存收益}{总资产}$$

$$X_3 = \frac{EBIT}{总资产}$$

$$X_4 = \frac{股权账面价值}{总负债}$$

图 10-12　制造业、非制造业与发达和新兴市场信贷的 Z''-评分模型(1995)
资料来源:作者计算得出,见 Altman, Hartzell, and Peck (1995).

$$Z''=3.25+6.56X_1+3.26X_2+6.72X_3+1.05X_4$$

评级	1996年 Z''-评分中位数[a]	2006年 Z''-评分中位数[a]	2013年 Z''-评分中位数[a]
AAA/AA+	8.15 (8)	7.51 (14)	8.80 (15)
AA/AA−	7.16 (33)	7.78 (20)	8.40 (17)
A+	6.85 (24)	7.76 (26)	8.22 (23)
A	6.65 (42)	7.53 (61)	6.94 (48)
A−	6.40 (38)	7.10 (65)	6.12 (52)
BBB+	6.25 (38)	6.47 (74)	5.80 (70)
BBB	5.85 (59)	6.41 (99)	5.75 (127)
BBB−	5.65 (52)	6.36 (76)	5.70 (96)
BB+	5.25 (34)	6.25 (68)	5.65 (71)
BB	4.95 (25)	6.17 (114)	5.52 (100)
BB−	4.75 (65)	5.65 (173)	5.07 (121)
B+	4.50 (78)	5.05 (164)	4.81 (93)
B	4.15 (115)	4.29 (139)	4.03 (100)
B−	3.75 (95)	3.68 (62)	3.74 (37)
CCC+	3.20 (23)	2.98 (16)	2.84 (13)
CCC	2.50 (10)	2.20 (8)	2.57 (3)
CCC−	1.75 (6)	1.62 (—)[b]	1.72 (—)[b]
CC/D	0 (14)	0.84 (120)	0.05 (94)[c]

a. 括号内为样本规模。
b. 插值于 CCC 和 CC/D 评级之间。
c. 根据 94 个第 11 章破产申请案，2010—2013 年。

图 10-13 美国债券评级等价量（基于 Z''-评分模型）

资料来源：作者基于 S&P Global 数据计算得出。

破产申请前时间（以月为单位）	初始样本 (33)	保留样本 (25)	2011—2014年预测样本 (69)
6	94%	96%	93%
18	72%	80%	87%

图 10-14 Z-评分破产模型[*] 的分类和预测准确性（第一类错误）

[*] E. Altman and J. Hartzell, "Emerging Market Corporate Bonds: A Scoring System," Salomon Brothers Corporate Bond Research, May 15, 1995, Summarized in E. Altman and E. Hotchkiss, *Corporate Financial Distress and Bankruptcy*, third ed. (Hoboken, NJ: Wiley, 2006).

第10章　50年信用风险模型回顾、阿尔特曼Z-评分模型及其应用

Z-评分模型应用领域

　　大概因为Z-模型较为简单、透明度很高，多年保持了一致的准确性，所以该模型在金融和会计领域被大量学术和实践研究引用和比较，相关引用和研究至少有三个维度。Z-评分模型学术影响力的第一个维度是，业界人士建立可供替代的模型和框架来预测破产或者违约。最初的模型将金融和市场估值数据与稳健的统计分析相结合，这使违约风险评估工作对许多学科的研究工作都具有吸引力，它不仅为金融和会计学者，也为统计学家和数学家打开了大门，帮助他们找到更好、更有效的指标和技术。当数据库更易获得时，模型的优势会更明显。

　　新的模型框架涉及更先进的统计和数学知识，如逻辑回归、Probit回归、二次非线性回归、人工智能、神经网络、遗传算法、递归分区、机器学习，以及结构模型、违约距离或风险模型等。由于Z-评分模型很容易复制，研究人员通常会用它来比较分类和预测的准确性。关于这些方面的研究可能有数百项，我们无法单独列举，这些研究包括本书作者与众多合著者所做的几项研究（见参考文献）。[4]研究人员基于简明和实证分析的思路，同时结合扎实的理论基础，推荐了一种新的颇具吸引力的方法来对破产进行研究，这些研究奠定了破产预测的基础，拓宽了我们对破产的理解（Scott，1981）。例如，最近的研究（Altman，Iwanicz-Drozdowska，Laitinen，and Suvas，2016，2017）考察了破产预测研究的几个维度：（a）长周期（10年）时间序列准确性（Duffie，Saita，and Wang，2007）；（b）采用5种不同统计技术；（c）基于34个不同地区的数据库和市场环境。结果覆盖了31个欧洲国家和其他3个国家（中国、哥伦比亚和美国）。结果显示，虽然专门为个别国家建立的模型通常会优于初始的Z-模型，但关于新国别的变量和数据，以及众多不同框架所带来的附加值并不显著。尽管对某些国

家使用 Z''-评分变量的精确度稍高一些,但我们发现模型的初始权重仍然显示出非常优秀的性能,虽然这些权重早在 20 多年前就已经确定了。

使用会计数据和其他变量进行破产研究时,如果数据不是很可靠,或来自新兴市场,或受到盈余管理的操纵,预测结果可能会受影响。例如,Cho, Fu, and Yu(2012)最近重建了变量会受到以上因素影响的 Z-模型,提高了模型精确度。

Z-评分模型学术影响力的第二个维度在于它的国际适用范围,由于其初始模型及衍生模型(如 Z'-评分)经受住了时间的考验,被广泛应用于多种场合和诸多领域,模型的焦点集中在几个关键变量上。同样重要的是,它们在很长时间内具有很强的实证稳定性,并且具有全球适用性,也易于理解。我们获知世界上至少有 30 个国家已经建立和测试了 Z-评分模型,这些模型基于至少 70 篇不同的文章。甚至有很多在一项研究中分析了许多国家的文章。事实上,我们还参与汇编了两本专门讨论大量特定国家模型的期刊(Altman(编辑),1984b,1988)。相关文章以及更多的学术论文列举在 Altman and Hotchkiss(2006)中。关于最新的研究进展,读者可以从我们对学术影响力的讨论和 Choi(1997)中获得。

Z-评分模型影响力的第三个维度涉及企业财务管理,尤其是涉及资本结构优化、债务融资税收优势与预期破产等危困成本权衡等重要课题,阿尔特曼对这个问题的贡献可见 Altman(1984a),他首次从实证角度讨论和检测了所谓的"间接"破产成本(更多讨论见本书第 4 章)。[5] 此外,由于税收利益和破产成本是基于破产概率所求的期望值,这里权衡的重要问题是破产概率。我们选择 Z-评分模型的预期违约概率算法(尽管是概率估计技术的一个早期版本)对三个不同行业中的危困企业做了实证计量。我们的研究结果被《经济学家》(*Economist*)杂志的一篇文章直接引用(Emmott,1991),这篇文章着重强调了莫迪利亚尼/米勒(Modigliani/Miller)的"不相关"理论与传统的最优资本结构观点的对比,或许两种理论的主要不同在于预期破产成本及其数

第 10 章　50 年信用风险模型回顾、阿尔特曼 Z-评分模型及其应用

量级。这些争论仍然是现代企业财务管理中最重要的问题之一。在无数的企业财务文章和几乎每一本基础、先进的教科书中，我们都可以找到关于破产成本计量的讨论。

在过去的 50 年里，我们从众多无私且对破产感兴趣的从业者和学术同行那里收集了大量关于 Z-评分模型应用的观点和建议。对这些建议，我们永远心怀感恩，因为对于一个研究人员来说，看到其学术贡献以建设性的方式被应用到"现实世界"中意义重大。[6] 图 10-15 列出了阿尔特曼和其他研究人员关于 Z-评分模型的应用——分别被用于公司外部（左栏）和公司内部（右栏）以及研究（右栏）分析。限于篇幅，我们在本章不会讨论所有这些应用，而只讨论图 10-15 中列举的一些项目（黑体所示）。

外部（对公司）分析	内部（对公司）和研究分析
• 贷款人（如定价、巴塞尔协议资本配置） • 债券投资者（如优质垃圾投资组合） • 股票的多/空投资策略（例如，一篮子强劲资产负债表公司和指数，如 STOXX、高盛、野村、摩根士丹利） • 证券分析师和评级机构 • 监管机构和政府机构 • 审计师（审计风险、持续经营模式） • 顾问（如评估客户的健康状况） • 并购（如抄底）	• **是否申请破产（如通用汽车）** • **不同时间风险状况比较** • **行业评估（如能源）** • **主权违约风险评估** • 采购商、供应商评估 • 应收账款管理 • 研究人员——学术研究 • 第 22 章破产申请评估 • **经理-管理财务重整**

图 10-15　Z-评分的财务危困预测应用

资料来源：E. Altman, 纽约大学所罗门研究中心.

贷款人应用

纵观本章，我们讨论了信用风险模型的诸多重要应用，如放款机构的 Z-评分（本书第 11 章有详细说明）。这些应用包括接受-拒绝的决策（Altman, 1970），违约概率和违约损失率的估计（Altman, 1989）

以及违约损失估计错误成本（Altman et al.，1977，etc.）。除了这些常见应用外，1999年生效的巴塞尔协议Ⅱ也参考了Z-评分和信用计量模型（CreditMetrics）（Gupton, Finger, and Bhatia, 1977a）的结构。此后，Gordy（2000，2003）讨论了巴塞尔协议Ⅱ下的信用风险模型和资本配置问题。

是否申请第11章破产

在阿尔特曼本人看来，Z-评分模型最有趣和最有意义的应用之一，与他2008年12月5日在美国国会众议院金融委员会的听证会上作证有关。听证会审议是否继续救助通用汽车和克莱斯勒汽车，或者"建议"这些企业提出破产申请，并利用"特权"或"权利"条款在美国破产法第11章下进行重组。这种辩论在美国金融和法律体系的历史上仅适用于极少数企业，只有极少数企业才有可能符合条件，使用纳税人的资金获得救助。但是，无数的危困企业或者其债权人面对公司能否作为持续经营企业继续生存下去的前景时，都在考虑是否提交破产申请。

众议院邀请专题小组成员讨论两个问题：（1）在美国三大汽车制造商的首席执行官提交各自的重组计划和策略时，是否应该批准其从TARP（不良资产救助计划）基金得到额外的贷款补贴（实际上福特公司并没有申请）；（2）提请学者和业界人员小组表示意见，这些大汽车厂商是否应该被救助，或者如同众多危困企业一样提出破产重组申请。阿尔特曼在作证时阐述了第11章破产的有利之处[7]，例如能够使用DIP融资，可以对未清偿债务本金和非必要利息进行"自动冻结"。此外，我们还对公司当时和历史的Z-评分和BRE做了进一步的分析。图10-16中的数据是我们的结论的最主要决定因素之一。结论是：即使暂时得到救助，通用汽车也注定会破产。所以，申请破产重组举措在可行的情况下，越快提交越好。

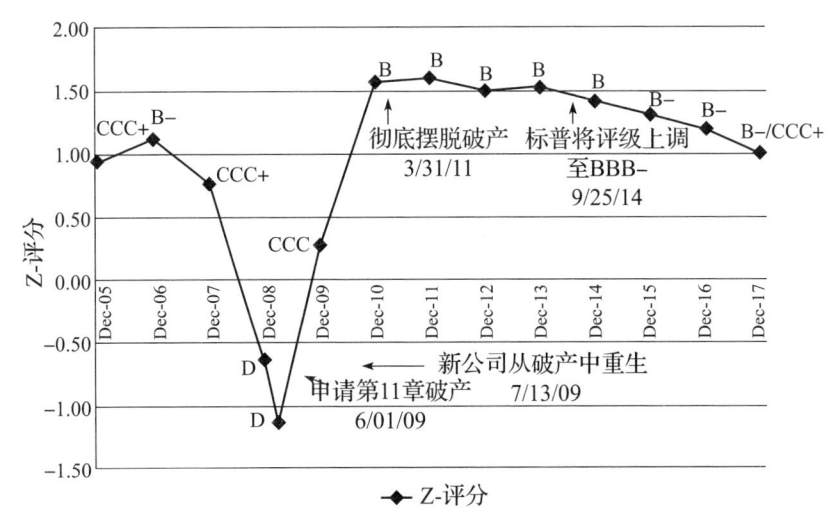

第 10 章　50 年信用风险模型回顾、阿尔特曼 Z-评分模型及其应用

图 10-16　Z-评分应用于通用汽车（合并数据）：
BRE 和评分（2005—2017 年）

大家注意，在 2008 年危机前，通用汽车的 Z-评分就位于高风险区域——CCC 级 BRE，这种状态已持续数年之久，甚至在它被所有评级机构评为投资级时也是如此，例如，2005 年，参见图 10-16。除此之外，当阿尔特曼在 2008 年 12 月作证时，通用汽车的评分为 -0.63——D 级 BRE。所以，阿尔特曼强烈建议通用汽车提出第 11 章破产申请，并向法院申请 500 亿美元的 DIP 贷款——鉴于当时所有的大银行都自顾不暇，拿不出这么大额贷款，这笔贷款最有可能来自联邦政府。众议院，尤其是其金融委员会成员，完全不顾阿尔特曼的反对意见，投票决定继续救助。然而，国会参议院表决不再继续救助，但布什总统在去职之前，以行政命令的形式下令提供救助，以给通用汽车和克莱斯勒汽车更多的重组时间。后来这一问题成为时任总统奥巴马的问题。在 2009 年年初的几个月，通用汽车的 Z-评分仍然岌岌可危，尽管其管理层进行了更换，公司也得到了救助，但最终还是于 2009 年 6 月 1 日提出了第 11 章破产申请。为协助重组，国会和破产法院提供了 500 亿美元的 DIP 贷款——这正是阿尔特曼在 6 个月前建议的数额。

短短 43 天内通用汽车就从破产中重生，又一次走上了持续经营之路。图 10-16 显示了企业的进步，在约 12～18 个月里，其评分从 D 级 BRE 上升到 B 级 BRE。DIP 贷款先是被转换为新股权，进而在二级市场出售，这样政府的"投资"不仅没有任何损失，而且事实上还赚了一笔。通用汽车如今是坚实可靠、稳健发展的汽车行业竞争者，于 2014 年再次获得投资级信用评级（BBB）。然而请注意，Z-评分模型在 2014 年年末将通用汽车评定为 B 级 BRE，而非投资级；这样的低 BRE 一直持续到 2018 年年末。所以，尽管通用汽车的状况自破产以来确实大有改善，但仍然被看作是非投资级。

不同时间风险状况比较

学历史的学生经常会提出这样的问题：如果将此时与彼时相比情况会如何。这在金融市场对应的问题就是，如果选定的基准时期与过去的金融危机有某种关联，那么我们是否从中吸取了教训。关于这类问题的讨论非常有意义。这也就是 2008—2009 年金融危机的情形，大家也会关心如今的信贷状况是否与危机发生之前相似。在比较不同时期信贷市场状况时，我们发现有一种度量很有价值，那就是我们的 Z-评分模型。2016 年与以前的某一年（例如 2007 年）相比，企业信誉的平均（或中位）水平是更高、更低，还是大致相同？根据宏观或微观的相关观察，例如资产负债表上的现金、利率，或 GDP 的增长率，我们可以有一些先知先觉。但是作者认为，更为整体的、客观的计量应该基于违约概率——考虑到多重属性，如两个时期的样本企业的 Z-评分。

图 10-17 展示的是在 2007 年和 2016 年发行的，大样本高收益债券的 Z-评分和 Z″-评分的均值和中位数，还有一些是两个时间段中间年份的数据。经过对比，我们发现这些数据有助于澄清根据某些专家的定性或者定量的观点所得出的结论。我们发现 2007 年的 Z-评分均值是 1.95（B+级 BRE），2016 年（第三季度）是 1.97（也是 B+级 BRE），

第 10 章　50 年信用风险模型回顾、阿尔特曼 Z-评分模型及其应用

中位数在 2007 年实际上较高（1.84），而 2016 年为 1.70。Z''-评分的均值和中位数或许是更为合理的计量，因为高收益债券发行企业在这两个时期来自不同的行业（参见之前关于 Z 与 Z'' 的讨论），两者在 2007 年都比 2016 年高。用不同方法对 2007 年与 2016 年进行检测，结果并没有显示重大差别。我们的结论是，风险债券发行企业的平均信用状况在 2007 年和 2016 年是大致相同的。我们请读者自己来判断，这对 2007 年及更远未来的违约估算来说，究竟是好消息还是坏消息。

	公司数量	
	Z-评分	Z''-评分
2007 年	294	378
2012 年	396	486
2014 年	577	741
2016 年（第 3 季度）	581	742

年份	Z-评分均值（BRE）*	Z-评分中位数（BRE）*	Z''-评分均值（BRE）*	Z''-评分中位数（BRE）*
2007	1.95（B+）	1.84（B+）	4.68（B+）	4.82（B+）
2012	1.76（B）	1.73（B）	4.54（B）	4.63（B）
2014	2.03（B+）	1.85（B+）	4.66（B+）	4.74（B+）
2016（第 3 季度）	1.97（B+）	1.70（B+）	4.44（B）	4.63（B）

* 相当于债券评级。

图 10-17　比较 2007 年、2012 年、2014 年和 2016 年第 3 季度高收益债券发行者的财务实力

资料来源：作者计算得出，数据来自 Altman and Hotchkiss（2006），以及 S&P Capital IQ/Compustat。

行业评估

多年来，违约周期性变化通常会让一个或多个行业产生很多牺牲品，如果这样的情况持续数年的话，相关行业会引来研究人员和业界人士的特

别关注。因此，铁路业（Altman，1973）、纺织行业（Altman et al.，1974）、航空业（Altman and Gritta，1984）、经纪行业（Altman，1976），以及最近的美国能源和矿业部门，都引发了专业人士的关注。

对于 Z-评分模型的最新实证检验（Altman and Kuehne，2017），分析了该模型在能源和矿业部门的准确性。我们决定采用 2015 年、2016 年和 2017 年的破产样本数据来建立 Z-评分和 Z''-评分模型，建模过程不仅仅基于能源公司的数据。在这一时期，与能源相关的违约占了这些年总违约的一半以上。图 10-18 显示的只是在提出破产申请之前的两个

BRE	Z-评分 $t-1^*$ #	%	Z-评分 $t-2^{**}$ #	%	Z''-评分 $t-1^*$ #	%	Z''-评分 $t-2^{**}$ #	%
A								
BBB+								
BBB								
BBB−								
BB+							1	2%
BB							0	0%
BB−							3	5%
B+					1	2%	1	2%
B			2	6%	3	5%	13	24%
B−					3	5%	6	11%
CCC+					1	2%	8	15%
CCC	5	16%	12	39%	2	4%	8	15%
CCC−					4	7%	9	16%
D	26	84%	17	55%	41	75%	6	11%
合计	31	100%	31	100%	55	100%	55	100%

* 申请前 1 个或 2 个季度。
** 申请前 5 个或 6 个季度。

图 10-18　将 Z-评分模型用于最近的能源和矿业公司破产案
（2015 年至 2017 年 9 月 15 日）

资料来源：S&P Capital IQ.

第 10 章 50 年信用风险模型回顾、阿尔特曼 Z-评分模型及其应用

时期里，采用相关数据对 31 家企业破产进行 Z-评分检验的结果，即第一类错误的误差，以及对更多的企业（54 家）进行 Z″-评分检验的结果。我们得到的结果令人印象深刻，特别是如前面提到过的，我们建立 Z-评分模型只是根据制造业企业的数据。实际上，84％的能源和矿业公司的 Z-评分为 D 级。根据破产申请前一两个季度的数据，余下的 5 家样本企业为 CCC 或者 B 级 BRE。也就是说，对于 CCC 之前 5 或 6 个季度的数据，31 家公司中只有 2 家拥有 B 级 BRE。虽然 Z″-评分模型的结果没有那么准确，75％的公司对应 D 级 BRE，其余的公司至少是 B 级 BRE，但根据申请破产前最后一个季度的数据，这个结果仍然是令人印象深刻且相当准确的。[8]

因此，我们可以说，初始的 Z-和 Z″-评分模型在危困预测方面保持了很高的准确度，甚至对一些没有包括在初始检测中的行业也是如此。不过，我们还不能将其广泛用于非制造业，尤其是服务业。

主权违约风险评估

Z-评分模型的一个很有趣的应用是评估主权国家债务的违约风险。我们（Altman and Rijken，2011）受到世界银行一项研究 Pomerleano（1998，1999）——该研究分析了东南亚和东亚 1997—1998 年金融危机的成因——的启发，发现初始的 Z-评分模型清楚地显示出，在危机之前，韩国是最易受到私营部门影响的国家。确实，在所有亚洲国家的上市公司中，韩国公司的平均 Z-评分最低，但是 1996 年 12 月，所有的评级机构都给了韩国很高的投资级。然而，很快韩国就需要国际货币基金组织（IMF）的救助。这一场景在十几年后仍深刻地激发我们要以独特的方式去分析主权违约风险。

Z-评分系统的集合，或者是 Altman and Rijken（2011）所使用的称为 Z-Metrics^T 的最新版本，准确预测了 2008 年危机后欧洲国家最为严重的金融问题。模型"自下而上"的方法为主权风险评估的预测方法

增加了一个新的微观经济因素，这在以前从未被研究过（详见本书第13章）。

推动财务重整

从危困企业的内部和主动（而不是被动）管理的角度来看，Z-评分模型最有趣和最重要的应用之一是作为公司成功重生的指南。我推荐这种模型的应用，并且撰写了关于 GTI 公司的案例研究，参见 Altman and LaFleur（1981），Altman and Hotchkiss（2006），以及本书第12章。我们的想法其实很简单，既然一个模型在预测破产方面是有效的，那么为什么它不能帮助危困企业的管理层分析战略及其对绩效指标的影响呢？以 GTI 公司为例，新任 CEO 詹姆斯·拉弗勒（James LaFleur）从战略上模拟了管理层变动对 Z-评分结果的影响，并做了相应的策略调整，从而提高了 Z-评分，他的战略帮助公司实现华丽转身。以上 Z-评分模型的应用并不是我们这些研究人员提议的，而是一个从业者首先提议的。

本章阐述了自阿尔特曼 Z-评分模型于 1968 年被研发以来的统计数据和基本特征。除此之外，我们也列出了对初始 Z-评分模型及一些后续模型的大量的建议及其应用，并对其中几个应用的细节和重要性进行了详细讨论。尽管全球债务市场和企业资产负债表的规模急剧增大，复杂性也极大增加，但是这个存活了 50 年之久的模型在漫长岁月中展现出惊人的适应性，不仅对企业危困做出了精准预测，而且衍生出大量应用，超越了我们建立模型时的初心。考虑到业界已有大量的学术著作引用 Z-评分模型进行实证研究，图 10 - 15 所示的列表肯定是不完整的。尽管 Z-评分模型的长久实用性让我们有些惊讶，但我们还是不禁遥想，到了 2068 年，分析家会对这个存活超百年的模型做出何种评价？

第 10 章 50 年信用风险模型回顾、阿尔特曼 Z-评分模型及其应用

注释

[1] 例如，见 S&P Global（2017）。

[2] 例如，见 CreditRiskMonitor.com 上的修订版 FRISK^T 评分系统（2017）。

[3] 请注意，0/1 因变量是通过某种判别分析软件计算的结果，但是我们不能将判别分数的结果理解为违约概率。

[4] 确实，Bellovary，Giacomino，and Akers（2007）回顾了 1965—2006 年间 165 种破产预测模型和大量相同课题的论文。他们的结论是，多元判别分析（MDA）和神经网络是预测破产最有前途的方法，但是当相关因素较多时，模型的高准确度就无法保证。按照本书作者的观点，自阿尔特曼的研究以来，破产预测模型的数量和复杂性急剧增加。Keasey and Watson（1991）将判别分析作为这个知识领域的主要技术。Willer do Prado 等（2016）发现，逻辑回归和神经网络在 20 世纪 90 年代之后很流行，一直到他们的论文采样截止日（2014 年），逻辑回归和判别分析仍是流行的技术。Willer do Prado 等应用文献计量学评估法（见 Pinto et al.，2014）来研究信用风险和破产，他们使用的是路透社的"网络科学"（Web of Science）1968—2014 年的数据库。通过详尽的调查，他们发现，破产预测是一个综合学科，不仅涉及财务和会计，还涉及运筹学、管理学、数学、数据处理、工程和统计领域。他们发现在 2008 年金融危机之后，有越来越多关于破产的研究，这一点也不奇怪。最后，Willer do Prado 等（2016）列出了破产预测领域被引用最多的 10 篇文章（他们的研究结果中的表 3），其中 Altman（1968）的文章被"网络科学"引用了 1 483 次，另一篇被引用最多的文章是 Huang，Chen，Hsu，Chen，and Wu（2004），达到 250 次，还有 Hillegeist，Keating，Kram，and Lundstedt

(2004),达到165次。

[5] 我们对许多作者表示歉意,他们公开发表的研究成果并没有被专门注明或引用。另外,我们非常感谢这些作者对我们模型的扩展和检验的持续兴趣和关注。

[6] 事实上,Z-评分模型甚至还出现在一本小说中,小说的作者是畅销书作家,见托马斯·平钦(Thomas Pynchon,2013)的小说 *Bleeding Edge*。

[7] 证词全文可见于 YouTube,"Altman testimony before the U. S. House of Representatives Finance Committee",2008-12-05。

[8] 我们还检测了模型的第二类错误。结果表明,尽管总体准确性仍然很高,但第二类错误适度增加了。请注意,在比较 Z 和 Z'' 模型时,我们采用的样本规模是不同的。

第 11 章　外部分析师对财务危困预测模型的应用

在上一章，我们讨论了 Z-评分模型的演变以及其他财务危困预测模型，并讨论了模型的应用，第 10 章的图 10-15 列出了相关应用场景。在接下来的三章中，我们将再次讨论应用这一话题，并将详细阐述众多被提议或已实现的应用场景，也包括一些之前未曾讨论的应用场景。这一章将关注危困企业债务人外部的分析师对模型的应用（图 10-15 左栏），外部专业人员应用模型的目的是帮助公司改善经营状况，或发现危困企业债券的盈利机会。在第 12 章，我们将通过案例深入探讨模型在管理层制定及实施脱困战略时所扮演的独特角色。在第 13 章，我们将运用最新的危困预测模型（即 Z-Metrics™）对主权债务的违约评估进行自下而上的分析。

贷款人

财务危困预测/信用评分模型最明显的应用也许是在信贷领域。银行和其他信贷机构需要持续评估企业、消费者、主权国家和结构化交易对手的信用风险。信用评分模型在阐述违约概率方面的重要性因巴塞尔协议 II 和巴塞尔协议 III 的要求，以及商业银行开发和实施基于内部评级（IRB）模型的要求而得到了极大的提升。美国监管机构（如美联储委员会）并没有要求美国大多数银行遵守巴塞尔协议 II，我们衷心希望美国监管机构的决策没有减少银行开发信用模型的积极性,但我们担心,在许多情况下美联储的政策会产生负面作用。另外,世界上许多其他地区的银行,特别是欧洲的银行,对其信用风险系统进行现代化改进以满足巴塞尔协议Ⅱ的要求,它们的努力取得了巨大成功。

信贷功能的一个重要维度是确定信用的"价格"(即合适的贷款利率),信用评分模型允许其用户通过定价算法来评估违约损失率(LGD),最终确定违约概率(PD)。例如,在图11-1的例子中,我们使用内部评分模型将企业贷款评为BBB级,以此为基础确定LGD(参见前面Z-评分章节中的讨论),并做出定价决策。违约概率和回收率分别被假定为每年0.3%和70.0%,每年预期损失率为0.09%。

假定:五年期优先无抵押贷款
风险等级=BBB
预期违约概率=每年0.3%(30个基点)
预期回收率=70%
非预期损失(O')每年50个基点(0.5%)
国际清算银行资本配置=8%
股本成本=15%
间接费用+运营风险费用=每年40个基点(0.4%)
资金成本=6%
贷款价格* =6.0%+[0.3%×(1−0.7)]+(6×0.5%×15%)+0.4%=6.94%
或
贷款价格** =6.0%+[0.3%×(1−0.7)]+(8.0%×15%)+0.4%=7.69%

---

* 资本配置内部模型。
** 国际清算银行资本配置方法。

图11-1 基于风险的定价示例

下一步是根据非预期损失将所需金额添加到贷款价格中。我们可以通过两种方式来做到这一点,即基于经济资本要求或监管资本要求。经济资本是根据贷款机构的保守程度(即其自身的风险偏好),为贷款非预期损失提供的额外保障(成本)。例如具有高风险规避偏好(即希望获得高信用评级)的银行需要首先设定一个较高的置信区间,以避免超过特定的损失。在我们的例子中采用6个标准差来进行计算,这一数量要求有时也对应于评级为AA的银行在计算"风险调整资本回报率"（risk adjusted return on capital，RAROC）时应该采用的置信区间。我们将已知的标准差估值（每年 50 个基点）乘以 6，得出该借贷所要求的资本数额（300 个基点），然后再乘以银行无法将资金进行投资的净机会成本（15%），随后加上预期损失和其他成本，最终得到贷款价格（6.94%）。对于一般情形，我们建议在计算机会成本（15%）时使用净权益成本（权益成本减去无风险利率）。我们还考虑了其他运营成本（每年 40 个基点）来涵盖非信贷费用。例如间接费用和运营风险费用（后者在巴塞尔协议Ⅲ中是必需的）。

因此，在我们的示例中，对应经济资本的计算，贷款价格（或利率）为 6.94%，这与巴塞尔协议Ⅰ的监管资本要求计算方法有所不同，后者是基于固定的 8%，而不是 3%（6×0.5%）的经济资本来计算的。相应的贷款利率提高了 0.75%，最终为 7.69%。因此，我们可以知道为什么大多数银行喜欢巴塞尔协议Ⅱ。同样，精准评分模型对于现代资产定价结构至关重要。即使银行或非监管机构出于竞争的原因没有使用或不能使用经济资本定价标准，基于风险评级标准的经济定价分析方式仍有助于确定实际价格与基于经济定价确定的价格之间的差别。请注意，我们展示的定价功能并没有考虑相关性和集中度问题，而这些因素增加了信用决策的复杂性，因此金融机构投资组合管理部门应综合考虑。

债券投资者

除了商业贷款中的金融机构贷款人以外，其他金融机构（例如影子银行）和个人也可以在其固定收益策略中使用经过谨慎测试的信用评分系统来获利，一个最明显的应用是进行投资决策，例如，是否要以面值或接近面值的价格投资债券。违约概率的确定对于投资级债券以及垃圾债券很重要。实际上，1971—2017 年间所有违约债券中约

22%的债券以及2007—2017年间所有违约债券中约19%的债券,最初被专业评级机构评为投资级。[1] 因此,专业管理机构在对其投资等级决策的审议中,应考虑包括违约风险分析以及收益率和集中度在内的因素。如果投资级公司的财务状况评级较低,则要求的回报率应反映这些风险因素,而计算出的资金需求可由BRE模型加以确认(见本书第10章)。

对于财务危困情形下的债券(即高于国债1 000个基点或以上),投资者面临的关键问题是,该公司的信用质量是否会继续恶化(或实际上违约);或者其违约概率低到可以评估出其价格将回到面值上下(假设债券信用已经下降,甚至达到"堕落天使"级)。债券价格从危困到面值所带来的上升潜力,会给投资人提供远大于典型债券组合预期收益的权益型回报。事实上,2009年,非投资级债券投资组合的平均回报率达到了约60%,这是由于市场上有相当大比率的债券在2008年年底处于危困状态,而在大约一年内回到了面值或面值以上水平。信贷宽松周期的开始与这种不可思议的回报可能有很大关联,当信用模型将较高的BRE归因于证券本身,而不是市场环境时,人们选择以"深度垃圾"(deep junk)或不良资产收益率水平出售证券的信念会增强。这种"质量垃圾"(quality-junk)投资策略参见图11-2,象限A和象限B中公司发行的具有较高BRE的高收益债券特别具有吸引力。

第二类错误是出售(或者投资人没有买进)不良资产,最终债券价格又回到面值上下。这种情况总会发生,对大多数传统债券投资者而言,涉及的成本也许并不十分重要,但对不良资产或高杠杆对冲基金投资而言却十分重要。我们坚信,训练有素的投资者会在投资过程中认识到信用评分和违约风险模型的好处。我们还认为,将严格的信用风险违约概率模型与低波动性不良资产的选择过程结合起来(参见Altman, Gonzalez-Heres, Chen, and Shin(2014)关于收益率利差的文章)将提供一种潜在的、非常有吸引力的固定收益投资策略。也就

第11章 外部分析师对财务危困预测模型的应用

是说，基于这种策略，投资人可以选出兼具可观的风险溢价和可接受违约风险的债券。

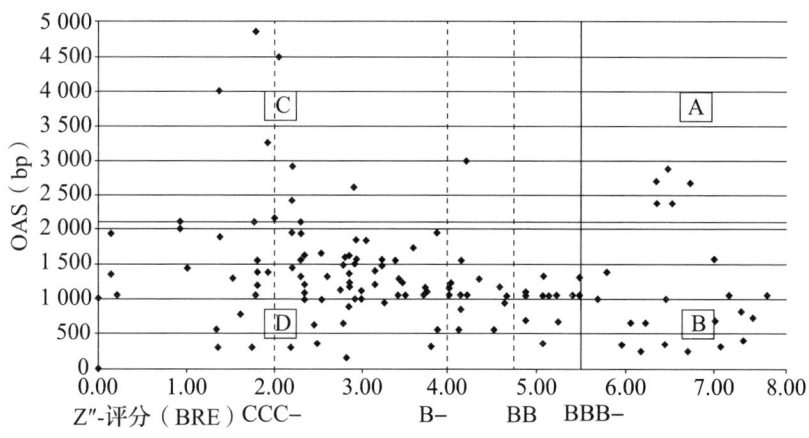

$Z''=3.25+6.56X_1+3.26X_2+6.72X_3+1.05X_4$
$X_1=CA-CL/TA$；$X_2=RE/TA$；$X_3=EBIT/TA$；$X_4=BVE/TL$

A=极高收益/低风险
B=高收益/低风险
C=极高收益/高风险
D=高收益/高风险

图 11-2 收益/风险权衡——不良资产及高收益债券（截至 2012 年 12 月 31 日）

普通股投资者

在与数据供应商，例如标普全球 Capital IQ（标普全球的全球市场情报业务部门的一部分）及彭博社的讨论中，我们惊讶地发现，股票市场投资者/分析师对阿尔特曼 Z-评分模型的关注甚至超过了债券及固定收益证券投资者/分析师。看来，股票投资者对保证资金安全和实现阿尔法回报或匹配某些业绩指数一样感兴趣。保证资金安全的一种方法是避免投资最终会破产的公司的证券。在大多数情况下，违约公司的股票价值会完全或大部分被摧毁。

除了避免公司发行人的财务危困外，投资者对提供"强劲资产负债表"的策略会很感兴趣，无论这些策略是关于价值投资还是关于选择具有良好发展前景和低违约概率的公司。这样的策略可能适合多空股票投资方法。而且，我们发现几个投资管理"打包者"（packager）通过股票"篮子"为投资者提供这种多空策略，其中"多头"购买选择的是具有较高 Z-评分的公司的股票，而"空头"则是从 Z-评分较低的公司中做选择。多空策略的一种变形是基于 Z-评分，仅专注于做多或做空，但不能同时关注两者。

高盛的"策略篮子"（strategy baskets）提供了一个实例，该策略结合了股息收益率和增长前景两个资本保值目标。[2] 这种策略的主要思想是资产负债表强劲的公司（Z-评分高于一定水平，比如 4.0）的表现将优于资产负债表较弱的公司（Z-评分低于一定水平，比如 2.0），在信贷紧缩或信贷压力较大的情况下尤其显著。因此，基于这些标准的多空策略将提供超额收益，这种高收益尤其表现在结合了高股息增长前景的情况下（若两者均可实现）。根据 Kostin，Fox，Maasry，and Sneider（2008）的报告，高盛的做多 GSTHWBAL/做空 SPX 战略在 2008 年 2—12 月的回报率为 12.9%，而标准普尔 500 指数的回报率为－31.2%。

STOXX 强劲资产负债表指数是另一个基于 Z-评分的普通股投资策略，该策略选择欧洲、日本及美国证券交易所财务表现最为强劲的公司[3]，该指数于 2014 年推出，选择基于 Z-评分相对较高的公司，标准是三年得分为 3.5 或更高。由于 Z-评分不包含金融企业，所以金融企业被排除在 STOXX 强劲资产负债表指数之外。实际上，最初的 Z-评分模型的数据仅包含制造业公司（见第 10 章），但在某些情况下被所有行业广泛使用。

许多参考 Z-评分策略的供应商都在讨论该方法，特别是针对危困市场状况，例如 Gutzeit and Yozzo（2011）以及上述高盛（2008）的文献。我们认为，无论在何种市场条件下，该策略均具有选择优秀股票和固定收益证券的潜力，但在大多数情况下该策略在强劲牛市中的表现将落后于市场指数。一方面，股票的业绩已通过 X_4 变量（股权市价/

总负债账面价值）反映在 Z-评分中。如果市场强劲，Z-评分较高的公司可能已见顶，或至少表现良好。而在许多情况下，未发生违约而 Z-评分较低的公司在强劲牛市中的表现将超过市场指数。

其他投资者

为了满足客户的不同需求，一些投资银行及其经纪业务部门使用了 Z-评分模型。例如，摩根士丹利旗下的 Dean Witter 利用 Z-评分方法，并根据租户的财务状况对零售房地产投资信托组合的信用风险敞口进行量化（见 Ostrowe and Calderon，2001）。在摩根大通的亚太股票研究（Asia Pacific Equity Research）中，史密斯和戴恩（Smith and Dion，2008）将 Z-评分应用到了亚洲的信息技术和医疗保健领域。而美林的伯恩斯坦（Bernstein，1990）在分析了标普工业在 20 世纪 80 年代的财务状况后发现，尽管这些企业的收益和现金流再创新高，但基于 Z-评分，其整体财务实力已经恶化。我们在第 10 章中回顾 Z-评分模型的 50 年时对这个看起来异常的问题进行了说明，并将 2016 年公司的财务状况与 2007 年进行比较。伯恩斯坦颇有先见之明，1990 年年末和 1991 年年初违约率大幅上升，市场存在严重问题，但 Z-评分较高的公司其股票价格和高收益债券的收益在 1991 年后期大幅回升。

最后，Altman and Brenner（1981）利用 Z-评分来分析股票卖空策略，Z-评分首次跌破临界值的公司将被选入"卖空"投资组合。经过市场收益调整，这种卖空策略表现如下：在首次显示出 Z-评分恶化之后，至少有 12 个月会出现超额收益。两位学者对双因素模型结果的分析表明市场效率低下，这是由于 Z-评分的变量和权重都是市场公共信息。但单因素市场模型的结果与市场有效测试大体一致，因为"新"的 Z-评分瞬间被市场价格消化了。

证券分析师

金融行业人士普遍认为债券分析师应比普通股分析师更关注证券下跌的趋势。因此，债券分析师的一个工具是违约预测模型，传统比率分析和一个或多个危困预测模型似乎是对证券分析流程的审慎补充。但如前所述，我们发现股票分析师在数据提供商那里使用 Z-评分模型的频率比债券分析师更高，我们对这一点颇感惊讶。

分析师还应该思考一种形式上的不良预测处理手段，尤其是在高杠杆状况可以通过管理层采取的一系列措施（例如资产出售和债务偿还）发生改变时。在第 6 章中，我们已经看到，高风险的资本结构可能产生良好的高回报，也可能导致违约，这取决于管理层是否能够成功减少债务和提高其评级。我们认为，分析师可以通过对管理层是否能够实现其目标资本结构和现金流目标进行现实的预测来确立其分析地位。很明显，杠杆较高的公司，特别是在一次重大重组交易之后，将被大多数信用评分模型评估为处于危困状态。我们提倡使用较为现实的预估情景和最新的财务报表标准来进行分析。

监管机构

监管机构，特别是银行审查部门的工作人员，应熟知银行和其他机构所使用的信用风险系统。新的巴塞尔协议 III 框架的挑战之一就是监管机构的作用，这一点在评估银行的第一支柱资本要求和第二支柱监管职能时尤其明显。银行审查员需要接受培训以评估银行使用的各种信用评分和违约概率/违约损失率（PD/LGD），来自多家银行关于同一交易对手的不同违约概率可作为这一评估过程的输入值。

此外，像法国银行、意大利银行或美联储这样的各国央行，已经普遍利用自身的信用评分评估系统来评估银行投资组合的信用质量，并监测个别银行客户所做的评估。

审计师

在初始 Z-评分模型的早期应用中，我们（Altman and McGough，1974）讨论了信用评分模型的潜在用途，其中一个用途是帮助会计师事务所审计部门评估客户的持续经营资格。我们当时得出的结论是，虽然有相当比例（约 40%）的公司在申请破产前一年确实获得了持续经营资格，但 Z-评分模型预测这些公司中 80% 以上处于"危困区"。请注意，我们现在更提倡使用 BRE（见第 10 章）。事实上，会计界对自己的责任非常敏感，认为不应仅仅因为一家公司处于高风险、低评级状态，就认定该公司不具备持续经营资格，从而让自身承担责任。

我们在会计持续经营假设模型方面的经验，涉及为已破产的安达信会计师事务所特许经营权建立一个关于持续经营资格的标准，并用于评估是否接受新的审计客户。我们将该标准称作"A-评分"，这里的 A 可以理解为 Altman，Arthur 或 Andersen。我们没有像在构建 Z-评分模型（1968）时那样使用公开破产公司的数据，而是结合了上市公司破产和安达信历史数据库中违约公司及那些没有违约的公司的数据。利用该数据库，使用逻辑回归技术，我们得出了一个高度准确的审计风险模型，该模型被安达信各地分支机构结合当地情况使用了多年。遗憾的是，它显然没有用于臭名昭著的安然破产事件，安然由 AA 级最终走向了破产。使用我们的 Z''-评分模型（第 10 章）进行测试，结果表明安然的 BRE 应该是 B，而评级机构的评级是 BBB。

尽管一个严格的专业审计师对持续经营资格所持的态度与其不想给客户造成麻烦的意愿和可能失去一个自身认为具备持续经营资格的客户这一事实存在潜在冲突，但审计师应该意识到，在自身的评估工作中应该使用信用评分模型以及其他关于破产评估的技术。这些方法可以保证他们在进行评估工作和与客户讨论其财务状况和未来计划时，提出的意见更加客观。

破产律师

破产律师是破产和危困企业领域最突出的参与者之一，决定一家公司是否破产是一个重大决策。虽然大多数破产都是非自愿的，并且仅在不得已的情况下才做出这样的决定，但是否提出破产申请和提出破产申请的时间都是管理过程中至关重要的决定。在大多数情况下，公司在决策上拖延的时间越长，重组成功的可能性就越小。同时，如果可以在庭外成功重组，那么以庭外重组来摆脱财务困境的成本很可能会低于通过破产流程来实现重生所产生的成本（Gilson, John, and Lang, 1990）。通常，破产律师是公司管理层的主要顾问，他们负责决定是否申请破产以及何时申请破产。破产律师事务所一般会向经营业绩不佳的公司推荐潜在的顾问以及围绕破产或庭外重组所采取行动的途径。这类顾问会在本章后面部分予以讨论，他们可能是转型和其他重组专家，或者是提供救助融资或 DIP 融资的银行家等。

尽管可能有明确的财务危困信号，但律师仍可以在为客户提供咨询服务时，有效地使用财务危困预测模型。企业是处于轻微危困还是严重危困是一个重要的决定因素。正如我们将在本书第 12 章中讨论的那样，管理层可以在做决策时使用这种模式。律师可以从破产预测模型在破产公司原则（见下文）和曾经很重要的"深度无力偿付"等领域的影响中受益。我们将讨论这些话题。

第 11 章　外部分析师对财务危困预测模型的应用

法律应用

多年来，破产预测模型在法律领域有诸多应用。这些领域包括：破产公司原则，避免养老金义务，以及最近越来越多的所有者、经理、董事和其他公司内部人员（如专业顾问）的受托责任。最后一个领域涉及称为"深度无力偿付"的概念和条件。

破产公司原则

如果试图合并实体中的一个或两个实体无论如何都会失败，并且其市场份额很可能被另一个实体吸收，那应允许进行合并。这是试图合并的公司对于违反反垄断法所提出的一个抗辩理由。我们在本书第 1 版（Altman，1983）以及 Altman and Goodman（1981，2002）中详细阐述了这个所谓的破产公司原则（failing company doctrine），由于本版的篇幅限制，我们不做详尽论述。

从本质上讲，如果可以证明试图合并的竞争对手在地理上（或按细分市场）是相互关联的，且至少有一方濒临破产和消亡，那就可以援引破产公司原则。例如，两家报纸在一个标准的大都市进行竞争，一家报纸的倒闭几乎肯定会导致其市场份额流向最接近的竞争对手，这一情形发生在 20 世纪 80 年代初《底特律新闻》（*Detroit News*）和《底特律自由报》（*Detroit Free Press*）的反垄断纠纷中。一位作者在证词中说，使用几个 Z-评分模型得出，其中至少一个实体可能会在短时间内倒闭，而两个实体的经营状况都非常糟糕。法院最后的解决办法是允许合并，但要求编辑人员保持独立。后来，这两个实体仍然存在，但收入、成本和利润的所有权合并到了一起。法院对于不允许合并造成该市只有一家主要报纸的情况的担忧，超过了对报纸成本、劳资关系和其他不利的反垄断结果的担忧。

另一个例子是 20 世纪 70 年代初，美国东北部两家低价啤酒公司的潜在合并案，这两家公司分别是费城的 Schaefer 啤酒和 Schmidt's 啤酒，两家公司都在争夺啤酒市场的低端消费者。我们认为 Schaefer 是一家可能倒闭的公司，虽然如果允许合并，Schmidt's 肯定会吸收 Schaefer 的市场份额，但如果不允许合并，以上情况也会发生。本案的原告 Schaefer 不想被 Schmidt's 接管，辩称其经营没有失败，因为审计师没有就其经营情况提出书面质疑（参见前面的讨论），而且主要债权人对其逾期近两年的贷款并没有追索。法官同意并裁定 Schaefer 没有破产，因为它那时确实还没有破产。另一家啤酒商，密尔沃基的 Stroh's 在没有与任何一家公司直接竞争的情况下，很快就收购了 Schaefer。与本案有关的一个问题是，该公司是否处于所谓的破产区，我们接下来讨论这个问题。

深度无力偿付[4]

正如 Kurth（2004）所述，深度无力偿付理论起源于 20 世纪 80 年代初期的两个联邦案件（In re Investors Funding Corporation 和 Schacht v. Brown）。有人提出了一个简单的论点，即公司不是一个生物实体，不能假定任何扩大其存在的行为都是有利的。该论点与转型管理行业的基本前提以及破产法的基本原则形成鲜明对比，即破产企业能够成功重组，债权人、股东和雇员通常会受益。此外，深度无力偿付理论认为，挽救一个濒临死亡的实体可以使其中一些人受益，另一些人则会付出相当大的代价。例如，试图挽救该实体的经理、顾问和其他人员在重生期间会得到报酬，这将导致破产后其他人（例如债权人）收回的款项更少。

Kurth 指出，越来越多的人意识到深度无力偿付是一个独立的行为方式，该行为方式主张破产公司或其代表可向专业人士，比如顾问、会计师、投资银行家以及律师要求损害赔偿。这类专业人士的不良行为要么助长了公司的管理不善行为，要么歪曲了公司的财务状况，从而掩盖了公司从无力偿付恶化为深度无力偿付和破产的事实，一种公

第 11 章 外部分析师对财务危困预测模型的应用

认的计算损害赔偿金的方法是衡量公司深度无力偿付的程度。

这个法律争议衍生出几个问题：如何判断一家公司是不是处于无力偿付状态，如何衡量其恶化的程度？我们是否可以简单地说，只要一家公司没有破产，尚未违反偿债义务或参与危困重组（例如债转股交易），它就未进入无力偿付状态？我们相信事实远非如此，公司可能丧失偿付能力，但却未违约。

法院似乎主张将公司资产的公允市场价值和其负债的市场价值进行比较，以确定它是否丧失偿付能力。该标准实质上是利用 KMV 模型进行财务危困预测的基础，KMV 模型于 20 世纪 90 年代首次被商业化，并于 2002 年被出售给穆迪。请参见本书第 10 章中对 KMV 的介绍，更深入的讨论参见 Caouette，Altman，Narayanan，and Nimmo（2008）。顺带提一下，我们认为与资产进行比较的不应该是负债的市场价值，而应是负债的账面价值，因为后者需要偿还给债权人。若将资产价值界定为负债和权益的市场价值之和，则更应如此，大多数金融经济学家采用了这种界定方式。

无论如何，我们认为使用统计方法来计算 BRE 或破产分数，可以合理检验一个公司是否处于无力偿付状态。特别地，我们提倡使用 Z-评分模型和其他类似的技术，例如穆迪/KMV 预期违约率（EDF）方法。如果两者都将公司归类为"违约状态"（例如，Z-评分低于零且 KMV 预期违约率为 20 或更高），那么仍将其作为非破产或非违约实体来看将受到严重质疑。分数不断下降表明情况正在恶化，尽管我们不能认为企业信用恶化与分数变化呈线性关系。当然，Z-评分为 -2.2 的公司比得分为 -0.2 的公司状况更糟。Appenzeller and Parker（2005）讨论了在深度无力偿付案件和分析中使用 Z-评分模型的案例。

以下是关于深度无力偿付法律要求的最后说明。多数法律分析人士指出，这场争论的初衷基于内部人士实施庞氏骗局，或采取其他导致欺诈或挪用公款的行为，以牺牲毫无戒心的债权人为代价增加经营者或咨询顾问的收益所导致的破产。而且，根据该主张，有罪的一方知道或应该知道，该公司毫无生存机会。因此，尽管我们可以帮助确定公司是否符合破产公司的特征，但不能肯定地说某些重生策略会失败。

当然，如果知道了公司的真实状况，而且相关信息并不是由那些可以从公司持续经营中获利的人披露出来的，那么要求损害赔偿的合法理由似乎是有效的。但是，如果一切都被披露出来，并且我们已尽最大努力保护所有者的剩余利益，我们就不会坚持说一个公司的Z-评分在危困区或D评级意味着它无法生存。我们争取的是对公司财务状况清晰且明确的衡量标准，而不是依赖专家对公司资产公允价值进行估计。

下一章说明了管理者如何在Z-评分模型的帮助下，利用其商业头脑和判断力来管理财务转型。该案例研究的实质是，所有财务危困指标都是透明的，并且针对公司"健康指数"的结果实施的纠正策略是适当且审慎的。即使这些行动失败了，我们也相信在这种情况下，主张深度无力偿付不会成为一个正当论据。

债券评级机构

虽然债券评级机构不会使用破产预测模型来得出评级结论，但我们认为，一个或多个经过全面测试并且成功的模型有助于提升评级质量。显然，穆迪看到了KMV EDF模型的巨大效应，最后决定巨额收购KMV。评级机构将行业分析、管理层访谈和"贯穿周期"（through the cycle）法的长期发展潜力作为决定评级结果的关键因素，而模型在特定时点的结果不应作为评级决策的基础。关于评级稳定性、准确性以及整个周期与特定时点的模型的比较，请参见 Loeffler（2004）以及 Altman and Rijken（2004，2006）。

第 11 章　外部分析师对财务危困预测模型的应用

风险管理与战略咨询顾问

巴塞尔协议 II 也是风险管理咨询公司发展的重要催化剂，随着对现代信用风险体系的需求的增长，奥纬咨询（Oliver-Wyman）（于 2002 年被美世（Mercer）收购）、Algorithmics 公司（于 2005 年被惠誉集团收购，并于 2011 年出售给 IBM）、RiskMetrics 集团（于 2010 年被 MSCI 收购）、Kamakura 公司、CreditSights 公司及其他主要评级机构（例如 KMV/穆迪、标普全球风险解决方案、惠誉信息服务）的风险管理业务得到迅速发展。以上这些公司中的大多数部门已经开发了信用风险工具，其中包括评分、结构化模型，或这两种信用评分模型的混合。此外，提供投资组合管理服务和产品估值的咨询和信用风险评估机构可能会发现，客观的信用风险工具确实有助于评估客户风险，如 Credit-RiskMonitor 的 FRISK 系统等。

管理咨询的一个相关领域是并购（M&A）咨询。当危困企业在客观评估过程中被指出存在持续经营问题时，企业应该寻求采购/战略合作伙伴，尤其是当潜在收购方的内部评估与危困企业的观点不同时，这种方法特别有用。显然，如果人们普遍知道该公司处于严重危困状态，收购价格会降低。然而，准确的预警模型可以给用户带来竞争优势，无论它们是目标公司还是收购方。

重组顾问：银行家、转型顾问和会计师事务所

在危困行业，最重要的专业人员包括以下四种：（1）重组专家，通常来自知名投资银行；（2）运营管理顾问公司的公司转型或危机管理人员；（3）来自传统会计师事务所的重组顾问；（4）资产支持贷款方。图 11-3 说明了它们在危困行业中的关系、重叠和主要功能。

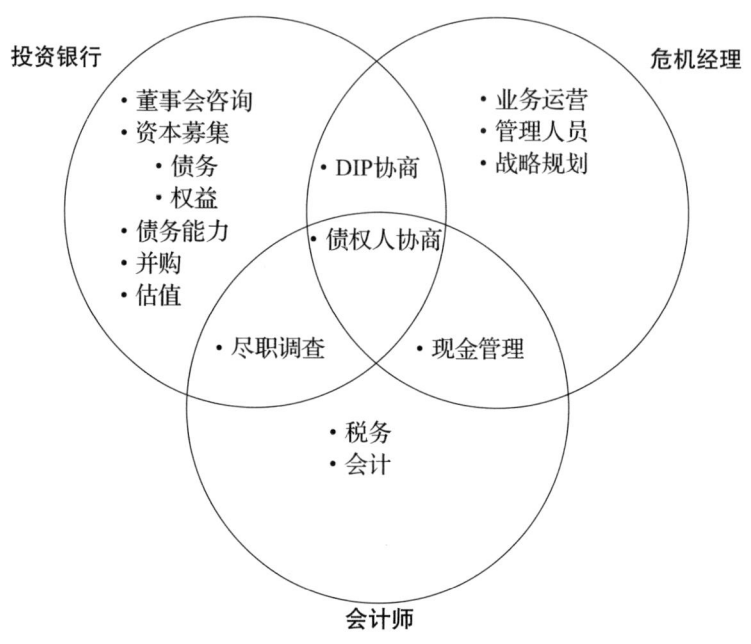

```
                    投资银行                              危机经理
                  ·董事会咨询                           ·业务运营
                  ·资本募集                             ·管理人员
                    ·债务         ·DIP协商              ·战略规划
                    ·权益
                  ·债务能力      ·债权人协商
                  ·并购
                  ·估值
                           ·尽职调查     ·现金管理

                                    ·税务
                                    ·会计

                                     会计师
```

图 11-3　财务顾问的角色比较

资料来源：Lazard Freres，2005.

多年来，转型咨询行业的竞争格局经历了如下演变：20 世纪 80 年代中后期，市场由会计师事务所及大型投资银行引领，这些银行在高杠杆重组热潮（主要是命运多舛的杠杆收购和杠杆资本重组）中发放了大量债务。例如，德崇证券是 20 世纪 80 年代庭外重组的主要支持者。90 年代初，随着第 11 章破产案的大量增加，一些投资银行和较小精品投资银行如雨后春笋般涌现，填补了由大型投资银行的利益冲突所造成的空白。2001—2005 年，市场上出现了更多的精品投行，这些投行有的是大型会计师事务所或投资银行的分支，更大的承销商将资源投入危困再融资，尤其是在并购活动有所放缓这一时期。

除这些咨询顾问之外，业界出现了一个相当活跃的银行市场，该市场可以为处于破产阶段的企业提供资金。例如，DIP 融资和重生阶段的退出融资。许多大型商业银行及 GE Capital、Congress Finance 和

第 11 章 外部分析师对财务危困预测模型的应用

CIT Finance 等企业在 2000—2007 年成为这一领域的主要参与者。但是，在 2008—2009 年金融危机之后，危困企业贷款人由于自身资金限制放弃了该市场。例如 GE Finance 和 CIT Finance。

转型顾问在公司资产（运营顾问，被称为危机管理者）和负债（重组银行家和会计师）的重组中扮演着顾问的角色，这些顾问的工作内容并不是相互排斥的。2017 年，这些领域的专家数量在全球范围内增至 20 000 多人，其中许多人是日益重要的转型管理协会（TMA；网址：www.turnaround.org）的成员，这家总部位于伊利诺伊州芝加哥的专业、教育和网络组织，2017 年在全球拥有 55 个分会（美国 33 个分会，其他国家或地区 22 个分会），成员超过 9 000 人。[5]

可以聘请转型经理来协助公司避免申请破产，或当公司处于合法破产状态时，协助重组公司资产和负债。三家最大的转型管理咨询公司可能是 Alvarez and Marsal，AlixPartners 和 FTI。这些公司通常还会提供财务和资本结构建议。尽管这三家公司相对较大，每家公司都拥有 1 000 多名全职员工，但是业界的大多数转型管理公司规模都很小，通常只有不到 10 名全职顾问。业界也有许多相对较大的转型管理公司，员工有 20～100 人，可以提供全方位的咨询服务。通常，这些专业顾问在财务、营销、运营、人力资源和信息系统等领域有全职管理经验，他们选择与处于危困的公司合作以协助其实现重生。除主要的运营职能外，这些公司还经常在债权人谈判、现金甚至战略管理等领域提供协助。例如，麦肯锡公司最近成立了一个规模庞大的重组小组。在过去的 20 年里，一些公司设立了一个处理复杂重组问题的新职位——首席重组官（chief restructuring officer，CRO），请大家不要将其与另一个 CRO 即首席风险官混淆。

来自投资银行的公司重组顾问通常专注于资产负债表的"右栏"，尤其着重于协助危困企业的管理层（或运营转型专家），使其在重组期间获得所需的资本并出售不盈利资产或其他资产来获取现金。DIP 融资对第 11 章破产流程的早期阶段至关重要，新债权人通常具有优先权，我们在本书前面曾讨论过这种融资机制。重组期的另一个结果是所谓的退出融资，即公司需要从第 11 章破产中重生，并有足够的资本来持续经营。精品投资银行是这些退出融资的关键参与者。事实上，在很多情况下，DIP 融资的提供方同样是退出融资的贷款人，即重生前阶段的危困投资者成为危困企业股权的新所有人。

一些较大的专门为债务人提供咨询服务的重组顾问是精品投资银行，例如 Lazard Freres、PJT Partners（原黑石集团）、Miller Buckfire、N. M. Rothschild & Sons、Evercore 和 Greenhill，业界也有一些规模较小的成功企业。在债权人咨询方面，最大的顾问有 Houlihan Lokey Howard & Zukin、Jefferies、Chanin、FTI 和 Giuliani Partners。最后两个是从会计师事务所剥离或出售的部门。

咨询公司

在 2005 年《防止破产滥用及消费者保护法》（BAPCPA）出台之前，1978 年破产法限制了大型投资银行参与公司第 11 章的重组工作，尤其是如果在破产之前的三年中，这些银行曾是其债券承销商的话。尽管此限制有例外情况，但有时为了避免只有一家主要的投资银行公司参与的情况，需要有一个利益相关者团体的正式申诉（例如，在 2005 年特朗普赌场及娱乐度假村的第 11 章破产案中，债务人顾问从瑞银（UBS）转为拉扎德（Lazard））。一般来说，大型承销机构是利益相关者，因此会在重组业务中受到限制。

随着 BAPCPA 的通过，危困企业咨询服务的竞争格局也有所改变。BAPCPA 于 2005 年 4 月 17 日签署，并于 2005 年 10 月 17 日正式生效，该法案对公司破产以及消费者申诉产生了影响。现在，只要与破产融资或其他咨询工作没有明显的冲突，那些原本被排除在外的投资银行

第 11 章　外部分析师对财务危困预测模型的应用

也可以担任重组顾问。无利害关系仍然要求一个实体不得因为与债务人的任何关系、联系或利益，而对财产的利益或任何类别债权人的利益产生重大不利影响。因此，虽然一个现任或前任承销商可能会被视为有利益冲突，但其他无利益冲突的大型投资银行符合相关要求的可能性很高。但事实上，大型投资银行并没有以任何实质性的方式进入财务咨询市场，而是继续在危困企业市场提供资产支持融资，如 DIP 贷款。

我们认为转型顾问（试图在公司申请第 11 章破产之前，或在破产重组期间挽救业务）和债务人重组顾问都可以有效地使用危困预测信用评分模型，将模型作为评估财务状况的工具，或将评估结果作为企业重生之后财务状况的"晴雨表"。若在重生之后，企业看起来仍像一个将陷入危困的实体，那么其随后陷入危困的可能性（即第二次申请破产（第 22 章破产））会比一个正常重组企业更高。遗憾的是，基于频繁出现的第 22 章现象或其他形式的持续危困（例如危困企业出售），我们看到重组过程并不总是成功的。的确，Gilson（1997）在研究第 11 章破产的成功案例时，发现重生的公司经常会出现过度杠杆或经营问题，而 Hotchkiss（1995）发现，重生公司的业绩通常不及行业其他公司。另外，Eberhart，Altman，and Aggarwal（1999）发现，重生公司的股票在公司申请第 11 章破产后的一年交易期内表现非常出色，2003—2004 年的证据（例如摩根大通，2004）支持了这一结论。

总之，我们提倡公司以持续经营状态重生，并尽可能使用配股以及类似股票的证券，包括对次级债权人和原股本持有人提供期权和认股权证，这样可以避免"新"公司在重生后的早期承担过多的固定成本债务。

政府机构和其他采购商

许多较大的美国政府机构都有一项政策，就是当供应商陷入危困

277

时，会对供应商的承受力和独立性进行筛选。相关的问题是，供应商是否能够交付合同中规定的产品和服务。多年来，我们了解到政府机构及其审计同行都使用 Z-评分模型。例如，美国国防部和政府会计审计机构都有这个政策。如果一个实体的 Z-评分表现不佳，那它会经历更严格的筛选，或转换为候选供应商。因此，无论是政府，还是那些寻求成为或想继续成为政府供应商的公司，都应了解使用自动财务预警模型（如 Z-评分）的利弊。我们特别建议一点，任何使用这种方法的机构都要将它与其他筛选工具相结合——尤其是定性方法，例如，与供应商现有客户进行访谈等。

采购代理机构通常都会使用财务筛选模型，这种做法不应仅仅局限于公共机构，私营企业也应该关注其供应商的财务健康。尤其是当采购商在其生产过程中采用准时（just-in-time）库存方法时，这一点很重要。例如，计算机制造商，如 IBM 或 Dell，希望确保键盘可以在计算机其余部件即将发货的时间点到货。2005—2007 年，美国汽车行业的供应商以及制造商的财务健康也受到广泛关注。如果供应商的财务状况变得越来越脆弱，其持续经营的概率将成为一个被普遍关注的问题。事实上，2009 年，许多大中型汽车零部件供应商甚至在主要汽车制造商（即克莱斯勒和通用汽车）破产之前就已经倒闭了，有些甚至早在 2004—2005 年就倒闭了。制造商面临一个头疼的问题，如果供应商持续遭受损失，并面临破产和纾困的命运，制造商必须为供应商提供支持。这种现象原来在日本很常见，现在可能依然如此。

并购应用

图 10-15 的左栏是 Z-评分模型的应用，其中涉及高杠杆融资收购（如杠杆收购）和普通并购行为。如前所述，对于任何涉及大规模债务融资的并购交易，相关危机预测都至关重要，涉及杠杆收购的高违约

第 11 章　外部分析师对财务危困预测模型的应用

风险可能是触发 20 世纪 80 年代末至 90 年代初金融危机的主要原因。对收购公司现有违约可能性以及杠杆收购之后情形的分析，应该是私募股权基金重点关注的领域。

对于普通的并购活动，收购方有时会有意"抄底"，即以低价发起对具有良好重组潜力公司的收购，一个合理的经验法则是以不超过 EBITDA 三倍的价格收购危困企业。当然，许多危困企业的 EBITDA 为负值。因此，收购价格会与对现金流的估计相关。我们在本书前面曾讨论过危困企业估值（见第 5 章）。

注释

[1] 我们对"堕落天使"的违约估计基于对 Altman 和纽约大学所罗门研究中心大型违约数据库中约 3 800 个违约情形的分析。

[2] 有关此策略篮子的更详细讨论，请参见 Kostin et al., Goldman Sachs (2008)，高盛已经为投资者提供了大约十年这样的服务。

[3] 有关这一策略指数更多的详细信息，读者可参见 Ebl, STOXX (2014)；也可以通过网络来获得更多关于组合的表现和评论的信息。

[4] 关于公司无力偿付的治理问题和受托责任的讨论，请参见第 6 章。

[5] 阿尔特曼博士担任 TMA 的学术顾问委员会主席，并与从业者一起为该组织的月刊 *Journal of Corporate Renewal* 以及定期会议做出了贡献。

第12章　危困预测后的战略调整[1]

经理和分析师经常向我们提出一个棘手的问题："现在，你们的模型已将这家企业归为极有可能失败的企业类型，那么企业应该采取什么措施避免将来所要面临的惨淡命运呢？"因为我们不是运营经理或转型顾问，所以不得不摇摇头，并很不情愿地回答："你还是找一些熟悉危机管理的新管理层或专家吧"，或给出一个更令人不满意的回答，"那是你的问题！"毋庸置疑，这些答案不会被对方接受，也没有体现出真正的预警精神。当预警出现在医学、天气或军事科学等其他领域时，预警信息通常意味着要采取一定的应对措施。遗憾的是，早期预警系统在管理科学领域的应用一般具有很强的针对性，难以提出通用的应对措施。

我们对重大和不可避免的灾难的预测态度发生了变化，一个重要的事件给我们上了宝贵的一课，我们认为，这一教训可以用于其他危机情形。这一教训并非源于对问题的概念性、学术性分析，而是源于一位颇具洞察力的首席执行官在解决实际问题时对Z-评分模型（第10章）的应用，这位首席执行官的实践促成了我们观念的转变。我们来回顾一下GTI公司的情况，这是一家计算机、汽车和电子行业的零件、子系统和相关处理设备的制造商，该公司股票在美国证券交易所上市。虽然此事发生在1975年，但由它引发的思考和结论至今仍然适用。

第 12 章 危困预测后的战略调整

主动与被动使用财务模型

经过统计验证的预测模型长期以来一直被用于商业研究。一般来说，这些模型由专业人员开发，并由一定的观察者进行测试，这些观察者不会影响模型结果或改变模型假设。因此，当模型有效时，预测结果具有令人满意的准确性，业务分析师对它们有一定的信心。正如本书第 10 章中所说的，这种被动将预测模型用于信用分析、投资者分析等的做法忽略了这些模型的主观能动性。在主动使用预测模型而不是被动接受模型结果时，观察者的角色转变为参与者。例如，管理者可以使用与公司业务相关的预测模型，主动采取一定的管理措施，影响模型最终结果。这样，管理者可以通过调整模型参数来做出决策，以控制其预测结果。

我们将在一个具体的案例中讨论如何主动使用 Z-评分破产预测模型来管理濒临破产公司的财务状况。管理者可以采用一系列的管理决策来"挫败"模型对破产的预测，管理决策往往是在考虑其对模型中财务比率的影响的情况下做出的，这可以直接帮助公司复苏，夯实公司的财务基础。

在本书的前面部分我们曾指出，一旦有迹象表明一家公司即将破产，换句话说，如果公司整体财务状况表明其正在走过去破产公司的老路，管理层就可能宣布破产。GTI 公司，特别是其首席执行官吉姆·拉弗勒（Jim LaFleur）制定和实施了管理策略，颠覆了模型的用途并认为模型可以通过帮助决策者制定商业策略来使企业摆脱破产命运。

吉姆·拉弗勒毕业于加州理工学院，是一位成功的企业家和高管，他最近刚刚退休，但仍担任多家公司包括 GTI 公司的董事。在 1975 年的前 6 个月中，GTI 公司的财务业绩如下：

营运资金减少了 600 万美元。

留存收益减少了 200 万美元。

亏损 200 万美元。

净值从 620.7 万美元下降至 437.0 万美元。

股权市值下降了 50%。

销售额下降了 50%。

在拉弗勒的职业生涯早期，他在 *Boardroom Reports* 杂志上注意到关于 Z-评分的文章，立即意识到破产预测可以在 GTI 公司的问题上得到应用。如第 10 章所述，原 Z-评分模型的形式如下：

因子	定义	因子权重
X_1	营运资金/总资产	1.2
X_2	留存收益/总资产	1.4
X_3	EBIT/总资产	3.3
X_4	股权市价/总负债	0.6
X_5	销售额/总资产	1.0

拉弗勒作为审计委员会的成员，被要求接任首席执行官。拉弗勒将 5 个比率的初始值输入模型，产生了 GTI 的 Z-评分，为 0.7。在该评分级别上，预测变量显示公司处于财务危机之中，很有可能破产。将更准确的数字代入 Z-评分模型中，输出结果降为 0.38，约为先前计算结果的一半，预测情况很不乐观。GTI 的 BRE 充其量为 CCC－，但实际上取值约为零，非常接近破产公司 Z-评分的中位数（见图 10-7）。

复苏工具

尽管 Z-评分是厄运的先兆，但它也被视为复苏的管理工具，预测模型的 5 个财务比率是 Z-评分浮动（向上或向下）的关键。尽管前任管理层无意间采用的策略降低了比率并导致 Z-评分下降（见图 12-1），但 GTI 的新管理层决定通过主动的管理措施来扭转局面。在做出每个决定之前，拉弗勒和他的团队模拟了该决定对模型的影响。Z-评分预测系统运行中体现的固有信息是，未充分利用的资产可能是导致公司财务状况恶化的主要因素。这种恶化已经在 GTI 持续数年，该公司总资产的比重远超其他财务因素，我们发现在许多企业失败案例中，尤其是在较大的企业失败案例中，情况都是如此。

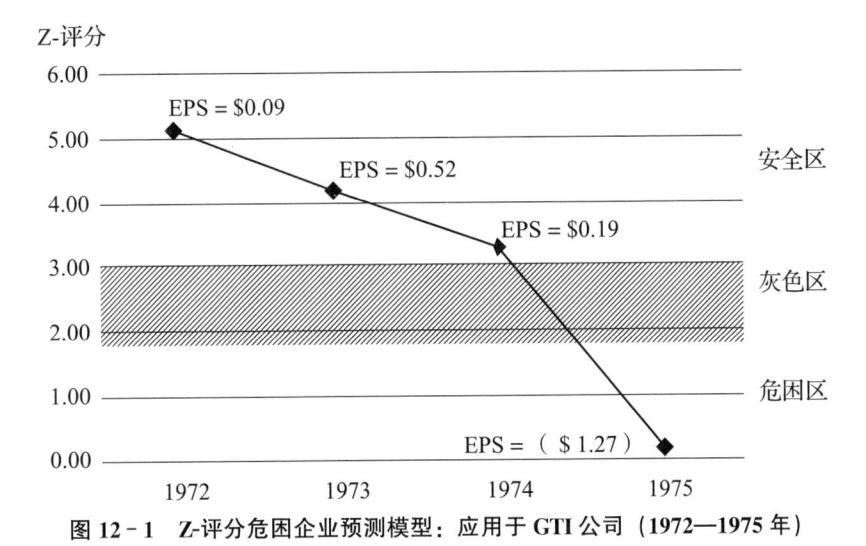

Z-评分

```
6.00
       EPS = $0.09
5.00 ◆
              EPS = $0.52                                    安全区
4.00        ◆
                     EPS = $0.19
3.00              ◆
                                                             灰色区
2.00

1.00                                                         危困区
              EPS = ($1.27)
0.00                    ◆
     1972   1973   1974   1975
```

图 12-1　Z-评分危困企业预测模型：应用于 GTI 公司（1972—1975 年）

通过回顾分析，拉弗勒得出结论，Z-评分本可以预测到 GTI 的财务状况恶化。例如，1975 年的历史数据表明，GTI 的 Z-评分在之前的两年就开始急剧下降。

1974 年年底，GTI 的 Z-评分 BRE 降至接近 BBB（图 12-1）[2]，每股收益（EPS）降至 0.19 美元。几年来，GTI 的 Z-评分一直在下降，甚至在公司利润上升时期也是如此。这进一步证明了预测模型的有效性，并表明模型可以帮助管理者制定策略来指导公司复苏。

库存失控的影响

两年多来，拉弗勒一直告诫公司不要采取过于激进的债务政策和过度扩张政策。遗憾的是，这些警告并没有什么效果。与大多数行业一样，GTI 在 20 世纪六七十年代一直处于增长之中。那几年，许多管理者几乎把全部精力都放在利润表上，他们努力提高杠杆来增加销售额和利润。随着股价的上涨，他们期望将来能获得非常有利的股权融资，用以偿还累积的债务。这听起来是不是与 20 世纪 90 年代末和 2007 年的情况极其相似？在 1972 年经济衰退之前，这一策略一直对 GTI 很有利。之后，随着利润下滑，许多公司难以偿还几年前看起来很容易处理的债务。GTI 在 1975 年年初开始亏损，在利润下滑停止之前，GTI 在 1975 年前 6 个月销售额为 1 200 万美元，净亏损累计超过 260 万美元，每股亏损 1.27 美元。

另外，在 5 月份，审计委员会的一名成员发现 GTI 1975 年第一季度的报表有错误，随后审计会议发现了更多的错误。很明显，公司的问题很严重。GTI 的审计师开始对公司第一季度的业务进行彻底审查。审计师很快就确认数字之间确实存在重大差异，并着手修订第一季度报表。作为审计委员会主席，拉弗勒联系了美国证券交易委员会，披露了这些差异，并承诺对 GTI 的错误进行界定和更正，他还要求美国证券交易所暂停该公司股票的交易。通过快速纠错和迅速报告，GTI 在不到 10 天的时间里就恢复了股票交易，没有退市。一些观察家对该公司快速的自我约束行为表示赞赏。

当时，GTI 董事会选择了一个新的高管团队，要求拉弗勒成为管理层的一员，并接任董事长兼首席执行官。拉弗勒观察到，为了保障运营所需资金，GTI 在过去几年中已经负债累累，即使在销售和利润创纪录的年份也难以偿还债务，拉弗勒决心找出潜在问题。没过多久他就发现，库存失控是公司资产不断膨胀的主要原因。在许多情况下，退货被弃之不顾，没有被适当核算。雪上加霜的是，GTI 的在产品与销售量也不成比例。这些情形似乎在面临危机的公司中很常见。

第 12 章 危困预测后的战略调整

复苏策略

从这些新证据出发，正视企业坐拥过剩资产这个现实，GTI 的复苏策略开始浮现。策略就是试图减少 GTI 总资产，同时又不大幅降低模型中不同比率的分子，这些分子包括营运资金、留存收益、EBIT、股权市价和销售额。GTI 开始寻找那些没有被有效利用的资产，也就是那些不赚钱的资产。将这些资产确定后开始出售，并将所得款项用于减少公司的债务。在构思了这个策略之后，拉弗勒开始实施消除 GTI 过剩资产的行动。GTI 过剩的库存被尽快售出，在某些情况下甚至按废品价格出售，这样做降低了所有 5 个比率的分母。当然，仅仅出售资产是不够的，所得收益也必须尽快利用起来。在策略得到实施后，GTI 的 Z-评分开始上升。

破产预测模型最初是为投资者分析公司状况而设计的，GTI 则将其用作管理公司事务的辅助工具，这个控制预测结果的做法实际上成为其积极管理策略的一部分，有效地避免了 GTI 的破产。

遏制现金流失

很快，GTI 的现金流失情况得到遏制。GTI 的两个西海岸工厂经营不善、入不敷出，管理层在 10 天之内就对它们进行了瘦身，只保留核心员工，总部的公司员工从 32 人减至 6 人。一年前，公司的利润为 150 万美元，而员工开支已经超过 100 万美元。所有的资本项目都被冻结了，只有最基本的生产、维修和维护才能得到授权。GTI 要求债权人提供额外的短期信贷，然后加大收款力度，库存也受到严格控制。这些措施的实施有效控制了现金流出和费用，提高了偿债能力。GTI 想进一步降低成本，还需要做更多的分析。管理层为 GTI 的每个工厂构建了一个管理职能/位置矩阵，即"工作与成本"网格，网格显示了每位高管的工作，以及相关工作给公司带来的成本。当发现重叠或重复工作时，相关作业会被合并。网格如图12-2所示（未指明每个职能/位置的实际金额）。如果在不同地点的收入没有涵盖可识别成本，管理过程很明显存在问题。

	宾夕法尼亚州	印第安那州	纽约	加利福尼亚州	联邦德国	
运营	$1	$1	$1	$1	$1	$5
营销	$1	$1	$1	$1	$1	$5
工程	$1	$1	$1	$1	$1	$5
财务	$1	$1	$1	$1	$1	$5
	$4	$4	$4	$4	$4	$20

图12-2　职能/位置矩阵

员工协助寻找流失的利润

员工也参与了GTI转型过程。GTI制定了一份简单的调查问卷，并发给其位于宾夕法尼亚州萨吉尔敦的最大工厂的250名员工，询问他们对该工厂为什么不再盈利的看法。问卷所隐含的问题是为了识别出拉低GTI Z-评分的未充分利用资产。公司员工确实了解问题的实质，他们对如何提高机器的使用率提出了具体的要求。员工的许多建议都得到了落实，生产力得到了提高。但最终这家工厂还是被出售了，产品线转移到了其他地区。几周后，GTI在宾夕法尼亚州哈德利的工厂也询问了类似的问题，员工的反馈结果导致工厂的组织结构从职能型转变为生产线型，这是可以更有效利用公司资产的一个举措。因为员工参与了改革，他们的努力保证了企业的成功。几周后，工厂开始恢复盈利。实际上，盈利的产品线从萨吉尔敦转移到了哈德利。

随着时间的推移，这些利润成了公司其他部门盈利的先兆。Z-评分虽然没有因这些利润而大幅上升，但确实开始有所好转。在利润下滑

第 12 章 危困预测后的战略调整

三年之后，1976 年年中，Z-评分开始触底反弹（图 12-3），GTI 最终转危为安。

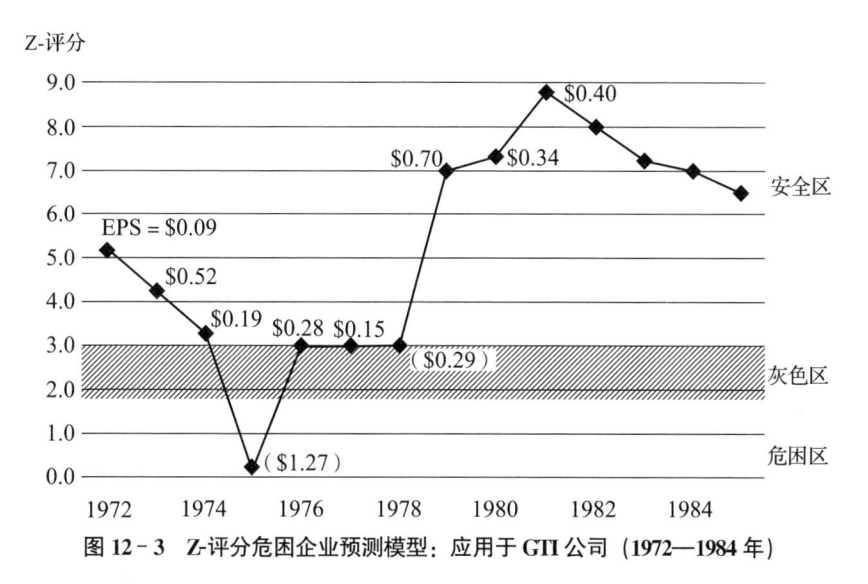

图 12-3 Z-评分危困企业预测模型：应用于 GTI 公司（1972—1984 年）

出售产品线

尽管降低成本和增加利润的举措使问题有所缓解，但 GTI 还需要采取其他更有力的复苏措施。职能/位置矩阵分析扩展到产品分析领域，并用于评估整个公司的产品盈利能力。因此，GTI 制定了淘汰输家和巩固赢家的计划。1976 年年底，GTI 出售了主要的未充分利用资产之一。GTI 的晶体基地产品线看起来相当强大，但产品矩阵分析却呈现出不同的观点，晶体基地产品与 GTI 的其他产品不能互补，尽管该产品线曾有微利，但产品需求可能会下降，产品线似乎还需要大量资金才能在未来具有竞争力。GTI 决定出售晶体基地产品线，由此产生的现金可用于减少债务。总资产和负债同时减少对 GTI 产生了巨大影响。Z-评分从低于 1.0 跃升至 2.95。在这项举措实施以后，GTI 的

Z-评分几乎一下子升到了安全区。尽管对于外部观察者来说,该公司似乎已经一年半没有扭亏为盈,但拉弗勒感到 GTI 正通过出售晶体基地产品线来实现复苏。该公司已经从几乎确定的破产状态发展到可以开始考虑研发新产品的阶段。在不到 18 个月的时间里,Z-评分从接近死亡破产区(0.38)攀升至安全区(见图 12-3)。随着对模型的信心增强,GTI 开始致力于将 Z-评分牢牢地保持在安全区。由于公司不断提高的稳定性和盈利能力印证了 Z-评分方法,GTI 总部员工开始考虑拟议的新产品或财务交易将如何发挥提升 Z-评分的作用。此外,GTI 将产品评估矩阵从简单的损益扩展到了关于资产收益的长期预测。这涉及逐个认真研究产品,预估营运资金和资本支出要求。这项分析也确定了如果该公司试图在当前市场中进行扩张,其成本将是多少。

改善运营

在制定计划的同时,GTI 的运营也得到了持续改善。1976 年年末每股收益 0.28 美元,Z-评分不断增加。1977 年每股收益下降至 0.15 美元,而 1978 年每股收益为 0.29 美元。随着整体财务状况的改善,GTI 的 Z-评分继续上升。该公司最后甚至以收购的资产作为抵押购买了竞争对手的玻璃密封产品线,这项收购对 GTI 的 Z-评分的负面影响微不足道。

1978 年,GTI 关闭了整个制造陶瓷电容器的部门,并出售相关资产,这再次提高了 Z-评分。这项交易仍是基于出售未充分利用资产以偿还债务的战略,这项交易本应更早发生。这是一个感性对理性策略(被证明是行之有效的)造成干扰的例子。尽管 Z-评分战略始终建议弃置资产,但拉弗勒一直倾向于挽救这一技术很吸引人的产品线。尽管相关决策被推迟了,但 GTI 最终做出了艰难决定。由于电容器部门的关闭和资产出售,GTI 在 1978 年每股亏损 0.29 美元,但是 Z-评分随着

第 12 章 危困预测后的战略调整

公司偿还更多债务而有所提高。正如预期的那样,GTI 全年营业利润继续增长,为其 1979 年的高歌猛进铺平了道路,资产缩减策略再次奏效。

进入安全区

1978 年之后,GTI 的 Z-评分继续攀升,并始终保持在安全区。1979 年,其税前利润达到了 190 万美元,每股收益 0.70 美元,销售收入 2 100 万美元。从资产负债表的角度来看,GTI 的战略在 5 年内将债务权益比率从 128% 降到 30%,股东权益从 350 万美元增加到 470 万美元。1981 年,债务权益比率(权益以市场价值计算)进一步改善,降到 10% 以下。1980—1981 年,GTI 进一步巩固了其财务状况,并增加了股东权益。该公司继续采取保守的财务管理政策,并在商业决策中密切关注 Z-评分。这种管理理念在 1980 年 8 月采取的行动中得到了体现,当时该公司与一家研究与开发有限合伙企业签订了一项协议,以探索发展该合伙企业的几个新项目。此外,为了提高投资回报率,并为电子产品的新增长提供更多资金,GTI 在 1981 年年初处置了一条金属和塑料产品线。1981 年 7 月,GTI 获得了一笔固定利率为 16% 的 10 年期的 100 万美元贷款,增加了营运资金。的确,20 世纪 80 年代初的利率就是那么高。

凭借精心的财务计划和持续的盈利能力,GTI 从其投资和贷款组合的净利息中获得了正现金流。本质上,该公司对 Z-评分具有内部控制权,因为它有足够的资金来偿还债务。就模型而言,公司可以积极地影响和控制财务比率(X_4),即股权市价与总负债之比。由于 X_4 有所改进,GTI 的 Z-评分在 1979 年增加到 7.0,并持续上升到 1981 年年末的 8.8。考虑到 20 世纪 80 年代初期的经济衰退,包括 1980 年的收入下降,这种增长更加令人印象深刻。在 1992 年被一家斯堪的纳维亚公司收购之前,GTI 已在美国证券交易所上市。被收购以后,GTI 作为一个财务稳健的部门，继续寻求增长可控的新途径。在很大程度上，GTI 的成功来自实施 Z-评分破产预测模型所提出的财务战略。

我们认为，某些预测模型可能会成为管理工具。GTI 运用看似被动的 Z-评分破产预测模型来主动管理业务并取得重大成功就是以上观点的佐证。在强调审慎选择和使用的同时，管理人员应积极搜索和检验与公司业务活动有关的预测模型，业务战略很可能会因此而得到改进。我们完全可以想象，大量危困企业通过学习 GTI 公司的战略，或许可以走上复苏之路。

除了在重生策略中使用财务模型外，我们还提倡将 Z-评分模型用作重组的"晴雨表"。我们经常听到转型经理是如何使用预测模型来识别危困企业的。Z-评分模型的另一个用途是在公司重新投入运营之前，测试重组战略的可行性。成功避免第 11 章破产很重要，降低第 22 章破产发生的概率也非常重要。

注释

[1] 本章摘自 E. Altman and J. Lafleur，"Managing a Return to Financial Health," *Journal of Business Strategy*（Summer 1981）。GTI 重振的故事是由迈克尔·鲍尔（Michael Ball）于 1980 年 12 月为大众媒体撰写的。

[2] 请注意一点，我们在 1975 年还没有研发出 BRE 模型，但是 1974 年的 Z-评分接近所谓的灰色区（见第 10 章）。

第13章 主权违约风险的评估[1]

如第10章关于危困预测模型应用的列表（见图10-15）所示，我们可以将面向微观的企业模型扩展到主权风险领域。本章将更深入地讨论这个主题。在过去的十年中，银行高管、政府官员和其他许多人因为未能预见全球金融危机而受到了严厉的批评。市场下跌的速度和影响范围之广令公众十分震惊，没有人比评估主权政府违约风险的专业信用评级机构，以及在违约主体境内运营的企业债券发行人更为惊讶了。

尽管发达国家在过去150年里经历了多次经济萧条，但在2008—2009年住房抵押贷款证券化（MBS）崩盘后爆发的最近一次国际危机影响深远，后果十分惨重，以至于大众严重质疑国际大型银行乃至主权政府偿还债务的能力。美国和欧洲的几家大型金融机构需要大量的政府援助才能渡过难关，而像雷曼兄弟这样的老牌银行甚至直接破产。美国和其他主权国家政府为救助产生"系统性"风险的金融机构所付出的代价是如此之大，以至于它们自己的借款大幅增加。美国和欧洲的普通民众认为这些事件非常令人不安，他们本以为当选的官员和监管者对金融风险了如指掌，有能力管理那些威胁他们的投资、储蓄和养老金的风险，而事实远非如此。

政府高级官员、央行行长、金融监管机构、评级机构和银行高管似乎都没有意识到这突如其来的金融危机，这一失误似乎更令人费解，因为危机确实是在业界广泛使用先进风险管理工具多年以后才发生的。

长期以来，银行和投资组合经理一直在使用"风险价值方法"（VaR）等量化风险管理工具，他们本应该从市场公开的信用违约互换（CDS）反映的额外的信用风险信息中受益。事实上，许多人认为这些机制加剧了危机程度。

正如金融市场观察人士所指出的那样，VaR 的计算并不比其基础假设更可靠，尽管这些假设往往是由历史统计得到的，但价格波动和相关性等关键变量远非一般的常量，因此真正的风险很难在模型中体现出来。期权（或 CDS 合约，其中"嵌入"了期权）的市场价格确实可以反映市场对波动性和风险的预期。经济学家发现，在金融危机全面爆发之前，某些债券产品的 CDS 价格会大幅上涨，但由于 CDS 价格大幅上涨与随后危机的时间间隔非常短，政策制定者和金融机构通常没有多少机会改变策略，并做出适时的调整。[2]

最主流的评估主权风险的方法是自上而下的分析。例如，在评估特定的主权国家时，大多数学术界专家和专业分析师都使用宏观经济指标（如 GDP 增长、国债与 GDP 之比、赤字与 GDP 之比、贸易赤字等）来衡量一个国家的经济实力和潜力。但是，正如最近的欧元债务危机所显示的那样，虽然这种宏观方法在某些情况下会奏效，但存在明显的局限性。

在这一章中，我们提出一种全新的评估主权风险的方法，这是一种自下而上的方法，从关注一个经济体的私营企业的财务状况出发，来看待一个国家的主权风险。这种方法的基本假设是，国家财富和财政健康的根本来源是企业的经济产出和生产力。如果我们的假设是正确的，那这种方法可以帮助金融专业人士和政策制定者更有效地预测金融风险，从而在情况失控前了解问题的症结。

接下来我们将介绍 Z-Metrics™ 模型，它是一种评估主权风险的实用且有效的工具。Z-Metrics 是我们与 RiskMetrics 集团（现在是 MSCI 公司的子公司）合作开发的，它是 1968 年研发的阿尔特曼 Z-评分技术

第 13 章 主权违约风险的评估

的一种拓展,阿尔特曼 Z-评分模型曾经在学术和商业上取得了相当大的成功(见第 10 章)。当然,世界上没有哪种方法是绝对正确的,也没有哪种方法适合所有情形。但是,通过关注不同国家私营企业的财务健康状况,我们的研究体系至少能够为主流的宏观方法提供有价值的补充或预测。在深入研究 Z-Metrics 的细节之前,我们首先简要回顾一下金融危机,来为本章讨论提供历史背景。接下来,我们将总结一下关于主权风险的学术和实践文献的主要发现,特别是那些旨在测试主权违约和危机预测的研究。

在此背景下,我们将介绍用于估计单个(非金融)公司违约率的 Z-Metrics 系统,展示如何将该系统用于预测最近欧盟债务危机期间的事态发展,并分析欧洲 9 个国家 2008—2015 年间的公开企业数据,以此说明我们的模型不仅能够提供主权风险评估,而且可以帮助陷入困境的政府确定改革范围。这些改革不仅包括从其他国家和国际组织拿到补贴,还应该包括如何采取行动来刺激本国经济的增长。

更具体地,我们将考察一些主权国家中非金融行业公司的五年违约概率(中值)的有效性,这既是对公司信用风险的脆弱性的绝对衡量,也是对美国和许多欧洲主权国家的相对健康指数的比较。我们的分析表明,在市场专业人士明确认识到危机来临前测量的这一健康指数,不仅在某些情况下对即将发生的主权违约发出了预警,而且还提供了一个合理的主权风险等级的排序。以最近的欧洲危机为例,我们的衡量方法优于主流的主权风险指标,尤其是评级机构的信用评级,甚至比由 CDS 溢差等市场定价指标推导的隐含违约率表现得更为出色,避免像后者一样受到波动性的影响。

我们的目的不是举办一场评估主权风险的不同方法的"选美比赛",并期待有一种方法会明显胜出。我们所建议的是一种创新的、自下而上的方法,强调的是对一个国家私营企业的财务状况和盈利能力的分析。我们的方法可以与主流分析方法和市场定价推导分析方法相结合，从而帮助人们更好地理解和预测主权健康状况。我们的分析会给政策制定者明确的启示，能够帮助陷入困境的国家进行改革，能够尽可能提升一个国家私营企业的效率和价值。

近代主权危机史

在思考最近的金融危机时，我们有必要记住在过去 150 年里，主权债务危机非常常见，发达经济体和新兴市场国家遭遇这种境况的频率确实非常高。图 13-1 显示了部分国家发生的金融危机（按危机发生的

奥地利	1893，1989
巴西	1898，1902，1914，1931，1939
加拿大	1873，1906，1923，1983
捷克斯洛伐克*	1870，1910，1931，2008
丹麦	1877，1885，1902，1907，1921，1931，1987
德国	1880，1891，1901，1931，2008
英国	1890，1974，1984，1991，2007
希腊	1870，1894，1932，2009
意大利	1887，1891，1907，1930，1931，1935，1990
日本	1942
荷兰	1897，1921，1939
挪威	1899，1921，1931，1988
俄罗斯	1918，1998
西班牙	1920，1924，1931，1978，2008
瑞典	1876，1897，1907，1922，1931，1991
美国	1873，1884，1893，1907，1929，1984，2008

*捷克斯洛伐克于 1992 年解体。

图 13-1 部分国家 1870—2010 年金融危机事件列表（按危机发生第一年计）

资料来源：国际货币基金组织全球金融稳定报告（IMF Global Financial Stability Reports，www.imf.org），Reinhart and Rogoff (2010)，以及其他研究报告，如标普经济报告。

第13章 主权违约风险的评估

第一年确定）。总的来说，拉丁美洲最近发生的债券和贷款违约似乎比世界上其他地区都要多。但是，如果我们把一些亚洲国家纳入"发达"国家之列，1997—1999年这个时期就会变得非常突出。

显而易见的教训是，主权国家经济状况似乎在以可预见的规律失控，然后需要大规模债务重组和/或救助，并伴随着痛苦的紧缩计划。最近的例子包括，20世纪80年代的几个拉丁美洲国家、90年代末的东南亚和东亚国家、1998年的俄罗斯和2000年的阿根廷。在大多数情况下，个别国家的重大问题不仅给本国人民和市场带来了困难，而且其财政后果远远超出国界。我们最近看到，希腊和其他南欧国家的财政问题不仅影响了邻国，而且威胁到整个欧盟的生存。

这类金融危机通常会让大多数人感到意外，甚至包括负责评估主权债务违约风险的专家，以及在那些突遭厄运的国家运营的企业管理者。例如，不久前希腊债务还被评为投资级，而西班牙在2010年6月被评为Aaa级。[3] 这种突变模式以前并不少见。再举一个例子，韩国在1996年被视为"亚洲之虎"，拥有长达十年的惊人增长纪录和AA－评级。然而，不到一年，该国被降至"垃圾"级BB－，该国政府依靠国际货币基金组织500亿美元的紧急援助才避免了债务违约。不仅评级机构被愚弄了，经纪公司和债券保险公司的大多数经济学家也没有看出韩国突如其来的问题。

主权债务违约

无论是从业人士还是专业学者，都会花大量精力研究主权债务的违约率。[4] 从Frank and Cline（1971）的经典著作开始，大量学者试图利用统计分类和预测方法（如判别分析）以及类似的计量经济学技术，来预测主权债务违约或债务重组。[5] 在最近的研究进展中，一些信用分析师开始使用"或有索偿权"（contingent claim）方法[6]来衡量、分析并管理主权风险，其理论基础是罗伯特·默顿（Robert Merton）经典的"结构性"（structural）方法（1974），但由于严重依赖市场指标，这种预测主权风险和信用利差的方法有一个缺点，就是这种方法得出的评估结果会出现巨大的具有潜在"自我应验"（self-fulfilling）效应的波动，而这些波动完全是由市场波动引起的。

最近的一些研究试图确定影响世界或欧洲等地区主权风险水平的共同风险因素。一些研究表明，单个主权国家的风险因素和一些普遍随时间变化的全球因素的变化都会影响市场对主权风险的重新定价。[7]不过，其他研究显示，主权信用利差与全球总体市场指数（包括美国股市和高收益债券市场指数）以及全球资本流动指数的相关性远大于与本国经济指标的相关性。[8]这些证据已经被用来证明一种量化主权风险的方法的合理性，这种方法用当地股价指数代表该国股票价值。[9]最后，近期发表的几篇论文集中讨论了宏观变量的重要性，比如债务偿还与税收收入的关系，以及贸易逆差的波动性，这些变量可以用来解释主权风险溢价和利差。[10]

许多研究也试图评估已发布的信用评级在预测违约和预期损失方面的有效性，其中大多数研究得出的结论是主权评级（尤其是新兴市场的主权评级）为投资分析提供了更好的对国家风险的理解。[11]然而，最近的欧盟债务危机似乎与这些结论相矛盾，因为当时所有评级机构以及所有可用的估算主权风险的模型都表明希腊和西班牙仍被列为投资级。[12]更重要的是，尽管上面提到的大多数研究都比较乐观地认定，研究中沿用的概念能够为重大金融问题提供早期预警，但事实上，这些结论要么被忽视，要么被证明在预测大多数经济和金融危机方面是无效的。

除了这些研究外，少数研究人员还采取了一种自下而上的方法，该方法强调私营部门的健康状况支撑了主权国家评级。例如，在1998

年世界银行对 1997 年东亚金融危机的一项研究中，Pomerleano (1998)[13] 使用我们对上市（非金融）公司的平均 Z-评分比较了 8 个亚洲国家、3 个发达国家以及拉丁美洲的"金融脆弱性"。韩国在 1996 年年底的平均 Z-评分表明，它是亚洲金融最脆弱的国家，其次是泰国、日本和印度尼西亚，这让许多观察人士感到意外。类似于 GDP 增长这样的传统宏观经济指标不能预测到这样的问题，因为截至 1996 年年底，韩国经济近 10 年一直以两位数的速度增长。[14]

Z-Metrics 方法[15]

2009 年，我们与 RiskMetrics 合作，创建了一种新的更好的评估公司信用风险的方法。新 Z-Metrics™ 度量方法应运而生，这种方法可以称为 1968 年初始 Z-评分模型的升级版，我们的目标是在全球范围内为大型和小型、上市和私营企业开发最新的信用评分和关于违约率的指标。

在建立模型时，我们使用了多变量逻辑回归分析，同时采用了 1989—2008 年美国和加拿大上市和私营非金融公司的大样本数据。[16] 我们分析了 50 多个基本财务报表变量，包括偿债能力、杠杆率、规模、盈利能力、利息保障倍数、流动性、资产质量、投资、股息支付和融资结果（包括趋势和点估计）。除了这些运营（或"基本"）变量，我们的分析还包括股票市场价格、回报及它们的波动性等变量，这类市场变量通常用于"结构性违约距离度量"（structural distance-to-default measures），这也是目前穆迪的 KMV 模型[17] 的核心（穆迪的文件见 Crosbie and Bohn，2002）。

除了这些公司特有的变量外，我们还测试了一些宏观经济变量，这些变量通常用来估计主权违约率，包括 GDP 增长、失业率、信用利差和通货膨胀。由于大多数公司在信贷紧缩时期（例如 2008 年年底）

违约率更高，我们希望利用这些宏观变量来预测一般经济状况改善或恶化的概率。[18]

最后一个模型由 10 个基本面、市场价值和宏观经济变量组成，用于为每个上市公司生成信用评分。虽然我们的重点是将 Z-Metrics 用于上市公司，但我们还通过使用上市公司的数据，并利用股权的账面价值代替市场价值，创建了一个私企模型。下一步是使用模型的 Logit 函数（在附录中描述）将信用评分转换为一年和五年的违约率。一年期模型是基于信用事件发生前一年的财务报表和市场数据，五年期模型是基于信用事件发生前五年的财务报表。

为了测试模型的预测能力和由此产生的违约率，我们将样本中的所有公司按照是否经历包括正式违约或破产（以先发生者为准）的"信用事件"划分为不同组。所有在一年或五年内经历信用事件的公司都被分配到"危困"或"信用事件"组（所有其他公司都被分配到非危困组）。

我们的测试结果显示，关于从最低到最高违约风险的预测，我们确实取得了相当大的成功。在可能的情况下，我们将模型产出与公开的信用评级和现有模型进行比较。所谓的"准确率"衡量的是我们的模型根据破产前可用的数据预测公司是否破产的程度，目标可以用两种方式阐述：（1）最大限度提高对违约公司和非违约公司的预测准确度；（2）最小化错误预测（第二类错误的误差）。

如图 13-2 所示，我们的结果（包括 1989—2008 年对实际违约的测试）显示，Z-Metrics 模型的第一类错误的误差远远低于债券评级机构或已建立的模型（包括老版的 Z-评分模型）。与此同时，我们的测试显示，在所有进行对比的临界值上，该模型与其他模型的第二类错误的误差旗鼓相当。[19]

第 13 章 主权违约风险的评估

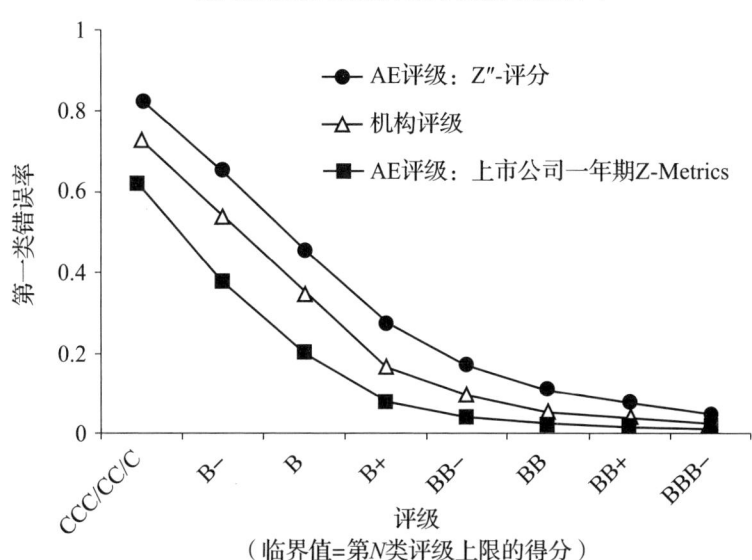

图 13-2 机构评级、Z″-评分和 Z-Metrics AE 评级（1989—2008 年）第一类错误：上市公司一年预测期

最可靠的测试信用评分模型的方法是，针对未用于构建模型的公司样本数据，看其预测关键事件的能力，特别是发生在模型构建之后（在本例中是 2008 年之后）的关键事件。考虑到这一点，我们根据 2009 年发生的实际破产，或者依据我们所说的"样本外"数据对模型进行了测试。图 13-2 展示了完整样本的测试结果，Z-Metrics 模型对 2009 年"样本外"破产概率的预测，优于机构评级和 1968 年 Z-评分以及 1995 年 Z″-评分模型，这里的测试使用一年期限和五年期限。

主权风险评估方法

建立了新的 Z-评分预测模型之后，我们下一步使用模型（同样是使用大型美国上市公司数据创建的模型）来评估欧洲公司的违约风险，如果确信模型在这个层面确实有效，我们再试着以此来评估主权信用。做法是将各个公司的违约率的 Z-Metrics 取值结合起来，然后评估不同国家的违约率中值和信用评级。

在进行这一尝试时，我们考察了 9 个关键欧洲国家在 2008 年年底、2009 年、2010 年（图 13-3）三个时间段内，以及 2015 年（图 13-4）的信用情况，这次的主权危机是众所周知的。2010 年 6 月，人们清楚地认识到危机的存在，并开始对欧盟的生存能力感到担忧。当时，希腊的债务评级被下调至非投资级，西班牙和葡萄牙也被下调了评级。信贷市场，

国家	上市公司	Y/E 2010 中位数（违约率）	Y/E 2009 中位数（违约率）	Y/E 2008 中位数（违约率）	2010	2009	2008
		Z-Metrics 违约率估计，五年期上市公司模式			有 CDS 溢差的五年期隐含违约率*		
荷兰	85	3.56%	3.33%	5.62%	2.03%	2.83%	6.06%
美国	2 226	3.65%	3.93%	6.97%	3.79%	3.28%	4.47%
瑞典	245	3.71%	5.31%	6.74%	2.25%	4.60%	6.33%
爱尔兰	29	3.72%	6.45%	7.46%	41.44%	12.20%	17.00%
比利时	69	3.85%	5.90%	5.89%	11.12%	4.58%	5.53%
英国	507	4.28%	3.62%	5.75%	4.73%	6.52%	8.13%
法国	351	4.36%	5.51%	7.22%	4.51%	3.75%	4.05%
德国	348	4.63%	5.54%	7.34%	2.50%	2.67%	3.66%
意大利	174	7.29%	7.99%	10.51%	9.16%	8.69%	11.20%
西班牙	91	7.39%	6.44%	7.39%	14.80%	9.39%	8.07%
葡萄牙	33	10.67%	9.36%	12.07%	41.00%	10.90%	7.39%
希腊	93	15.28%	10.60%	11.57%	70.66%	24.10%	13.22%

* 假设回收率（R）为 40%；基于 CDS 溢差中位数，违约率的计算公式为 $1 - e^{-5*s/(1-R)}$。

图 13-3　2008—2010 年非金融企业的财务健康状况（欧洲和美国）
资料来源：RiskMetrics Group（MSCI），Markit，Compustat。

第13章 主权违约风险的评估

	Z-Metrics违约率估计*：五年期上市公司模式								
国家	上市公司（2016年第二季度）**	第75分位数违约率							
		2016（第二季度）	2015	2014	2013	2012	2011	2010	2009
爱尔兰	26	3.0%	3.4%	3.0%	3.2%	3.0%	8.1%	8.6%	11.0%
瑞典	181	3.8%	5.1%	6.1%	4.1%	5.6%	8.3%	6.8%	8.0%
英国	499	5.1%	5.3%	5.6%	4.9%	6.3%	10.4%	5.7%	9.3%
荷兰	75	7.3%	7.7%	8.9%	6.8%	5.8%	9.1%	5.7%	6.7%
法国	348	7.9%	8.8%	9.4%	9.2%	10.2%	13.0%	8.5%	10.3%
德国	317	8.2%	9.7%	9.9%	10.4%	8.0%	10.6%	9.7%	11.9%
波兰	171	12.5%	10.4%	10.9%	17.5%	25.5%	28.5%	15.2%	17.1%
意大利	169	12.6%	15.0%	15.2%	18.4%	23.3%	26.4%	14.1%	18.1%
西班牙	85	12.9%	17.0%	13.4%	20.8%	21.2%	22.6%	13.2%	12.7%
葡萄牙	36	28.5%	39.4%	22.5%	27.5%	26.3%	42.4%	22.2%	22.1%
希腊	78	57.4%	38.1%	46.7%	60.0%	60.8%	59.2%	46.9%	31.4%
澳大利亚	361	8.7%	7.3%	9.8%	7.7%	8.7%	10.3%	7.4%	7.8%
美国	2 450	3.2%	3.5%	3.6%	3.7%	4.6%	11.7%	8.0%	11.5%

* 由于大多数分析师没有Z-Metrics模型，因此我们可以替换为Z″-评分方法（可从altmanZscoreplus.com获得）。

** 销售额超过5 000万欧元。

图13-4 2008年至2016年第二季度非金融企业的财务健康状况（欧洲，澳大利亚/美国）

资料来源：RiskMetrics Group（MSCI），Markit，Compustat Global.

尤其是CDS市场，在2010年6月之前就已经察觉到希腊和爱尔兰的问题。2010年上半年的市场价格反映出希腊和爱尔兰的隐含违约率很高，但2009年的市场价格远没有那么悲观。相比之下，我们将这两个时期的Z-Metrics违约率估计值（中值）与主权CDS溢差进行了比较。[20] 我们对2009年违约率的测算高于2010年年初，尽管全球在2010年才开始关注欧洲的问题。从这个意义上说，我们的Z-Metrics违约率可以视为能够最先探测出问题的指标。应该注意的是，图13-3和图13-4

仅报告了非金融私营企业的数据，而图 13-6 包括了银行信用风险模型的数据。

截至 2009 年年底，我们根据 Z-Metrics 模型对欧洲企业违约风险的五年期违约率进行预测，希腊（10.60%）和葡萄牙（9.36%）被列为最高风险类别（ZC−）；其次是意大利（7.99%）、爱尔兰（6.45%）和西班牙（6.44%），都属于 ZC；最后是德国和法国（均为 5.5%，ZC+），英国（3.62%）和荷兰（3.33%）处于最低风险水平（ZB−和 ZB），美国信用相对较高，为 3.93%（ZB−）。

在很大程度上，这些结果与传统分析师对主权风险的评级是一致的。尽管如此，这些结果也带来一些惊喜。英国有相当健康的私营企业，而德国和法国可能没有人们想象的那么健康。英国表现相对强劲可能是由于我们当时的风险衡量没有包括金融行业的公司，而这些公司占英国上市公司市值的 35%，它们的财务状况并不好。在英国股价指数中，几家非常庞大、健康的跨国公司的业绩可能扭曲了数据。CDS/五年期市场对英国风险的评估比我们 2010 年的 Z-Metrics 指数更严酷，前 4 个月的每日 CDS 溢差中位数显示，违约率为 6.52%，约为 Z-Metrics 中位数的两倍。希腊的 CDS 隐含违约率也高得多，为 24.10%，而 Z-Metrics 为 10.60%。（当然，我们对 Z-Metrics 违约率中位数的选择有些任意，这意味着 50% 的上市公司的违约率高于 10.60%。）

我们还观察到，有几个国家的 Z-Metrics 违约率的标准差相对较高，这表明高风险公司分布的尾部较长。2010 年的数据表明，这些国家包括爱尔兰、希腊，还有德国，这让人很惊讶，因为几乎所有人都认为德国是欧洲标准的低风险国家——例如，2010 年德国五年期 CDS 溢差仅为 2.67%，甚至低于荷兰的 2.83%，但鉴于衡量范围包括私营企业的健康状况，我们的观点似乎更谨慎。

第 13 章 主权违约风险的评估

以 2010 年业绩和第 75 分位数的公司作为主权违约风险的衡量标准

图 13-3 显示了截至 2010 年年底，11 个欧洲国家（包括现在的瑞典和比利时）和美国的加权平均违约率的中位数。结果显示，希腊（15.28%）与其他所有国家之间存在巨大差异，但"笨猪五国"（big-five PIIGS）也都落在高风险领域。事实上，我们认为意大利可以视为决定欧元最终命运的"支点"国家（见《金融时报》2011 年 6 月 21 日阿尔特曼的文章《洞察》(Insight)）。

图 13-4 显示了截至 2016 年，每个国家第 75 分位数的公司的结果。我们发现，第 75 分位数的公司的违约率是我们对主权违约风险的最佳估计，这一结果可以与通过 CDS 溢差得出的市场隐含违约率进行比较（见图 13-5）。

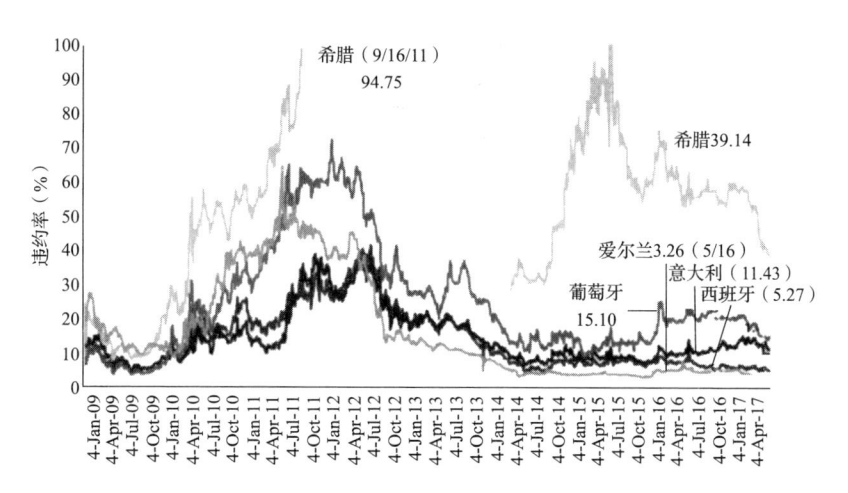

图 13-5　由资本市场 CDS 溢差计算得出的五年期隐含违约率*
（2009 年 1 月至 2017 年 6 月）

* 假设回收率（R）为 40%；基于 CDS 溢差中位数，违约率的计算公式为 $1 - e^{-5 * s/(1-R)}$。

资料来源：作者计算．

CDS 隐含违约率

图 13-5 显示了 2009—2017 年"五大"欧洲高风险国家的隐含违约率。值得注意的是，尽管基于 CDS 溢差（假设回收率为 40%）的违约率已从高点回落，但在 2016 年之前，所有这些数据仍暗示着相当大的违约风险。事实上，截至 2012 年 1 月中旬，希腊 CDS 的隐含违约率上升至近 95%，而作为支点风险国家的意大利是《洞察》一文的研究对象，其违约率从 2011 年 7 月的 19% 升至 2012 年 1 月的 35%。如前文所述，希腊确实在 2012 年年末违约了。

2010 年与 2009 年

如图 13-4 所示，我们对 2009 年年初违约率的估计值一致高于 2010 年年初（风险更大）。2009 年违约率上升的一个重要原因是股市的重大影响，股价是 Z-Metrics 模型和许多其他违约率模型（特别是穆迪的 KMV，参见 Crosbie and Bohn，2002）中的一个重要变量。回想一下，2008 年年底和 2009 年年初，股市非常低迷，而在 2009 年年末和 2010 年年初，股市出现大幅反弹。

一个包括金融业的模型

关于主权风险评估的微观自下而上方法的一个合理疑问是金融业的重要性。例如，由于（在我们看来）银行业预测模型的业绩记录相对较差，我们不愿将银行的预警指标包括在内。尽管如此，将银行考虑在内仍然值得一试，在图 13-6 中，我们介绍了一个初步模型（Altman，Cziel，and Rijken，2016）的结果，该模型基于一些关于违约和没有违约的美国银行的基本面变量，然后应用于欧洲银行。不可否认的是，这个模型尚待完善。

第 13 章 主权违约风险的评估

国家	非金融公司* 违约率(%)	权重	银行** 违约率(%)	权重	加权平均(%)	排名	CDS溢差(%)***	排名
荷兰	3.56	0.977	11.1	0.023	3.73	1	2.03	1
瑞典	3.71	0.984	17.3	0.016	3.93	2	2.25	2
比利时	3.85	0.972	12.4	0.028	4.21	3	11.12	8
法国	4.36	0.986	14.0	0.014	4.49	4	4.51	5
英国	4.28	0.977	15.5	0.023	4.54	5	4.73	6
德国	4.63	0.983	13.1	0.017	4.77	6	2.50	3
美国	3.65	0.837	13.8	0.163	5.30	7	3.79	4
西班牙	7.39	0.948	10.9	0.052	7.57	8	14.80	9
意大利	7.29	0.906	20.0	0.094	8.48	9	9.16	7
爱尔兰	3.72	0.906	77.6	0.094	10.65	10	41.44	11
葡萄牙	10.67	0.971	12.1	0.029	10.71	11	41.00	10
希腊	15.28	0.921	30.1	0.079	16.45	12	70.66	12

* 基于 Z-Metrics 概率模型。
** 基于 Altman-Cziel-Rijken 模型（有待完善）。
*** 违约率基于 2011 年 4 月 26 日的 CDS 溢差。

图 13-6 2010 年上市非金融公司和银行（欧洲和美国）
五年加权平均违约率中位数

根据 2010 年的结果，希腊的加权平均违约率中位数从 15.28%（仅基于非金融公司）上升至 16.45%。当时，由 CDS 溢差计算的五年期违约率为 70.66%。

比较基于私营企业和上市公司模型的违约率结果

如图 13-3 和图 13-4 所示，2010 年多数国家的 Z-Metrics 违约率的改善（减少）在很大程度上归因于几乎所有国家股市的上涨（而这一时期大多数欧盟主权国家的风险似乎都在增加），这种上涨可能掩盖了主权信用状况恶化的程度，一些信贷分析师更倾向于使用不是基于股市数据推导的违约率。

考虑到这一点，我们采用私营企业 Z-Metrics 模型，来对前面 9 个欧洲国家和美国进行评估。除了以股权账面价值（以及账面价值的波动性）代替市场价值外，私企和上市公司的模型在其他方面都是相同的。注意，我们对初始 Z-评分模型做了同样的调整，预计此次调整将消除资本市场对信用风险预测的影响。

主权违约率相关性：Z-Metrics 与 CDS 隐含违约率的近期证据

作为对我们方法的预测能力的最后测试，我们将样本中 9 个欧洲国家（针对 2009 年实施同步观测）用 Z-Metrics 模型计算得出的 5 年期违约率中位数与 2010 年 CDS 隐含违约率进行了比较。同步观测的两个违约率在 2010 年前 1/3 时段的相关性非常高，R^2 为 0.82。这一时期，某些欧洲国家明显陷入严重的金融危机，违约的可能性很大。但如果回到 2009 年上半年，R^2 降至 0.36（如果我们排除爱尔兰的情况，这一数字会高得多，为 0.62）。爱尔兰的 CDS 隐含违约率在 2009 年显著高于 2010 年（2010 年为 12.0%，2009 年为 17.0%），而 Z-Metrics 违约率在这两年却相对稳定（分别为 7.5% 和 6.5%）。[21] 2010 年，无论我们的计算是否包括爱尔兰，结果基本上是相同的（0.82 和 0.83）。巧合的是，以我们自下而上的方法来看，爱尔兰的违约率令人印象深刻，即从 2009 年到 2017 年违约率都很低，尽管它需要救助的仅仅是金融业，以上事实值得注意。事实上，一旦金融业的救助到位，我们的结果与"买入"策略是一致的。

鉴于 Z-Metrics 在上述测试中的预测取得成功，我们很想知道它是否可以用于预测资本市场（如 CDS）价格。因此，我们在 2009 年后期对上市公司模型的 2008 年 Z-Metrics 中位数（非金融企业的违约率）与 CDS 隐含违约率（一年期）进行了回归。诚然，这个数据样本非常小（10 个国家），而且该分析仅用于单个时间序列比较（2008 年与 2009 年）。尽管如此，这两年发生了一场至关重要且非常明显的主权债务危机，而前几年的 Z-Metrics 和 CDS 隐含违约率的波动性却非常小。[22]

图 13-7 总结了我们的上市公司和私企 Z-Metrics 模型，2010 年和

2009 年的违约率比较（delta）结果。在这 10 个国家中，有 8 个国家在 2009—2010 年采用私企模型进行测算，与上市公司模型相比，违约率降幅较小。上市公司模型的总体平均违约率下降了 1.91% 点，私企模型下降了 0.79%。这些结果在很大程度上是由于 2009 年年末和 2010 年股市表现良好。总体宏观环境的改善以及它们对传统企业业绩衡量指标的影响，也有助于降低企业违约率。此外，这 8 个国家中的两个国家（即英国和法国），上市公司模型显示违约率有所改善（降低），而私企模型的违约率在 2010 年实际上变得更糟（增加）（如图 13 - 7 最后一列中 delta 所示）。

国家	上市公司数量 2010	上市公司数量 2009	上市公司 Z-Metrics 模型 违约率 2010	上市公司 Z-Metrics 模型 违约率 2009	上市公司 Z-Metrics 模型 delta*	私企 Z-Metrics 模型 违约率 2010	私企 Z-Metrics 模型 违约率 2009	私企 Z-Metrics 模型 delta*
荷兰	61	60	3.33%	5.62%	-2.29%	5.25%	6.00%	-0.75%
英国	442	433	3.62%	5.75%	-2.13%	6.48%	5.97%	+0.49%
美国	2 226	2 171	3.93%	6.97%	-3.04%	4.28%	4.80%	-0.52%
法国	297	294	5.51%	7.22%	-1.71%	7.33%	7.19%	+0.14%
德国	289	286	5.54%	7.34%	-1.80%	6.29%	7.56%	-1.27%
西班牙	82	78	6.44%	7.39%	-0.95%	8.06%	9.32%	-1.26%
爱尔兰	28	26	6.45%	7.46%	-1.01%	6.31%	6.36%	-0.05%
意大利	155	154	7.99%	10.51%	-2.52%	8.14%	9.07%	-0.89%
葡萄牙	30	30	9.36%	12.07%	-2.71%	8.73%	9.62%	-0.89%
希腊	79	77	10.60%	11.57%	-0.97%	11.03%	13.93%	-2.90%
平均			6.28%	8.19%	-1.91%	7.19%	7.98%	-0.79%

* 负值意味着信用状况有所改善。

图 13 - 7 2009—2010 年私企与上市公司模型的违约率

事实证明，Z-Metrics 违约率与一年后 CDS 隐含违约率之间的相关性非常强，r 值为 0.69，R^2 为 0.48（见图 13 - 8）。总而言之，2008 年我们测算的欧洲国家及美国的公司健康指数解释了一年后 CDS 结果变化的约一半。[23] 当然为了保证对结果更有信心，我们还需进行更多测试。

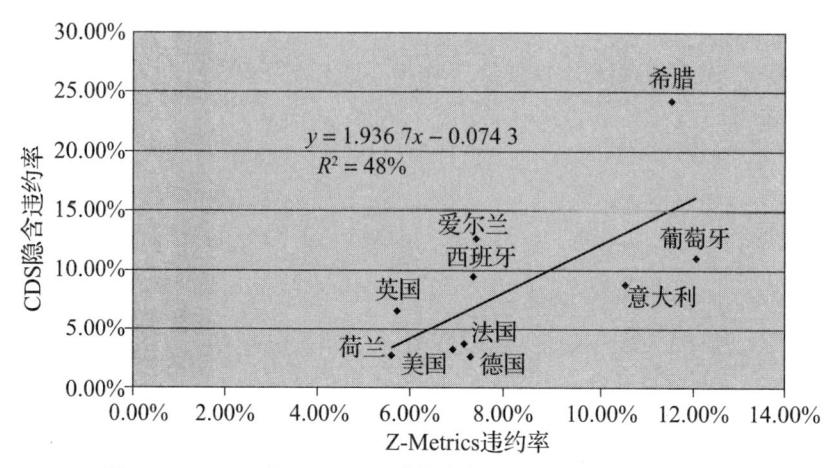

图 13-8　2008 年 Z-Metrics 违约率与 2009 年 CDS 隐含违约率
资料来源：数据来自图 13-3 和图 13-5。

我们的方法有一个潜在的局限性，那就是模型关于私企健康状况评估的数据仅限于上市公司，对于较小的国家来说尤其如此，例如爱尔兰（只有 28 家上市公司）、葡萄牙（有 30 家上市公司）、希腊（79 家）、荷兰（61 家）和西班牙（82 家）。由于私营和非上市公司在这些国家都很多，因此我们并未明确评估其绝大多数公司的健康状况，我们关于主权国家健康指数的衡量指标也是不完整的。[24]

但是，如果上市公司的规模是计算的一个限制，那么我们的结果似乎就不会出现系统性的偏差。可以肯定的是，爱尔兰、葡萄牙和希腊的上市公司很少，这与其较高的违约率高度相关，但违约率最低的国家（荷兰）其上市公司也很少。另一个潜在的重要因素是英国和荷兰等国家的上市公司在很大程度上来自跨国公司，这些跨国公司的大部分收入来自境外。[25]

结论和影响

为救助危困主权国家所要付出的代价是，外国债权人（特别是实力较强的欧洲国家）要求采取大规模的紧缩措施。包括希腊、爱尔兰、西班牙、葡萄牙、意大利和英国在内的几个国家的政府确实出台了一些艰难的措施。法国和匈牙利等其他国家要么抵制紧缩措施,要么在采取紧缩措施时面临严重的社会动荡。这些措施通常包括大幅削减公务员的现金福利、提高退休年龄、降低其他基础设施开支,以及增加公司和个人的税收,最终目标是降低赤字与 GDP 的比例,提高主权国家偿还外债和平衡预算的能力。

虽然我们认识到有必要对政府进行艰难的改革,使其有资格获得救助和补贴,但我们还要指出,此类措施的设计应尽量减少对最终为主权国家提供资金的私营企业的财务状况和生产率的损害。目标应该是使所有私营企业持续经营、支付账单、扩大(或至少保持)员工规模、提高股东和债权人的收益(而那些没有盈利希望的企业应该重组或清算)。因此,提高税收和给企业增加其他负担可能会损害主权国家的长期财务状况。

为了更好地估计主权国家的债务违约风险,我们建议将衡量宏观经济表现的传统指标与更现代的技术相结合。除了这种方法的直观吸引力和令人鼓舞的实证结果外,通过汇总整个国民经济中的 Z-评分,可以得出主权国家的违约率,至少能够作为对现有方法和市场指标的有益补充,并且减少政府操纵统计数据所带来的影响。利用我们的方法,信贷和监管部门可以跟踪上市公司及其所在经济体的业绩表现,通过一些调整还可以跟踪非上市实体的业绩表现。如果主权国家愿意定期提供经独立审计的统计数据,情况会更好。

附录:违约率的 Logit 模型估计

我们根据标准的 Logit-回归函数来估计我们的信用评分模型:

$$CS_{i,t} = \alpha + \sum B_j X_{i,t} + \varepsilon_{i,t} \quad (1)$$

$CS_{i,t}$ = 公司 i 在时间 t 的 Z-Metrics 信用评分

B_j = 可变参数（或者权重）

$X_{i,t}$ = 公司 i 在时间 t 的变量集合，这些变量与基本面、市场、宏观经济变量有关

$\varepsilon_{i,t}$ = 误差项（假设满足独立同分布）

$CS_{i,t}$ 与违约率之间满足以下关系式：违约率$_{i,t} = \dfrac{1}{1+\exp(CS_{i,t})}$

- 我们将 Z-Metrics 的结果与发行人评级进行比较。为了确保公平，对信用评分进行排序，并在任何时间点将实际的机构评级分布与 AE 评级分布进行精确匹配，转换为 AE 评级。

- 我们对 Z-Metrics 的结果与著名的阿尔特曼 Z''-评分模型（1995）的结果进行了比较。[26]

注释

[1] 本章是 Altman and Rijken（2011）的更新和扩展版本。

[2] 例如，Hekran Neziri，"Can Credit Default Swaps Predict Financial Crises?" in the Spring 2009 *Journal of Applied Economic Sciences*, Volume IV/Issue 1（7）。Neziri 发现，CDS 价格对股市有真正的预测能力，但提前期一般只有一个月左右。

[3] 2010 年 4 月 27 日，标普将希腊的长期和短期信用评级下调至非投资级 BB+；2010 年 6 月 14 日，穆迪将希腊债务评级从 A2 下调至 Ba1，而西班牙仍为 Aaa，葡萄牙为 A1。标普对这些国家给出了类似的评级。

[4] Babbel（1996）的研究是关于主权风险的一本优秀的入门书，其中包括 S. Bertozzi 关于外债能力的注释书目——描述了许多此类研究。Babbel 列出了 69 个可能有助于评估主权风险的解释性因素，所有这些因素都涉及经济、金融、政治或社会变量。除了政治和

第13章 主权违约风险的评估

社会变量外,所有其他变量都是宏观经济数据,这是过去几年的标准。其他值得一提的工作包括两份从业者报告——Chambers (1997) 和 Beers 等 (2002),以及两项学术研究——Smith and Walter (2003);Frenkel,Karmann,and Scholtens (2004)。可以在本书末尾的参考文献部分找到。

[5] 包括 Grinols (1976),Sargen (1977),Feder and Just (1977),Feder,Just,and Ross (1981),Cline (1983) 和 Schmidt (1984)。

[6] 见 Gray,Merton,and Bodie (2006,2007)。

[7] 见 Baek,Bandopadhyaya,and Du (2005)。Gerlach,Schulz,and Wolff (2010) 观察到,总风险因素推动欧元区银行业和主权市场风险利差;在一项相关研究中,Sgherri and Zoli (2009) 指出,欧元区主权风险溢价差异往往随时间而变化,主要由一个普遍的随时间变化的因素驱动。

[8] 见 Longstaff,Pan,Pedersen,and Singleton (2007)。

[9] 见 Oshiro and Saruwatari (2005)。

[10] 其中包括 Haugh,Ollivaud,and Turner (2009) 关于欧元区税收相关债务偿还的讨论;Hilscher and Nosbusch (2010) 强调贸易条件的波动性;Segoviano,Caceres,and Guzzo (2010) 关于债务可持续性和主权资产负债表管理的分析。

[11] 例如,Remolona,Scatigna,and Wu (2008) 通过使用评级机构提供的主权信用评级和历史违约率来构建隐含预期损失评级的度量方法,得出了这一结论。

[12] 公平地说,标普在 2009 年 1 月 14 日曾通过路透社的一篇文章警告希腊、西班牙和爱尔兰,随着经济状况恶化,这些国家的评级可能进一步下调。当时,希腊被穆迪评为 A1 级,被标普评为 A-级。有趣的是,2009 年 12 月 22 日,希腊实际上被穆迪下调至 A2 级(评级仍然很高),随后,2010 年 4 月 23 日评级进一步

下调（A3），最后在 2010 年 6 月 14 日被下调至垃圾级（Ba1）。如前所述，标普早在大约三个月前将希腊评级下调至垃圾级。希腊最终在 2012 年违约。

[13] 这项研究是基于本书第一作者（1997）的一篇较长的文章。许多政策制定者和理论家最近采取了一种类似的做法，即将注意力集中在所谓的"影子银行"系统上。例如，Gennaioli, Martin, and Rossi（2010）认为，政府的财政实力取决于私人金融市场及其吸引外资的能力。他们的结论是，金融机构强大不仅有利于吸引更多的资本，也有助于鼓励本国政府偿还债务。标普的 Chambers（1997）也提到了自下而上方法，但不是对主权风险的评估，而是对位于特定国家的企业发行人的评估。他主张首先对发行人的潜在信誉进行评估，得出其信用评级，然后再考虑实体经营所处的经济、商业和社会环境。这其中的因素，如经济的规模和增长以及波动性、汇率、通货膨胀、监管环境、税收、基础设施和劳动力市场状况，都是在微观变量的基础上进行考虑，最后得出发行人的评级。

[14] 之后，世界银行和其他经济学家，如保罗·克鲁格曼（Paul Krugman）认为，权贵资本主义（crony capitalism）和相关的对具有政治影响力的企业的隐性公共担保，以及银行监管不力是造成危机的原因。韩国解决了过度企业杠杆和持牌银行业务的问题，并在得到救助后对其经济进行了有效重组。

[15] 关于更多细节，见 Altman et al., "The Z-Metrics™ Methodology for Estimating Company Credit Ratings and Default Risk Probabilities," RiskMetrics Group, 2010. 关于此文的持续更新，可参见 MSCI 网站和阿尔特曼教授的网页。

[16] 我们模型的初始样本包括 1 000 多家经历信用事件的美国或加拿大非金融公司，以及数千家未遭受信用事件的公司，数量比例约

第 13 章　主权违约风险的评估

为 1∶15。剔除数据不完整的公司后，我们的上市公司样本减少到 638 家，私企样本减少到 802 家。

[17] Gray，Merton，and Bodie（2007）将其用于评估主权风险。

[18] 在所有情形下，我们都仔细检查了变量值的整体分布，特别是在信用事件样本中。这使我们能够设计变量转换，以捕捉数值分布的特性，或者减少异常值的影响。如果绝对测量值的趋势或水平为正/负，则这些转换包括对数函数、一阶差分和虚拟变量。

[19] 我们通过观察样本内和样本外检验的准确率，以及观察单个变量系数的大小、符号和显著性来评估 Z-Metrics 模型的稳定性。两个样本周期的准确率非常相似，系数和显著性检验非常接近。

[20] CDS 溢差的中位数是基于 6 个区间（每个区间为 4 个月）的每日观察值。Z-Metrics 违约率的中位数是基于企业每天违约率的中位数，然后我们计算该期间的中位数。计算结果与以下简单计算十分相近，即对每个采样周期开始和结束时的违约率中位数进行简单平均。

[21] 毫无疑问，CDS 市场对 2009 年爱尔兰银行业的严重问题反应相当强烈，Z-Metrics 违约率则没有反映出这些负面因素。这意味着 CDS 的潜在优势。而在 2010 年年初，CDS 隐含违约率较低，意味着在 2010 年秋季爱尔兰银行及其经济出现新问题时，CDS 隐含违约率的预测并不怎么出色。

[22] 上一次在整个区域及其诸多国家发生主权债务危机是在亚洲，时间是 1997—1998 年。遗憾的是，当时 CDS 价格并不突出，CDS 市场没有太多流动性。

[23] 与 2010 年 CDS 隐含违约率相比，2009 年 Z-Metrics 的其他一些非线性结构（即幂函数和指数函数）显示出类似的结果。在所有情况下，我们在计算隐含主权违约率时，假设违约的回收率为 40%。

[24] 我们建议使用具有完整的公司财务报表的数据库，例如，通常用主权国家中央银行的数据库来监控整个私营部门的业绩。

[25] 研究结果显示，整个欧洲国家样本中上市公司"本土"收入的占比是包括在内的，该比例对违约率的影响也包括在内。

[26] 如第 10 章所述，初始 Z-评分模型（1968）虽然被从业者和学者所熟知，但该模型是在 40 多年前构建的，主要适用于制造业上市企业，后来该模型被推广，成为可以适用于多个行业的 Z''-评分模型（Altman, Hartzell, and Peck, 1995），可用来评估非制造业和制造业企业违约风险，并首次应用于新兴市场。此外，阿尔特曼 Z-评分模型并不像 Z-Metrics 系统那样，直接生成（除非使用 BRE）评级系统中的违约率。当然，不能使用新 Z-Metrics 系统的企业和个人仍然可以使用经典的 Z-评分模型。

第14章 不良资产市场

在此书1993年和2006年的早期版本中,我们曾写道,主要由债券组成的不良资产市场(所谓的秃鹫市场)吸引了越来越多的投资者和分析师的关注。这些投资者,有时被归类为"另类资产"机构,主要是对冲基金,它们指出,该市场已经成长为一个真正的资产类别,并具有相当长时间的回报和风险属性数据。我们一直在探索,研究市场增长和性能,记录其动态,通过统计和分析支持该资产类别的增长。[1]

我们对危困企业及其已发行证券的关注始于一家贷款和投资公司 Foothill Group(现为富国银行的一部分)的董事长,向Foothill举债的公司,要么已经破产,要么违约在即。这位董事长找到我(阿尔特曼),想获得一份描述和分析不良资产的白皮书。由此触发两本专著的诞生,一本关于不良债券(Altman,1990),另一本关于不良贷款(Altman,1992)。我们的第一个任务是仔细定义这个市场,在从从业者那里得到了几个有趣但不充分的定义(比如债券的市值跌破面值的80%)后,我们基本上确立了两个精确的类别:(1)到期收益率(后来修正为期权调整收益率)等于或高于10年期美国政府债券利率(后来修正为可比久期美国政府证券)1 000个基点(10%);(2)公司的债券或贷款,这些公司已经违约,并且正在进行重组,通常处于第11章破产阶段。前者被归为不良资产,后者被归为违约资产,我们的研究也包括这些公司的股票,但当时并没有试图描述不良股权。

在业界已经有越来越多关于不良资产市场的文献(将在第15章讨

论），除了上述两本专著外，以下书籍也与该主题相关，包括Ramaswami and Moeller（1990），Altman（1991），Rosenberg（1992，2000），Branch and Ray（1992，2007），Moyer（2005），Whitman and Diz（2009），以及Gilson（2010）。在下一章中我们将回顾这些文献。

本章旨在对不良资产市场的规模、增长、主要策略和特征以及参与者进行描述性分析。第15章将探讨该市场的绩效属性，回顾1987—2017年的市场表现，并特别强调最近几年和新的实证结果。

不良和违约资产市场规模

1990年，在首次定义和研究整体不良和违约资产市场时，我们估计公募债券和私募债券的市场规模分别为3 000亿美元（面值）和2 000亿美元（市值）（见图14-1）。1989—1991年，受20世纪80年代美国高杠杆重组浪潮的影响，危困企业数量大幅增加，这是造成目前总量增加的主要原因。另外，1991年风险另类资产投资者获得超过

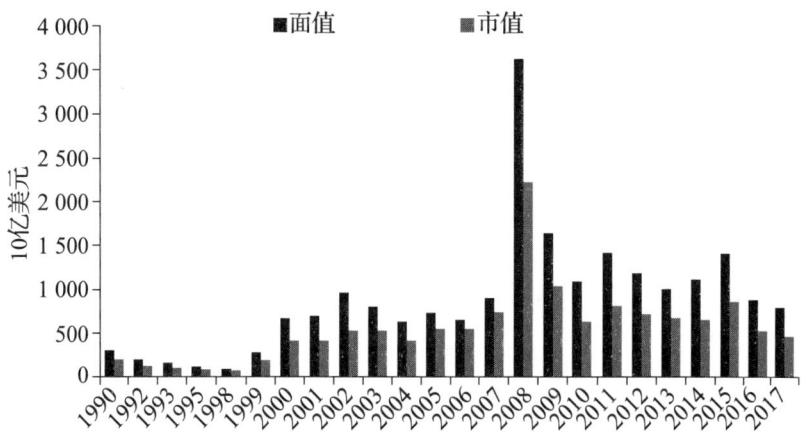

估算的定义见图14-2。
这份调查并非所有年份的估算。

图14-1　不良和违约资产市场价值

资料来源：Edward I. Altman和Brenda Keuhue的估算，纽约大学所罗门研究中心（2018）.

第 14 章 不良资产市场

40%的超额收益,市场的增长催生了一个专业的资产类别。迄今为止,这一类别的投资者只专注于特殊情况(事件驱动)和关于这些事件的碎片传闻,比如大萧条之后的铁路破产一直持续到 20 世纪六七十年代,或者 20 世纪 80 年代的杠杆收购浪潮(参见 Rosenberg(1992,2000)的一些传奇"故事")。市场增长下一个巨大的催化剂是 2000—2002 年的大规模违约,当时不良和违约资产市场规模再次飙升,在 2002 年分别达到 9 400 亿美元(面值)和 5 000 亿美元(市值)。

1993—1998 年信贷宽松周期对萎缩的市场进一步产生了影响。在 1998 年俄罗斯经济崩溃和长期资本管理公司倒闭、大型及高杠杆公司(如安然、世通、Adelphia 和环球电信等)大规模欺诈、电信泡沫破裂、多个行业(航空业、钢铁业、医疗保健业、零售业等)的企业纷纷破产等综合因素的影响下,危困和违约企业数量增长到前所未有的水平。

债券市场的面值一直保持在 7 000 亿~10 000 亿美元之间,2008—2009 年金融危机及重大违约和破产高峰到来时,不良和违约债券的面值飙升至约 3.6 万亿美元,市场价值增至 2.0 万亿美元,主要包括雷曼兄弟 6 000 多亿美元的负债。事实上,2009 年,规模数十亿美元的破产案激增至 49 件。[2] 在过去的 30 年里,这个规模的破产申请数量的中位数是每年 21 件,2017—2018 年,破产申请数量也大概在这个范围内。事实上,截至 2018 年上半年,已经有 14 家公司申请第 11 章破产重组,负债超过 10 亿美元。自全球金融危机以来,美国高收益和不良资产市场一直处于信贷宽松周期,违约率远低于平均水平,回收率较高,收益率利差较低,流动性充裕,即使对严重危困企业来说也是如此。因此,2017 年不良和违约公募及私募债券总额分别降至约 7 470 亿美元(面值)和 4 140 亿美元(市值)(见图 14-2)。在下一次信贷危机来袭之际,这一市场规模将会大幅增长。

	面值			市值			市值与面值比率[d]
	2015年12月31日	2016年12月31日	2017年12月31日	2015年12月31日	2016年12月31日	2017年12月31日	
公募债券							
违约	287.97	298.03	270.91[a]	86.39	119.21	94.82	0.35
不良	395.26	119.78	102.49[b]	256.92	77.86	66.62	0.65
公募总额	683.23	417.81	373.40	343.31	197.07	161.44	
私募债券							
违约	287.97	298.03	270.91[c]	172.78	193.72	176.09	0.65
不良	395.26	119.78	102.49[c]	296.44	89.83	76.87	0.75
私募总额	683.23	417.81	373.40	469.23	283.56	252.96	
公私募总额	1 366.46	835.63	746.80	812.54	480.63	414.40	

a. 计算方法为：2016年违约数量＋2017年违约数量－2017年出现危机－2017年危困重组。
b. 基于高收益市场规模（1.677万亿美元）的6.11%。
c. 基于1∶1的私募与公募比率。
d. 2016年，公募违约债券的市值与面值比率为0.40，公募不良债券的市值与面值比率为0.65，私募违约债券的市值与面值比率为0.65，私募不良债券的市值与面值比率为0.75。

图14-2 2015—2017年违约和不良债券的估计面值和市值（10亿美元）
资料来源：纽约大学所罗门研究中心和Altman的估计.

不良资产投资人

我们观察到，在1990—1991年的大规模违约之后，不良资产投资者的数量显著增长，我们对1992年的估计是，这一领域专门管理的资金规模可能高达1 000亿美元。这些投资者大多非常专注，只专注于不良资产，在某些情况下，还专注于第11章破产重生公司的股票。20世纪90年代初，约有60家此类另类投资公司，见Altman（1991）。这些机构（主要是对冲基金）包括资产规模数亿美元的公司，也包括拥有众多投资组合经理和分析师的大型公司，后者管理的资产规模也许高达100亿～150亿美元。据我们估计，2018年，美国所谓的秃鹫投资者

第 14 章 不良资产市场

已增至 200 家左右,全球该类投资者多达百家。这些投资者现在被称为"信贷"或"事件驱动"战略投资者。

目前还没有对不良资产管理公司旗下基金总额的确切估计,但有根据的猜测是,2018 年年初,这一数字约为 4 000 亿~5 000 亿美元。周期性地,大投资者和私募股权公司可能会对这些证券感兴趣,也可能对危困或破产企业的控制权感兴趣。我们的估计包括对冲基金和私募股权公司,它们在不良资产市场中拥有大量资产,还有一些共同基金[3],作为许多不同的投资策略组合的一部分。

因此,从供求角度看,市场在 2017 年已经成熟,随着需求赶上供应,20 世纪 90 年代初和 2002 年供大于求的不平衡已经大大减少。而且,市场上出现了很多精明的投资分析师,定价变得更加有效,市场价格异常越来越难以发现。

投资策略

伴随着不良资产市场规模和多样性的显著增长,人们对这些债券和新兴股票的另一个兴趣来源是,一些引人注目的秃鹫投资者成功的故事。尽管这些独特的事件通常涉及对公司扭亏为盈的大笔押注,以及最近新投资者和资本的增加,但成功投资的秘诀仍是一套复杂的技能,涉及债券和股票的基本估值以及技术、法律和固定收益知识,辅以耐心、有纪律规范、有时还需要高度主动的资产管理方法。我们总是告诉学生,要想在不良资产投资中取得成功,就不应将这一领域仅仅视为固定收益投资或股权投资,而应将其与提供更现代、更严格的风险回报框架的信贷相关子战略相结合。此外,这一资产类别的吸引力不仅在于自身表现,更重要的一点是,它与其他资产类别回报率的相关性极低。

图 14-3 显示了标普 500 指数月回报率与高收益率债券指数和违约债券指数的相关性,违约债券指数是基于我们的 Altman-Kuehne 违约债

券、组合违约债券和银行贷款指数，所涵盖的时段是过去的三个信贷紧缩周期：1990—1991年、2001—2002年和2008—2009年（至3月）。我们还观察了自2010年1月以来，最近的信贷宽松周期以及1987—2018年整个样本期的相关性。结果很有启发性。

		富时（FTSE）高收益债券指数	标普500股价指数
信贷紧缩周期Ⅰ[a] 01/1990—12/1991 （24obs.）	违约债券指数	68%	12%
	标普500股价指数	48%	
信贷紧缩周期Ⅱ[b] 01/2001—12/2002 （24obs.）	违约债券与银行贷款指数	76%	23%
	标普500股价指数	54%	
信贷紧缩周期Ⅲ 01/2008—03/2009 （15obs.）	违约债券与银行贷款指数	80%	73%
	标普500股价指数	73%	
复苏周期 04/2009—04/2011 （25obs.）	违约债券与银行贷款指数	71%	65%
	标普500股价指数	67%	
全样本区间 01/1987—06/2018 （378obs.）	违约债券与银行贷款指数[c]	62%	39%
	标普500股价指数	59%	
最近的周期 01/2010—06/2018 （102obs.）	违约债券与银行贷款指数	52%	37%
	标普500股价指数	72%	

a. 在复苏周期内，违约债券指数和标普500股价指数的相关性为−16%。
b. 在复苏周期内，违约债券与银行贷款指数和标普500股价指数的相关性为43%，违约债券指数和标普指数的相关性为49%。
c. 1987—1995年，计算中仅使用违约债券指数回报率。

图14-3 各资产类别指数的月度总回报率相关性
资料来源：E. Altman and B. Kuehne.

通常在信贷紧缩（以及随后的复苏）期间，股票市场和风险债券市场的关联度相当低，1990—1991年为12%，2001—2002年为23%，而在随后的复苏期间，（未显示）分别为16%和43%。自我们将违约债券作为一种资产类别（1987年至今）进行跟踪以来，在整个样本期间，标普指数与违约债券回报率之间的相关性仅为39%，而高收益债券市场和股市回报率之间的相关性为59%。然而，2008年至2009年年初，即最近一次经济和金融危机以来，后者的相关性急剧上升至70%以上。在最近一个周期（2010年1月至2018年6月）内，违约债券与银行贷款指数和标普500股价指数之间的相关性为37%，但标普500股价指数与富时高收益债券指数之间的相关性为72%。任何一天，如果市场上有与金融或违约相关的不确定性的坏消息，风险债券市场和股票市场都有可能下跌；如果消息是正面的，情况则相反。自最近的消息"波浪起伏"以来，股票和高收益债券的价格也剧烈波动，但有走低的趋势。值得注意的是，2009年后欧洲高收益债券市场与STOXX 600股票市场之间的相关性为0.72。更值得关注的是，不良和违约债券与政府债券收益率之间的相关性在所有时间段都是负的。

关于投资策略，图14-4说明了三种主要类型、几个附加的子策略以及不良资产投资者的目标回报。这些投资者的投资组合通常包括公开发行的违约债券、私人贷款、高收益债券和不良杠杆贷款、剩余现金及其等价物。此外，投资者还可以持有其他对冲工具，如信用衍生品或卖空头寸。

主动控制型投资者

主动控制型策略主要涉及不良资产购买方中的大玩家，也就是俗称的"主力军"（big boys and girls）。该战略要求对特定的公司证券进行大量资本投资，使不良资产投资者有可能控制整个实体。从某种意义上说，这基本上是一种私募股权投资策略，除了最初参与并最终获得控制权的工具外，通常都是银行贷款和/或公开发行的债券。此外，控制权通常要求随后注入股本，以帮助公司恢复和扭亏为盈。在电影院、钢铁和零售等行业，这种获取危困企业控制权的策略取得了令人瞩目的成功。

主动控制	主动/非控制	被动
需要至少 1/3 投票进行阻断和一半投票取得控制；可能需要合作伙伴 通过债权/股权置换控制公司 重组甚至收购相关业务；上卷；股权注入；经营公司 退出 2~3 年 聚焦大中型企业 目标回报率：每年 15%~25%	优先担保，优先无担保 积极参与重组过程；影响过程 通过债务或权益市场退出（在第 11 章破产后）；一般不控制 持有期 1~2 年 聚焦大中型企业 目标回报率：12%~20%	投资价值被低估的不良资产 子策略： 交易/买入持有/优先或优先担保/次级债务/破产转换/资本结构套利/多-空，价值 以交易为导向；有时受到限制 持有期一般为 6 个月至 1 年，有时更长 目标回报率：10%~15%

图 14-4　不良资产投资的投资风格和目标回报

资料来源：作者编写．

与主动控制型投资相关的一个策略是，在同一个行业收购多家公司，从而形成一个合并的"上卷策略"（roll-up strategy），最终经营或出售合并后的公司。一个例子是 W. L. Ross 在 21 世纪初对美国钢铁业的全面收购，该收购历时两年多，涉及 LTV 公司、ACME 钢铁公司、Bethlehem 钢铁公司、Weirton 钢铁公司和 Georgetown 钢铁公司等，最终国际钢铁集团（ISG）被出售给另一家企业米塔尔钢铁集团（Mittal Steel Group）。其他的例子包括菲利普·安舒茨（Philip Anschutz）在电影业的尝试，埃迪·兰珀特（Eddie Lampert）收购凯马特，然后又并入西尔斯。这些破产收购的目标是挖掘潜在的盈利能力，重组公司的债务，并大幅降低成本。由此取得的成功通常会在重生公司股价上显示出来，这些股票用于换回早些时候被贱卖的债券。

收购这些不良资产的主要动机之一是专注于新管理层，拥有足够股本和资本市场信誉的新管理层能够扭转困境。在钢铁行业，一个关键的因素是部分或全部削减历史遗留成本，包括退休雇员养老金和医疗福利，如果破产法院没有变通务实的谈判环境，那么这么做几乎是不可能的。

如图14-4所示,主动控制型策略要求至少拥有一个主要受损负债类别(如无担保债券和/或贷款)的重大所有权,通常需要不良资产投资者或战略合作伙伴注入股权,在公司从第11章破产中重生后,通过债转股或置换来控制公司。然后,要么无限期地管理公司,要么在2~3年内出售已经恢复的公司,目标投资回报率至少为每年15%~25%。在大多数情况下,重点关注大型或中型公司。事实上,在经历了2001年、2002年以及2009年的巨大增长之后,一些著名的私募股权公司进入了不良资产市场。通常情况下,要么在投资公司内部组织一个新基金,要么先组织一个新公司以获得管理经验。Hotchkiss and Mooradian(1997)对激进的不良资产投资者的作用及其与没有此类投资者的重组公司相比的成功之处进行了严格的分析(288家公司)。从重组后的经营业绩来看,激进投资者表现出色。Jiang, Li, and Wang(2012)跟进了他们对对冲基金和私募股权基金(474个案例)在第11章破产流程中扮演的角色的研究,这些投资者对债务人的影响更可能导致重组计划的排他性权利丧失、CEO更替频繁和次级债权的回报增加。

主动非控制型投资者

第二种策略也包括不良资产投资者的主动参与,但不要求在重组后控制公司。投资者将通过作为债权人委员会成员和/或安排事后申请(例如DIP融资)主动参与重组过程。投资者通常会在公司重生后持股6个月至2年,甚至将公司的一名成员纳入重生公司的董事会。[4]由于资本要求低于控制策略,所以目标回报率较低,可能为每年12%~20%。同样,重点关注大型或中型公司,至少在销售额和负债方面,通常会涉及几个主动/非控制型投资者。

被动型投资者

不良资产投资者采用的一种常见的策略是购买危困企业的债券或贷款，期望公司能够扭亏为盈，同时不会破产。潜在的有利一面是，可以折价购买债券，比如面值的50%~60%。在公司完成重组，或获得足够资本以低于不良资产投资者支付的初始购买价格进行投标之前，这些投资者期望自身购买的债券市价会大幅提升，甚至提高到面值。2004年，Level 3 Communications 以约15%的折扣竞购了一些未偿还的公开发行的债券，要约收购的消息一出，这些债券价格立即上涨到面值的80%左右。

与不良债券相关但与违约债券无关的债券投资策略可以预测公司是否会破产。我们的 Z-评分模型、KMV 的 EDF 模型、CreditSights 的 BondScore 模型或其他破产预测方法等技术，可用于评估违约概率（这些模型在本书第10章中讨论过）。在许多情况下，主动和被动型投资者，以及诸如2003年和2009年等破产的公司的证券，实现了在相对较短的时间内（如6~12个月）从危困状态恢复到面值的目标。2009年，违约债券的回报率高到令人难以置信的96.4%，违约贷款的回报率为32.8%，债券/银行贷款的综合回报率为56%。

被动型投资者也投资违约和破产公司的证券，通常会等到公司的情况非常严峻，正式的重组活动已经开始时进行投资。在达到某一价格低点后，价值增长的前景就是激励因素。在债券期限内，正式破产申请是在公司拖欠利息和违约几个月后提出的。事实上，在我们研究过的2 000多个案例中，约有50%的案例的第11章破产申请是在违约日期之后提出的。

在提出破产申请后，公司的前景变得更加明朗，许多时候得到了DIP 融资的帮助，债券的价格开始根据重组后公司的预期估值上升。在一个计划提交并经法院确认后，无论是基于债权人的确认，还是在某些情况下，由破产法官主导"填鸭式"（cram-down）破产，公司重生通常在1~3个月后。旧的债券会换成新的债券，在某些情况下，旧的股权也可能构成重生企业的股权。一旦获得重生，持有旧债券的投资人通常会收到新债券和/或新股票。Eberhart，Aggarwal，and Altman（1999）的一项研究发现，这些新股票，即首次公开发行（IPO）的股票，在上市后240天内表现非常好。然而，这些股票在1993—1999年的信贷宽松周期中却表现平平，但在2002年后表现良好。事实上，2003—2004年，重生公司股票的回报率惊人，平均回报率可能远远超过100%。

被动型投资者基本上也是特定不良资产的交易者，在许多情况下，投资期限不到一年。套期保值技术通常用于免受头寸价格大幅波动的影响。这些技术可能包括在购买不良资产或贷款后，卖空公司的基本权益，这些债券或贷款被认为有很好的获利机会，但可能会违约。对冲也可以通过购买信用保险来实现——通常在信用违约互换市场进行交易，如果一个或多个债券违约，不良资产投资者将获得本金加利息。当然，所有这些对冲工具都很昂贵，可能不需要购买。我们下面将分析一种被称为资本结构套利的对冲策略。

不良资产定价

任何投资策略成功的关键因素之一，在于一个谨慎全面的估值过程，无论是投资债券还是股票，不良资产投资也不例外。如前所述，这一过程在此时变得更复杂，因为它通常考虑债券和股票发行以及资本结构的细微差别。有关这些因素的详细说明，请参阅本书第5章中的讨论，以及Altman（1991）、Jeffries & Company（2003）、Branch and Ray（2007）、Moyer（2005）和Whitman and Diz（2009）提出的综合处理方式。

资本结构套利[5]

我们可以以一个不太严谨的方式将资本结构套利定义为，投资者持有两个或多个特定发行人的债券或股票，套利意味着投资者试图捕捉在不同证券之间暂时存在的价格异常并从中获利。从更广泛的意义上讲，资本结构套利可用于将特定交易的风险回报参数调整到所需的水平，该策略的对冲特性对对冲基金行业尤其具有吸引力。

来看一家公司，该公司拥有一个最简单的两层资本结构，公司只有一期零息未偿债务和普通股。结构债券定价模型，例如KMV，假设股票可以被视为关于公司资产的看涨期权。买卖权平价关系意味着可以将债务视为无风险零息债券与看跌期权的组合，期权执行价格等于未偿债务金额。在这个简单的例子中，如果已知公司的价值，那么看跌期权和看涨期权的隐含波动率应该相等。如果波动率不等，说明存在套利机会。

遗憾的是，由于资本结构比上面提到的简单的两层模型复杂得多，而且某些变量也不清楚，因此，在实践中应用结构模型来识别资本结构套利机会是很复杂的。首先，公司价值不容易观察到。许多公司经常将资本灵活性和流动性与最小化其资本加权平均成本的目标相对应。因此，除了普通股外，一家公司可能还有许多未偿付的证券，包括有担保的浮动利率银行债券、固定利率优先债券、次级债券、可转换债券和优先股。由于可能存在不同到期日的债券、现金支付工具、嵌入期权和担保，因此对资本结构建模和应用资本套利技术仍是一个挑战。

读者应该认识到，在特定时间点的二元结果（违约与不违约）虽然有助于说明问题，但往往不能反映现实。随着时间的推移，违约可能随时会出现。因此，累积违约率函数是准确模拟违约结果所必需的。同样，作为时间的函数，回收率可能会受到未来经营现金流、资产折旧、公司资本结构的潜在未来变化以及不良资产市场的供求状况的影响（见本书第16章关于回收率的讨论，以及Altman等（2002，2005），还有许多其他原因造成违约）。从今天的价格来看，未来的市场状态将沿着许多不同的维度形成一个连续体，而不是只有两个离散的结果。

第 14 章 不良资产市场

基于优先级差异的资本结构套利策略同样可以用于有担保银行贷款和无担保债券之间,以及债券和普通股之间,这些交易可以以看跌或看涨的方式进行。套期保值比率可以通过优化各种参数来确定。例如,交易者可以确定套期保值比率,以在遭受的最大损失(在未来不同的经济情形下产生)的约束条件下,确保预期收益最大化(在一定数额的资本基础之上)。

资本结构套利交易也可以由两种到期日不同的同等优先级证券构成。在这种情况下我们知道,在违约时债券回收率是相等的。如果这两种证券的价格和收益率不同,我们可以据此得出发行人的累积违约率曲线,在某些情况下,还可以得出证券的相对票面利率。

对于一个发行人而言,如果他有不同的同等优先级债券(到期日不同),我们可以构建收益率曲线。对于非不良债券而言,这种收益率曲线通常是正常的,也就是说,距离到期日的时间越长,收益率越高。然而,随着发行人的信用质量恶化,收益率曲线通常会出现反转,即距离到期日的时间越短的债券将有较高的收益率。长期债券的收益率低于同类短期债券,其价格也较低,交易价格接近预期的最终违约回收率。考虑到短期票据比长期票据具有较低的累积违约率,这一现象很容易理解。短期票据在短期内可能有一些合理的机会以面值得到偿付,长期票据则只能持有到底,听天由命。虽然一年期债券有更高的收益率(更高的回报),但它们的价格也相对更高,在违约的情况下还会进一步下跌。

在下一章,我们将首先通过回顾有关不良资产组合风险/收益属性的几个相关实证研究,评估不良资产市场的发展。此外,我们将根据债券(1987—2018 年)和贷款(1995—2018 年)月度总回报绩效的 Altman/Keuhne 指数以及债券和贷款组合指数,来讨论违约债务的回报。最后,我们将介绍关于违约债券在违约至破产重生期间和违约前 6

个月的业绩表现的一些最新的实证研究。希望借此能提供一个比较完整的不良资产投资概况。

注释

[1] 参见 Altman/Kuehne（1987 年首发）撰写，由纽约大学斯特恩商学院所罗门研究中心发表的年度报告，例如，The Investment Performance & Market Dynamics of Defaulted & Distressed Bonds & Bank Loans：2017 Review and 2018 Outlook，2018-03-01，以及我们最新的相关年度报告，Defaults and Returns in the High-Yield Bond Market：2017 Review and 2018 Outlook，2018-02-02。

[2] 纽约大学所罗门研究中心汇编了 1971 年至今负债规模超过 1 亿美元的第 11 章破产统计数据。

[3] 例如，Franklin Templeton 的共同系列基金（Short Hills，NJ）旗下有多只基金将不良资产作为其价值投资策略之一。

[4] Li and Wang（2016）发现，在他们的样本中，超过一半的破产重生公司的董事会中至少有一名董事来自不良对冲基金或私募股权基金。

[5] 这些讨论的一部分由 Concordia Advisors 不良资产基金前投资组合经理艾伦·布朗（Allan Brown）提供。

第 15 章 不良资产投资

在前一章中，我们从不良资产的起源、发展、投资策略，以及对估值属性的初步探索等方面入手，对其进行了剖析。我们现在着手研究投资公司不良或违约资产的细节，这些公司或者接近破产，或者在破产进程中。我们还会研究在某些情况下，从破产重组中重生的公司的权益。为了严格评估一类证券是否可以合法地标记为"资产类别"，我们需要一个相对较长的投资回报历史。我们有从 20 世纪 80 年代末到 2017 年的历史数据来评估回报/风险权衡，我们还会将该类资产与其他资产类别进行比较。

我们将主要关注危困企业的债券和贷款。这些证券指与可比久期美国政府债券相比，其"期权调整利差"（option-adjusted-spread）至少超过 1 000 个基点的证券；或者在第 11 章破产重组过程中进行交易的证券。在某些情况下，我们会在将投资者的证券兑换成重生公司的股票后评估它们的回报。特别值得关注的是按照优先级分类的债券的投资收益数据。在大多数情况下，我们会将这些回报率与其他两种资产（标普 500 股价指数和高收益债券回报指数）和时间相关的回报率进行比较。但首先，我们综述一下不良资产投资的文献。

不良资产投资代表性研究

被折价出售的证券的盈利潜力，使不良资产投资行业对于受过良好教育和积极进取的投资者非常具有吸引力。Altman（1991）出版了第一本关于这个市场的权威指南，指南的材料来源于他的第一本从业者专著白皮书（Altman，1990），其中记录并分析了特殊类别的不良债券。

Ramaswami and Moeller（1990）研究了《1978年破产改革法》对持有危困企业股票或债券的投资者的影响。作者指出高平均回报率通常伴随着明智的投资选择，并解释了如何发现潜在的投资目标，评估投资风险，以及投资破产重组公司的获利情况。Branch and Ray（1992）增加了关于对有风险但利润丰厚的问题公司证券进行投资的机会的研究。这些研究考虑了当处于困境中的公司通过非正式或正式的手段解决问题时，每个阶段对公司证券投资的影响。两位作者在一本著作（2007）中展示了他们对不良资产估值的独特观点。Moyer（2005）也集中在危困企业证券的估值问题上，Jefferies（2003），Whitman and Diz（2009）以及本书第5章也是关于这些内容。最后，Stark，Siegel，and Weisfelner（2011）编辑了关于公司破产中有争议的估值问题的文章摘要。

Altman（2014）探讨了不良资产市场及其参与者的范围和重要性，并就第11章破产重组申请结果的近期趋势提供了新的潜在的十分重要的数据。这项工作可能对近期美国破产法面临的修正议案有所帮助。Altman（2014）也研究了第11章破产程序成功与否、各种流程下的破产时间、预包装重组对结果的影响，以及不同债权人类别的回收率等问题。

Rosenberg（1992，2000）描述了不良资产投资领域的广阔前景，其中活跃的秃鹫投资者将目光投向不良资产。20世纪八九十年代，秃鹫投资在涉及重大破产时变得更为普遍，当时债台高筑的公司纷纷宣布破产。Schultze and Lewis（2012）也分享了他们作为秃鹫投资者的见解和经验，指出该类投资对经济生态系统的重要性。Altman and Eberhart（1994）指出，尽管违约债券的平均回报相当不错，但不同优先级的债券之间存在一些明显的差异，其中只有两种优先级最高的违约债券，即优先担保债券和优先无担保债券，业绩良好；而次级违约债券，即次级债券和贴现债券，则业绩不佳。Fridson and Gao（2002）通过分析1980年1月至1992年7月的违约债券数据，也讨论了同一主题。具体地说，他们发现风险较小的优先级债券比风险较大的次级债券的回报更高。然而，后来，他们更新了自己的分析结果，表明这种异常收益变得不那么明显了。此外，随着先前的投资结果变得更加公开，对优先级债券的需求增加，这导致产生超额回报的可能性降低。

Hotchkiss and Mooradian（1997）对288家破产公司进行了比较严谨的分析，通过分析不良资产主动控制型投资者的角色及其在企业破产后的经营业绩，使其与非主动控制型投资者的样本进行了分离。那些主动控制型投资公司的业绩明显优于那些非主动控制型投资公司的业绩。Jiang, Li, and Wang（2012）对第11章破产过程中的对冲基金进行了研究，并对这一主题做了跟踪，对474个第11章破产案例的分析表明，当对冲基金积极参与时：（1）债务人更有可能丧失提交重组计划的排他性；（2）在重组过程中撤换企业首席执行官；（3）重生的可能性更高；（4）次级求偿人的回报更高。同时，他们认为，这些结果通常不会损害其他索赔人的利益。Lim（2015）通过分析469家进行庭外或庭内重组的公司，评估了维权对冲基金（activist hedge fund）在危困企业中的作用。她总结说，维权对冲基金的参与与更高概率的第11章预包装重组相关，这些重组的速度比那些没有主动控制型投资者的重组更快。她的结论是，维权对冲基金可以通过有效的合约创造价值。

Wang（2011）还研究了破产时的债券回报率。他收集了第11章破产申请提交后第1个月和第2个月以及申请确认当月的价格数据，研究表明，破产重组期间，优先级债券的年化平均收益率为20%，而次级债券的年化平均损失率超过20%。Altman and Benhenni（2017）对1987—2016年间，以及2005年破产法大幅修订后债券从违约到重生进行了最新的实证分析。结果显示，从违约日到重生，特别是在破产法修订后，这些债券的超额回报率尤为突出。我们稍后将进一步讨论这些结果。

最近的一些研究关注所有权结构和债权类型对破产计划结果的影响。Ivashina, Iverson, and Smith（2016）分析了136份申请样本，涵盖71 000名投资债权人。作者认为，重组期间的债券交易导致：(1) 所有权更加集中，特别是对于那些有资格对破产计划进行表决的债权人；(2) 活跃的投资者是这些债权的最大净买家；(3) 虽然投资者债权的初始集中度对于协调预包装或预安排的计划最重要，但破产过程中的债权集中度对重组速度、（成功）重生或（不成功）清算的概率，以及不同索赔类别的回收率影响最大。Ivashina and Iverson（2018）关注债券交易人在破产过程中的作用。（关于债券交易在破产中的大致作用，见Altman（1991）中的一章。）这些作者发现，大型债券交易人出售其破产公司应收账款的决定预示着较低的回收率，而且这些出售往往先于不太知情的其他债权人。

Eberhart, Aggarwal, and Altman（1999）是首先也是为数不多的研究股票在企业破产后的业绩的学者，他们分析了131个案例中股票的后发业绩。这些股票在许多方面与首次公开募股类似，在重生后240天内业绩极为出色，与采用双因子资产定价模型的整体股市相比，表现出超额回报。尽管在某些信贷宽松周期（例如，1993—1999年和2009—2010年）中，重生股票的后发业绩并不出众（Barron's, 2010），但在其他年份，重生股票的回报率出众，这些回报给市场参与者Jefferies & Co.提供了灵感，建立了一个称为"The Jefferies Re-Org Index (SM)"的重生股票指数（2006），该公司对这一利基资产类别的兴趣在随后的信贷宽松周期内大幅降温，指数也被终止。New Generation

Research（马萨诸塞州波士顿）发表了第 11 章破产后的普通股业绩指数。Li and Zhong（2013）分析破产公司股票在第 11 章重组期间的交易模式和业绩后发现，总体而言，这些股票会遭受重大超额损失，特别是那些不确定性程度较高、具有更高卖空约束的股票。作者评估了 1998—2006 年 602 份申请的公司业绩，1998 年是首次从股市"粉红单"上可以获得每日数据的年份。他们发现，许多股票交易活跃和回报与资产价值、资产波动性、无风险利率以及重组的预期持续时间呈正相关，与负债金额呈负相关。

使用信用利差波动率，Altman，Gonzalez-Heres，Chen，and Shin（2014）表示，1997 年 7 月至 2012 年 12 月，低波动率不良资产组合的平均年化回报率比高波动率不良资产组合高 12.22%。此外，低波动率投资组合也显著优于高收益债券指数和不良债券指数。将各债券的利差波动率通过市场总体波动率进行标准化，低波动率投资组合的业绩比高波动率投资组合高 11.09%。

Gande，Altman，and Saunders（2010）发现，在贷款违约、债券违约和破产日期等方面，贷款市场的信息效率高于债券市场。具体而言，风险调整后的贷款价格在某一事件发生日前的下跌幅度大于同一借款人的风险调整后的债券价格，但在事件日前后下跌幅度较小。通过控制证券的特定特征，如到期日、规模、优先级、抵押品、契约，以及对累积异常回报的多种度量，他们发现不同的实证方法得出的结果是高度稳健的。Das and Kim（2014）讨论了如何重组不良资产组合，并将组合收益归因于重组和组合效应。他们建立了不良资产组合的定价和优化重组模型，表明即使在中等的破产成本下，重组后的回报率分布对固定收益投资者也是非常有吸引力的。他们还讨论了不良资产投资组合中的投资如何在两个方面与标准的投资组合构建范式相背离。首先，不良资产的收益分配取决于投资者的重组活动，因此不再是外生的。构建不良资产组合的收益来自：(1) 投资者对个人贷款的调整和重组；(2) 所有贷款的多元化和最优组合构建。其次，收益率的分布是高度非高斯型的（非正态分布），因此，马科维茨均值-方差模型不适用。

违约债券和不良资产的衡量及投资

关于企业信贷市场，学术和专业投资研究的焦点通常是高收益债券的业绩，重点是违约债券的违约率和回收率，见第2章和第9章关于高收益债券的讨论，以及第16章关于违约债券回收率的深入讨论。违约债券和违约贷款方面的研究的确寥寥可数。这是可以理解的，因为高收益债券市场规模大得多，有40年的历史记录，覆盖范围广、数据来源多。为了填补以上空白，我们已经积累了违约债券和贷款的月度业绩数据。业绩数据基于Altman-Kuehne指数，即从违约到重生（或清算）的证券月度回报率。[1] 这些指数最初建于1987年，首次在Altman (1990) 的研究中使用，被不良资产投资经理广泛用作衡量其业绩的重要基准，也被分析师和研究人员广泛使用。

我们对债券的业绩统计可以追溯到1987年，而对违约债券的业绩统计可以追溯到1996年。截至2017年12月31日，违约债券指数的发行数量为55个，略高于2016年年底的一半（101个），约为20世纪90年代初和2001年的1/4（见图15-1）。1987—2017年，债券发行的平均数量从1992年的231个（高点）到1998年的36个（低点）不等。需要注意的是，违约发行的数量和金额远远大于Altman and Kuehne (2018b) 中的总和，因为指数总额的计算仅来自不超过指数总市值10%的发行方，并且只包括与月度报价一致的数据。[2] 图15-2显示了在我们的第二个违约债券指数中银行贷款的数量和金额。

第 15 章 不良资产投资

年底	发行数量	公司数量	面值 （10亿美元）	市值 （10亿美元）	市值与面值 比率
1987	53	18	5.7	4.2	0.74
1988	91	34	5.2	2.7	0.52
1989	111	35	8.7	3.4	0.39
1990	173	68	18.7	5.1	0.27
1991	207	80	19.6	6.1	0.31
1992	231	90	21.7	11.1	0.51
1993	151	77	11.8	5.8	0.49
1994	93	35	6.3	3.3	0.52
1995	50	27	5.0	2.3	0.46
1996	39	28	5.3	2.4	0.45
1997	37	26	5.9	2.7	0.46
1998	36	30	5.5	1.4	0.25
1999	83	60	16.3	4.1	0.25
2000	129	72	27.8	4.3	0.15
2001	202	86	56.2	11.8	0.21
2002	166	113	61.6	10.4	0.17
2003	128	63	36.9	17.7	0.48
2004	104	54	32.1	16.9	0.53
2005	98	35	29.9	17.5	0.59
2006	85	36	31.2	23.3	0.75
2007	48	17	13.8	6.3	0.46
2008	77	28	29.6	4.5	0.15
2009	91	34	45.5	15.1	0.33
2010	53	16	26.4	8.3	0.31
2011	57	19	18.0	6.1	0.34
2012	62	21	14.6	5.2	0.36
2013	45	20	12.1	4.3	0.36
2014	49	20	11.8	3.0	0.25
2015	88	32	23.4	2.8	0.12
2016	101	35	39.7	16.2	0.41
2017	**55**	**26**	**19.1**	**5.5**	**0.29**
年均	97	43	21.5	7.5	0.38

图 15-1　Altman-Kuehne 违约债券指数规模（1987—2017年）
资料来源：纽约大学所罗门研究中心.

年底	发行数量	公司数量	面值（10亿美元）	市值（10亿美元）	市值与面值比率
1995	17	14	2.9	2.0	0.69
1996	23	22	4.2	3.3	0.79
1997	18	15	3.4	2.4	0.71
1998	15	13	3.0	1.9	0.63
1999	45	23	12.9	6.8	0.53
2000	100	39	26.9	13.6	0.51
2001	141	56	44.7	23.8	0.53
2002	64	51	37.7	17.4	0.46
2003	76	43	39.0	23.9	0.61
2004	45	26	22.9	18.2	0.80
2005	41	21	18.7	16.2	0.86
2006	27	23	11.2	10.0	0.89
2007	31	13	13.0	10.4	0.79
2008	71	31	27.5	10.7	0.39
2009	67	27	57.6	34.1	0.59
2010	20	12	11.3	5.9	0.52
2011	28	15	9.1	4.7	0.52
2012	34	21	10.5	5.8	0.55
2013	22	13	6.9	4.6	0.67
2014	13	8	4.2	2.0	0.48
2015	26	12	12.5	4.9	0.39
2016	36	19	17.6	13.2	0.75
2017	**30**	**18**	**9.8**	**6.3**	**0.65**
年均	43	23	17.7	10.5	0.62

图 15-2 Altman-Kuehne 违约银行贷款指数规模（1995—2017 年）
资料来源：纽约大学所罗门研究中心．

市值与面值比率

图 15-3 显示了违约债券和银行贷款的市值与面值比率的时间序列趋势。截至 2017 年年底，违约债券的市值与面值比率为 29%，比历史平均水平 38% 低约 10 个百分点。违约贷款的市值与面值比率为 65%，比历史平均水平 62% 高出 3 个百分点。市值与面值比率可能是交易机会的一个重要指标，尤其是如果人们相信"回归均值"（regression to the mean）现象的话。

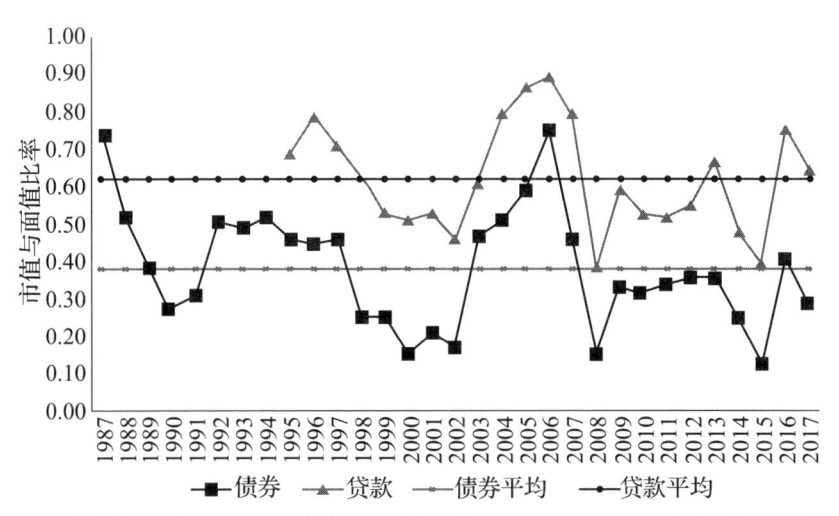

注：贷款的市值与面值比率中位数为 0.61，市值与面值比率均值为 0.62。债券的市值与面值比率中位数为 0.36，市值与面值比率均值为 0.38。

图 15-3　Altman-Kuehne 违约债券指数：市值与面值比率（1987—2017 年）

资料来源：Altman and Kuehne（2018b）。

收益的历史数据表明，一方面，无论是从发行到重生，还是从违约到重生，债券发行的优先级是违约证券在特定时期内业绩的一个极其重要的特征。另一方面，违约的银行贷款，主要是优先担保的贷款，尽管它们的回报率波动性要小得多，但在重组期间业绩不佳，这与我们后面的分析结论一致。

业绩衡量基于做市商的平均报价和一个完全投资的、只做多头的策略，回报率根据单一债券和银行贷款的价格变动计算，这里计算的回报是总回报，不反映经理费用和开支。然而，有几个不良资产对冲基金指数反映了投资基金的平均业绩，并包括管理费用（关于业绩的讨论见 Altman and Kuehne，2018b）。

图 15-4 显示了 1987—2017 年违约债券与普通股和高收益债券的时间序列回报率。这三类资产的算术平均年回报率相当相似，高收益债券的年平均回报率为 9.25%，普通股为 11.94%，而违约债券为 10.90%。然而，违约债券的复合平均年回报率（+5.82%）明显偏低，反映出 31 年里 13 年的时间序列负增长，而标普 500 股价指数和高收益债券分别只有 5 年和 6 年的负增长。以时间序列的复合年收益率作为比较基础，过去 31 年里，股票业绩优于高收益债券，后者的业绩优于违约债券。

按年计算时，违约债券指数的波动性远大于高收益债券或普通股，但在按月计算时仅略大于普通股。毫无疑问，息票支付对高收益债券有镇静作用，这是造成指数波动性指标（年度和月度）远低于违约债券和普通股的一个主要原因。事实上，违约债券是"无收益"债券，因为它们的交易"持平"（即无累计利息）。尽管如此，我们之前所提到的违约债券的这种高波动性由于其与大多数其他资产类别的低相关性以及在特定年份（例如 1991 年、2003 年和 2009 年）的惊人回报而有所缓解。

从收益/风险的角度来看，年平均回报率与标准差的比值有利于高收益债券市场和股票市场。使用算术平均回报率，高收益债券的比率为 0.63，标普 500 股价指数为 0.70，违约债券为 0.32。从月回报率来看，违约债券指数的业绩较好，高收益债券指数的业绩最好。

图 15-5 显示了 1996—2017 年，尽管有优先权，但与标普 500 股价指数和高收益债券相比，违约银行贷款的业绩却非常糟糕。图 15-6 显示了债券和贷款组合指数的绝对和相对业绩。该指数的业绩虽然良好，但不及普通股或高收益债券。

第15章 不良资产投资

年份	Altman-Kuehne 违约债券 指数（%）	标普500 股价指数 （%）	花旗银行 高收益债券 市场指数（%）
1987	37.85	5.26	3.63
1988	26.49	16.61	13.47
1989	−22.78	31.68	2.75
1990	−17.08	−3.12	−7.04
1991	43.11	30.48	39.93
1992	15.39	7.62	17.8
1993	27.91	10.08	17.36
1994	6.66	1.32	−1.25
1995	11.26	37.56	19.71
1996	10.21	22.96	11.29
1997	−1.58	34.36	13.18
1998	−26.91	28.58	3.60
1999	11.34	20.98	1.74
2000	−33.09	−9.11	−5.68
2001	17.47	−11.87	5.44
2002	−5.98	−22.08	−1.53
2003	84.87	28.70	30.62
2004	18.93	10.88	10.79
2005	−1.78	4.92	2.08
2006	35.62	15.80	11.85
2007	−11.53	5.50	1.84
2008	−55.09	−37.00	−25.91
2009	96.42	26.46	55.19
2010	25.76	15.06	14.32
2011	−3.66	2.11	5.52
2012	2.63	15.99	15.17
2013	29.25	32.39	7.22
2014	−12.98	13.69	1.83
2015	−39.54	1.38	−5.56
2016	75.39	11.96	17.82
2017	−6.66	21.83	7.05
算术平均年回报率，1987—2017	10.90	11.94	9.25
标准差	34.16	17.00	14.66
复合平均年回报率，1987—2017	5.82	10.52	8.32
回报率（算术）/标准差	0.32	0.70	0.63
算术平均月回报率，1987—2017	0.59	0.93	0.69
标准差	4.85	4.27	2.40
复合平均月回报率，1987—2017	0.47	0.84	0.67
回报率（算术）/标准差	0.12	0.22	0.29

图15-4 Altman-Kuehne违约债券指数与标普500股价指数、
花旗银行高收益债券市场指数的比较（1987—2017年）

资料来源：纽约大学所罗门研究中心，标普和花旗（目前为富时）高收益债券指数。

年份	Altman-Kuehne 违约银行贷款指数（%）	标普 500 股价指数（%）	花旗银行高收益债券市场指数（%）
1996	19.56	22.96	11.29
1997	1.75	34.36	13.18
1998	−10.22	28.58	3.60
1999	0.65	20.98	1.74
2000	−6.59	−9.11	−5.68
2001	13.94	−11.87	5.44
2002	3.03	−22.08	−1.53
2003	27.48	28.70	30.62
2004	11.70	10.88	10.79
2005	7.19	4.92	2.08
2006	4.35	15.80	11.85
2007	2.27	5.50	1.84
2008	−43.11	−37.00	−25.91
2009	32.80	26.46	55.19
2010	9.98	15.06	14.32
2011	−2.31	2.11	5.52
2012	17.24	15.99	15.17
2013	5.78	32.39	7.22
2014	5.53	13.69	1.83
2015	−25.63	1.38	−5.56
2016	22.39	11.96	17.82
2017	**10.78**	**21.83**	**7.05**
算术平均年回报率，1996—2017	4.93	10.57	8.09
标准差	16.68	18.01	15.09
复合平均年回报率，1996—2017	3.44	8.94	7.12
回报率（算术）/标准差	0.30	0.59	0.54
算术平均月回报率，1996—2017	0.33	0.81	0.61
标准差	3.19	4.27	2.60
复合平均月回报率，1996—2017	0.28	0.72	0.58
回报率（算术）/标准差	0.10	0.19	0.23

图 15-5 Altman-Kuehne 违约银行贷款指数与标普 500 股价指数、花旗银行高收益债券市场指数的比较（1996—2017 年）

资料来源：纽约大学所罗门研究中心，标普和花旗．

年份	Altman-Kuehne 违约公开债券及 违约银行贷款 指数（%）	标普500 股价指数 （%）	花旗银行 高收益债券 市场指数（%）
1996	15.62	22.96	11.29
1997	0.44	34.36	13.18
1998	−17.55	28.58	3.60
1999	4.45	20.98	1.74
2000	−15.84	−9.11	−5.68
2001	15.53	−11.87	5.44
2002	−0.53	−22.08	−1.53
2003	49.30	28.70	30.62
2004	15.40	10.88	10.79
2005	1.84	4.92	2.08
2006	23.40	15.80	11.85
2007	−3.30	5.58	1.84
2008	−47.52	−37.00	−25.91
2009	55.99	26.46	55.19
2010	17.70	15.06	14.32
2011	−3.02	2.11	5.52
2012	7.63	15.99	15.17
2013	19.37	32.39	7.22
2014	−6.45	13.69	1.83
2015	−30.94	1.38	−5.56
2016	43.90	11.96	17.82
2017	**1.50**	**21.83**	**7.05**
算术平均年回报率，1996—2017	6.78	10.57	8.09
标准差	24.24	18.01	15.09
复合平均年回报率，1996—2017	3.95	8.94	7.12
回报率（算术）/标准差	0.28	0.59	0.54
算术平均月回报率，1996—2017	0.38	0.81	0.61
标准差	3.70	4.27	2.60
复合平均月回报率，1996—2017	0.31	0.72	0.58
回报率（算术）/标准差	0.10	0.19	0.23

图 15-6　Altman-Kuehne 违约公开债券及违约银行贷款指数与标普 500 股价指数、花旗银行高收益债券市场指数的比较（1996—2017 年）

资料来源：纽约大学所罗门研究中心，标普和花旗．

危困企业债券的业绩

一个相关的子资产类别是那些溢差高于可比久期美国政府债券收益率1 000个基点,但未违约的不良债券。事实上,这个定义已经成为不良债券"行业"的一个标准,许多金融机构和评级机构都在维持这类证券的指数。我们将利用这些指数的一个突出例子——自1990年起由美林发布的指数(ICE BofAML US High Yield Master Ⅱ)。

图15-7显示了不良债券、Altman-Kuehne违约债券指数、标普500股价指数和花旗银行高收益债券市场指数(现为富时指数)过去10年、5年和3年的回报。2008—2017年,不良债券的算术平均回报率为12.94%,违约债券为11.15%,高收益债券为9.27%,普通股为10.39%。由于2014年和2015年分别出现20.18%和37.99%的巨额负收益,按几何平均计算,在同一10年内,不良债券的回报率均低于高收益债券和股票;几何平均回报率相当低,为4.70%——由于负年回报率的影响,所有资产类别都可以观察到类似的较低几何平均值(假设每年进行再投资)。就不良债券而言,10年中有4年为负回报,违约债券有5年,由不良债券和违约债券组成的指数有4年,高收益债券市场指数有2年,标普500股价指数有1年为负回报。标普500股价指数的10年夏普比率最高(0.42),其次是高收益债券(0.35)、不良债券(0.09)、不良和违约债券(0.07)以及违约债券(0.03)。在过去5年和3年内,我们可以观察到类似的比较结果,尽管标普500股价指数的3年和5年回报率都远远超过其他资产类别。

第15章 不良资产投资

年份	美林银行 不良债券 指数	Altman-Kuehne 违约债券 指数	花旗银行 高收益债券 市场指数	标普500 股价指数
2008	−44.91%	−55.09%	−25.91%	−37.00%
2009	116.67%	96.42%	55.19%	26.46%
2010	25.41%	25.76%	14.32%	15.06%
2011	−6.61%	−3.66%	5.52%	2.11%
2012	24.10%	2.63%	15.17%	15.99%
2013	11.66%	29.25%	7.22%	32.39%
2014	−20.18%	−12.98%	1.83%	13.69%
2015	−37.99%	−39.54%	−5.56%	1.38%
2016	54.25%	75.39%	17.82%	11.96%
2017	7.01%	−6.66%	7.05%	21.83%
2008—2017（10年）[a]				
算术平均回报率	12.94%	11.15%	9.27%	10.39%
几何平均回报率	4.70%	2.02%	7.59%	8.50%
2013—2017（5年）				
算术平均回报率	2.95%	9.09%	5.67%	16.25%
几何平均回报率	−1.82%	2.17%	5.40%	15.79%
2015—2017（3年）				
算术平均回报率	7.75%	9.73%	6.44%	11.73%
几何平均回报率	0.78%	−0.34%	6.01%	11.41%
夏普比率（10年）	0.090	0.034	0.350	0.420

a. 回报率的计算基于美林银行不良债券指数、Altman-Kuehne违约债券指数、花旗银行高收益债券市场指数和标普500股价指数的年回报率的平均值。

图15-7　各种指数年回报率比较（2008—2017年）

资料来源：美林银行、花旗、标普和纽约大学所罗门研究中心.

违约后业绩

分析证券违约后的业绩也具有重要意义,我们的研究数据涵盖1987年至2016年第二季度,样本包括803家公司的1 189个违约和重生债券的价格,以及1996年至2016年第二季度的违约贷款,样本包括398家公司的730笔贷款。我们还分析了违约后1~24个月的月度业绩,以及2005年年底美国破产法进行重大修订前后的业绩。最后,我们分析了债券违约前6个月的业绩。

从破产到重生的时间从不足1个月到超过60个月不等。1987—2016年,违约债券的平均重生期间约为28个月,1987—2005年为34个月,而2006—2016年,违约债券的平均重生期间仅为16个月,对于破产行业的大多数从业人员来说,这并不奇怪,2006—2016年,由于破产法的一些变化,平均重组期大大缩短,最显著的是债务人具有计划排他性的18个月限制和普遍使用的第11章预包装。许多预包装或预安排的案件其破产重组时间不到12个月,有些甚至不到6个月就能结束。

从业绩角度出发,图15-8显示了我们选用的整个违约债券样本在4个区间内平均债券价格的年变化率:(1)从违约到重生;(2)从违约到违约后12个月;(3)从违约到违约后24个月;(4)12~24个月。这些结果显示了整个30年的样本期和最近10年的样本期的结果,我们可以观察到,所有债券从违约到重生(1987—2016年)的年均回报率为11.08%,这个业绩是相当不错的,但远低于最近10年(2006—2016年)的25.34%。如果投资者在违约时购买了我们的全部违约债券,并持有12个月或24个月(仅限在这些期限内持续存活的债券),那么12个月的年均回报率为8.49%,24个月的年均回报率为13.58%。在最近10年的样本期内,年均回报率要高得多,12个月为26.20%,24个月为19.92%。

第15章 不良资产投资

	违约到重生						
	违约时均价	发行数量	重生时均价	发行数量	违约平均月份数量	年度平均价格变化	标准差
1987年至2016年第二季度	36.92	1 727	47.18	1 189	28	11.08%	70.76%
2006年至2016年第二季度	34.85	635	47.09	452	16	25.34%	106.64%

	违约到其他时间段			
	违约后12个月均价	发行数量	1~12个月内平均价格变化	标准差
1987年至2016年第二季度	40.05	954	8.49%	81.46%
2006年至2016年第二季度	43.98	259	26.20%	147.45%

	违约后24个月均价	发行数量	12~24个月内平均价格变化	标准差	1~24个月内平均价格变化	标准差
1987年至2016年第二季度	47.62	493	18.91%	52.84%	13.58%	45.54%
2006年至2016年第二季度	50.12	103	13.96%	109.10%	19.92%	81.26%

图15-8 债券违约后平均价格变化(1987年至2016年第二季度)
资料来源：Altman/Kuehne纽约大学所罗门研究中心违约债券价格数据库.

违约债券回报的波动率

总的来说，投资于一个广泛的、多样化的违约债券组合，其回报率似乎相当可观。虽然年均回报率很高，但从波动性来看，该类投资的"成本"相当高。在标准差计算中，我们剔除了回报率极高的前5%的债券（主要是"便士"(penny)债券）。即使我们截断了异常正收益，标准差也相当高，从1987—2016年违约周期的70.8%到下一周期2006—2016年的106.6%不等。我们还研究了计算回报率和波动率的其他方法。首先，对于违约至重生不到12个月的情况，我们假设重生时的收益在剩余12个月内，按现行6个月美国国库券利率再投资，而不是按年利率计算收益。这将上述70.8%的标准差降到了56.5%。其次，我们没有使用传统的标准差来衡量波动率，而是计算了低于均值的回报率的标准差，即半偏差。当违约至重生不到12个月的债券收益按年计算时，波动率为34.1%；当这些债券重生时的收益以6个月国库券利率再投资时，波动率为31.6%。

以优先级来看业绩

尽管违约债券的平均回报相当不错，但是在过去10年间，不同优先级的债券之间存在一些明显的差异。图15-9显示了1~12个月、12~24个月和1~24个月的价格变化，以及整个30年样本期间从违约到重生的价格变化，按四个优先级分层。

优先无担保债券在所有四个区间内的年均回报率都很高，从违约到重生的17.39%到12~24个月的28.46%，而优先担保债券的样本仅显示了个位数回报率。次级债券的结果非常令人失望，从违约到重生的年均回报率为-2.35%，1~12个月甚至更低，为-10.85%。这些结果与Altman and Eberhart（1994）的结果一致。

违约贷款的业绩

所有时段的违约贷款业绩统计数据表明，与违约债券相比，违约贷款的业绩要差得多（图中未显示）。事实上，从违约到重生这个时段，所有的年均回报率都为较小的个位数。具体而言，所有贷款的年均回报率（1996—2016年）为每年2.76%。相比之下，最近10年（2006—2016年）的年均回报率为4.45%。以1996—2016年20年期492个样本的标准差衡量，这些贷款回报率的波动性远低于30年期债券，但仍相当高。

违约到重生							
	违约时均价	发行数量	重生时均价	发行数量	违约平均月份数量	年度平均价格变化	标准差
优先担保债券	48.81	335	55.26	236	22	6.92%	66.93%
优先无担保债券	37.07	925	53.96	631	28	17.39%	68.87%
次级债券	28.46	402	26.71	287	32	−2.35%	75.61%
贴现债券	23.06	59	29.91	33	22	14.90%	74.22%

违约到其他时间段				
	违约后12个月均价	发行数量	1～12个月内平均价格变化	标准差
优先担保债券	53.09	176	8.76%	61.27%
优先无担保债券	43.87	496	18.34%	93.42%
次级债券	25.37	241	−10.85%	66.49%
贴现债券	19.53	32	−15.29%	55.65%

	违约后24个月均价	发行数量	12～24个月内平均价格变化	标准差	1～24个月内平均价格变化	标准差
优先担保债券	56.38	85	6.21%	39.13%	7.48%	40.67%
优先无担保债券	56.35	259	28.46%	52.03%	23.30%	39.20%
次级债券	25.59	130	0.86%	58.28%	−5.17%	44.52%
贴现债券	27.22	13	39.33%	101.22%	8.64%	58.37%

图 15-9　违约企业债券回报和波动率，以优先级分类
（1987年至2016年第二季度）

资料来源：Altman/Kuehne 纽约大学所罗门研究中心违约债券价格数据库．

公司债券违约前价格变动分析

最后，我们研究违约前6个月至1个月的债券价格。在违约前6个

月至1个月的持有期内，如图15-10所示，使用具有可用价格的大量债券样本，平均价格在所有期间显示出稳定的单调下降状态，从违约前6个月的-38.52%到违约前1个月的-16.81%。以标准差衡量，回报率的波动性在所有时期都相当稳定，从33.11%的低点到39.32%的高点不等。因此，尽管不良资产市场的竞争越来越激烈，许多投资者对此进行了分析，违约债券价格仍在违约前6个月大幅下跌，甚至在违约前1个月也会大幅下跌。

违约前持有期（t）						
	$t-1$	$t-2$	$t-3$	$t-4$	$t-5$	$t-6$
债券数量	513	527	523	522	517	510
平均变化	-16.81%	-23.03%	-24.77%	-30.85%	-36.06%	-38.52%
变化中位数	-27.03%	-40.13%	-42.39%	-45.19%	52.77%	54.24%
标准差	34.62%	35.18%	39.32%	34.71%	33.11%	33.52%

图15-10 违约企业债券的价格变化和违约前业绩波动率
（2002年至2016年第二季度）

资料来源：Altman/Kuehne纽约大学所罗门研究中心违约债券价格数据库.

不良资产的投资机会

从我们的长期实证结果来看，可能会得出这样的结论：不良资产（优先无担保债券除外）并不是一个特别有吸引力的资产类别，至少与普通股和高收益债券等资产相比是这样。然而，仔细观察一下，这些资产许多独特的方面仍使其非常有吸引力，特别是对对冲基金经理来说，他们可以根据信贷周期的阶段买卖证券。此外，对冲可以减轻困难时期的破坏性影响和从债权转为股权的能力。而且，如前所述，不良和违约资产对机构投资者具有吸引力，因为它们与其他资产类别的相关性相对较低。最后，风险偏好较高的对冲基金通常发现，将对冲

第 15 章　不良资产投资

可能性与利用惊人回报期的机会结合起来的资产具有难以置信的吸引力。然而，并不是所有的资产管理公司都探索过这些投资机会，也不是所有的资产管理公司都有能力在市场出现较大衰退时生存下来。

不良资产作为一种资产类别，在过去 30 年左右的时间里有了很大的发展。尽管如此，它的受欢迎程度和总体利益在整个信贷周期内仍然起伏波动。从最近持续时间创纪录的信贷宽松周期以及过去 10 年来公司债务大幅增加等迹象来看，我们预计，一旦下一个信贷紧缩周期开始，投资者的兴趣和该类资产的重要性都将大幅提高。

注释

[1] 纽约大学所罗门研究中心维护违约债券（1987 年至今）和违约贷款（1996 年至今）组合月度回报指数，该指数订阅者会收到一份讨论月度结果和季度报告的时事通讯。

[2] 该指数最初是在 Investing in Distressed Securities（E. Altman, The Foothill Group, 1990）中制定的，由纽约大学所罗门研究中心每月维护和公布。

第 16 章 违约回收率

从概念上讲，影响资产信用风险的主要变量有三个：(1) 违约概率 (PD)；(2) 违约损失率 (LGD)，即 1－RR，其中 RR 为违约回收率；(3) 违约风险暴露 (EAD)。在本书前面的内容中，我们讨论了在信用交易中估计交易对手的违约概率的模型和过程。与之同样重要的是，估计违约债券或贷款的 LGD 或 RR (Kalotay and Altman, 2017)。2004 年，巴塞尔委员会完成了关于规定全球银行所持信贷资产的资本金要求的建议，LGD 和 RR 是这些工作中涉及的最重要变量。

违约回收率 (RR) 通常被定义为违约后债券的市场价格，这是从业人员在定价时分析的两个关键变量之一，也是非常重要的信贷市场的变量之一。RR 是在第 11 章破产过程中（即重组期结束时）计算的，通常是预期的回收比率或金额，称为最终回收率（金额对应回收量）。21 世纪初，标普和惠誉都对 RR 进行了一项特殊的评级，称为回收率评级，这基本上是对大型商业和机构贷款违约后名义本金最终回收的估计。在这样做的过程中，标普和惠誉两家机构都认识到，市场需要关于信用风险的两个主要因素 (PD 和 RR) 的独立信息。此外，穆迪多年来一直辩称，它们的信用评级同时包含了对 PD 和 RR 的估计。[1]

信用风险文献一直关注对第一个元素 PD 的估计。很少有人关注 RR 的估计，以及 PD 与 RR 的关系，这主要是由两个相关因素造成的。首先，信用定价模型和风险管理应用往往侧重于信用风险的系统性风险部分，因为这是唯一吸引风险溢价的部分。其次，信用风险模型传统上假设 RR 依赖于不响应系统因素的个体特征（如抵押品或优先级），并且独立于 PD。然而，对违约分析的关注在 21 世纪初发生了部分逆转，这可能是因为自 2001—2002 年经济衰退以来，违约率普遍上升和回收率下降，以及 2008—2009 年，在一些历史上最大的违约事件中，LGD 较高。更普遍地说，来自许多国家的证据表明，抵押品价值和回收率可能会波动，在经济或行业低迷时，当违约数量上升时，抵押品的价值和回收率会有所下降（Altman，Resti，and Sironi，2004，2005）。

在本章，我们首先详细回顾一下过去 40 年发展起来的信用风险模型处理回收率的方式，具体讨论回收率与债务人违约率的关系。我们将讨论这些方法及其基本假设，讨论其优缺点和实证结果。我们将回顾最近的研究结果，这些结果对 PD 和 RR 的关系进行了实证研究和建模，我们将提出和评估一些关于违约债券和贷款回收率的最新实证研究。

信用风险模型及应用

信用风险模型一般可分为两大类：信用定价模型和组合信用风险模型。信用定价模型又可分为三种主要方法：第一代结构形式模型；第二代结构形式模型；简化形式模型。我们将对这些模型的演变进行概述，重点关注在这些模型中如何处理回收率的问题。

第一代结构形式模型

第一类信用风险模型源于默顿模型（Merton，1974），他利用期权定价原理（Black and Scholes，1973）开发了原始框架。在该框架中，公司的违约过程是由公司资产和负债的价值驱动的。因此，公司违约的风险与公司资产价值和负债价值的可变性明确相关。默顿模型背后的直觉相对简单：当公司的资产价值（公司的市场价值）低于负债价值时，就会发生违约。因此，在债务到期时，支付给债务人的款项是以下两个数量中较小的一个：债务的面值或公司资产的市场价值。假设公司的债务完全由零息债券组成，如果公司在到期时的价值大于债券的面值，那么债券持有人将收回债券的面值。但是，如果公司的价值低于债券的面值，股东将一无所获，债券持有人将收回公司的市场价值。因此，债券持有人在到期日的收益，相当于债券的面值减去关于公司价值的看跌期权，其中期权的执行价格等于债券的面值，到期日等于债券的到期日。根据这一直觉，默顿导出了一个风险债券的公式，该公式既可用于估计公司的违约概率，也可用于估计风险债券和无违约债券之间的收益率利差。

除了默顿模型，第一代结构形式模型还包括 Black and Cox（1976），Geske（1977）和 Vasicek（1984）。每个模型都试图通过去除一个或多个不现实的假设来改进原始的默顿模型。Black and Cox 引入了更复杂的资本结构的可能性，包括次级债务；Geske 引入了支付利息的债务；Vasicek 模型区分短期和长期负债，代表 KMV 模型的一个显著特征。[2]

在这些模型下，所有有关信用风险的要素，包括违约和违约回收率，都是企业结构特征的函数，这些特征包括资产水平、资产波动率（业务风险）和杠杆率（财务风险）。因此，RR 是一个"内生变量"，因为债权人的收益是违约公司资产残值的函数。更准确地说，在默顿的框架下，PD 和 RR 倾向于成反比。例如，如果公司的价值增加，那么它的 PD 往往会减少，而在违约时，在其他因素不变的条件下预期 RR 会增加。另外，如果公司的债务增加，其 PD 也会增加，而在违约时，预期 RR 会减少。最后，如果公司的资产波动率增加，其 PD 会增加，而在违约时，预期 RR 会减少，因为相对于负债水平，资产价值可能相当低。

默顿模型的研究思路被证明对于信用风险定价的定性分析非常有用，但在实际应用中不如其理论框架那么受欢迎。[3] 这其中有不同的原因。首先，在默顿模型下，公司只在债券到期时违约，这与现实情况不符（见 Altman and Keuhne（2018a，2018b）中的实证研究）。其次，对于资本结构中有一类以上债务（复杂资本结构）的公司，要使用该模型来评估违约风险债券，必须指定各种债券的优先权/优先权结构。此外，这一框架假定在违约时，债务按其优先级进行支付。然而，经验证据，如 Weiss（1990）以及 Franks and Torous（1994）表明绝对优先原则经常被打破。此外，在基本默顿模型中使用对数正态分布（而不是更肥尾分布）往往会夸大违约情况下的回收率（Altman，Resti，and Sironi，2004）。

第二代结构形式模型

针对上面提出的问题，业界提出了其他建模方法。就违约过程而言，这些方法仍然采用原来的默顿框架，但同时消除了模型中不切实际的一种假设，即只有在公司债券到期时资产不足以支付债务，才可能发生违约。相反，可以假设，在债券发行和到期之间的任何时间都可能发生违约，当公司资产价值达到外生或内生阈值水平时，就会触发违约。[4] 这些模型包括：Kim，Ramaswamy，and Sundaresan（1993）；Nielsen，Saà-Requejo，and Santa Clara（1993）；Leland（1994）；Hull and White（1995）；Longstaff and Schwartz（1995）；Leland and Toft（1996）；Collin-Dufresne and Goldstein（2001），以及其他。

在许多模型中，违约时的 RR 是外生的，这些外生变量独立于公司的资产价值（外生障碍模型）。它通常被定义为未偿债务价值的固定比率，因此独立于 PD。例如，Longstaff and Schwartz（1995）认为，通过检验可比公司的违约历史和各类债务的回收率，可以形成对 RR 的可靠估计。他们的模型考虑了利率的随机期限结构，以及违约与利率之间的某种相关性。他们发现违约风险和利率之间的这种相关性对信用利差的性质有显著的影响。[5] 这种方法简化了第一类模型，阐明了在破产情况下风险债务的现金流，并简化了破产过程。破产发生在公司的基础资产价值达到某个外部指定边界时。Collin-Dufresne and Goldstein（2001）考虑了一个更通用的模型——假设默认阈值遵循随机过程。他们的模型能够产生杠杆率的均值回归过程（即杠杆率最终会向其均值移动），这一假设与经验观察一致。

在诸如 Leland（1994），Leland and Toft（1996），Fan and Sundaresan（2000）等的内生破产障碍模型中，假设企业在其资产价值达到内生违约边界时会违约。最优违约边界由股东决定，以保证股权价值最大化。当股东的资产看涨期权的持有价值低于需要支付的新股本价值时，股东违约。在这些假设下，可以以解析形式计算出付息债券的价值和最优违约边界。回收率是违约边界减去预期违约成本与债务总面值的比率。[6]

尽管与默顿的原始框架相比有了这些改进，但第二代结构形式模型仍然存在三个主要缺陷，造成了它们相对较差的实证绩效。[7] 首先，它们仍然需要估计公司资产过程的参数，这些参数实际上都是不可观察变量。事实上，与 Black and Scholes 股票期权定价公式中的股票价格不同，公司当前的基本价值是不容易观察到的。其次，结构形式模型不能包含信用评级的变化。这与几乎所有公司债券在实际违约前，都经历信用降级的实证证据不符。最后，大多数结构形式模型假设企业的价值是连续的。所以，违约时间可以在违约发生之前就预测到。因此，正如 Duffie and Lando（2000）所说，不存在"突然的意外"。换句话说，如果不重复"跳跃过程"，公司的 PD 几乎在违约发生之前就已确定。

简化形式模型

为了克服前面提到的结构形式模型的缺点，业界人士推出了诸多简化形式模型，其中包括：Litterman and Iben（1991）；Madan and Unal（1995）；Jarrow and Turnbull（1995）；Jarrow，Lando，and Turnbull（1997）；Lando（1998）；Duffie（1998）；以及 Duffie and Singleton（1999）。与上述结构形式模型不同，简化形式模型不以企业价值违约为条件，并且不需要估计与企业价值相关的参数。除此之外，简化模型还为 PD 和 RR 的动态特性分别引入了明确的假设，这些变量独立于公司的结构特征、资产波动率和杠杆率，基于这些变量来建模。一般来说，简化模型假设一个独立于 PD 的外生 RR，并为违约强度（即违约抵达速度）指定一个随机过程。在模型中，公司每时每刻都有可能违约。这一概率和违约情况下的 RR 都可能随时间产生随机的变化。这些随机过程决定了信用风险的价格。尽管这些过程与公司的资产价值没有正式的联系，但可能有一些潜在的关系。因此，Duffie and Singleton（1999）将这些替代方法描述为简化形式模型。

简化形式模型在违约的可预测性上与典型的结构形式模型有本质的不同，因为它们可以容纳突发意外的违约。一个典型的简化模型假设一个外生随机变量驱动违约的发生，并且在任何时间间隔内，违约的概率非零。当随机变量水平发生离散移动时，将发生违约，而根据当前市场信息，无法预知变量水平发生离散移动的时间。此类模型中，最简单版本将违约时刻定义为具有某种速率的泊松（Poisson）过程的第一到达时间，这里的速率被称为违约强度（Duffie and Singleton，1999）。

不同简化形式模型的差异在于对 RR 采用了不同的参数。例如，Jarrow and Turnbull（1995）假设，在违约情况下，债券的市场价值等于其他方面相同的无违约债券的一定比率，该比率为"外生变量"。Duffie and Singleton（1999）提出了另外一个模型，当违约时的市场价值（即 RR）为外生变量时，该模型对信用利差的期限结构可以采用解析模式进行阐述，模型还允许一个随机 RR 与债券违约前价值有关。虽然该模型假设违约时预期损失为一个外生过程，这意味着 RR 不依赖于可违约债券的价值，但它允许违约风险率与 RR 具有一定相关性。事实上，在这个模型中，PD 和 RR 的变化依赖于特定公司或者某些宏观经济变量，因此这些变量也相互关联。

其他一些模型假设同一发行人发行的债券，当优先级和面值相同时，不管剩余期限如何，债券在违约时具有相同的 RR。例如，Duffie（1998）假设，在违约的情况下，对于给定面值的债券持有人，不论债券的利率水平或到期日如何，都会收到固定付款，该固定付款与面值比率对于任何相同优先级的债券都是相等的，这使得他可以使用基于穆迪等评级机构提供的统计数据计算的回收参数。Jarrow，Lando，and Turnbull（1997）还允许，对于一个给定的公司，具有不同优先级的债券使用不同的回收率。Lando（1998）和 Jarrow，Lando，and Turnbull（1997）都使用转移矩阵（信用评级变化的历史概率）对可违约债券进行定价。

关于简化模型实证检验的证据相当有限。使用 Duffie and Singleton（1999）的框架，Duffee（1999）发现，这些模型难以解释所观测到的不同信用风险企业所存在的信用利差期限结构。特别是当企业信用风险较低时，这种模型难以产生相对平缓的收益率利差，而当企业信用风险较高时，这种模型难以产生更高的收益率利差。

Zhou（2001）试图将结构形式模型（违约过程背后具有明确的经济意义）和简化形式模型（违约的不可预测性）的优点结合起来，他将企业价值的演化建模为一个跳跃扩散过程（即一个同时包含跳跃和扩散的随机过程），该模型将 RR 与违约时的公司价值联系起来，这样，RR 的变化就变成内生型，RR 与信用评级产生了合理的相关性。以上结果在 Gupton，Gates，and Carty（2000）中首次阐述，读者也可参阅 Altman，Brady，Resti，and Sironi（2005）。

信用风险价值模型

20 世纪 90 年代后半期，银行和咨询公司纷纷开始开发信用风险模型，检测在一个预先确定的置信水平下潜在损失的规模，即在特定时

第16章 违约回收率

间范围内（通常为一年）信用风险敞口的大小。当时业界之所以重视该类模型，原因是信用风险管理的重要性日益增加，特别是自国际清算银行（BIS）提出巴塞尔协议Ⅱ以来。这些风险价值模型包括：摩根大通的 CreditMetrics（Gupton，Finger，and Bhatia，1997）、瑞士信贷金融产品部的 CreditRisk+（1997）、麦肯锡的 CreditPortfolioView（Wilson 1998）、KMV 的 CreditPortfolioManager 和 Kamakura 的 Risk Manager。

信用风险价值模型可以归纳为两大类：违约模式（DM）模型和盯市（MTM）模型。前者将信用风险定义为违约风险，采用二项式方法，因此，只考虑了两种可能的事件：违约和存续。后者包括借款人信誉的所有可能变化，技术上称为信用迁移。在 DM 模型中，只有在发生违约时才会出现信用损失。另外，MTM 模型为多项式，每当信用质量变坏时，就会出现损失。这两种方法在所需的数据量上有所不同，在 DM 模型中是有限的，在 MTM 模型中更为丰富。

信用风险价值模型的主要输出是信用组合未来损失的概率密度函数（PDF）。通过对这种损失分布的分析，金融机构可以估计其信贷组合的预期损失和非预期损失。预期损失等于损失分配的（无条件）平均值；它表示投资者在特定时期（通常是一年）内预期损失的金额。非预期损失代表对预期损失的偏离，并衡量了实际的投资组合风险。这可以用损失分布的标准差来衡量。这种措施只在正态分布的情况下才有意义，因此对信用风险的衡量几乎没有意义：事实上，信用损失的分布通常是高度不对称和肥尾的，这意味着较大损失的概率高于正态分布的概率。金融机构通常应用信用风险模型来评估自身持有的信用组合的相关风险，并设定所需的经济资本。在这样一个框架下，信用损失准备金应涵盖预期损失[8]，而经济资本则被视为对非预期损失的覆盖。事实上，巴塞尔协议Ⅱ在其最后一个版本（2004年6月）中对这两类损失进行了区分。

信用风险价值模型在很大程度上可以看作是简化形式模型，其中RR通常被视为一个外生常量，或一个独立于PD的随机变量。一些模型，如CreditMetrics，将RR视为一个随机变量（通常通过beta分布建模），独立于PD。其他模型，如CreditRisk＋，则将其视为一个常量，必须将其指定为每个信用风险的输入。虽然对这些模型的全面分析已经超出了本书的目的[9]，但必须强调的是，所有信用风险价值模型都将RR和PD视作两个独立变量。

违约率与回收率

本节重点介绍关于回收率的度量方法和实证证据。我们首先给出一些研究结果，这些研究证明了违约率与回收率之间具有很强的负相关关系，然后我们简要讨论资本要求的顺周期性的含义。最后，我们提供有关债券和贷款回收率的最新统计模型和实证证据。

违约率与回收率的关系

在过去20年里，业界推出了一些模型，这些模型建立了违约率和回收率的关系，并对这两个变量进行了实证研究，典型的模型包括Frye (2000a，2000b)；Jarrow (2001)；Jokivuolle and Peura (2003)；Carey and Gordy (2003)；Bakshi，Madan，and Zhang (2001)；Altman，Brady，Resti，and Sironi (2005)；以及其他。

Frye提出的模型借鉴了Finger (1999) 和 Gordy (2000) 的方法。在这些模型中，违约由单一的系统性因素（经济状况）驱动，而不是由许多相关参数驱动的。这些模型基于以下假设，即导致违约率上升的相同经济条件可能导致RR下降，即高违约期和低违约期的回收率分布不同。在Frye的模型中，违约率和回收率都依赖于系统因素。因此，这两个变量之间的相关性来自它们对系统因素的相互依赖。Frye

第16章 违约回收率

理论模型背后的直觉相对简单,如果借款人拖欠贷款,银行的贷款回收率可能取决于贷款抵押品的价值,抵押品的价值与其他资产的价值一样,取决于经济状况。如果经济衰退,回收率可能会随着违约率的上升而下降,这导致违约率与回收率之间呈负相关关系。

虽然最初由 Frye(2000a)开发的模型表明回收率源自计算抵押品的等式,但 Frye(2000b)对回收率进行了建模,这使得他能够使用穆迪违约风险服务数据库中1982—1997年的违约和回收数据对他的模型进行实证检验。研究结果显示,公司债券违约率与存款准备金率之间存在较强的负相关关系,这一证据与最新的美国债券市场数据一致,数据显示2008—2009年违约率和违约损失率同时上升(图16-1)。通过实证分析,Frye(2000b,2000c)得出以下结论,在严重的经济衰退中,债券回收率可能会比正常年份平均水平下降20~25个百分点。贷款回收率从一个更高的水平开始下降,下降幅度与债券回收率类似。

年份	票面价值[a] (美元)	违约面值 (美元)	违约率 (%)	违约后 加权价格 (美元)	加权 息票率 (%)	违约 损失率 (%)[b]
2017	1 622 365	29 301	1.81	56.7	8.38	0.86
2016	1 656 176	68 066	4.11	30.0	8.31	3.05
2015	1 595 839	45 122	2.83	33.9	9.28	2.00
2014	1 496 814	31 589	2.11	63.2	10.44	0.89
2013	1 392 212	14 539	1.04	53.6	10.04	0.54
2012	1 212 362	19 647	1.62	57.8	8.97	0.76
2011	1 354 649	17 963	1.33	60.3	9.10	0.59
2010	1 221 569	13 809	1.13	46.6	10.59	0.66
2009	1 152 952	123 878	10.74	36.1	8.16	7.30
2008	1 091 000	50 763	4.65	42.5	8.23	2.83
2007	1 075 400	5 473	0.51	66.6	9.64	0.19
2006	993 600	7 559	0.76	65.3	9.33	0.30
2005	1 073 000	36 209	3.37	61.1	8.61	1.46
2004	933 100	11 657	1.25	57.7	10.30	0.59
2003	825 000	38 451	4.66	45.5	9.55	2.76

年份	票面价值[a]（美元）	违约面值（美元）	违约率（%）	违约后加权价格（美元）	加权息票率（%）	违约损失率（%）[b]
2002	757 000	96 858	12.79	25.3	9.37	10.15
2001	649 000	63 609	9.80	25.5	9.18	7.76
2000	597 200	30 295	5.07	26.4	8.54	3.95
1999	567 400	23 532	4.15	27.9	10.55	3.21
1998	465 500	7 464	1.60	35.9	9.46	1.10
1997	335 400	4 200	1.25	54.2	11.87	0.65
1996	271 000	3 336	1.23	51.9	8.92	0.65
1995	240 000	4 551	1.90	40.6	11.83	1.24
1994	235 000	3 418	1.45	39.4	10.25	0.96
1993	206 907	2 287	1.11	56.6	12.98	0.56
1992	163 000	5 545	3.40	50.1	12.32	1.91
1991	183 600	18 862	10.27	36.0	11.59	7.16
1990	181 000	18 354	10.14	23.4	12.94	8.42
1989	189 258	8 110	4.29	38.3	13.40	2.93
1988	148 187	3 944	2.66	43.6	11.91	1.66
1987	129 557	7 486	5.78	75.9	12.07	1.74
1986	90 243	3 156	3.50	34.5	10.61	2.48
1985	58 088	992	1.71	45.9	13.69	1.04
1984	40 939	344	0.84	48.6	12.23	0.48
1983	27 492	301	1.09	55.7	10.11	0.54
1982	18 109	577	3.19	38.6	9.61	2.11
1981	17 115	27	0.16	72.0	15.75	0.15
1980	14 935	224	1.50	21.1	8.43	1.25
1979	10 356	20	0.19	31.0	10.63	0.14
1978	8 946	119	1.33	60.0	8.38	0.59
算术平均 1978—2017			3.31	45.88	10.39	2.19
加权平均 1978—2017			3.38	38.55		2.21

a. 不包括违约发行。
b. 对"堕落天使"的违约损失率的调整，2002年为9.3%，2003年为1.82%，2004年为0.59%，2005年为1.56%，2006年为0.04%，2007年为0.20%，2008年为3.42%，2009年为7.38%，2010年为0.66%，2011年为0.58%，2012年为0.86%，2013年为0.54%，2014年为0.91%，2015年为1.99%，2016年为3.11%，2017年为0.87%。

图16-1 1978—2017年违约率和违约损失率（百万美元）
资料来源：纽约大学所罗门研究中心．

第 16 章 违约回收率

Jarrow（2001）的方法与 Frye 相似，假设回收率和违约率具有相关性，都取决于经济状况。然而，Jarrow 的方法明确地将股票价格纳入估算程序，允许单独识别违约率和回收率，并使用扩展的相关数据集。此外，其方法明确地将流动性溢价纳入估算程序，鉴于风险债券和美国国债之间的收益率利差具有高度可变性，这一点被认为是必不可少的。

Carey and Gordy（2003）利用 1970—1999 年的四个不同数据集，分析了违约损失率（LGD）及其与违约率的相关性。他们的结果与 Frye（2000b）的研究结果相反：LGD 与违约率的简单相关性估计接近零。但是，他们发现，如果将样本期限制在 1988—1998 年，估计出来的相关性更符合 Frye 的结果（优先债券为 0.45，次级债券为 0.8）。作者认为在这一短时期内，这种相关性的上升并不是因为 1993—1996 年低违约年份的 LGD 较低，而是因为 1990 年和 1991 年高违约年份的 LGD 较高。他们的结论是，Frye 模型背后的直觉可能无法充分刻画违约率与 LGD 的关系。事实上，以其具有的较弱或不对称的关系来看，违约率和 LGD 可能受到经济周期不同组成部分的影响。

使用 1982—2002 年违约债券数据，其中包括 2000—2002 年违约率相对较高的年份，Altman，Resti，and Sironi（2005）发现实证结果与 Frye 的直觉一致。然而，他们发现，单一的系统性风险因素（即经济表现）的预测性不如 Frye 模型那么强，他们的经济计量模型为违约债券的供应（违约率）指定了一个关键角色，并表明这个变量连同代表高收益债券市场规模和经济周期的变量一起，可以解释债券回收率差异中相当大的一部分（接近 90%），这个结果适用于所有优先级和具有不同水平抵押品的债券。他们得出的结论是，总的回收率是由基于供求关系的简单微观经济机制决定的。相反，由于违约率和回收率受宏观经济影响呈现出周期性变化，因此，宏观经济模型对回收率的预测效果并不理想。在违约率高的年份，违约证券的供应往往超过需求[10]，从而压低二级市场的价格，这反过来又会对回收率估计产生负面影响，因为回收率估计通常是在违约后不久使用债券价格计算得出的。事实上，图 9-10 显示了违约率和回收率之间的简单线性和非线性回归关系。该图显示，58%~62% 的回收率变化可以简单地用一个变量——违约率来解释。

Bakshi，Madan，and Zhang（2001）改善了简化形式模型，允许无风险利率、违约率和回收率之间存在灵活相关性。以评级机构公布的数据为依据，这些研究人员在模型中假设回收率与违约率呈负相关关系，他们以 BBB 级公司债券数据为样本，通过分析发现这一假设具有强大的依据：更准确地说，他们的实证结果表明，平均而言，（风险中性）风险率（即在给定时间的违约抵达速度）每提高 4%，（风险中性）回收率会下降 1%。

Gupton and Stein（2002，2005）分析了 1981—2004 年 1 400 多家公司，超过 3 000 个公司债券、贷款和优先股违约的回收率，通过这些分析来确定和检验穆迪的 LossCalc 模型在预测 LGD 方面的表现。他们的模型在两个时间点（违约当下和违约后一年内）估计 LGD，并在分析中加入持有期维度。作者发现，他们的多因素模型包括微观变量（如债券类型、优先级）、行业和一些宏观经济因素（如违约率、领先指标的变化），在预测 LGD 方面，优于传统的历史预测平均回收率方法。

Jokivuolle and Peura（2003）针对银行贷款提出了一种不同的模型，该模型中抵押品价值与违约率相关。他们使用期权定价框架来模拟风险债券，即借款公司的总资产价值触发违约事件。然而，该公司的资产价值并不决定 RR。抵押品价值被假定是决定回收率的唯一随机因素。由于这一假设，该模型可以使用一个外生的违约率来实现，因此不需要估计那些决定企业的资产价值的参数。在这方面，该模型结合了结构形式模型和简化形式模型的特点。假设一家公司的资产价值和抵押品价值之间存在正相关关系，作者得到了与 Frye（2000b）相似的结果，即违约率和回收率之间存在负相关关系。

第 16 章　违约回收率

　　Pykhtin（2003），Dullmann and Trapp（2004）扩展了 Gordy（2000）的模型，他们提出的单因素模型假设回收率服从对数正态分布（Pykhtin，2003）或 Logit-正态分布（Dullmann and Trapp，2004）。后一项研究使用了标普信贷数据库中 1982—1999 年违约率和回收率的时间序列，对三种替代模型得出的结果进行了实证比较。他们发现，基于违约时市场价格的回收率估计值明显高于从重组（通常是破产）中再生时得出的回收率估计值。研究结果与以往研究结果一致：系统性风险是影响回收率的重要因素。作者指出，忽略这一风险因素可能会导致对经济资本的低估。

　　Altman 等（2001，2005）强调了研究结论对于信用风险建模和资本要求顺周期性问题的意义。[11] 为了评估违约率和回收率之间的负相关性对信用风险模型的影响，他们对银行贷款的样本组合进行了蒙特卡罗模拟，并比较了关键风险度量指标（预期损失和非预期损失）。结果表明，如果假设违约率和回收率不相关，预期损失和非预期损失会被大大低估。因此，如果信用模型认真考虑违约率和回收率之间的负相关性，可能会导致银行准备金不足，并对金融市场造成不必要的冲击。数据表明，顺周期性效应往往会因违约率和回收率之间的相关性而加剧：违约率高时低回收率会放大周期性效应。在所谓的基于内部评级的高级方法下尤其如此，银行可以自由估计自己的回收率，并可能在违约率增加和评级恶化时向下修正回收率。

　　最近的实证研究表明，回收率与影响整个行业违约率的、和行业相关的特定条件之间存在密切关系。例如，Acharya，Bharath, and Srinivasan（2007）发现，违约时行业经营条件是回收率的有力且重要的决定因素。这一结果与 Altman，Resti, and Sironi（2001，2005）的结果一致，其研究显示，宏观经济条件对行业条件的影响甚微。他们认为，在细分债券市场中，供应副作用造成了市场总体变量与回收率之间的关联，这可能是 Shleifer and Vishny（1992）的行业均衡效应的一种表现：宏观经济变量和债券市场条件似乎受被忽略的行业条件的影响。James and Kizilaslan（2014）进一步证明，公司在行业衰退中的风险敞口对破产回收率以及公司在同行处于困境时也经历财务困境的可能性，都有很强的解释力。Schuermann（2004）的一项调查也强调了"行业"因素在确定违约损失率时的重要性。

近期实证证据

债券和贷款回收率　图16‑2显示了1971—2017年所有优先级和行业分类的3 200多起债券违约的数据（Altman and Kuehne，2018a，2018b）。违约债券的算术平均年回收率为45.88%（加权平均数为38.55%）。该图显示回收率具有很强的周期性。在经济衰退期间，回收率大多在20%~30%之间。早期的研究（Keisman，2004）也发现，1998—2002年（最具"极端压力"的违约年份），所有优先级违约债券的回收率都低于1988—2002年的可比数据。图16‑2显示了违约债券回收率的频率。显然，绝大多数都在0~50%的范围内。

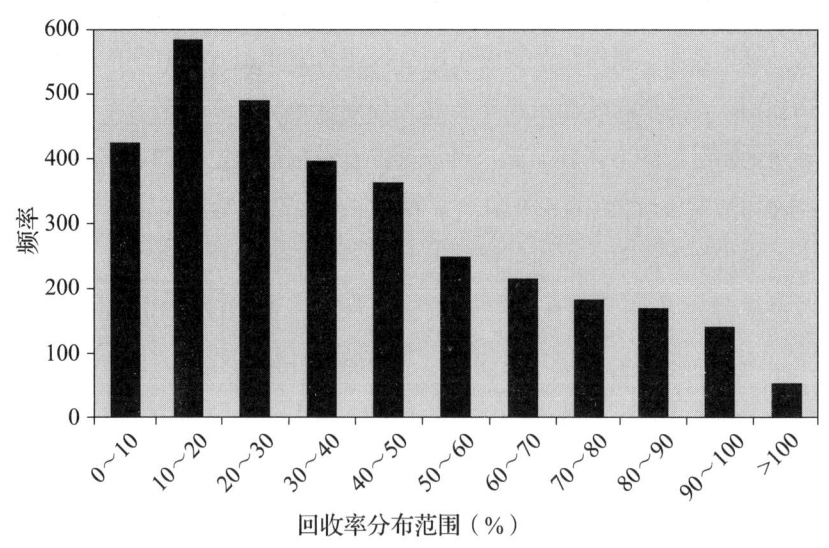

图16‑2　基于1971—2017年[a]发行数量的公司违约债券回收率的频率
a. 观察数据量＝3 236。
资料来源：纽约大学所罗门研究中心违约数据库.

企业违约贷款回收率的频率分布如图 16-3 所示。该图基于 1996—2017 年 766 起贷款违约的数据（Altman and Kuehne, 2018a, 2018b），样本虽小但仍然十分相关，回收率计算基于违约一个月后的价格。贷款回收率平均高于债券回收率，这一点毫不奇怪。分布更偏向高端，大部分在 60%～100% 内；债券则相反。与债券相比，违约贷款的平均回收率更高，反映出贷款（有时由于担保的存在）处于优先顺序。事实上，早期的研究，例如，Emery, Cantor, Ou, Soloman, and Stumpp（2004）发现债券的平均损失率大于类似评级的贷款，而贷款回收率的标准差约为 33%，略高于债券的标准差（28%）。然而，相对于平均数，贷款标准差除以平均回收率为 0.52，而债券为 0.74，这表明违约债券回收率的可变性更高。[12]

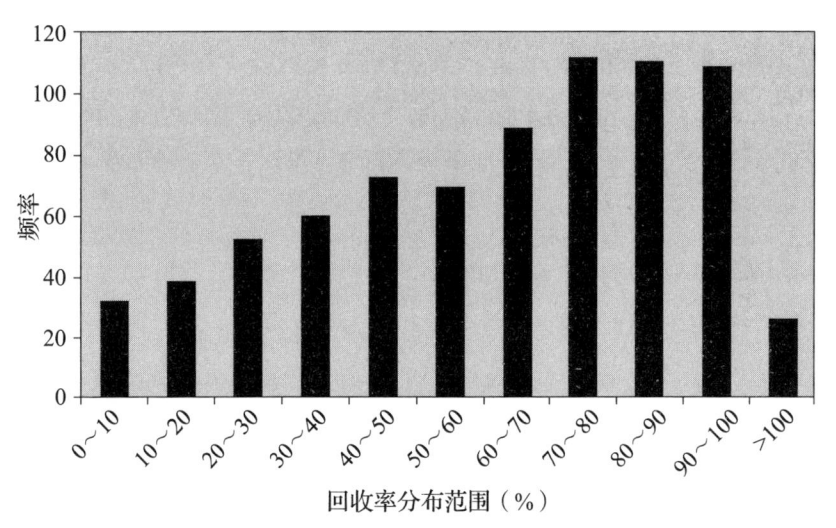

图 16-3　基于 1996—2017 年ᵃ 发行数量的违约贷款回收率的频率
a. 观察数据量=766。
资料来源：纽约大学所罗门研究中心违约数据库.

按优先级、评级和行业分类的回收率　图 16-4 显示了 1978—2017 年按债券优先级（优先担保债券、优先无担保债券、优先次级债券、次级债券、贴现和零息债券）划分的平均回收率。优先无担保债券在样本债券中所占比例最大。回收率与债券优先级之间存在明显的单调关系，优先担保债券的平均回收率为59.05%，贴现和零息债券的平均回收率为19.41%。

债券优先级	发行数量	中位数（%）	均值（%）	标准差*（%）
优先担保债券	596	58.51	59.05	17.44
优先无担保债券	1 763	37.13	45.64	13.61
优先次级债券	513	32.13	35.59	16.27
次级债券	267	30.58	31.96	17.95
贴现和零息债券	165	25.80	19.41	23.48
债券样本总数	3 304	39.09	42.98	13.67

*标准差是根据年平均数计算的。

图 16-4　1978—2017 年按优先级划分的违约债券加权平均回收率（按 100 美元面值计算）

资料来源：纽约大学所罗门研究中心以及 Altman and Kuehne（2018b）.

Varma，Cantor，and Hamilton（2003）以及 Altman and Fanjul（2004）在早期做了关于债券回收率的研究（"堕落天使"与初始评级为非投资级的债券），在图 16-5 中提供了 1971—2017 年按优先级和公司初始评级划分的债券违约回收率的最新统计数据。我们观察到，最初评为投资级的优先担保债券和最初评为非投资级的优先担保债券的回收率中位数分别为 50.5% 和 45%（平均回收率分别为 54.01% 和 49.3%）。优先无担保债券的中位数差值更大（39.5% 对 30.17%）。但请注意，对于优先次级债券，发行时的评级并不重要，尽管投资级、次级债券的样本量非常小。看来，资产质量和违约公司资产负债表的结构有利于初始高评级债券，这些债券的回收率较高。

图 16-6 报告了按 13 个不同行业细分的回收率，工业部门之间的差异很大，公用事业加权平均回收率（63.6%）为行业最高，杂项行业为 49.96%，金融服务业为 48.2%，通信与媒体业为 30.66%，房地产与建筑业为 29.84%，汽车/汽车运输业的加权平均回收率

（26.65%）最低，其余行业的回收率基本介于35%～45%之间。Altman and Kishore（1996）使用早期数据报告了类似的研究。值得注意的是，根据截至2014年的数据，能源行业违约的历史平均回收率为51.5%，远高于截至2017年的36.69%。

债券优先级	初始评级	发行数量	平均价格（美元）	加权价格（美元）	中位数价格（美元）	标准差	最低价格（美元）	最高价格（美元）
优先担保债券	投资级	150	54.01	58.83	50.50	27.72	3.00	111.00
	非投资级	447	49.30	53.81	45.00	31.21	0.10	119.69
	全部	670	50.07	53.83	46.88	30.06	0.05	119.69
优先无担保债券	投资级	532	42.47	40.16	39.50	25.18	2.00	100.50
	非投资级	1 024	37.05	33.66	30.17	26.07	0.02	116.63
	全部	1 673	38.83	36.00	32.75	25.84	0.02	116.63
优先次级债券	投资级	16	37.10	34.29	27.31	27.48	1.00	83.75
	非投资级	472	33.84	31.23	28.08	25.49	0.13	107.75
	全部	516	33.61	31.08	28.00	25.40	0.13	107.75
次级债券	投资级	27	21.95	7.03	4.00	28.91	0.50	103.00
	非投资级	206	32.41	29.32	28.42	22.60	1.00	112.00
	全部	246	31.08	21.78	27.50	23.33	0.50	112.00
贴现债券	投资级	1	13.63	13.63			13.63	13.63
	非投资级	104	28.03	26.32	17.65	25.65	0.42	102.50
	全部	131	27.28	26.33	18.00	23.95	0.42	102.50

图16-5　1971—2017年按优先级和初始评级划分的
违约回收率（按100美元面值计算）

资料来源：纽约大学所罗门研究中心以及Altman and Kuehne（2018b）.

行业	发行数量	平均价格（美元）	加权价格（美元）	中位数价格（美元）	标准差	最低价格（美元）	最高价格（美元）
汽车/汽车运输	123	30.03	26.65	25.75	22.53	2.71	93.60
企业集团	6	38.13	40.93	40.69	25.10	5.00	71.00
能源	454	39.25	36.69	32.00	27.21	0.05	116.63
金融服务	244	42.86	48.20	38.25	29.02	0.02	103.00
休闲娱乐	179	40.93	40.34	34.50	28.67	3.00	112.00
一般制造	553	34.90	34.28	30.00	24.78	0.10	108.75
保健	71	34.44	34.71	29.75	26.49	0.13	99.00
杂项行业	178	45.93	49.96	41.00	28.16	0.05	105.16
房地产与建筑	132	38.12	29.84	31.93	25.77	1.21	100.50
零售	327	40.30	39.51	40.00	23.84	0.23	101.38
通信与媒体	590	34.62	30.66	25.40	26.78	0.13	104.06
运输（非汽车）	233	40.82	44.67	33.00	26.00	2.00	106.13
公用事业	146	64.24	63.60	70.81	28.39	1.30	119.69

图 16-6　1971—2017 年按照行业划分的回收率（按 100 美元面值计算）
资料来源：纽约大学所罗门研究中心以及 Altman and Kuehne（2018）。

其他经济因素　最近的实证研究记录了除宏观经济因素、行业条件和特定债务特征之外其他重要的经济决定因素。例如，Jankowitsch, Nagler, and Subrahmanyam（2014）使用 2002—2010 年的多方违约债券数据源对违约债券进行了微观结构分析。具体来说，他们检验了违约债券在观察到的违约事件前 90 天到后 90 天的交易量和价格。结果发现，在违约事件发生的短时间内，交易量相对较高，这说明随着价格的下跌，卖方暂时有了卖出压力。他们发现，除违约事件类型（例如，不良资产交易与破产）、行业、评级和优先级之外，债券特定流动性指标还有很强的解释力，交易成本高的非流动性债券在违约后的回收率较低。他们进一步证明，债券契约会影响回收率。一种可能的解释是，债券契约允许贷款人密切监控借款人,并及时宣布违约。

Carey and Gordy（2016）发现,债务的构成对债务回收率有很大的影响。他们建立了一个扩展的 Black and Cox（1976）模型,允许私人债务（称为贷款人）设定资产的内生破产阈值。只有当借款人的资产价值下降到贷款价值附近时,银行才有动机取消抵押品赎回权（并有能力根据合同中规定的条款取消赎回权）。该模型的含义是,银行贷款在总债务中所占份额越少,破产时借款人的资产价值越低,债务的整体回收率越低。他们的实证证据表明,银行贷款在企业债务结构中所占比例对企业层面的回收率具有很强的解释力。

重组期间的最终回收率和债券回报率　我们到目前为止所报告和讨论的回收率都是在违约时计算的,而不是重组结束时（通常是在破产重生后）的最终回收率。许多实证研究关注最终回收率的建模和解释。标普（Van de Castle, Keisman, and Yang, 2000; Keisman, 2004）指出,最终回收率的一个重要决定因素是,对于某一特定优先级债券,低于该优先级的次优先级债券的金额数量;次优先级债券比例越大,相应高优先级债券的回收率越高。该理论认为,股本缓冲越大,就越有可能存在有价值的资产,在绝对优先原则下,这些资产在清算或重组中首先流向优先级较高的部分。Altman and Kalotay（2014）提出了一种基于混合分布的半参数方法来预测最终回收率。他们的研究样本包括从穆迪最终回收率数据库中获得的 1987—2011 年的 4 720 笔违约贷款和债券。他们的结果表明,基于混合高斯（正态）分布的方法（其中混合概率取决于借款人特征、债务特征和违约时普遍存在的经济条件）优于基于辅助回归的方法和非参数方法,这些非参数方法用于之前预测违约回收率的实证研究中。

图 16-7 显示了穆迪 LGD 提供的,1987—2018 年超过 2 239 笔违约贷款和 3 342 笔违约债券的最终回收率汇总统计数据,其中包括重组期末的名义回收率和贴现回收率（按贷款违约前利率计算）。有几点很

有趣。首先，有担保的优先级银行债券的回收率相当高，名义价值和贴现价值分别为87%和81%。优先担保债券和优先无担保债券的回收率较低，次级债券的回收率最低，这些结果并不令人感到意外。注意，名义回收率和贴现回收率之间的差异在较低的优先级有所减少。

债务工具	平均名义回收率	平均贴现回收率	计数	标准差
循环贷款	94%	86%	1 149	26%
定期贷款	81%	74%	1 090	34%
优先担保债券	72%	62%	743	35%
优先无担保债券	55%	48%	1 597	38%
优先次级债券	33%	29%	535	33%
次级债券	32%	27%	467	34%
定期贷款/循环贷款合计	87%	81%	2 239	
债券合计	51%	45%	3 342	

David Keisman使用穆迪的最终回收率数据库提供了汇总统计数据；样本包括1987—2018年发行的5 581笔违约贷款和债券，回收率按每种工具的违约前利率贴现。

图16-7　银行贷款和债券违约的最终名义回收率和贴现回收率（1987—2018年）

比较基于重组结束时的债券或贷款价格（通常依据第11章破产），或重组后发行的现金或新证券的价值得出的最终回收率与基于违约/破产后立即交易得出的最终回收率，我们可以了解违约债券的业绩表现。Altman and Eberhart（1994）是首先研究破产重组中违约债券回报率的学者，他们得出的结论是，资本结构中优先级债券（优先担保债券和优先无担保债券）在违约后表现良好（每年20%~30%的回报率），但次级债券（优先次级债券和次级债券）表现不佳。次级债券在名义上刚好盈亏平衡，贴现后出现亏损。Fridson and Gao（2002）利用1992—2000年115只违约债券的最新样本发现，优先级债券的内部回报率为11.3%，次级债券的内部回报率为8.3%。Wang

(2011)通过对1996—2007年美国大型上市公司提交的148份未预包装的第11章申请中的424只违约债券进行更大的样本分析发现,优先级债券在破产重组期间平均实现了约20%的年化收益。与之前的研究结果相反,他发现次级债券在破产时出现了超过20%的年化损失。他进一步发现,不良资产积极参与无担保债权投资可以给债券持有人带来更高的回报,而它们在冗长的案件和清算案件中则会获得更低的回报。

不良资产交易与破产法 由于不良资产交易(DE)和其他类似形式的庭外重组(见本书第4章)并不像破产那样能够充分反映公司的危困状况,人们可能会预期,在法院诉讼中,DE违约的回收率高于其他形式。Jankowitsch, Nagler, and Subrahmanyam(2014)也表明,不良资产交易的回收率最高,破产申请显示回收率明显较低。这正是Altman and Kuehne(2018a,2018b)观察到的,他们指出,1984—2017年,所有不良资产交易的算术平均回收率为57.0%,而所有违约的平均回收率为44.4%,所有非不良资产交易的平均回收率为37.1%。在算术平均回收率均值检验中的差异表明,在1%置信水平下,回收率的差异在统计学上是显著的。在不良资产交易中,债券持有人需要获得一笔"溢价"才能被说服参与交易,这是造成一个更高回收率的原因。在许多情况下,债券持有人会选择从不良资产交易中接受某个回收率,而不是冒着在破产中等待不确定的、可能更低的回收率的风险,这样做并不奇怪。然而,对于许多人来说,庭外重组可能不是任何重组的最佳形式,因为Altman and Kuehne(2018a,2018b)认为,35%的成功的不良资产交易最终会在第11章破产中结束。

业界有两项著名的研究比较了美国破产法不同章节以及不同国家破产法中债权人的回收率。Bris, Welch, and Zhu(2006)比较了申请破产法第11章重组和第7章清算的公司之间的回收率,发现债权人在第11章中表现更好。Davydenko and Franks(2008)提供了证据,说明在法国、德国和英国,债权人在清收债权的过程中所享有的权益不同。

注释

[1] Jankowitsch，Nagler，and Subrahmanyam（2014）提供的经验证据表明，穆迪和惠誉的评级框架似乎比标普的评级框架更能纳入回收率信息。

[2] 在 KMV 模型（Crosbie and Bohn，2002）中，当公司的资产价值低于短期负债总额和长期负债总额的一半之和所代表的阈值时，就会发生违约。

[3] 标准参考文献是 Jones，Mason，and Rosenfeld（1984），他们发现，即使对于资本结构非常简单的公司而言，默顿模型也无法比假设没有违约风险的简单模型更好地对投资级公司债券进行定价。

[4] 基于这一框架的最早研究之一是 Black and Cox（1976）。但是，就回收率的处理而言，第二代模型中不包括该模型。

[5] 利用穆迪公司债券收益率数据，他们发现信用利差与利率呈负相关，风险债券的期限取决于与利率的相关性。

[6] Suo，Wang，and Zhang（2013）表明，根据股票价格估计的 Leland and Toft 模型的内生性确定的违约阈值，对在市场上观察到的债务回收具有很强的解释力。

[7] 关于结构形式模型性能的实证分析，见 Eom，Helwege，and Huang（2001）以及 Huang and Huang（2012）。

[8] 如 Jones and Mingo（1998）所述，准备金用于覆盖预期损失。

[9] 有关这些模型的综合分析，请参见 Crouhy，Galai，and Mark（2000）和 Gordy（2000）。

[10] 需求主要来自不良资产投资者，它们有意购买违约债券。这些投资者代表固定收益市场的一个特殊部分。

[11] 顺周期性涉及监管资本要求对经济和金融市场周期的敏感性。由

第 16 章 违约回收率

于评级和违约率会对周期做出反应，巴塞尔委员会 2004 年提出的内部评级法（IRB）要求在经济放缓时提高资本要求并限制信贷供应（经济增长时反之）。

［12］这种统计称为变异系数，是关于具有不同均值的抽样数据的比较统计数据。

参考文献

Acharya, V.V., and K. Subramanian. 2009. "Bankruptcy Codes and Innovation." *Review of Financial Studies* **22**, 4949–4988.

Acharya, V.V., R.K. Sundaram, and K. John. 2011. "Cross-country Variation in Capital Structures: The Role of Bankruptcy Codes." *Journal of Financial Intermediation* **20**, 25–54.

Acharya, V.V., S.T. Bharath, and A. Srinivasan. 2007. "Does Industry-Wide Distress Affect Defaulted Firms? Evidence from Creditor Recoveries." *Journal of Financial Economics* **85**, 787–821.

Acharya, V.V., Y. Amihud, and L. Litov. 2011. "Creditor Rights and Corporate Risk-taking." *Journal of Financial Economics* **102**, 150–166.

Aghion, P., O. Hart, and J. Moore. 1992. "The Economics of Bankruptcy Reform." *Journal of Law, Economics, and Organization* **8**(3), 523–546.

Akins, B., J. Bitting, D. De Angelis, and M. Gaulin. 2018. "The Salience of Creditors' Interests and CEO Compensation." Working paper.

Alderson, M.J., and B.L. Betker. 1995. "Liquidation Costs and Capital Structure." *Journal of Financial Economics* **39**, 45–69.

Aldersen, M.J., and B.L. Betker. 1999. "Assessing Postbankruptcy Performance: An Analysis of Reorganized Firms' Cash Flows." *Financial Management* **28**, 68–82.

Altman, E.I. 1967. *The Prediction of Corporate Bankruptcy*. UCLA dissertation, Michigan University Press.

Altman, E.I. 1968. "Financial Ratios Discriminant Analysis and the Prediction of Corporate Bankruptcy." *Journal of Finance* **23**(4), 189–209.

Altman, E.I. 1970. "Corporate Bankruptcy Prediction and Its Implications for Commercial Loan Evaluation." *Journal of Commercial Bank Lending* (December), 1–18.

Altman, E.I. 1977. "The Cost of Lending Errors for Commercial Banks: Some Conceptual and Empirical Issues." *Journal of Commercial Bank Lending* (October), 16–32.

Altman, E.I. 1983. *Corporate Financial Distress and Bankruptcy*. New York: Wiley.

Altman, E.I. 1984a. "A Further Empirical Investigation of the Bankruptcy Cost Question." *Journal of Finance* **39**(4), 1067–1089.

Altman, E.I. (editor). 1984b. "Special Issues on International Bankruptcy Prediction Models." *Journal of Banking and Finance* **8**(2).

Altman, E.I. 1987. "The Anatomy of the High Yield Bond Market." *Financial Analysts Journal* (July/August), 12–25.

Altman, E.I. 1988. "Special Issues on International Bankruptcy Prediction Models." *Journal of Banking and Finance* **12**(7).

Altman, E.I. 1989. "Measuring Corporate Bond Mortality and Performance." *Journal of Finance* **39**(4), 909–922.

Altman, E.I. 1990. *Investing in Distressed Securities*. Los Angeles: Foothill Corporation.

参考文献

Altman, E.I. 1992. "Revisiting the High Yield Bond Market." *Financial Management Journal*, 78–92.

Altman, E.I. 1992. *The Market for Distressed Securities and Bank Loans*. Los Angeles: Foothill Corporation.

Altman, E.I. 2007. "Global Debt Markets in 2007, New Paradigm or Great Credit Bubble." *Journal of Applied Corporate Finance* **10**(3) (Summer), 17–31.

Altman, E.I. 2011. "Italy: The Hero or Villain of the Euro, Insight." *Financial Times* (June 21).

Altman, E.I. 2014. "The Role of Distressed Debt Markets and Trends in Bankruptcy." *Institute Law Review* **22**(1), 75–267.

Altman, E.I., 1973. "Predicting Railroad Bankruptcies in America." *Bell Journal of Economics & Management Science* (Spring), 372–395.

Altman, E.I., 1976. "A Financial Early Warning System for Over-the-Counter Broker Dealers." *Journal of Finance* (September,) 460–476.

Altman, E.I., 1991. *Distressed Securities*. Chicago: Probus. Reprint, Frederick, MD: Beard Books, 1999.

Altman, E.I., 1993. *Corporate Financial Distress & Bankruptcy*, 2nd ed. New York: Wiley.

Altman, E.I., 2001, Altman High Yield Bond and Default Study, Salomon Smith Barney, U.S. Fixed Income High Yield Report, July.

Altman, E.I., A. Resti, A., and A. Sironi. 2004. "Default Recovery Rates in Credit Risk Modeling: A Review of the Literature and Recent Evidence." *Economic Notes* **33**(2), 183–208.

Altman, E.I., A. Resti, and A. Sironi. 2001. "Analyzing and Explaining Default Recovery Rates." ISDA Research Report, London, December.

Altman, E.I., A. Resti, and A. Sironi. 2005. *Recovery Risk: The Challenge in Credit Risk Management*. London: Risk Books.

Altman, E.I., and A.C. Eberhart. 1994. "Do Seniority Provisions Protect Bondholders' Investments?" *Journal of Portfolio Management* (Summer), 67–75.

Altman, E.I., and B. Karlin. 2009. "The Re-emergence of Distressed Exchanges in Corporate Restructuring." *Journal of Credit Risk* **5**(2) (Summer), 43–45.

Altman, E.I., and B. Kuehne. 2017. "Defaults and Returns in the High-Yield Bond & Distressed Debt Markets." NYU Salomon Center Special Report, February.

Altman, E.I., and B.J. Kuehne. 2017. "Special Report on Defaults and Returns in the High-Yield Bond Market: First-Half 2017 Review." NYU Salomon Center.

Altman, E.I. and B.J. Kuehne. 2018a. "Defaults & Returns in the High Yield Bond and Distressed Debt Markets." NYU Salomon Center. Special Report. February 2018.

Altman, E.I., and B.J. Kuehne. 2018b. "The Investment Performance and Market Dynamics of Defaulted and Distressed Corporate Bonds and Bank Loans: 2017 Review and 2018 Outlook." NYU Salomon Center Special Report, March 1.

Altman, E.I., and D.L. Kao. 1992. "The Implications of Corporate Bond Rating Drift." *Financial Analysis Journal* (May/June), 64–75.

Altman, E.I., and E. Hotchkiss. 2006. *Corporate Financial Distress and Bankruptcy*, 3rd ed. Hoboken, NJ: Wiley.

Altman, E.I., and E.A. Kalotay. 2014. "Ultimate Recovery Mixtures." *Journal of Banking and Finance* **40**, 116–129.

Altman, E.I., and G. Fanjul. 2004. "Defaults and Returns in the High Yield Bond Market: Analysis Through 2003 and Through Second Quarter 2004." NYU Salomon Center Special Reports, January and July.
Altman, E.I., and G. Sabato. 2007. "Modeling Credit Risk of SMEs: Evidence from the U.S. Market." *ABACUS* **43**(2) (September), 332–357.
Altman, E.I., and H. Rijken. 2004. "How Rating Agencies Achieve Rating Stability." *Journal of Banking & Finance* **28**, 2679–2714.
Altman, E.I., and H. Rijken. 2006. "A Point-in-Time Perspective on Through-the-Cycle Ratings." *Financial Analysts Journal* **62**(1) (January/February), 54–70.
Altman, E.I., and H. Rijken. 2011. "A Bottom-Up Approach to Assessing Sovereign Default Risk." *Journal of Applied Corporate Finance* **23**(3) (Winter), 20–31.
Altman, E.I., and H.Y. Izan. 1982. "Identifying Corporate Distress in Australia." *AGSM, W. P.* 83–103, Sydney.
Altman, E.I., and J. Bencivenga. 1995. "A Yield Premium Model for the High Yield Debt Market." *Financial Analysts Journal* (September/October), 26–41.
Altman, E.I., and J. LaFleur. 1981. "Managing a Return to Financial Health." *Journal of Business Strategy* (Summer), 31–38.
Altman, E.I., and L. Goodman. 1981. "An Economic and Statistical Analysis of the Falling Company Doctrine." Working paper, New York University.
Altman, E.I., and L. Goodman. 2002. "An Economic & Statistical Analysis of the Failing Company Doctrine," in E. Altman, ed., *Bankruptcy, Credit Risk and High Yield Bonds*. Malden, MA: Blackwell.
Altman, E.I., and M. Brenner. 1981. "Information Effects and Stock Market Response to Signs of Firm Deterioration." *Journal of Financial Qualitative Analysis* (March XVI, #1), 35–51.
Altman, E.I., and M. Lavallee. 1980. "Business Failure Classification in Canada." *Journal of Business Administration* (Fall), 79–91.
Altman, E.I., and R. Benhenni. 2017. "The Anatomy of Investing in Defaulted Bonds and Loans." *Journal of Corporate Renewal* **30**(6), 5–11.
Altman, E.I., and R.D. Gritta. 1984. "Airline Bankruptcies Propensity: A ZETA Analysis." Transportation Research Forum. Washington, DC: Harmony Press.
Altman, E.I., and S. Nammacher. 1987. *Investing in Junk Bonds: Inside the High Yield Debt Market*. New York: Wiley.
Altman, E.I., and T.P. McGough. 1974. "Evaluation of a Company as a Going Concern." *Journal of Accountancy* (December), 50–57.
Altman, E.I., and V.M. Kishore. 1996. "Almost Everything You Wanted to Know About Recoveries on Defaulted Bonds." *Financial Analysts Journal* (November/December), 57–64.
Altman, E.I., B. Brady, A. Resti, and A. Sironi. 2005. "The Link between Default and Recovery Rates: Theory, Empirical Evidence and Implications." *Journal of Business* **78**(6), 2203–2228.
Altman, E.I., G. Sabato, and M. Esentato. 2016. "Assessing the Credit Worthiness of Italian SMEs and Mini-Bond Issuers." *Borsa Italiana*. Newsletter. April.
Altman, E.I., G. Sabato, and N. Wilson. 2010. "The Value of Nonfinancial Information in Small & Median-Sized Enterprise Risk Management." *Journal of Credit Risk* **6**(2), 1–33.

Altman, E.I., G. Sabato, and N. Wilson. 2017. "Assessing SME Default Risk in the U.K." Working paper, Wiserfunding, London.

Altman, E.I., H. Rijken, M. Watt, D. Balan, J. Forero, and J. Mina. 2010. The Z-Metrics™ Methodology for Estimating Company Credit Ratings and Default Risk Probabilities, RiskMetrics Group, NY, June, available from Prof. Altman's website.

Altman, E.I., J. Cziel, and H. Rijken. 2016. "Anatomy of Bank Distress: The Information Content of Accounting Fundamentals." IRMC Conference, Jerusalem, Israel, June 13.

Altman, E.I., J. Hartzell, and M. Peck. 1995. "A Scoring System for Emerging Market Corporate Bonds." Salomon Brothers (May), and in *Emerging Market Review 6* (December 2005).

Altman, E.I., J.F. Gonzalez-Heres, P. Chen, and S.S. Shin. 2014. "The Return/Volatility Trade-Off of Distressed Corporate Debt Portfolios." *Journal of Portfolio Management* (Winter), 69–85.

Altman, E.I., L. Zhang, and J. Yen. 2010. "Corporate Financial Distress Diagnosis Model and Application in Credit Rating for Listing Firms in China." *Frontier of Computer Science in China* **4**(2), 220–236.

Altman, E.I., M. Iwanicz-Drozdowska, E.K. Laitinen, and A. Suvas. 2016. "Financial Distress Prediction in an International Context: A Review and Empirical Analysis of Altman's Z-Score Model." *Journal of International Financial Management and Accounting* **28**(2), 131–171.

Altman, E.I., M. Iwanicz-Drozdowska, E.K. Laitinen, and A. Suvas. 2017. "Financial and Non-Financial Variables as Long-Horizon Predictors of Bankruptcy." *The Journal of Credit Risk* **12**(4), 49–78.

Altman, E.I., M. Margaine, M. Schlosser, and P. Vernimmen. 1974. "Financial and Statistical Analysis for Commercial Loan Evaluations: A French Experience." *Journal of Finance & Quantitative Analysis* **9**(2) (March), 195–211.

Altman, E.I., R.G. Haldeman, and P. Narayanan. 1977. "ZETA Analysis: A New Model to Identify Bankruptcy Risk of Corporations." *Journal of Banking & Finance* **1**(1) (June), 29–54.

Altman, E.I., T.K.N. Baidya, and L.M. Riberio-Dias. 1979. "Assessing Potential Financial Problems of Firms in Brazil." *Journal of International Business Studies* (Fall), 9–24.

Altman, E.I., Y.H. Eom, and D.K. Kim. 1995. "Failure Prediction: Evidence from Korea." *Journal of International Financial Management & Accounting* (Winter), 230–249.

Andrade, G., and S. Kaplan. 1998. "How Costly Is Financial (not economic) Distress? Evidence from Highly Leveraged Transactions That Became Distressed." *Journal of Finance* **53**, 1443–1493.

Ang, J.S., J.H. Chua, and J.J. McConnell. 1982. "The Administrative Costs of Corporate Bankruptcy: A Note." *Journal of Finance* **37**, 219–226.

Appenzeller, P., and R. Parker. 2005. "Deepening Insolvency is a Liability Trap for the Unwary." *Journal of Corporate Renewal*, TMA, Chicago, July.

Asquith, P., R. Gertner, and D. Scharfstein. 1994. "Anatomy of Financial Distress: An Examination of Junk-Bond Issuers." *The Quarterly Journal of Economics* **109**(3), 625–658.

Ayotte, K.M., and E.R. Morrison. 2009. "Creditor Control and Conflict in Chapter 11." *Journal of Legal Analysis* **1**(2), 511–551.

Ayotte, K.M., and E.R. Morrison. 2018. "Valuation Disputes in Corporate Bankruptcy." Working paper.

Ayotte, K.M., E.S. Hotchkiss, and K.S. Thorburn. 2012. "Governance in Financial Distress and Bankruptcy." In M. Wright, D.S. Siegel, K. Keasey, and I. Filatotchev, eds., *The Oxford Handbook of Corporate Governance*. Oxford, UK: Oxford University Press.

Babbel, D. F. 1996. "Insuring Sovereign Debt against Default." World Bank Discussion Papers, #328.

Baek, I.M., A. Bandopadhyaya, and C. Du. 2005. "Determinants of Market-Assessed Sovereign Risk: Economic Fundamentals or Market Risk Appetite?" *Journal of International Money and Finance* **24**(4), 533–48.

Baghai, R., R. Silva, and L. Ye. 2017. "Bankruptcy, Team-Specific Human Capital, and Productivity: Evidence from U.S. Inventors." Working paper.

Baird, D.G. 2010. *The Elements of Bankruptcy*, 5th ed. New York: Thomson Reuters/Foundation Press.

Baird, D.G., and R.K. Rasmussen. 2002. "The End of Bankruptcy." *Stanford Law Review* **55**, 751–789.

Baird, D.G., and R.K. Rasmussen. 2006. "Private Debt and the Missing Lever of Corporate Governance." *University of Pennsylvania Law Review* **154**, 1209–1252.

Bakshi, G., D.B. Madan, and F. Zhang. 2001. "Understanding the Role of Recovery in Default Risk Models: Empirical Comparisons and Implied Recovery Rates." Finance and Economics Discussion Series, 2001–37, Federal Reserve Board of Governors, Washington D.C.

Balsam, S., Y. Gu, and X. Mao. 2018. "Creditor Influence and CEO Compensation: Evidence from Debt Covenant Violation." *The Accounting Review*, forthcoming.

Barboza, F., H Kumar, and E.I. Altman. 2017. "Machine Learning Models & Bankruptcy Prediction." *Expert Systems with Applications* **83**, 405–417.

Bary, A. 2010. "Post-Bankrupts: What Does the Next Chapter Hold?" *Barron's* (July 24).

Basel Committee on Banking Supervision. 2003. "The New Basel Capital Accord." Consultative Document, Bank for International Settlements, April.

Beaver, W. 1966. "Financial Ratios as Predictors of Failures." *Journal of Accounting Research* **4**, 71–111.

Bebchuk, L. 1988. "A New Approach to Corporate Reorganizations." *Harvard Law Review* **101**, 775–804.

Bebchuk, L. 2002. "Ex Ante Costs of Violating Absolute Priority in Bankruptcy." *Journal of Finance* **57**(1), 445–460.

Becker, B., and P. Strömberg. 2012. "Fiduciary Duties and Equity-Debtholder Conflicts." *Review of Financial Studies* **25**(6), 1931–1969.

Becker, B., and V. Ivashina. 2016. "Covenant-Light Contracts and Creditor Coordination." Sveriges Riksbank Working Paper Series.

Bedendo, M., L. Cathcart, and L. EL-Jahel. 2016. "Distressed Debt Restructuring in the Presence of Credit Default Swaps." *Journal of Money, Credit and Banking* **48**(1), 165–201.

Beers, D., M. Cavanaugh, and O. Takahira. 2002. "Sovereign Credit Ratings: A Primer." New York: Standard & Poor's Corp., April.

Bellovary, J., D. Giacomino, and M. Akers. 2007. "A Review of Bankruptcy Prediction Studies: 1930 to Present." *Journal of Financial Education* (Winter), 1–42.

Bellucci, M., and J. McCluskey. 2016. *The LSTA's Complete Credit Agreement Guide*, 2nd ed. New York: McGraw-Hill.

Benmelech, E., J. Dlugosz, and V. Ivashina. 2012. "Securitization without Adverse Selection: The Case of CLOs." *Journal of Financial Economics* **106**, 91–113.

Benmelech, E., N.K. Bergman, and R. Enriquez. 2012. "Negotiating with Labor under Financial Distress." *Review of Corporate Finance Studies* **1**(1), 28–67.

Bennett, B., J.C. Bettis, R. Gopalan, and T. Milbourn. 2017. "Compensation Goals and Firm Performance." *Journal of Financial Economics* **124**(2), 307–330.

Berk, J., and P. DeMarzo. 2017. *Corporate Finance*, 4th ed. Pearson Series in Finance. Boston: Pearson Education.

Berlin, M., G. Nini, and E. Yu. 2016. "Concentration of Control Rights in Leveraged Loan Syndicates." Working paper, Federal Reserve Bank of Philadelphia and Drexel University.

Bernstein, R. 1990. "The Decaying Financial Infrastructure – Revisited." *Quantitative Viewpoint,* Merrill Lynch (December 4), 1–7.

Bernstein, S., E. Colonnelli, and B. Iverson. 2018. "Asset Allocation in Bankruptcy." *Journal of Finance*, forthcoming.

Betker, B.L. 1997. "The Administrative Costs of Debt Restructurings: Some Recent Evidence." *Financial Management* **26**, 56–68.

Betker, B.L., S.P. Ferris, and R.M. Lawless. 1999. "Warm with Sunny Skies: Disclosure Statement Forecasts." *American Bankruptcy Law Journal* **73**, 809–836.

Bharath, S.T., and T. Shumway. 2008. "Forecasting Default with the Merton Distance to Default Model." *Review of Financial Studies* **21**, 1339–1369.

Bharath, S.T., and V. Panchapegesan, and I. Werner. 2010. "The Changing Nature of Chapter 11." Working paper, Arizona State University.

Bhattacharjee, A., and J. Han. 2014. "Financial Distress of Chinese Firms: Microeconomic, Macroeconomic and Institutional Influences." *China Economic Review* **30**, 244–262.

Billett, M.T., R. Elkamhi, L. Popov, and R.S. Pungaliya. 2016. "Bank Skin in the Game and Loan Contract Design: Evidence from Covenant-Lite Loans." *Journal of Financial and Quantitative Analysis* **51**, 839–873.

Black, F., and J.C. Cox. 1976. "Valuing Corporate Securities: Some Effects of Bond Indenture Provisions." *Journal of Finance* **31**, 351–367.

Black, F., and M. Scholes. 1973. "The Pricing of Options and Corporate Liabilities." *Journal of Political Economics* (May), 637–659.

Bolton, P., and D. Scharfstein. 1996. "Optimal Debt Structure and the Number of Creditors." *Journal of Political Economy* **104**(1), 1–25.

Bolton, P., and M. Oehmke. 2011. "Credit Default Swaps and the Empty Creditor Problem." *Review of Financial Studies* **24**(8), 2617–2655.

Borenstein, S., and N.L. Rose. 1995. "Bankruptcy and Pricing Behavior in U.S. Airline Markets." *The American Economic Review* **85**(2), 397–402.

Bradley, M., and M. Rosenzweig. 1992. "The Untenable Case for Chapter 11." *Yale Law Journal* **101**, 1043–1089.

Branch, B., and H. Ray. 1992. *2007 Bankruptcy Investing*. Chicago: Dearborn Press.

Brav, A., H. Kim, and W. Jiang., 2010, Hedge Fund Activism: A Review, Foundation and Trends in Finance, Vol. 4, No. 3, 185–246 (IN CHAPTER 6)

Bris, A., I. Welch, and N. Zhu. 2006. "The Costs of Bankruptcy: Chapter 7 Liquidation versus Chapter 11 Reorganization." *Journal of Finance* **61**, 1253–1303.

Brown, D.T., C.M. James, and R.M. Mooradian. 1993. "The Information Content of Distressed Restructuring Involving public and Private Debt Claims." *Journal of Financial Economics* **33**, 93–118

Brown, J., and A.D. Matsa. 2016. "Boarding a Sinking Ship? An Investigation of Job Applications to Distressed Firms." *Journal of Finance* **71**, 507–550.

Buttwill, K., and C. Wihlborg. 2004. "The Efficiency of the Bankruptcy Process. An International Comparison." Working paper.

Campbell, J.Y., J. Hilcher, and J. Szilagi. 2008. "In Search of Distress Risk." *Journal of Finance* **63**(6), 2899–2939.

Campello, M., J. Gao, J. Qiu, and Y. Zhang. 2018. "Bankruptcy and the Cost of Organized Labor: Evidence from Union Elections." *Review of Financial Studies* **31**(3), 980–1013.

Caouette, J.B., E.I. Altman, P. Narayanan, and R. Nimmo. 1998. *Managing Credit Risk: The Next Great Financial Challenge*, 2nd ed. New York: Wiley.

Capkun, V., and E. Ors. 2016. "When the Congress Says PIP Your KERP: Performance Incentive Plans, Key Employee Retention Plans, Chapter 11 Bankruptcy, and Regulatory Arbitrage." Working paper, HEC Paris.

Carey, M., and M. Gordy. 2003. "Systematic Risk in Recoveries on Defaulted Debt." Mimeo, Federal Reserve Board, Washington.

Carey, M., and M. Gordy. 2016. "The Bank as Grim Reaper: Debt Composition and Bankruptcy Thresholds." Mimeo, Federal Reserve Board, Washington.

Carter, M.E., E.S. Hotchkiss, and M. Mohseni. 2018. "Payday Before Mayday: CEO Compensation Contracting for Distressed Firms." Working paper.

Chambers, W.J. 1997. "Understanding Sovereign Risk." *Credit Week,* Standard & Poor's (January 1).

Chang, T., and A. Schoar. 2013. Judge Specific Differences in Chapter 11 and Firm Outcomes. Working paper.

Chava, S., and M. Roberts. 2008. "How Does Financing Impact Investment? The Role of Debt Covenant Violations." *Journal of Finance* **63**, 2085–2121.

Chava, S., and R. Jarrow. 2004. "Bankruptcy Prediction with Industry Effects." *Review of Finance* **8**, 537–569.

Cho, S-Y., L. Fu, and Y. Yu. 2012. "New Risk Analysis Tools with Accounting Changes: Adjusted Z-Score." *The Journal of Credit Risk* **8**(1) (Spring), 89–108.

Choi, F. 1997. *International Accounting & Finance Handbook,* 2nd ed. (Ch. 35). New York: Wiley.

Chu, Y.Q., H.D. Nguyen, J. Wang, W. Wang, and W.Y. Wang. 2018. "Debt-Equity Simultaneous Holdings and Distress Resolution." Working paper.

Ciliberto, F., and C. Schenone. 2012. "Bankruptcy and Product-market Competition: Evidence from the Airline Industry." *International Journal of Industrial Organization* **30**(6), 564–577.

Claessens, S., and L.F. Klapper. 2005. "Bankruptcy Around the World: Explanations of Its Relative Use." *American Law and Economics Review* **7**, 253–283.

Claessens, S., S. Djankov, and L.F. Klapper. 2003. "Resolution of Corporate Distress in East Asia." *Journal of Empirical Finance* **10**, 199–216.

Cline, W. 1983. "A Logit Model of Debt Restructuring, 1963–1982." Institute for International Economics, WP, June.

Collin-Dufresne, P., and R.S. Goldstein. 2001. "Do Credit Spreads Reflect Stationary Leverage Ratios?" *Journal of Finance* **56**, 1929–1957.

参考文献

Credit Suisse Financial Products. 1997. "CreditRisk+. A Credit Risk Management Framework." Technical Document.

Crosbie, P.J., and J.R. Bohn. 2002. "Modelling Default Risk." *Moody's KMV*.

Crouhy, M., D. Galai, and R. Mark. 2000. "A Comparative Analysis of Current Credit Risk Models." *Journal of Banking & Finance* **24**, 59–117.

Cutler, D.M., and L.H. Summers. 1988. "The Costs of Conflict Resolution and Financial Distress: Evidence from the Texaco-Pennzoil Litigation." *Rand Journal of Economics* **19**, 157–172.

Dahiya, S., K. John, M. Puri, and G. Ramırez. 2003. "Debtor-in-Possession Financing and Bankruptcy Resolution: Empirical Evidence." *Journal of Financial Economics* **69**, 259–280.

Damodaran, A. 1996. *Investment Valuation: Tools and Techniques for Determining the Value of Any Asset*. New York: Wiley.

Danis, A. 2016. "Do Empty Creditors Matter? Evidence from Distressed Exchange Offers." *Management Science*, 1–17.

Das, S.R., and S. Kim. 2014. "Going for Broke: Restructuring Distressed Debt Portfolios." *Journal of Fixed Income* **24**(1), 5–27.

Das, S.R., P. Hanouna, and A. Sarin. 2009. "Accounting-Based vs. Market-Based Cross Sectional Models of CDS Spreads." *Journal of Banking & Finance* **33**, 719–730.

Davydenko, S.A., and J.R. Franks. 2008. "Do Bankruptcy Code Matter? A Study of Defaults in France, Germany, and the U.K." *Journal of Finance* **63**, 565–608.

Deakin, E. 1972. "A Discriminant Analysis of Predictors of Business Failure." *Journal of Accounting Research* **10**(1, March), 167–179.

Demiroglu, C., and James, C. 2015. "Bank Loans and Troubled Debt Restructurings." *Journal of Financial Economics* **118**, 192–210.

Demiroglu, C., J. Franks, and R. Lewis. 2018. "Do Market Prices Improve the Accuracy of Court Valuation in Chapter 11?" Working paper.

Denis, D.J., and J. Wang. 2014. "Debt Covenant Renegotiation and Creditor Control Rights." *Journal of Financial Economics* **113**, 348–367.

Denis, D.K. and K.J. Rodgers. 2007. "Chapter 11: Duration, Outcome, and Post-Reorganization Performance." *Journal of Financial and Quantitative Analysis* **42**, 101–118.

Dichev, I., and D.J. Skinner. 2002. "Large-Sample Evidence on the Debt Covenant Hypothesis." *Journal of Accounting Research* **40**, 1091–1123.

Djankov, S., C. McLiesh, and A. Shleifer. 2007. "Private Credit in 129 Countries." *Journal of Financial Economics* **12**, 77–99.

Djankov, S., O. Hart, C. McLiesh, and A. Shleifer. 2008. "Debt Enforcement Around the World." *Journal of Political Economy* **116**, 1105–1150.

Do Prado, J.W., V. de Castro Alcantara, F. de Melo Carvalho, K.C. Vieira, L.K.C. Machado, and D.F. Tonelli. 2016. "Multivariate Analysis of Credit Risk and Bankruptcy Research Data: A Bibliometric Study Involving Different Knowledge Fields (1984–2014)." *Scientometrics* **106**, 1007–1029.

Duan, Y., E.S. Hotchkiss, and Y. Jiao. 2015. "Corporate Pensions and Financial Distress." Working paper.

Duffee, G.R. 1999. "Estimating the Price of Default Risk." *Review of Financial Studies* **12**(1, Spring), 197–225.

Duffie, D. 1998. "Defaultable Term Structure Models with Fractional Recovery of Par." Graduate School of Business, Stanford University.

Duffie, D., and D. Lando. 2000. "Term Structure of Credit Spreads with Incomplete Accounting Information." *Econometrica* **69**, 633–664.

Duffie, D., and K.J. Singleton. 1999. "Modeling the Term Structures of Defaultable Bonds." *Review of Financial Studies* **12**, 687–720.

Duffie, D., and K.J. Singleton. 2003. *Credit Risk: Pricing, Measurement, and Management.* Princeton: Princeton University Press.

Duffie, D., L. Saita, and K. Wang. 2007. "Multi-Period Default Prediction with Stochastic Covariates." *Journal of Financial Economics* **83**, 635–662.

Dullman, K., and M. Trapp. 2004. "Systematic Risk in Recovery Rates – An Empirical Analysis of U.S. Corporate Credit Exposures." Mimeo, University of Mannheim, and also updated in Altman, Resti, and Sironi (2005).

Eberhart, A., E.I. Altman, and R. Aggarwal. 1999. "The Equity Performance of Firms Emerging from Chapter 11." *Journal of Finance* **54** (October), 1855–1868.

Eckbo, E.B., and K.S. Thorburn. 2003. "Control Benefits and CEO Discipline in Automatic Bankruptcy Auctions." *Journal of Financial Economics* **69**(1), 227–258.

Eckbo, E.B., K. Li, and W. Wang. 2018. "Why Is Low-risk Bankruptcy Financing So Expensive?" Working paper.

Eckbo, E.B., K.S. Thorburn, and W. Wang. 2016. "How Costly Is Corporate Bankruptcy for the CEO?" *Journal of Financial Economics* **121**(1), 210–229.

Edmister, R. 1972. "An Empirical Test of Financial Ratio Analysis for Small Business: Failure Prediction." *Journal of Financial Education Analysis* **7**(2), 1477–1493.

Eibl, A. 2014. "STOXX Strong Balance Sheet Indices: A Family that Selects the Financially Fittest Companies." *STOXX PULSE* (Spring), 12–15.

Ellias, J.A. 2016. "Do Activist Investors Constrain Managerial Moral Hazard in Chapter 11?: Evidence from Junior Activist Investing." *Journal of Legal Analysis* **8**, 493–547.

Ellias, J.A. 2018. "How Not to Regulate Executive Compensation: An Empirical Study of Chapter 11 Bankruptcy Reform." Working paper.

Ellias, J.A., and R.J. Stark. 2018. "The Erosion of Creditor Protection." Working paper.

Emery, K., R. Cantor, S. Ou, R. Soloman, and P. Stumpp. 2004. "Credit Loss Rates on Similarly Rated Loans and Bonds." Moody's Special Comment, December.

Emmott, W. 1991. "Theories at the Bottom of Their Jargon: International Finance Survey." *The Economist* (April 27), 5–24.

Eom, Y.H., J. Helwege, and J.Z. Huang. 2001. "Structural Models of Corporate Bond Pricing: An Empirical Analysis." Mimeo.

Ersahin, N., R.M. Irani, and K. Waldock. 2017. "Creditor Rights and Entrepreneurship: Evidence from Fraudulent Transfer Law." Working paper.

Fama, E., and K. French. 1993. "Common Risk Factors in the Returns on Stocks and Bonds." *Journal of Financial Economics* **33**(1), 3–56.

Fama, E., and K. French. 2002. "The Equity Premium." *Journal of Finance* **57**, 637–659.

Fan, H., and S.M. Sundaresan. 2000. "Debt Valuation, Renegotiation, and Optimal Dividend Policy." *Review of Financial Studies* **13**, 1057–99.

Feder, G., and R.E. Just. 1977. "A Study of Debt Servicing Capacity Applying Logit Analysis." *Journal of Development Economics* **4**(1), 25–38.

Feder, G., R.E. Just, and K. Ross. 1981. "Projecting Debt Capacity of Developing Countries." *Journal of Financial & Qualitative Analysis* **16**(5), 651–659.

Feldhütter, P., E. Hotchkiss, and O. Karakas. 2016. "The Value of Creditor Control in Corporate Bonds." *Journal of Financial Economics* **121**, 1–27.

Ferreira, D., M.A. Ferreira, and B. Mariano. 2017. "Creditor Control Rights and Board Independence." *Journal of Financial Economics*, forthcoming.

Finger, C. 1999. "Conditional Approaches for CreditMetrics® Portfolio Distributions." *CreditMetrics® Monitor* (April).

Frank Jr., C.R., and W.R. Cline. 1971. "Measurement of Debt Servicing Capacity: An Application of Discriminant Analysis." *Journal of International Economics* **1**(3), 327–344.

Franks, J.R., and O. Sussman. 2005. "Financial Distress and Bank Restructuring of Small to Medium Size UK Companies." *Review of Finance* **9**, 65–96.

Franks, J.R., and W.N. Torous. 1989. "An Empirical Investigation of U.S. Firms in Reorganization." *Journal of Finance* **44**, 747–769.

Franks, J.R., and W.N. Torous. 1994. "A Comparison of Financial Recontracting in Distressed Exchanges and Chapter 11 Reorganizations." *Journal of Financial Economics* **35**, 349–370.

Frenkel, M., A. Karmann, and B. Scholtens, eds. 2004. *Sovereign Risk and Financial Crises*, xii, 258. Heidelberg and New York: Springer.

Fridson, M.S., and Y. Gao. 2002. "Defaulted Bond Returns by Seniority Class." *Journal of Fixed Income* (Summer), 50–57.

Frydman, H., E.I. Altman, and D.L. Kao. 1985. "Introducing Recursive Partitioning Analysis for Financial Classification: The Case of Financial Distress." *Journal of Finance* **50**(1), 269–291.

Frye, J. 2000a. "Collateral Damage." *Risk* (April), 91–94.

Frye, J. 2000b. "Collateral Damage Detected." Federal Reserve Bank of Chicago, Working Paper, Emerging Issues Series (October), 1–14.

Frye, J. 2000c. "Depressing Recoveries." *Risk* (November).

Gande, A., E.I. Altman, and A. Saunders. 2010. "Bank Debt versus Bond Debt: Evidence from Secondary Market Prices." *Journal of Money, Credit and Banking* **42**(4), 755–767.

Gennaioli, N., A. Martin, and S. Rossi. 2010. "Sovereign Default, Domestic Banks and Financial Institutions." *Journal of Finance* **69**, 819–866.

Gerlach, S., A. Schultz, and G. Wolff, G. 2010. "Banking and Sovereign Risk in the Euro Area." Deutsche Bundesbank, Research Centre, Discussion Paper Series 1: Economic Studies: 2010.

Gertner, R., and D. Scharfstein. 1991. "A Theory of Workouts and the Effects of Reorganization Law." *Journal of Finance* **46**(4), 1189–1222.

Geske, R. 1977. "The Valuation of Corporate Liabilities as Compound Options." *Journal of Financial and Quantitative Analysis* **12**(4), 541–552.

Giammarino, R.M. 1989. "The Resolution of Financial Distress." *The Review of Financial Studies* **2**(1), 25–47.

Gilje, E.P. 2016. "Do Firms Engage in Risk-Shifting? Empirical Evidence." *The Review of Financial Studies* **29**(11), 2925–2954.

Gilson, S.C. 1989. "Management Turnover and Financial Distress." *Journal of Financial Economics* **25**(2), 241–262.

Gilson, S.C. 1990. "Bankruptcy, Boards, Banks and Blockholders: Evidence on Changes in Corporate Ownership and Control When Firms Default." *Journal of Financial Economics* **27**(2), 355–387.

Gilson, S.C. 1997. "Transactions Costs and Capital Structure Choice: Evidence from Financially Distressed Firms." *Journal of Finance* **52**, 161–197.

Gilson, S.C. 2010. *Corporate Restructuring: Case Studies in Bankrupties, Buyouts & Breakups,* 2nd ed. Hoboken, NJ: Wiley.

Gilson, S.C. 2012. "Coming through in a Crisis: How Chapter 11 and the Debt Restructuring Industry Are Helping Revive the U.S. Economy." *Journal of Applied Corporate Finance* **24**, 23–35.

Gilson, S.C. 2014. "School Specialty, Inc." Harvard Business School Case (9–214–084).

Gilson, S.C., and M.R. Vetsuypens. 1993. "CEO Compensation in Financially Distressed Firms: An Empirical Analysis." *Journal of Finance* **48**(2), 425–458.

Gilson, S.C., and S.L. Abbott. 2009. "Kmart and ESL Investments (A)." Harvard Business School Case (9-209-044).

Gilson, S.C., E.S. Hotchkiss, and M.G. Osborn. 2016. "Cashing Out: The Rise of M&A in Bankruptcy." Working paper.

Gilson, S.C., E.S. Hotchkiss, and R.S. Ruback. 2000. "Valuation of Bankrupt Firms." *Review of Financial Studies* **13**, 43–74.

Gilson, S.C., K. John, and H.P. Lang. 1990. "Troubled Debt Restructurings: An Empirical Study of Private Reorganization of Firms in Default." *Journal of Financial Economics* **27**(2), 315–353.

Gopalan, R., X. Martin, and K. Srinivasan. 2017. "Weak Creditor Rights and Insider Opportunism: Evidence from an Emerging Market." Working paper.

Gordy, M. 2000. "A Comparative Anatomy of Credit Risk Models." *Journal of Banking & Finance* **24**(1–2), 119–149.

Gordy, M. 2003. "A Risk-Factor Model Foundation for Ratings-Based Capital Rules." *Journal of Financial Intermediation* **12**(3), 199–232.

Gormley, T., N. Gupta, and A. Jha. 2018. "Quiet Life No More? Corporate Bankruptcy and Bank Competition." *Journal of Financial and Quantitative Analysis* **53**, 581–611.

Goyal, V.K., and W. Wang. 2017. "Provision of Management Incentives in Bankrupt Firms." *Journal of Law, Finance, and Accounting* **2**, 87–123.

Goyal, A., M. Kahl, and W. Torous. 2003. "The Long-Run Stock Performance of Financial Distressed Firms: An Empirical Investigation." Working paper.

Graham, J.R., H. Kim, S. Li, and J. Qiu. 2016. "Employee Costs of Corporate Bankruptcy." Working paper.

Gray, D.F., R. Merton, and Z. Bodie. 2006. "A New Framework for Analyzing and Managing Macrofinancial Risk of an Economy." IMF Working Paper, October.

Gray, D.F., R. Merton, and Z. Bodie. 2007. "Contingent Claims Approach to Measuring and Managing Sovereign Credit Risk." *Journal of Investment Management* **5**(4), 1.

Grinols, E. 1976. "International Debt Rescheduling and Discrimination Using Financial Variables." U.S. Treasury Department, Washington, DC.

Groh, A.P., and O. Gottschalg. 2011. "The Effect of Leverage on the Cost of Capital of US Buyouts." *Journal of Banking and Finance* **35** (8), 2099–2110.

Gropper, A.L. 2012. "The Arbitration of Cross-Border Insolvencies." *American Bankruptcy Law Journal* **86**, 201–242.

参考文献

Gupton, G., and R.M. Stein. 2002. "LossCalc: Moody's Model for Predicting Loss Given Default (LGD)." Moody's/KMV, New York, updated in 2005, "LossCalc V2, Dynamic Prediction of LGD." Moody's/KMV (January).

Gupton, G., and R.M. Stein. 2005. "Dynamic Prediction of LGD Modelling Methodology.", Special report, Moody's KMV.

Gupton, G., C. Finger, and M. Bhatia. 1977a. "CreditMetrics: The Benchmark for Understanding Credit Risk." J.P. Morgan, Inc., New York, April.

Gupton, G., C. Finger, and M. Bhatia. 1997b. "CreditMetrics™: Technical Document." J.P.Morgan & Co., New York.

Gupton, G., D. Gates, and L.V. Carty. 2000. "Bank Loan Loss Given Default." Moody's Investors Service, Global Credit Research, November.

Gutzeit, G., and J. Yozzo. 2011. "Z-Score Performance amid Great Recession." *ABI Journal* **44**(80, March), 44–46.

Halford, J., M. Lemmon, Y.-Y. Ma, and E. Tashjian. 2017. "Bankruptcy Restructuring and Recidivism." Working paper.

Hart, O., 1999. "Different Approaches to Bankruptcy." Working paper, Harvard Institute of Economic Research.

Haugh, D., P. Ollivaud, and D. Turner. 2009. "What Drives Sovereign Risk Premiums? An Analysis of Recent Evidence from the Euro Areas." OECD, Economics Department, Working Paper 718.

Helwege J., and F. Packer. 2003. "Determinants of the Choice of Bankruptcy Procedure in Japan." *Journal of Financial Intermediation* **12**(1), 96–120.

Hertzel, M., Z. Li, M.S. Officer, and K.J. Rodgers. 2008. "Inter-firm Linkages and the Wealth effects of Financial Distress along the Supply Chain." *Journal of Financial Economics* **87**, 374–387.

Hillegeist, S., E. Keating, D. Kram, and K. Lundstedt. 2004. "Assessing the Probability of Bankruptcy." *Review of Accounting Studies* **9**(1), 5–34.

Hilscher, J., and Y. Nosbusch. 2010. "Determinants of Sovereign Risk: Macroeconomic Fundamentals and the Pricing of Sovereign Debt." *Review of Finance* **14**(2), 235–262.

Hochberg, Y.V., C.J. Serrano, and R.H. Ziedonis. 2016. "Patent Collateral, Investor commitment, and the Market for Venture Lending." *Journal of Financial Economics*, forthcoming.

Hortaçsu, A., G. Matvos, C. Syverson, and S. Venkataraman. 2013. "Indirect Costs of Financial Distress in Durable Goods Industries: The Case of Auto Manufacturers." *The Review of Financial Studies*, **26**(5), 1248–1290.

Hoshi, T., A. Kashyap, and D. Scharfstein. 1990. "The Role of Banks in Reducing the Costs of Financial Distress in Japan." *Journal of Financial Economics* **27**, 67–88.

Hotchkiss, E.S. 1995. "Postbankruptcy Performance and Management Turnover." *Journal of Finance* **50**, 3–21.

Hotchkiss, E.S., and R.M. Mooradian. 1997. "Vulture Investors and the Market for Control of Distressed Firms." *Journal of Financial Economics* **43**, 401–432.

Hotchkiss, E.S., and R.M. Mooradian. 1998. "Acquisitions as a Means of Restructuring Firms in Chapter 11." *Journal of Financial Intermediation* **7**, 240–262.

Hotchkiss, E.S., and R.M. Mooradian. 2004. "Postbankruptcy Performance of Public Companies." Working paper.

Hotchkiss, E.S., D.C. Smith, and P. Stromberg. 2016. "Private Equity and the Resolution of Financial Distress." Working paper.

Hotchkiss, E.S., K. John, R.M. Mooradian, and K.S. Thorburn. 2008. "Bankruptcy and the Resolution of Financial Distress," in B. Eckbo, ed., *Handbook of Empirical Corporate Finance*, 2nd ed. (Amsterdam: Elsevier/North-Holland).

Hu, H.T-C., and B.S. Black., 2008a. "Debt, Equity and Hybrid Decoupling: Governance and Systemic Risk Implications." *European Financial Management* **14**(4), 663–709.

Hu, H.T-C., and B.S. Black. 2008b. "Equity and Debt Decoupling and Empty Voting II: Importance and Extensions." *University of Pennsylvania Law Review* **156**, 625–739.

Hu, H.T-C., and J.L. Westbrook. 2007. "Abolition of the Corporate Duty to Creditors." *Columbia Law Review* **107**, 1321–1403.

Huang, J.Z., and M. Huang. 2012. "How Much of the Corporate-Treasury Yield Spread Is Due to Credit Risk?" *The Review of Asset Pricing Studies* **2**, 153–202.

Huang, Z., H. Chen, C.-J. Hsu, W.-H. Chen, and S. Wu. 2004. "Credit Rating Analysis with Support Vector Machines and Neural Networks: A Market Comparative Study." *Decision Support Systems* **37**(4), 543–558.

Hull, J., and A. White. 1995. "The Impact of Default Risk on the Prices of Options and Other Derivative Securities." *Journal of Banking and Finance* **19**, 299–322.

Ivashina, V., and B. Iverson. 2018. "Trade Creditors' Information Advantage." Working paper.

Ivashina, V., and Z. Sun. 2011. "Institutional Demand Pressure and the Cost of Corporate Loans." *Journal of Financial Economics* **99**, 500–522.

Ivashina, V., B. Iverson, and D.C. Smith. 2016. "The Ownership and Trading of Debt Claims in Chapter 11 Restructurings." *Journal of Financial Economics* **119**, 316–335.

Iverson, B., J. Madsen, W. Wang, and Q. Xu. 2018. "Practice Makes Perfect: Judge Experience and Bankruptcy Outcomes." Working paper.

James, C. 1995. "When Do Banks Take Equity? An Analysis of Bank Loan Restructurings and the Role of Public Debt." *Review of Financial Studies* **8**, 1209–1234.

James, C. 1996. "Bank Debt Restructurings and the Composition of Exchange Offers in Financial Distress." *Journal of Finance* **51**(2), 711–727.

James, C., and A. Kizilaslan. 2014. "Asset Specificity, Industry-Driven Recovery Risk, and Loan Pricing." *Journal of Financial and Quantitative Analysis* **49**, 599–631.

Jankowitsch, R., F. Nagler, M.G. Subrahmanyam. 2014. "The Determinants of Recovery Rates in the US Corporate Bond Market." *Journal of Financial Economics* **114**, 155–177.

Jarrow, R.A. 2001. "Default Parameter Estimation Using Market Prices." *Financial Analysts Journal* **57**(5), 75–92.

Jarrow, R.A., and S.M. Turnbull. 1995. "Pricing Derivatives on Financial Securities Subject to Credit Risk." *Journal of Finance* **50**, 53–86.

Jarrow, R.A., D. Lando, and S.M. Turnbull. 1997. "A Markov Model for the Term Structure of Credit Risk Spreads." *Review of Financial Studies* **10**, 481–523.

Jefferies & Company. 2003. "How to Perform a Post-Restructuring Equity Valuation." New York: Jeffries Recapitalization and Restructuring Group.

Jefferies & Company. 2006. "The Jefferies Re-Org Index SM, Special Situation." New York, December 21.

Jensen, M.C. 1986. "Agency Costs of Free Cash Flow, Corporate Finance, and Takeovers." *American Economic Review* **76**, 323–329.

Jensen, M.C., and W.H. Meckling. 1976. "Theory of the Firm: Managerial Behavior, Agency Costs and Ownership Structure." *Journal of Financial Economics* **3**, 305–360.

参考文献

Jiang, W., and W. Wang. 2019. "The Performance of Post-Reorganization Equity." Working paper.

Jiang, W., K. Li, and W. Wang. 2012. "Hedge Funds and Chapter 11." *Journal of Finance* **67**, 513–560.

Jiang, Y. 2014. "The Curious Case of Inactive Bankruptcy Practice in China: A Comparative Study of U.S. and Chinese Bankruptcy Law." *Northwestern Journal of International Law & Business* **34**(3), 559–582.

Jokivuolle, E., and S. Peura. 2003. "A Model for Estimating Recovery Rates and Collateral Haircuts for Bank Loans." *European Financial Management*, forthcoming.

Jones D.S., and J. Mingo. 1998. "Industry Practices in Credit Risk Modeling and Internal Capital Allocations: Implications for a Models-Based Regulatory Capital Standard: Summary of Presentation." *Economic Policy Review* **4**(3, October), 1998.

Jones, E.P., S.P. Mason, and E. Rosenfeld. 1984. Contingent Claims Analysis of Corporate Capital Structures: An Empirical Investigation. *Journal of Finance* **39**, 611–627.

Kahan, M., and E.B. Rock. 2009. "Hedge Fund Activism in the Enforcement of Bondholder Rights." *Northwestern University Law Review* **103**, 281–322.

Kaiser, K.M. 1996. "European Bankruptcy Laws: Implications for Corporations Facing Financial Distress." *Financial Management* **25**, 67–85.

Kalotay, E.A., and E.I. Altman. 2017. "Intertemporal Forecasts of Defaulted Bond Recoveries and Portfolio Losses." *Review of Finance*, 433–463.

Kamakura Corp. 2002. "Kamakura Default Probabilities, Kamakura.com and D. van Dementer. 2002. A 10-Step Program to Replace Legacy Credit Ratings with Modern Default Probabilities for Counter-Party & Credit Risk Assessment." Kamakura Corp. (November 27).

Kaplan, S.N. 1989. "Campeau's Acquisition of Federated: Value Created or Value Destroyed?" *Journal of Financial Economics* **25**, 191–212

Kaplan, S.N. 1994. "Campeau's Acquisition of Federated: Postbankruptcy Results." *Journal of Financial Economics* **35**, 123–136

Kaplan, S.N., and R. Ruback. 1995. "The Valuation of Cash Flow Forecasts: An Empirical Analysis." *Journal of Finance* **50**, 1059–1093.

Keasey, K., and R. Watson. 1991. "Financial Distress Prediction Models: A Review of their Usefulness." *British Journal of Management* **2**(2, July), 89–102.

Keisman, D. 2004. "Ultimate Recovery Rates on Bank Loan and Bond Defaults." S&P Loss Stats.

Kim, I.J., K. Ramaswamy, and S. Sundaresan. 1993. Does Default Risk in Coupons Affect the Valuation of Corporate Bonds? A Contingent Claims Model." *Financial Management* **22**, (3), 117–131.

Kolay, M., M. Lemmon, and E. Tashjian. 2016. "Spreading the Misery? Sources of Bankruptcy Spillover in the Supply Chain." *Journal of Financial and Quantitative Analysis* **51**, 1955–1990.

Koller, T., M. Goedhart, and D. Wessels. 2010. *Valuation: Measuring and Managing the Value of Companies* (6th ed.). Hoboken, NJ: John Wiley & Sons.

Kostin, D., N. Fox, C. Maasry, and A. Sneider. 2008. "Strategy Baskets, US: Portfolio Strategy." Goldman Sachs (December 11), 17–22.

Kurth, M.H. 2004. "The Search for Accountability: The Emergence of 'Deepening Insolvency' As an Independent Cause of Action." *Corp. Corruption Lit. Reporter* (June), 196–210.

La Porta, R., F. Lopez-de-Silanes, A. Shleifer, and R. Vishny. 1998. Law and Finance, *Journal of Political Economy* **106**, 1113–1155.

Lando, D. 1998. "On Cox Processes and Credit Risky Securities." *Review of Derivatives Research* **2**, 99–120.

Lawless, R.M., and S.P. Ferris.P. 1997. "Professional Fees and Other Direct Costs in Chapter 7 Bankruptcies." *Washington University Law Quarterly* **75**, 1207–1236.

Lawless, R.M., Ferris S.P., Jayaraman, N., and Makhija, A.K. 1994. "A Glimpse of Professional Fees and Other Direct Costs in Small Firm Bankruptcies." *University of Illinois Law Review* **1994**(4), 847–888.

Leland, H.E. 1994. "Corporate Debt Value, Bond Covenants, and Optimal Capital Structure." *Journal of Finance* **49**, 1213–1252.

Leland, H.E., and K.B. Toft. 1996. "Optimal Capital Structure, Endogenous Bankruptcy, and the Term Structures of Credit Spreads." *Journal of Finance* **51**, 987–1019.

Lemmon, M., Y. Ma, and E. Tashjian. 2009. "Survival of the Fittest? Financial and Economic Distress and Restructuring Outcomes in Chapter 11." Working paper.

Li, K., and W. Wang. 2016. "Debtor-in-possession Financing, Loan-to-loan, and Loan-to-own." *Journal of Corporate Finance* **39**, 121–138.

Li, Y., and Z. Zhong. 2013. "Investing in Chapter 11 Stocks: Trading, Value, and Performance." *Journal of Financial Markets* **16**(1), 33–60.

Lim, J. 2015. "The Role of Activist Hedge Funds in Financial Distressed Firms." *Journal of Financial and Quantitative Analysis* **50**, 1321–1351.

Litterman, R., and T. Iben. 1991. "Corporate Bond Valuation and the Term Structure of Credit Spreads." *Financial Analysts Journal* (Spring), 52–64.

Loeffler, G. 2004. "An Anatomy of Rating through the Cycle." *Journal of Banking & Finance* **28**, 695–720.

Longstaff, F.A., and E.S. Schwartz. 1995. "A Simple Approach to Valuing Risky Fixed and Floating Rate Debt." *Journal of Finance* **50**, 789–819.

Longstaff, F.A., J. Pan, L. Pedersen, and K. Singleton. 2007. "How Sovereign Is Sovereign Credit Risk?" National Bureau of Economic Research, Inc. NBER Working Paper: 13658.

LoPucki, L.M. 2005. *Courting Failure: How Competition for Big Cases if Corrupting the Bankruptcy Courts*. Ann Arbor, MI: University of Michigan Press.

LoPucki, L.M., and J.W. Doherty. 2004. "The Determinants of Professional Fees in Large Bankruptcy Reorganization Cases." *Journal of Empirical Legal Studies* **1**, 111–141.

LoPucki, L.M., and J.W. Doherty. 2008. "Professional Overcharging in Large Bankruptcy Reorganization Cases." *Journal of Empirical Legal Studies* **5**, 983–1017.

LoPucki, L.M., and W.C. Whitford. 1993. "Corporate Governance in the Bankruptcy Reorganization of Large, Publicly Held Companies." *University of Pennsylvania Law Review* **141**, 669–800.

Lubben, S.J. 2000. "The Direct Costs of Corporate Reorganization: An Empirical Examination of Professional Fees in Large Chapter 11 Cases." *American Bankruptcy Law Journal* **74**, 509–552.

Ma, S., T. Tong, and W. Wang. 2017. "Selling Innovation in Bankruptcy." Working paper.

Madan, D.B., and H. Unal. 1995. "Pricing the Risks of Default." Working paper, University of Maryland.

Maksimovic, V., and G. Phillips. 1998. "Asset Efficiency and Reallocation Decisions of Bankrupt Firms." *Journal of Finance* **53**, 1495–1532.

Mann, W. 2016. "Creditor Rights and Innovation: Evidence from Patent Collateral." Working paper, UCLA.

Maxwell, W., and Shenkman, M., 2010. *Leveraged Financial Markets: A Comprehensive Guide to Loans, Bonds and Other High Yield Instruments*. New York: McGraw--Hill.

McHugh, C., A. Michel, and I. Shaked. 1998. "After Bankruptcy: Can Ugly Ducklings Turn into Swans?" *Financial Analyst Journal* **54**, 31–40.

McLean, R.D., and J. Pontiff. 2016. "Does Academic Research Destroy Stock Return Predictability?" *Journal of Finance* **71**(1), 5–32

McQuown, J., 1993. *A Comment on Market vs. Accounting Based Measures of Default Risk*. San Francisco: KMV Corp.

Merton, R.C. 1974. "On the Pricing of Corporate Debt: The Risk Structure of Interest Rates." *Journal of Finance* **29**, (May), 449–470.

Moody's Default Report. 2017. Moody's Advisory Services. New York.

Moody's. 2008. "Moody's Comments on Debtor-in-Possession Lending, Special Comment." Moody's.

Moyer, S.G. 2005. *Distress Debt Analysis: Strategies for Speculative Investors*. Boca Raton, FL: Ross J. Publishing.

Myers, S.C. 1977. "Determinants of Corporate Borrowing." *Journal of Financial Economics* **5**, 147–175.

Nadauld, T.D., and M.S. Weisbach. 2012. "Did Securitization Affect the Cost of Corporate Debt?" *Journal of Financial Economics* **105**, 332–352.

Neziri, H. 2009. "Can Credit Default Swaps Predict Financial Crises?" *Journal of Applied Economic Sciences* IV/ **1**(7), 75.

Nielsen, L.T., J. Saà-Requejo, and P. Santa-Clara. 1993. "Default Risk and Interest Rate Risk: The Term Structure of Default Spreads." Working paper, INSEAD.

Nini, G., D.C. Smith, and A. Sufi. 2009. "Creditor Control Rights and Firm Investment Policy." *Journal of Financial Economics* **92**, 400–420.

Nini, G., D.C. Smith, and A. Sufi. 2012. "Creditor Control Rights, Corporate Governance, and Firm Value." *Review of Financial Studies* **25**, 1713–1761.

Ohlson, J. 1980. "Financial Ratios and the Probabilistic Prediction of Bankruptcy." *Journal of Accounting Research* **18**(1), 109–131.

Opler, T., and S. Titman. 1994. "Financial Distress and Corporate Performance." *Journal of Finance* **49**, 1015–1040.

Oshiro, N., and Y. Saruwatari. 2005. "Quantification of Sovereign Risk: Using the Information in Equity Market Prices." *Emerging Markets Review* **6**(4), 346–62.

Ostrower, M., and A. Calderon. 2001. "Introducing Our Tenant Credit Index, Retail REITS, Equity Research." Morgan Stanley Dean Witter (June 19), 1–5.

Phillips, G., and G. Sertsios. 2013. "How Do Firm Financial Conditions Affect Product Quality and Pricing?" *Management Science* **59**(8), 1764–1782.

Pinto, C., F. Serra, F., and M. Ferreira. 2014. A Bibliometric Study on Culture Research in International Business. *Brazilian Administrative Review,* **11**(3), 340–363.

Pomerleano, M. 1998. "Corporate Finance Lessons from the East Asian Crisis, Viewpoint Note 155." World Bank Group, Washington, DC, October.

Pomerleano, M. 1999. "The East-Asia Crisis and Corporate Finance – The Untold Micro Study." *Emerging Markets Quarterly*.

Pulvino, T. 1998. "Do Asset Fire-Sales Exist? An Empirical Investigation of Commercial Aircraft Transactions." *Journal of Finance* **53**, 939–978.

Pulvino, T. 1999. "Effects of Bankruptcy Court Protection on Asset Sales." *Journal of Financial Economics* **52**, 151–186.

Pykhtin, M. 2003. "Unexpected Recovery Risk." *Risk* **16**, 74–78.

Pynchon, T. 2013. *Bleeding Edge*. New York: Penguin Press.

Ramaswami, M., and S. Moeller. 1990. *Investing in Financially Distressed Firms*. New York: Quorum Books.

Ravid, S.A., and S. Sundgren. 1998. "The Comparative Efficiency of Small-firm Bankruptcies: A Study of the US and Finnish Bankruptcy Codes." *Financial Management* **27**(4), 28–40.

Reinhart, M., and K. Rogoff. 2010. *This Time Is Different*. Princeton, NJ: Princeton University Press.

Remolona, E.M., M. Scatigna, and E. Wu. 2008. A Ratings-Based Approach to Measuring Sovereign Risk. *International Journal of Finance and Economics* **13**(1), 26–39.

Resti, A., and A. Sironi. 2005. "Loss Given Default and Recovery Risk Under Basel II." In Altman E.I., et al., eds., *Recovery Risk*. London: Risk Books.

Roberts, M. 2015. "The Role of Dynamic Renegotiation and Asymmetric Information in Financial Contracting." *Journal of Financial Economics* **116**, 61–81.

Roberts, M., and A. Sufi. 2009a. "Renegotiation of Financial Contracts: Evidence from Private Credit Agreements." *Journal of Financial Economics* **93**, 159–184.

Roberts, M., and A. Sufi. 2009b. "Creditor Rights and Capital Structure: An Empirical Investigation." *Journal of Finance* **64**, 1657–1695.

Rodano, G., N. Serrano-Velarde, and E. Tarantino. 2016. Bankruptcy Law and Bank Financing. *Journal of Financial Economics* **120**, 363–382.

Rosenberg, H., 1992. *The Vulture Investors*. New York: HarperCollins. Revised ed., Wiley, 2000, New York.

Ruback, R. 2002. "Capital Cash Flows: A Simple Approach to Valuing Risky Cash Flows." *Financial Management* **31**(2), 85–103.

Sargen, H. 1977. "Economics Indicators and Country Risk Appraisal, Federal Reserve Bank of San Francisco." *Economic Review* (Fall).

Schmidt, R. 1984. "Early Warning of Debt Rescheduling." *Journal of Banking and Finance* **8**(2), 357–370.

Schoenherr, D. 2017. "Managers' Personal Bankruptcy Costs and Risk-taking." Working paper.

Schuermann, T. 2004. "What Do We Know about Loss Given Default?" Working paper, Federal Reserve Bank of New York, forthcoming in Shimko D. (ed.), *Credit Risk Models and Management* (2nd ed.). London: Risk Books.

Schultze, G., and J. Lewis. 2012. *The Art of Vulture Investing: Adventures in Distressed Securities Management*. Hoboken, NJ: Wiley.

Schumpeter, J. 1942. *Capitalism, Socialism, and Democracy*. New York: Harper & Row.

Scott, J., 1981. "The Probability of Bankruptcy: A Comparison of Empirical Predictions and Theoretical Models." *Journal of Banking & Finance* (September), 317–344.

Segoviano, M.A., C. Caceres, and V. Guzzo. 2010. "Sovereign Spreads: Global Risk Aversion, Contagion or Fundamentals?" IMF Working Paper: 10/120.

Sgherri, S., and E. Zoli. 2009. "Euro Area Sovereign Risk During the Crisis." International Monetary Fund Working Paper: 09/222.

Shleifer, A., and R. Vishny. 1992. "Liquidation Values and Debt Capacity: A Market Equilibrium Approach." *Journal of Finance* **47**, 1343–1366.

Shumway, T. 2001. "Forecasting Bankruptcy More Accurately: A Simple Hazard Model." *Journal of Business* **74**(1), 101–124.

Skeel, D.A. 2003a. "The Past, Present, and Future of Debtor-in-possession Financing." *Cardozo Law Review*, 1905–1934.

Skeel, D.A. 2003b. "Creditors' Ball: The New New Corporate Governance in Chapter 11." *University of Pennsylvania Law Review* **152**, 917–951.

Smith, R., and I. Walter, I. 2003. *Global Banking*. London: Oxford University Press.

Smith, R., and M. Dion. 2008. "Who Said Zed's Dead? Reviving the Altman Z-Score." JPMorgan: Asia Pacific Equity Research (September 25), 1–61,

SP Global. 2017. 2016 Annual Global Corporate Default Study & Rating Transitions. SP Global Ratings. New York (April 13).

Standard & Poor's. 2017. "2016 Annual Global Corporate Default Study and Rating Transitions." New York.

Stark, R.J., H.L. Siegel, and E.S. Weisfelner. 2011. *Contested Valuation in Corporate Bankruptcy*. LexisNexis, Matthew Bender & Co.

Subrahmanyam, M.G., Y. Tang, and Q. Wang. 2014. "Does the Tail Wag the Dog?: The Effect of Credit Default Swaps on Credit Risk." *The Review of Financial Studies* **27**(10), 2927–2960.

Suo, W., W. Wang, and Q. Zhang. 2013. "Explaining Debt Recovery Using an Endogenous Bankruptcy Model." *The Journal of Fixed Income* **23**, 114–131.

Taillard, J.P. 2013. "The Disciplinary Effects of Non-Debt Liabilities: Evidence from Asbestos Litigation." *Journal of Corporate Finance* **23**, 267–293.

Tashjian, E., R.C. Lease, and J.J. McConnell. 1996. "An Empirical Analysis of Prepackaged Bankruptcies." *Journal of Financial Economics* **40**, 135–162.

Thorburn, K.S. 2000. "Bankruptcy Auction: Costs, Debt Recovery, and Firm Survival." *Journal of Financial Economics* **58**, 337–368.

Tirole, J. 2001. "Corporate Governance." *Econometrica* **69**, 1–35.

Van de Castle, K., D. Keisman, and R. Yang. 2000. *Suddenly Structure Mattered: Insights into Recoveries of Defaulted Debt*. S&P Corporate Ratings (May 24).

Varma, P., R. Cantor, and D. Hamilton. 2003. *Recovery Rates on Defaulted Corporate Bonds and Preferred Stocks*. Moody's Investors Service (December).

Vasicek, O.A. 1984. *Credit Valuation*. KMV Corporation (March).

Vig, V. 2013. "Access to Collateral and Corporate Debt Structure: Evidence from A Natural Experiment." *Journal of Finance* **68**, 881–928.

Waldock, K.P. 2017. "Unsecured Creditor Control in Chapter 11." Working paper, Georgetown University.

Wang, W. 2011. "Recovery and Returns of Distressed Bonds in Bankruptcy." *Journal of Fixed Income* **21**, 21–31.

Warner, J.B. 1977. "Bankruptcy Costs: Some Evidence." *Journal of Finance* **32**, 337–347.

Weiss, L.A. 1990. "Bankruptcy Resolution: Direct Costs and Violation of Priority of Claims." *Journal of Financial Economics* **27**, 285–314.

Whitman, M., and F. Diz, F. 2009. *Distress Investing: Principles and Techniques*. Hoboken, NJ: Wiley.

Wilcox, J. 1971. "A Gamblers' Ruin Prediction of Business Failure Using Accounting Data." *Sloan Management Review* **12** (September), 84–96.

Williams, J.F., S. Bernstein, and S.H Seabury. 2008. "Squaring Bankruptcy Valuation Practice with Daubert Demands." *ABI Law Review* (Spring).

Wilson, T.C. 1998. "Portfolio Credit Risk, Federal Reserve Board of New York." *Economic Policy Review* (October), 71–82.

Wilton, J.M., and J.A. Wright. 2011. "Parsing and Complying with New Rule 2019." *American Bankruptcy Institute Journal* (October).

Zhang, Z. 2018. "Bank Interventions and Trade Credit: Evidence from Debt Covenant Violation, Journal of Financial and Quantitative Analysis." *Journal of Financial and Quantitative* Analysis, forthcoming.

Zhou, C. 2001. "The Term Structure of Credit Spreads with Jump Risk." *Journal of Banking & Finance* **25**, 2015–2040.

Corporate Financial Distress, Restructuring, and Bankruptcy, Fourth Edition by Edward I. Altman, Edith Hotchkiss and Wei Wang

ISBN：9781119481805

Copyright © 2019 Edward I. Altman, Edith Hotchkiss and Wei Wang

All Rights Reserved. This translation published under license. Authorized translation from the English language edition, published by John Wiley & Sons, Inc. No part of this book may be reproduced in any form without the written permission of the original copyright holders.

Copies of this book sold without a Wiley sticker on the cover are unauthorized and illegal.

本书中文简体字版专有翻译出版权由 John Wiley & Sons, Inc. 授予中国人民大学出版社。

未经许可，不得以任何手段和形式复制或抄袭本书内容。

本书封底贴有 Wiley 防伪标签，无标签者不得销售。

图书在版编目（CIP）数据

拯救危困企业：第4版/（美）爱德华·阿尔特曼，（美）伊迪丝·霍奇基斯，（加）王炜著；王勇，段炼，李琳译. ——北京：中国人民大学出版社，2021.1
ISBN 978-7-300-28799-7

Ⅰ.①拯… Ⅱ.①爱… ②伊… ③王… ④王… ⑤段… ⑥李… Ⅲ.①企业管理 Ⅳ.①F272

中国版本图书馆 CIP 数据核字（2020）第 239132 号

拯救危困企业（第4版）
[美] 爱德华·阿尔特曼　　[美] 伊迪丝·霍奇基斯　　[加] 王炜　著
王勇　段炼　李琳　译
陈忠阳　审校
Zhengjiu Weikun Qiye

出版发行	中国人民大学出版社			
社　　址	北京中关村大街 31 号		邮政编码	100080
电　　话	010 - 62511242（总编室）		010 - 62511770（质管部）	
	010 - 82501766（邮购部）		010 - 62514148（门市部）	
	010 - 62515195（发行公司）		010 - 62515275（盗版举报）	
网　　址	http://www.crup.com.cn			
经　　销	新华书店			
印　　刷	北京联兴盛业印刷股份有限公司			
规　　格	155 mm×230 mm　16 开本		版　次	2021 年 1 月第 1 版
印　　张	26 插页 2		印　次	2021 年 1 月第 1 次印刷
字　　数	388 000		定　价	99.00 元

版权所有　　侵权必究　　印装差错　　负责调换